末代皇族纪实系列

末代国舅润麒

贾英华 著

人民文学出版社

图书在版编目(CIP)数据

末代国舅润麒/贾英华著. — 北京:人民文学出版社,2012
(末代皇族纪实系列)
ISBN 978-7-02-008818-8

Ⅰ.①末… Ⅱ.①贾… Ⅲ.①郭布罗·润麒(1912~2007)—生平事迹 Ⅳ.①K827=7

中国版本图书馆 CIP 数据核字(2011)第 230579 号

责任编辑　侯群雄
装帧设计　李思安
责任校对　刘光然
责任印制　王景林

出版发行　人民文学出版社
社　　址　北京市朝内大街 166 号
邮政编码　100705
网　　址　http://www.rw-cn.com

印　　刷　北京天来印务有限公司
经　　销　全国新华书店

字　　数　512 千字
开　　本　680×1000 毫米　1/16
印　　张　32.5　插页 3
印　　数　1—20000
版　　次　2012 年 9 月北京第 1 版
印　　次　2012 年 9 月第 1 次印刷

书　　号　978-7-02-008818-8
定　　价　43.00 元

如有印装质量问题,请与本社图书销售中心调换。电话:01065233595

目　录

序 …………………………………………… 郭布罗·润麒　1

引子 ………………………………………………………… 1
第壹章　童年 …………………………………………… 3
　　一　京城帽儿胡同……5
　　二　天津外祖母家……10
　　三　外祖父去世……16
　　四　母亲和父亲……19
　　五　玩伴儿韩升与周有……24
第贰章　婉容大婚前后 ………………………………… 27
　　一　进宫前的婉容……29
　　二　册封……32
　　三　迎娶皇后……35
第叁章　随母亲进宫 …………………………………… 41
　　一　赏亮蓝三品顶戴……43
　　二　传朝马……47
　　三　陪驾皇上……50
第肆章　宫闱秘闻 ……………………………………… 57
　　一　淘气的润麒……59
　　二　宫廷太监……63
　　三　电影机与苍鹰……68
第伍章　内廷轶事 ……………………………………… 71
　　一　锯门槛的"祸首"……73
　　二　深宫琐记……75

三　储秀宫内……77

第陆章　紫禁秘闻……………………………83
　　一　端康皇太妃……85
　　二　清初宫廷血案……89
　　三　寂寞宫苑……93

第柒章　家族内外……………………………97
　　一　涛贝勒……99
　　二　溥儒赠画……102
　　三　积水潭密洞之谜……105

第捌章　溥仪被逐出宫前后………………109
　　一　在日本公使馆见到溥仪……111
　　二　"梅孟之恋"的幕后隐情……114
　　三　目睹"冬皇"反目……119

第玖章　迁居天津…………………………125
　　一　租住洋楼……127
　　二　溥仪的寓公生活侧影……131
　　三　翁同龢题联……135
　　四　与大太监小德张为邻……138

第拾章　日本留学前后……………………143
　　一　自津赴日……145
　　二　川岛芳子一家……150
　　三　陪溥杰滨口相亲……154
　　四　婚姻……160

第拾壹章　在日本生活的日子……………167
　　一　初抵中野……169
　　二　东洋妇人会……173
　　三　铃木夫妇……177
　　四　鹿儿岛……181

第拾贰章　士官学校………………………187
　　一　地狱坡……189
　　二　野爷会长……195
　　三　溥杰操刀剖蛇……199

第拾叁章　形形色色的交往 …… 203
一　日本皇族……205
二　归国度暑假……208
三　男女同浴……213

第拾肆章　返回伪满洲国 …… 217
一　窃听器……219
二　兄弟之间……223
三　挥拳怒打日本人……226

第拾伍章　危险的航程 …… 233
一　"半疯儿"武官……235
二　初进台湾……239
三　越泰之行……241

第拾陆章　日满之间 …… 245
一　《何日君再来》首唱者——李香兰……247
二　空袭之下……250
三　吞龙轰炸机……253

第拾柒章　伪满洲国末日 …… 257
一　乘机返京遇险……259
二　陷阱……264
三　末日降临……268

第拾捌章　苏联的"抑留"生活 …… 273
一　与溥仪一起被俘……275
二　疗养院艳遇……280
三　溥仪赴远东军事法庭作证前后……287
四　在第四十五收容所养猪……292
五　凄苦的劳改生涯……296

第拾玖章　离乱亲情 …… 301
一　流浪的妻儿……303
二　父子同拘……306
三　第五收容所……311

第贰拾章　抚顺监狱 …… 317
一　高岗接见……319

二　编剧兼导演……327
　　三　彭真的关怀……330
第贰拾壹章　免予起诉回京　　335
　　一　妻儿重逢……337
　　二　汽修厂工人……344
　　三　溥仪的婚事……348
第贰拾贰章　北京编译社　　355
　　一　周恩来总理接见……357
　　二　编译工作……360
　　三　川岛芳子被枪毙真假之谜……365
第贰拾叁章　文化大革命　　371
　　一　拿"国舅爷"开刀……373
　　二　编译社的实情……378
　　三　红卫兵抄家……381
　　四　溥仪病逝……384
第贰拾肆章　接受"改造"　　389
　　一　市委行政干校……391
　　二　与文化名人相处……397
　　三　副统帅"爆炸"前后……401
第贰拾伍章　劫后余生　　405
　　一　下放百花山……407
　　二　饲养聪明牛……409
　　三　北京地震……415
第贰拾陆章　任职全国政协　　421
　　一　法学所……423
　　二　当选为全国政协委员……424
　　三　来往众生相……428
　　四　暮年访澳洲……432
　　五　宇宙观……436
第贰拾柒章　平静的百姓日子　　441
　　一　东直门外……443
　　二　日本小姑娘来京……446

三　业余教授日语……449
第贰拾捌章　回眸历史 …………………………… 453
　　一　访日重逢旧友……455
　　二　电影《末代皇帝》的幕后故事……460
　　三　老友溥杰辞世……465
第贰拾玖章　暮年风华 …………………………… 469
　　一　"金婚"夫妻……471
　　二　故人今何在……476
　　三　悬壶济世……478
　　四　尾声……483

附　录　润麒简历 ………………………………… 490
本书资料来源及主要参阅书目 …………………… 495
后　记 ……………………………………………… 498

序

郭布罗·润麒

当抬笔为贾英华先生撰写的《润麒传》题序时,不由感慨万千。

贾英华先生从二十多年前撰写《末代皇帝的后半生》时采访我,我们遂成了忘年之交,但一直是君子之交淡如水。尔后,他多次采访我,一次竟达十几天之久,录下了几十个小时的录音和数小时的影像资料,还拍摄了我重游紫禁城的《纪实》片。在经过一番考证后,他撰写了这部真实的传记。窃以为,记述生平的不止如此,但惟此书内容较为真实可靠,可以说从某一侧面反映了清末以来百年历史发展的轨迹,或可作为研究事涉诸多历史事件和溥仪等人的史实佐证。

我是末代皇后婉容的弟弟、溥仪的三妹夫。在逊清的小朝廷,我曾被赐"传朝马",亦曾骑在溥仪的脖子上照相,手握溥仪做游戏的那枚"永保天命"的橡皮图章叩在养心殿隔扇的柱子上。皇后大婚、建福宫大火以至溥仪被逐出宫,我都是亲身经历者。京城各王府的风俗佚闻,我亦知之不少。如积水潭医院是原棍布扎布蒙古王府,它的药库就建设在该王府花园内一个土山的山洞内,听说有人进去看到倒挂的蝙蝠,我亲眼看到从洞中跳出小豹被淹死在洞前水池中的尸体。此洞通向何方,我认为有调查研究的必要。

从溥仪寓居天津,充任伪满傀儡,抑留俄国,抚顺改造,一直到特赦成为公民,我都是亲历见证人。其间,我还与溥杰一起留学日本。在后半生,我当过工人、农民、编译,在"文革"期间,一度成为现行反革命,被贴了上千张大字报,下放山区劳动,得了肠梗阻,担架一出屋门,哭声一片,我摆手说:别哭,我没死,好了还回来哪。

"文革"后,六十六岁我被调至中国社会科学院法学所工作,享受国务院终身特殊津贴,成为六、七届全国政协委员。退休后,我悬壶行医,创立"郭式疗法",多年前,贾英华先生屡言我一生极具传奇,撰写成书,或可传世。如今,此书即将出版,抚今追昔,思绪颇多。
　　谨以九十三岁之龄,挥毫作序以纪之。

二〇〇五年三月十六日于北京

序

郭布罗·润麒

当抬笔为贾英华先生撰写的《润麒传》题序时，不由感慨万千。

贾英华先生从二十多年前撰写《末代皇帝的后半生》时采访我，我们遂成了忘年之交，但一直是君子之交淡如水。尔后，他多次采访我，一次竟达十几天之久，录下了几十个小时的录音和数小时的影像资料，还拍摄了我重游紫禁城的《纪实》片。在经过一番考证后，他撰写了这部真实的传记。窃以为，记述生平的不止于此，但唯此书内容较为真实可靠，可以说从某一侧面反映了清末以来百年历史发展的轨迹，或可作为研究事涉诸多历史事件和溥仪等人的史实佐证。

我是末代皇后婉容的弟弟，溥仪的三妹夫。在逊清的小朝廷，我曾被曾赐"传朝马"，亦曾骑在溥仪的脖子上照相，手握溥仪做游戏的那枚"永保天命"的橡皮图章叩在养心殿隔扇的柱子上。皇后大婚、建福宫大火、以及溥仪被逐出宫，我都是亲身经历者。京城各王府的风俗轶闻，我亦知之不少。如积水潭医院是原棍布扎布家古王府，立的药库就建设在该王府花园内一个土山的山洞内。听说有人进去看到倒挂的蝙蝠，我亲眼看到从洞中跳出小豹被淹死在洞前水池中的尸体。此洞通向何方，我认为有调查研究的必要。

从溥仪寓居天津，充任伪满傀儡，押留俄国，抚顺改造一直到特赦成为公民，我都是亲历见证人。其间，我还与溥杰一起留学日本。在后半生，我当过工人、农民、编译，在文革期间，一度成为现行反革命，被贴了上千张大字报，下放山区劳动，得了肠梗阻，担架一出屋门，哭声一片，我摆手说：别哭，我没死，好了还回来哪。文革后，六十六岁我被调至中国社科院法学所工作，享受国务院终身特殊津贴，成为六七届全国政协委员，退休后，我悬壶行医，创立"郭氏痔法"。多年前，贾英华先生屡言我一生极具传奇，撰写成书，或可传世。如今，此书即将出版，抚今追昔，思绪颇多。

谨以九十三岁之龄，挥毫作序以纪之。

二〇〇五年三月十六日于北京

爱新觉罗·润麒

引　子

　　轻轻拂去历史的尘封。

　　在紫禁城卷帙浩繁的残旧档案中，珍藏着一帧斑驳的历史旧照——一个双眼眯缝的顽童，脸上喜形于色，天真地骑在爱新觉罗·溥仪的脖子上，略显狡黠的眼光闪泛出得意的神采。一缕淡淡的晨熹，却宛若夕阳落寞地映照在俩人身上。

　　谁都能一眼瞧出来，身穿白色府绸裤褂的溥仪的背后景物，显然是故宫御花园的茂密树荫和大红宫墙。当那个稚童嬉笑着骑在溥仪脖子上，内心却始终忐忑不安，他倒并非畏葸"皇上"，也全然不懂上下尊卑，而只是担心从溥仪的身上摔下来。

　　凡是见过这帧照片的人，无不好奇地询问，照片上的小孩儿是谁，竟胆敢骑在末代皇帝溥仪的脖子上？

　　这就是本书的主人公——郭布罗·润麒。

　　与生俱来的特殊身世以及坎坷经历，使他独具神秘色彩，他既是末代皇帝溥仪的三妹夫，又是末代皇后婉容的胞弟。然而，在近一个世纪跌宕起伏的沧桑岁月之中，双重光环幻化成万花筒，为他的人生涂抹了斑斓的多重色彩。

　　另一帧稍显模糊的宫廷"御照"，同样引起世人无尽的遐思。背景依然，只是俩人的位置颠倒了个儿——润麒趴伏在地，而溥仪威武地摆出一副武松打虎的架势，骑跨在他身上，却又矫情地声称是"假骑"。这也许不假，年仅十岁的润麒，纵然被溥仪虚跨身上，仍然感到喘不过气。此时，"皇上"也须悠着劲面对镜头，为的是留存一帧照片，以作淘气的聊资。

　　或许，在他幼年记忆中，印象深刻的并非骑在末代皇帝身上的合影，反倒是在宫中与溥仪和溥杰的嬉笑打闹，以及宫廷那些扑朔迷离的古老传说。"囚"在逊清宫廷久了，他也就腻了，觉得没了什么兴致。及至暮年，这些闲暇饮酒或品茗时的趣谈，却给他带来了无穷回味。

　　伴随岁月流逝，遥忆当年溥仪召他进宫的细节，大多印象早已淡漠如许。

然而,留传下来的宫藏旧照,却成了隽永的历史纪念。

这两帧罕见的逊清宫廷旧照,引溯出一位传奇人物的生平——以"末代国舅"和"末代驸马"的双重奇特身份,勾画了历史演绎的轨迹,折射出一段百年历史的悠长侧影……

作者贾英华（左）与润麒拉勾约定早日完成传记

第壹章

童 年

* 雷鸣电闪、暴雨倾盆。在一阵阵婴儿响亮的啼哭声中,润麒悄然问世。

* 他的祖先———达斡尔家族,从郭布罗河畔走来,并以河为姓。其曾祖长顺,威名远震的吉林将军,咸丰、同治、光绪三朝元老,一生殊功绝非仅仅搏杀疆场,还曾因寻觅到"乾隆"御笔亲书的中俄界碑而一振"大清"国威。祖父一生未经宦海浮沉,而在家中赋闲终老。其父荣源年轻时放浪形骸,曾私闯民宅调戏妇女,曾祖父无奈对其"削发代首"。

* 其外祖母堪称奇女,为疗父疾,曾割肉疗疾。母亲仲馨是朗贝勒之女,尤擅书法、绘画,连荣宝斋亦挂有笔单。母亲的谆谆教诲,俨然成了他一生的格言:"细事不精,终累大德。"

图片说明:幼年郭布罗·润麒

一 京城帽儿胡同

炎炎夏日,京城内外暴雨如注。

雷鸣电闪之中,在鼓楼大街路东的帽儿胡同,似离弦之箭冲出一匹高头大马,骑在马背上的太监脸上透出焦急的神情。原来,帽儿胡同的荣公宅内,夫人即将临盆,荣公爷派人火速去请西医大夫前来接生。

冒着倾盆大雨,一名德国医生走进荣公宅门。渐渐,暴雨转疏,淅淅沥沥的雨滴,轻轻洒落在荣公宅隆起的黄琉璃房脊上。或许,郭布罗·润麒从睁开人世的第一眼,便隔窗望见了潇潇不歇的雨帘,这仿佛编织成了他的祖上从东北之隅一路走来的斑斑脚印……

润麒的曾祖父长顺画像

无疑,他是达斡尔族①的子嗣,而郭布罗氏是达斡尔族不可忽视的支脉。这一氏族,与其他达斡尔族姓氏无异,无不以当地一条著名河流——郭布罗河而命名。似乎,他注定与水结缘,虽未出生于郭布罗河畔②,却悄然降生在京城雷鸣电闪的暴雨之中。

这是一九一二年七月八日,阴历五月二十四日。

他的祖上,显然是一个传统的世族家庭,称得上声名显赫,有史可查的是高祖阿拉吉普,虽仅官至副都统,却是闻名遐迩的一代骁勇战将。他的曾祖父长顺,同样一生战功卓

---

① 达斡尔,汉语意为"耕耘人"。有一种说法,达斡尔族是辽代契丹族的后裔。
② 郭布罗河,据考在黑龙江省黑河对面,即前苏联海兰泡东边——洁雅河的支流。

著,二十多岁便晋升都统,作为乌里亚苏台将军镇守北疆——不仅是威名远震的吉林将军,更是朝中一品重臣,堪称历经咸丰、同治和光绪的三朝元老。及至逝世,长顺被朝廷追封为"太子少保",世袭一等轻车都尉。长顺一生的贡献绝非仅仅殊死搏杀疆场,据说还曾在光绪二年(1876)与沙俄交涉之际,攀岩斩棘,寻到乾隆御笔亲书的中俄界碑,在清史上留下了不朽的记载。①

润麒的祖父锡林布却与曾祖截然不同,一生不仅未经宦海浮沉,连"抛头露面"都少之又少,大半生僻居吉林一隅,在家中赋闲。后因曾祖父在疆场屡建奇勋,举家蒙获恩准,才从吉林迁往北京。不过,最初居住的并非后来荣宅那样的尖脊屋顶,而是圆脊。老北京无人不晓,这是民宅的显著特征,而非王公府第。

据考,其家族属满洲正白旗,原籍系黑龙江讷河县龙河乡满乃屯,及至迁徙通辽,才在吉林设置祠堂,又在京城帽儿胡同置办了一幢宽绰的宅院。润麒从没见过祖父和祖母,长大后,其父荣源才断断续续讲述起祖辈的轶事。

润麒的生母仲馨②是续弦,是他父亲荣源在前妻——定慎郡王溥煦长子毓长的次女爱新觉罗·恒香③生下婉容因患产褥热过世后,才迎娶来的。

遗憾的是,他的父亲荣源年轻时屡屡胡作非为,以纨绔子弟而闻名京城。而他的曾祖父不仅治军有方,对后辈管教也极为严厉。据说,荣源一次私自溜出去寻欢作乐,竟然昏头昏脑私闯民宅,调戏民女,被拿获后押送回府。按照老规矩,这种劣迹非砍头不可,临刑前,全家人拼死拦阻,院里一群下人长跪不起,乞求恩准赦免,终于侥幸获得赦令。

"死罪可免,活罪难逃。"万般无奈,曾祖父只得对孙子"削发代首",以示惩戒。无疑,这成了家族史上的一桩耻辱。虽说丢了头发,好在保住了脑袋,打那儿起,荣源开始收敛劣迹,再也不敢随便外出恣意妄为。数年后,润麒的外祖母当面唤来他,神情沉重地讲述了这个真实的故事,然后,严峻地告诫年幼的外孙:"记住,你的父亲在相亲时,头发还是蓄接的假辫子呢!"

这桩真实的故事,润麒成年后不仅听外祖母亲口所述,也屡次听到老家人韩升顿足捶胸地谈及。其意不言自明,显然是告诫他纨绔多败子,自幼要走正

---

① 长顺曾经镇压过捻军,平定过少数民族叛乱,长期镇守北疆如辽阳等地。《清史稿》载:"长顺耸干赤面,绍眉洒然,富胜略,兼勇谋,一时称良将之。"
② 仲馨为毓朗次女。一般书籍或文章大多将润麒的母亲名字写为恒馨。据查户籍证明,其名金仲馨,原名爱新觉罗·仲馨,别名恒香、竹香。
③ 毓长,为溥煦次子毓朗的长兄。恒香,大排行为"四",故称四格格。

润麒幼年

正道,长大成人才能有所作为。这些,他暗自记在了心里。

早在他约摸一岁左右,正值吃奶之际,乳母意外断了奶水,因怕被辞退,所以一直假充有奶,其他保姆又不敢告发,只好偷偷摸摸买点儿烧饼喂他。自然,他营养不良,瘦得皮包骨头。外祖母得知后,到家里一看,见他脸色焦黄,细脖子大脑袋,极为生气,责问:"这孩子怎么成了这样儿,恐怕是有病了吧?"

"没有病呀。"

"你们不会养啊,"她责备女儿仲馨,"这孩子如此下去可不行,让我带走吧。"

那时,人们大多笃信西医。德国大夫施密德前来诊病后,淡淡地甩下一句话:"这孩子没病,恐怕是饿的。"

"啊?"外祖母大为惊讶,"咱家能把孩子饿成这样儿?"

"您要是想救他的话,必须到医院去补几顿饭,也许还能救。"施密德大夫诚恳地添了一句话,"不然,这孩子就活不了喽。"

于是,润麒只好入院治疗,年迈的外祖母每天去医院送饭,他居然一天吃过五顿。直到年迈时,仍记得饭里一颗颗连核儿也是黑色的黑枣儿,尽管解馋,却因吃得过多,连瞅一眼都感到恶心。从出院起,他的身体逐渐恢复起来。

家人对幼年羸弱的润麒,有一句中肯的评价:"外弱内刚"。当他刚刚一岁多,有一次在地下爬着玩儿,受到了母亲训斥:"刚洗完手,你就在地上爬?"

此后,他就变成了攥着拳头爬。母亲没有嘲笑,而是勉励他:"大人的话你倒记得清楚。成,这么小就知道要强,额娘这辈子也算有靠喽!"

幼年时,一次他跟随乳娘和陈妈上街,实在憋不住尿,就在街边沟里小便。这时,一名警察碰巧走过来,佯装生气地开玩笑:"嗨,小孩儿,这可要罚钱啊。"

他一边尿尿,一边直愣愣地看着警察,一声没吭。此后,他再也没在街上撒过尿。

自打两岁左右,他从帽儿胡同迁住外祖母家——赫赫有名的毓朗贝勒[①]府。这座王府原称定王府,位于西四大街缸瓦市西福洼。王府堪称规模宏伟,里外几道大门,甬道两边建有气派的厢房,虽已趋于衰败,仍约略保持着原型。

"金谷荒园,方得遗珠"。润麒幼小的心灵、举止中,无不时时折射着外祖

[①] 毓朗贝勒,清朝定端亲王奕绍的曾孙,清朝末年时曾任巡警部左侍郎、专司训练禁卫军大臣等职。一九二二年旧历十月二十六日,在北京逝世,葬于昌平县北宫东角门内。

润麒的外祖父爱新觉罗·毓朗（中立者）在朗贝勒府大殿前

父——爱新觉罗·毓朗的"影子"。溯本求源，毓朗天资聪颖，自幼深受家学熏陶染，饱读诗书之余，兼擅书法、绘画，更难得的是崇尚自然，酷爱科学知识。童年时的润麒，第一次听到的天文知识便出自外祖父之口："知道吗，地球是围着太阳转的……"

由此，他刨根问底地汲取了不少"新科学"。毓朗学识渊博，上至天文，下至地理，无所不谈。他曾听大人开玩笑地说过什么"白闪照人心，红闪照妖精"，竟然信以为真。一次，他眼瞧着空中的红色闪电，心中暗忖，现在打红闪，必是有妖精啊！白白等了半天，什么也没出现，万分失望。

当时，有人传说雷就是"龙"，王府里几百年的大殿上没有避雷针，居然多年没被雷劈过，是由于祖上荫护。但他同时又听到了截然不同的说法：缸瓦市西府的一个院落曾被雷电劈过——被传说为"龙霹"，有人言词凿凿地说什么房顶上还留有龙爪抓过的深深印痕。众说纷纭，他听后便去请教外祖父。毓朗听到后，哈哈大笑，出乎意料地当众宣称："不是！雷是电，根本就不是龙。"

"为什么？"有的人不解。

"所谓雷电，其实是正负两种云——阴电、阳电碰撞相激发生的。"慈祥的老人胸有成竹地解释道。

"那我怎么先看到打闪，后来才听见打雷的声音呢？"年幼的润麒听了，很是好奇，认为打闪和打雷似乎是同时发生的，于是反问起外祖父。

"你问得好呀。"外祖父微笑地赞许说,"这是因为声音走得慢,光走得快。"

听后,润麒豁然开朗。

幼年的润麒,是在王府迷人的传说中长大的。他曾经着迷地听五姨儿绘声绘色地讲过一个传奇故事。住在外祖母后院的舅娘——外祖父的二姨太太,一次患病时,仆人打着灯笼请来大夫。走到外祖母院门口,大夫抬眼一看,一群漂亮的小姑娘一般高,穿着蓝布衫儿、辫子上系着红头绳儿,齐刷刷地站了一排。据说,这群来无影去无踪的漂亮小姑娘连外祖母也从没见过。大夫看完病被送出府以后,曾懵懵懂懂地多次四处打听,缸瓦市到底有没有这么一个神秘的地方呀?人皆摇头不知。

自幼,他就短不了听说府里从来没闹过贼,却时常不短地闹鬼。据说,神鬼怕恶人,顽皮的他偏偏不信邪,当众在院门正中淘气地挂上自己一幅照片。也可能凑巧,自从挂上以后,那一阵儿果真不再闹鬼了。顿时,他变得神气十足,眯缝着一双小眼睛,异常自信地吹起牛:"哈,哈……你们瞧,鬼被吓跑了吧?若是迷信的话,那些鬼不早就按图索骥找我来了吗?"

在他居住的屋旁有一个小院落,外面是小绿门,院里有几间房,其中还有一间雅静的书斋。据说因闹鬼,好多人不敢去,尤其夜晚不敢打那儿路过。他时常在几个表妹和丫鬟面前逞英雄,哪儿有什么危险的悬事,总是一马当先。听说鬼怕桃木,他就找了不少桃木棍儿,插到院门上,哪知照样闹鬼。他又做了一柄桃木剑,带领着几个小姑娘声称前去打鬼。

来到门口,他内心虽害怕,却在小姑娘面前硬充好汉。他一马当先闯进院子,乍着胆子转了一圈儿,扭过头喊她们进去走了一趟,又跑进所谓闹鬼的房间,猛然大喝一声:"姜太公在此,诸神退位!"

心虚的润麒吼过一嗓子,自欺欺人地声称并不存在的鬼已经被消灭。之后,一本正经地迈着四方步走出了院子。然而,刚一跨出院门坎儿,他撒腿就跑,一溜烟儿似的跑得比谁都快……

二 天津外祖母家

春柳依依。从京城的西福洼,润麒又被接到天津的外祖母家。那里原是德国租界,后来变成了"特别一区"。一九一四年,德国在第一次世界大战中战败,德国皇帝威廉的巨大铜像半夜在租界被轰然推倒时,他正沉浸于睡梦之中。

润麒的外祖母，即毓朗贝勒福晋

他的外祖母是满族人，个子不高，在京城人称朗贝勒福晋，这位外表普通的老太太却有着不平凡的心胸。她年轻时，见到父亲身患重病，认为疗疾割肉的诚心能感动上苍，毅然剜下臂上的肉放进药里煎，父亲服用后疾病居然痊愈。

一天清晨，外祖母亲切地唤过润麒，让他来瞧胳膊上的疤痕："这是我从胳膊上割肉留下的伤疤，当初为的就是给你姥爷治好病呵！"

他听了，顿时肃然起敬。显然，外祖母年轻时深受封建传统影响，难得的是，她年迈以后竟变得异常开明，颇具新思想和新知识。与一般老人对后代的娇生惯养截然不同，她极力主张子孙发挥自己的个性。

她对幼年润麒的教诲全然不是一味溺爱，而是鼓励其独创思维。一天，屋里围着不少人瞧他绘画，他先在纸上画了一艘轮船，之后又在船上补画一辆汽车，这时，一位大人走过来，指手画脚地说："你这辆汽车不应画在轮船上边，应当画在下边。"

"嗯，嗯……"润麒连头都没抬，口上应着，心里却暗自窃笑，觉得此人根本没明白他的创意。看过他的绘画作品后，外祖母觉得虽然画技稚嫩，最可贵的却是富有独特思维，遂暗下决心培养他成为一名画家。

润麒年仅六岁，外祖母见他喜欢玩盖房子，就独出心裁买了上千块红砖作为生日礼物，让他在屋后做盖房游戏。他将满脑子幻想变成现实，用红砖码起万里长城，上边还盖了一座小城楼，一边是一幢高楼，另一边是平房，又在连接楼房与平房的楼梯上辟出了一扇窗户。他从垒成的小窗户里探出头来，大笑着四处张望，仿佛融入了童话世界，兴奋得手舞足蹈。

眼瞧着他欢快的表情，外祖母激动地谈起了她对外孙的新企望："等润麒大了呀，我一定要培养他当工程师。"

外祖母的确没看错，他堪称"小怪人"，什么都想尝试一下。他打算弄一些黄土种葡萄,就雇人一锹锹地隔墙往院里扔过黄土来,土丘堆得愈来愈大。然而,他却突发奇想,要亲自尝尝土疙瘩砸到脑袋上的滋味,就突然跑过去,往土丘上一站,一锹黄土从墙外扔进来,正好落在脑袋上,砸得他顿时眼冒金星,摔了一个屁股蹾儿。他才明白,这敢情并不舒服。外祖母听说后,丝毫没责备,只是觉得他幼稚好玩儿,凡事都想尝尝是什么滋味,倒也不见得是什么坏事儿。

胖胖的老太太陈妈,是他来外祖母家见到的第一个人。她虽没什么文化,心地却很善良。按照府规,她平时非经主人许可,不能擅进卧室和书房,只能在外边做些粗活儿。每天晚上,她都搂着他入睡。他感觉脚凉,她就让他蹬在身上取暖,却不让他碰乳房,轻声地哄骗说:"这两个乳房啊,一个是屎,一个是尿。"

"真是这样吗?"润麒尽管觉得挺奇怪,却听话地从没摸过。

陈妈对他一直视为己出,照老规矩从不跟他在一个桌上吃饭。她时常说,吃红枣儿对身体有益,就在炉台上搁一个瓷缸,放进红枣煮熟,劝他多吃。她给他洗头时总短不了放入沏剩的乏茶,说是这样有利于护发,从细小之处也能看出她对他简直无微不至。

在天津居住时,外祖母身边有四名太监,其中一名叫春和,是老家人,还有一名叫圆儿,另一名住在院外的叫延顺,此外,他的大姨儿还使唤着一名太监。因大姨儿多少有点儿刻薄,时常克扣工钱,主仆关系一直很紧张,润麒却始终与他们相处融洽。

平时,他与外祖母的三名丫鬟——小仆、翠儿和春儿,少不了嬉笑打闹。此时,外祖母正给年近十八岁的春儿找对象,能陪他玩儿的,只能是小仆和翠儿。

从外表瞧上去,外祖母居住的二楼二底——即楼上两间、楼下两间的那幢楼房,并不显得十分阔绰,里边却装修得不错。由于家里人口众多,后来又在楼后租了一套四间房。润麒住在楼上一间可以通向外祖母居室的卧房,小仆住在一层的楼梯旁,客厅和厕所也在楼下。他十分喜欢小仆,差不多每天早晨起来,都以如厕为由下楼找她,还煞费心机地以哼歌为调儿,编了一个彼此联系的暗号:"一眼妖啊,你笑笑啊,你不出来,我走了呀?"

听到他随口哼唱的暗号,小仆就悄然走来与他玩耍。虽然,她年岁稍大些,却总亲热地称他二哥,他则管她叫小仆,俩人时常一起玩盖房的游戏。盖起的小房子蛮有特色,有门有窗户,门外还挂着布帘儿,能够随时拽起来,小房里有桌有凳儿，布置得完全像一个客厅。他俩俨然成了一对"过家家"的小主人。

当时，外国租界虽已归还中国，仍有不少洋人在当地做买卖，一些外国小孩儿时常找他来玩耍。一次，外国孩子的弹球掉进草丛，小仆一个不落地找到后，全部还给了人家。由此，他见识了小仆的诚实，也受到了无形影响：别人的东西，绝对不能"贪"。

慈祥的外祖母，对于洋人在华强行设立租界颇有看法，不断教诲他要忠心爱国，反对列强侵略。德国战败那年，遣送德国侨民时，整个胡同都挤满了外国人。他家半人高的院墙上是木头栏杆，外祖母怕不安全，又在里面钉上了木板，这样从外边无法直接看到院里，从楼上却能清晰地观察整条胡同的动静。

他亲眼见到，一名身穿风衣、头戴帽子的德国大胡子老头儿，频频前来敲门，佣人从门缝里好言劝说："你以后再来吧。"

"这次走了，就不能再回中国来了。"德国老头儿在门口流着眼泪，不停地拍打着门环，"我喜欢中国，能不能最后给我一杯茶喝呢？"

外祖母见德国老人动了真感情，就叫年龄最大的丫鬟春儿，用一个瓷碟儿盛着茶杯，给倚坐门口的德国老头儿端去两杯茶。在一再央求下，外祖母勉强将德国老头儿唤进外屋，德国老头儿喝着茶，仍然流泪不止，外祖母端坐在里屋，感到十分不解："你一个外国人为什么爱中国？真奇怪呀。"

"我到中国原是来旅游的，没想到喜欢上了中国，一待就是十几年。我最爱喝中国茶，以后恐怕喝不到啦。"说完这句话，德国老头儿抬腿走了。

望着那渐渐远去的背影，外祖母意味深长地对润麒说了一番话："我最腻歪外国人说爱中国，爱喝中国茶就是爱中国？他们的外国租界就是侵略中国的明证嘛。你祖上为了抵御外国侵略，戎马一生。你要记住，你是将门之后，长大成人要为国效力……"

无人不知，他自幼性格倔犟，与外国孩子打闹简直成了家常便饭。他一走出院门，陈妈就不放心，总是紧随不舍。他家门前是碎石路，胡同口有一块空地，陈妈时常往那儿一坐，观望他与外国孩子打闹。每当打不过时，他就往陈妈这边跑，外国小孩儿自然不敢追过来。

他家隔壁的外国人，家里有两名小孩儿，其中一名是女孩子，比润麒个子还高，另一名男孩儿稍矮点儿。由于家境富裕，他俩时常大口地嚼着巧克力蛋糕，从眼神里可以看出，他们根本瞧不起中国人，他从心眼里反感。一次，两名外国小孩儿嚼着巧克力蛋糕，咬一口就冲他比划一下，嘲讽地说，你们中国人吃不起。

润麒顿时怒气冲冲，跑过去掐住男孩儿的脖子，一下将他摁倒在地，顺手把吃剩的蛋糕胡乱抹在他的脸上，随即，两名外国小孩儿被涂得满脸黑乎乎，放声大哭着跑掉了。

这时，旁边跑来一个比润麒高大的外国男孩儿，提起他的脖领，咿里哇啦一阵乱叫。恰巧，半道杀出个程咬金———一名高个子混血儿小女孩儿，操着一口流利外语，闯过来打抱不平："你如果敢打润麒，我可就要打你啦！"

外国男孩儿愣了一下，随即松开了手。润麒刚到家一会儿，就在楼上看到两名外国小孩儿的母亲，愤然找上门："你家孩子打了我家的小孩儿……"

这时，外祖母平静地走出来，简单几句话就把她驳了回去。每当遇到他跟外国孩子打闹，外祖母从来不责备他，即使被打败，也总是鼓励他说，男子汉不能哭！她还时常颇为大气地引导淘气的外孙子："什么都不要怕，好男儿志在四方。"

有时，他搬小石凳时砸着了脚，她仍板着脸："你要坚强，不要哭。"他的胳膊时常被磕伤，一次，伤疤结的痂脱落，鲜血流了下来，他怕见血，吓得哭泣不止。楼下的太监搀扶他走上楼，外祖母见了，仍然是那句常常挂在嘴边的老话："你是男子汉哪，不应当哭！"

外祖母家当时养了不少小黄狗。其中一只短毛小狗，咬了春和老太监一口，老太监没敢吱声。谁想，没过几天，润麒的腿上又被咬了几个牙印，小狗才被带到医院检查。大夫说，那只狗走路时像马步，可能是疯狗。甚至有人预言，他被疯狗咬了，总有一天会复发疯病，家里人一时慌了手脚，又请来德国大夫施密德，他说："这小孩儿要尽快抢救，被疯狗咬过，潜伏期到了就没法儿救啦。"当时，施密德往他的肚子上扎了几针。

之后，他照常在院里蹦蹦跳跳地玩耍，每当门铃儿一响，他便悲从中来，知道大夫来治病，又非扎几针不可。当时隔一天扎一针，每次扎完，肚子就鼓起一个包，他疼得叫苦不迭。过了十几天，他才听老太监春和说起："没事儿，那只狗不是疯狗。"当然，他没染上疯病，却早已白白遭了不少罪。

淘气归淘气，他却从不做恶作剧，一次却被意外吓坏了。外祖母身边的太监栾儿是沧州人，三四十岁，长得挺白净，脑后拖着一根长辫子。一天，润麒手持拴绳儿的橡皮塞气枪，扑地冲栾儿打过去，没想到枪膛里的尘土，打进了栾儿的眼睛，栾儿立时跪在他面前，神情夸张地呼天抢地："哎呀，我的眼睛被打瞎啦！"

时值夏天，外祖母正穿着白色府绸汗衫和裤子，在太师椅上独自静坐。栾儿飞奔到她面前，跪伏在地上，一边磕头一边哭诉，故意把后果说得惨不忍睹："不得了啦，润麒拿气枪把我的眼睛打瞎了！"

听到此话，润麒心里害怕至极，以为闯下滔天大祸，又自责又惧怕，掉头逃进屋里。他像捉迷藏一样，在这张桌子底下藏一藏，那张桌子底下躲一躲，仍觉得不安全，索性跑到客厅犄角的桌底下再也不露头。外祖母找不到他，就让小仆瞅瞅他跑哪儿去了："可能，润麒跑到客厅桌子底下了吧？"

小仆趴在桌子底下瞧了瞧，没找到润麒。他个子矮，外边看不见，等小仆绕一圈儿回来时，他又藏到了墙犄角的另一张桌底下。

外边的人都在找他，他听得一清二楚。想出来撒尿，又怕钻出来被抓着，就躲在桌底下撒了一泡，整整半天没敢露头。

外祖母焦急万分，跺着脚派人到处寻找，结果，一上午也没见他半点儿踪影，于是，她在外边高声喊话："必须把润麒给我找回来。栾儿的眼睛到哪儿治都可以，润麒这孩子丢了可不行。否则，我没法儿见他的父母。"

这些话，他当然听得一清二楚。临吃午饭时，正在四处寻找的小仆往桌下一探头，瞧见他在桌底下缩身蹲伏，马上跑去禀报外祖母。这时，栾儿也发现了他："唉，润麒在这儿呢！"立时，桌边围了一群人。

他从桌底下瞅见，一群男人和女人的脚走来走去，其中只有一名老太太的脚纹丝不动，猜想一定是外祖母正站在桌前。

"润麒，你出来吧，干什么在里头藏着呀？"外祖母故作轻松地说，"没事了，栾儿眼睛里的土，早就洗出来了，你看他不是挺好嘛。"

"没事了。"栾儿也悄声细语地安慰润麒，"咱俩是闹着玩儿呢。"

听到这些宽慰的话，他才乖乖地钻了出来，外祖母安抚一番之后，带他从容地上了楼。

人们满以为外祖母怎么也得狠说他一顿。没想到，她反倒笑着给他拿来几颗小孩儿受惊吓才吃的"抱龙丸"。在楼上，外祖母盯着他吃完药，叮嘱说："幸亏栾儿的眼睛只是打进了土哟。以后，你可不能这么淘气了。"

"嗯，嗯……"

从此，他这枝枪再也不敢冲着人打。又遵从外祖母的嘱咐，连续吃了多年"抱龙丸"。但淘气的他仍什么都想"以身试法"，没过几天，又爆出意外。

偶然，他钻进四棱铁棍编织的楼梯里玩儿，哪知，卡在里边无法出来，急得满头大汗，痛哭流涕地在里边嘟囔没完："这可坏了，我这辈子就窝这儿啦。"

家人聚拢在四周,想拽他出来,却又怕伤着他。他卡在里边足足几小时,哭累了休息一会儿,又继续哭个不停。外祖母闻讯而来,吩咐木匠锯断楼梯。他眼瞅着木匠手里拿着铁锯走来,被吓得一激灵,意外地挣扎出来,这才破涕为笑。

不久,他感到好一阵伤心——丫鬟小仆,被外祖母赠给中央银行行长荣厚当了小老婆。身边没了贴心玩伴儿,他的情绪着实低落了好一阵子。

三 外祖父去世

显然,润麒是在斑斓五彩的家教熏陶中长大的。

润麒家老一辈儿大多能说达斡尔语,而到荣源这一辈,倒有先见之明,经常不断地教诲他,见了"皇上"要跪下请安,进宫应当如何如何遵守宫规云云。

晚清王朝日薄西山,昔日朗贝勒显赫的定王府也已成了荒芜的宅院。闲暇时,他随母亲去过外祖父的别墅——缸瓦市马路东面的草岚子。宽阔的院落虽是西洋式建筑,不少地方却是杂草丛生。

蓄着长长胡须的外祖父,虽年近垂暮,仍时常在书房静静地读书。外祖父身边的两名书僮,其中一名曾跟随他学习书法,竟渐渐"熏染"得满腹经纶。

清末时,定王府俗称"西府",规模比醇亲王的"北府"还大,只是由于年久失修,院内人烟稀疏,鬼怪奇事屡有所闻,时常成为人们街谈巷议的话题。

他听保姆有声有色地讲述过,旧王府有一座不小的山洞,舅舅年幼时,曾被狐仙爷带去家里,品尝葡萄等水果,等吃完后又被送了回来。他听了将信将疑,眨着眼睛,调皮地说:"你帮我找到狐仙爷家,让它也给我吃点儿水果呀。"

"这可不是你想去就能去的哟。"

他万分好奇,当天晚上就独自去寻找狐仙爷,竟摸索着走进了山洞。由于晚间看不清路,脑袋上磕了一个大包,眼睛直冒金星,哭泣着奔跑回家。

久而久之,他才知晓,西府的许多传闻大多属无稽之谈。令他感兴趣的是,大殿里虽已无人居住,连窗户框都掉光了,却谣传里边藏有一条巨蟒。他强撑着胆子走进去,细细察看地上的尘埃,确实有几趟粗大的沟印,但他估摸不是大巨蟒,没准儿倒是大耗子留下的痕迹。

虽然,王府中路的大殿空闲着,两边的厢房却仍有人居住。他的外祖母曾一度居住在大殿东边,大舅则住在西侧。可笑的是,女厕所竟然建在路边高处,低凹处则是打更人行走的石子路。偶然,他从路上经过时,猛然一探头,居然透过镂空的孔洞偷窥到了正上厕所的女人雪白的屁股,不禁惊诧地咂了咂舌头,慌忙溜走了。

使人纳闷的是,王府内一座小宅门旁挂着三子绳,门口两旁竖立着一对石狮子。从垂花门走进里院,才会豁然发现这是一座宽阔的院落,里边空房子足有几十间之多,居然寂无一人。

后来他才知,西府虽然仅住着他外祖父一家人,却仍保留着这处溥仪的生母住过的旧宅,显然早已闲置多年。传说,一次小保姆偶然扒头一瞅,溥仪过世多年的母亲竟然端坐在屋内,从此小保姆就被吓疯了。在小孩儿眼里,这里似乎成了恐怖世界。

在院里无事闲逛时,大舅与略小几岁的润麒打起赌来:"看看,咱俩谁敢从大殿里穿过去?"

"你敢进殿,我就敢。"

他的大舅没了退路,只得壮着胆,领头从残破的窗棂钻进去,又从对面窗户匆匆跳了出来。紧接着,润麒鼓足勇气,也纵身越窗而过。然而,他俩突然感到十分后怕,于是仓皇而逃。

然而,他窃喜的是始终置于外祖母呵护之下。六岁那年,他突然听到隔壁院内一只狗凄惨地叫唤不停,就好奇地从二楼爬到院墙上,低头瞧见一只黑狗,被绑在隔壁院的一根桌腿上,有人正拿搓板狠狠地打它。见此,他用稚嫩的声音大吼:"不许打狗!"

"什么?"那个人听见后,扭头冲他大喝。

"你崽兔子的。"润麒圆瞪两眼,哪知将"兔崽子"骂成了"崽兔子"。

"你连骂人还不会哪。"那个人抬头瞧了他一眼,咧嘴笑了,"还骂人?"

润麒怒气冲冲,抄起墙上的小花盆扔过去,正巧砸着那人的秃瓢,眼瞅着鲜血流淌下来。这时,外祖母和几个姨儿站在院里,仰头见到他骑在窄窄的院墙上,几个姨儿神情紧张地扯着嗓子大喊:"快下来!"

"哎哟,你爬的可真棒。"惟有外祖母不以为然,反而平声静气地说,"下来吧,慢慢的呀!"

他爬下来之后,心想,当时如果被吓得惊慌失措,倒真没准儿会不会发生危险。尔后,外祖母主动前去隔壁街坊家赔礼道歉,赔偿了医药费,此事才算了结。待他长大,又听五姨儿讲述起自己六岁爬上楼顶的悬事,才觉得后怕又可笑,更是佩服外祖母聪慧过人。

而更有意思的是,外祖母使他摆脱了幼年"性"朦胧之际的困惑。当他生平第一次见到裸体女性时，无比新奇。他家胡同对面有一幢楼，其中一间卧室窗明几净，平常总亮着几盏雪亮的大灯，两名年轻漂亮的外国女人居住在里面，后来才知这俩人是外国舞女。透过巨大的玻璃窗，他目瞪口呆地瞧见外国女郎在晚上脱得赤条精光，在同一床上相伴而眠。

自从发现这个秘密，他总喜欢出神地观赏对面窗户里的西洋景。有时，他还和一群小孩凑热闹，从楼上的阳台往下偷看，外国女人明明知道，仍故意裸身走来晃去。由于距离很近，他连女人的体毛都瞧得一清二楚。一天晚上，在雪亮的灯光中，两名外国女人赤裸着身体，时而躺卧床上，时而在屋里不停地走动。润麒正目不转睛地独自欣赏着，外祖母走进了屋，他好奇地问："这俩女人怎么一丝不挂，光着身子呀？"

"噢，身材多好看哪，"没想到，外祖母只是漫不经心地瞥了一眼，"真像演电影一样。"

说着，她随意拉下了窗帘，却无半点责怪之意，也没觉得大惊小怪。但他从外祖母的暗示中，感觉这没什么好奇的，从此便不再偷窥。

由于外祖父突然患病，他被送回帽儿胡同的荣宅。他近十岁那年，方脸秃头的外祖父毓朗，在缸瓦市的朗贝勒府溘然故去。听五姨儿夫妇说，毓朗故去时脑袋肿得简直像个大冬瓜，五姨夫一向惧怕见死人，刚瞅了一眼外祖父的尸体，不禁脱口喊了一声"大冬瓜！"就从停灵的屋子逃了出去。

他的外祖父故去之后，葬于昌平县北宫东角门内，这是一九二二年旧历十月二十六日。

似乎约定俗成，家里凡遇丧事，都无例外地让他换个环境居住。在外祖父逝世前后，仲馨带着女儿婉容去筹办丧事，家里仅剩下了润麒和陪伴的陈妈和保姆。

回家当天，润麒仍住在荣宅的东厢房，后院一溜儿四间房，依旧是婉容独自居住。回家当天，他想瞧一瞧姐姐那套房子，哪知，后边的一排房屋都上了锁。

母亲和姐姐返家不久，他忽然一病不起，一连几天拉痢疾、便血，找了几名大夫也没治愈。家里给他吃下一种黄色药片，没想到病得越来越厉害，每次吃西药时，总是家人抱住他强逼着咽下。最可笑的是，一次母亲把他死死按住，往肛门里塞药，他竟然从床上蹦上窗台，夺窗而逃。

以往，仲馨一直迷信西医，每天喂下一种古铜色、稠乎乎的西药，结果医治几个月后，他的大便里依然见血。他时而失去知觉，时而苏醒过来，身体衰弱得像个老头儿,坐着坐着就能睡着……

突然,他看见从西厢房闪出一名梳着"两把头"的保姆,缓步向东厢房走来,时而又一跳一跳地往前蹦,眨眼之际,居然一步蹦到了跟前……实际上,他正在发高烧,在昏迷中产生了幻觉。

眼瞧他断续便血近两年,仍无好转,家人趁仲馨不在家时,请来了著名御医佟春海的父亲——佟文斌。他进了门,号过脉,迅速作出诊断:"这孩子啊,内热太大了。"

而前不久,一名西医治疗时,专门叮嘱过润麒,水果这类凉东西不能吃。佟文斌开具的药方恰恰相反,大多是羚羊、石膏之类凉药,临走,还特意嘱咐他:"你可以多吃水果,不要忌口。"

"好呀。"因祸得福,润麒整天猛吃西瓜和其他水果,高兴得不得了。

一服中药吃下去,次日清晨起床,他从便盆儿里发现大便上有一滴血。佟文斌走进屋,戴上眼镜仔细瞧了瞧:"行啦,再吃两剂就差不多了。"

又吃了两服药,到第三天,便血竟然神奇地消失。家里人议论纷纷,仲馨若在家的话,见到他吃那么多石膏和凉药,很可能每样药减一点儿,结果就不知如何了。自此,润麒的病势渐趋好转。

打那儿开始,他就对中医有格外的好感:"我长大以后一定要当大夫,而且要当中医大夫!"

四 母亲和父亲

"宣统"被"总统"取代。"皇上"虽蛰居宫禁,历史却毫不犹豫迈入民国。

就像旗人彼此一般互不称姓,皇族也往往讳姓爱新觉罗,只是相互称呼名字,自然是指名为姓,润麒当然平时也不自称姓郭布罗。

毓朗贝勒生前除了福晋以外,还娶过二姨太太和三姨太太。当润麒出生时,二姨太太还亲热地抱过他,因为她是姨太太,又找不到其他适当的称呼,他从小起只能按照外祖母这一方来称呼她舅娘。颇重情意的舅娘常追忆起他幼年之事,说他一直是在外祖母家由她抱大的,还曾拉过她一胳膊绿屎,因此看出他患了病,才由她抱去医院治疗。

至于毓朗贝勒的三姨太太,他叫她三太太。自从外祖父故去以后,三姨太太也搬来与外祖母一起生活。润麒的父亲先后娶过两房夫人,而分别年长他六岁、八岁的婉容和润良都是前母遗下的,只有润麒是仲馨所生。

润麒的母亲爱新觉罗·仲馨年轻时期

他的母亲爱新觉罗·仲馨,在朗贝勒嫡出的五个女儿中排行老二,人称二格格。除了四个姨儿和一个舅舅外,六姨儿、七姨儿和另一个舅舅则是庶出,其中四姨儿病逝过早,他从来未曾谋面。

他始终认为母亲比自己聪明且有个性。母亲素来不喜欢女人的服饰打扮,一向酷爱男装,平日总是一袭大褂,头上挽一个发髻儿,尤其喜欢穿昔日的清朝服装。她为人处世简单明了,说话干脆利落,绝然不同于一般老太太。

自幼他就听说,母亲年轻时十分调皮,性格简直与男孩子无二,上房、爬树、骑马,无所不能,在京城各王府的格格中,算是绝无仅有。外祖母曾对他笑着述说,她从前有一次会客时穿着肥大衣裳,仲馨紧紧跟随其后,竟然淘气地在自己背后悄悄地翻了几个跟头,她和客人居然丝毫没察觉。后来,他向母亲好奇地询问起往事,仲馨得意地亲口告诉他:"何止这次,我年轻时,翻跟头溜着哪。"

成年以后,仲馨骑马、开车样样精通,连自行车也骑得飞快,堪称一名聪慧伶俐的现代女子。随着年纪渐长,母亲变得矜持起来,他始终没见她翻过跟头,他背地里学着试了试,却怎么也没学会。

他觉得,父亲荣源不仅外貌比自己强得多,字也写得很漂亮,十几岁时便替曾祖父抄写过信件。对于父亲的待人处事,润麒却不肯苟同。祖上早年曾在老家讷河广置良田,即便到了荣源这一辈,在天津仍有一趟"荣业大街"的家产,买卖颇具规模,不过,由于不擅经营,逐渐衰败。及至润麒成年时,仅剩下北京帽儿胡同这一幢老宅。

外祖母一直说父亲荣源嘴歪,称其"歪三儿"。不过,他仔细观察过几番,却丝毫瞧不出来父亲五官哪儿歪,想必是外祖母瞧不上这位女婿,才有意贬损的。荣源一向信佛、念佛,每逢农历十月,荣宅便依例祭奠先祖,而润麒从小就不信,只不过表面不敢说而已。

润麒是在外祖母家长大的,回到家里,俨然成了"母党",遇事总站在母亲一边,而不喜欢父亲的所做所为。当时,家里有一名叫祥儿的打更小太监,为人诚实厚道,晚上打更时惟恐惊醒荣源,每次巡到房前就停止打更,悄无声息地走过去。荣源偏偏埋怨说,从没听见打更,吩咐辞掉小太监。润麒听说之后,暗地愤愤不平:"人家在你屋外没打更,是怕吵醒你,怎么反倒把人家辞了呢?"

他家的另一名老太监,早年从本族的二爷家转到荣宅,追随荣源多年,经常带润麒出去骑车玩儿,时或提起本家二爷的两个孩子如何不争气云云。老太监起初伺候仲馨,后来觉得"父党"势大钱多,就渐渐倒向那一边,常往荣源屋里跑,被仲馨发现之后,怒而将其辞退。临行前,父亲无奈地对润麒说:"公公明天就走了,咱们给人照个相,权且留作纪念吧。"

虽然,润麒认为荣源对老太监心存怜悯,却总觉得父亲似有对不起母亲之处,就很少去父亲屋里,偶尔去也只是为了看望其豢养的一只大狼狗。它平时待在屋里一动不动,一见他来就摇头摆尾,他经常淘气地从狼狗身上跳跃过去,来回与它逗着玩儿。有时父亲一时兴起,便开起心爱的卧车,带着润麒和这只大狗到王府井益利或利顺德去品尝西洋点心。

与众不同的是,他的母亲虽与丈夫感情不和——长期分居,不过为了照顾荣源的生活,竟然主动为他娶了一名小老婆。这是从文安县普通人家买来的汉族村姑,初来时连名字都没有,索性也不再称姓,只是将文安县名叫作了她的名字。开始进门时,她只是贴身伺候荣源,当润麒十四五岁时,父亲便明媒正娶地将她收了房。

尽管文安成了父亲的爱妾,但润麒与她在一起时,从不尊称她什么,甚至还没大没小地嬉笑打闹,可是她对润麒却像长辈似的体贴照顾。

日常起居,父母之间接触很少。家里设有大厨房,仲馨总觉得饭菜不可口,便在西厢房添了一个小灶,时常亲自下厨,做好了端上来就在北屋吃。其中有一道是青萝卜剁成方块儿,再用酱油泡的小菜,润麒尤其爱吃。

父亲一般住在书房,吃饭时也不跟母亲在一起,而吃大厨房的菜肴。听说醇王府西餐做得不错,连刀、叉也挺整齐,就餐时都是太监端上来,很是气派,于是,荣源也专门聘请了一名西厨到家里来制作西餐。

最初润麒总愿意早点吃西餐,可是,西餐厨师以小马或小狗形状制作的模子饼干特别难吃。这种饼干是在土豆泥里掺一点儿肉馅,撒上面包渣儿用火烤、炸,名曰"骨碌干丝"。他吃着吃着就腻了,直到许久之后,他一听说"骨碌干丝"还禁不住恶心。后来才听说,那名厨师并非正式西厨,别的不会,只会做这道简易西餐。

早晨起来,他时常跟着母亲在一张桌上吃烧饼、油条和焦圈儿这类中餐早点。

走出宅门,润麒最喜欢陪外祖母去东安市场旁边的吉祥戏院听戏。听完戏,他就和大姨儿及两个女儿——王敏彤和妹妹王涵去戏院旁边的起士林吃冰激凌,大多猛吃一顿冰糕、奶油慕思这类奶油才算解馋。回家之后,他时常觉得肚子不舒服,长时间胃疼不止,一问王涵,她却一点儿没事,说:"你一下吃那么多,肚子不疼才是怪事呢。"

润麒的母亲酷爱打牌,众多牌友之中,尤以南方人居多,大多是广州、湖北等地的女友,像徐九太太、郝太太等。郝太太是回民,娘家姓苏,润麒叫她苏姨。徐九太太是母亲的密友,交往频繁,经常带着两个女儿——良倌、喜倌来打牌,还与他凑在一起玩游戏。她还有一个儿子叫徐光远,在清华读书,学习成绩极好,后来听说去了重庆,竟从此音信杳无,使徐九太太伤透了心,每每提及,仲馨就唏嘘叹息,深表同情。

有趣的是,母亲还有一名姓狄的南方女友,就住在"三不管"附近。一次,她请母亲和润麒去家里吃饭,竟然用一个带柄儿的盆儿端上菜:"这是给你们特意炖的母鸡。"

"哎,"润麒一瞧,"这不跟咱家用的尿盆一样吗?"

"甭乱说。"

他只好闭嘴,眼盯着尿盆式的菜盆嘿然坏笑。他和母亲吃饭时,总是联想到家中的尿盆,结果,连饭也没能吃饱。

虽说润麒才十岁,却已知慕少艾,尤其喜欢与漂亮女孩儿一起玩耍。相形之下,他觉得良倌又矮又胖,喜倌则是一副瘦长脸儿,高高的鼻梁儿,煞是好看。他看到一部电影里有个外国姑娘叫白蒂白兰丝,酷似喜倌,愈发喜欢上了她。

他最喜欢和喜倌打扑克,即使输了,挨她一下手板,也打心眼里高兴,因为这样可以接触到她白皙的小手。有时,他突发奇想:如果天津发大水,喜倌被困,自己就有机会坐船去救她了,那种英雄救美的幻想,从小就深深藏在了心底。

遗憾的是,自从分别后,两人在动荡的年月里失散。后来有人传说喜倌结了婚,之后就再也没有听到任何消息。这或可算是他幼年时,一场没有结局的初恋。

荣宅内无人不知,他父亲从年轻时代就染上了大烟瘾,母亲本来极力反对,后来发现荣源凡抽起大烟,就很少出外惹事,所以,母亲对此一直持默认且漠然的态度。

从幼年起,润麒就清楚地知道,母亲从来不给父亲烧烟。平日伺候荣源抽大烟的王成,是一名年逾六旬的老太监,瘦高个儿、高颧骨,是仲馨结婚时随身带到荣宅的,后来一直给荣源烧大烟泡,即使在天津也是如此。

润麒从来没给父亲烧过烟膏,不过倒有时倚在床边,好奇地瞧父亲抽大烟,看得很入神。荣源一般脸朝里横躺床上,床当中搁着烟盘子。王成趴在床上烧烟泡,先把烟膏取出来,用烟签抹一点儿鸦片往烟灯上烤软之后,在铜板上来回滚成圆团,再把烧成的烟泡搁在铜板缺口,就可以安上烟枪了。

他见到,父亲犯了烟瘾,一天到晚躺在书房吞云吐雾,抽个没完,屋里总是烟云缭绕。

闲暇时,外祖母在楼下客厅里聚众打牌,荣源有时也来凑热闹,每当烟瘾上来,就在旁边润麒念书的小桌摆上烟灯,过足了瘾又翻身跃上牌桌再战。

润麒虽然年幼,王成对他恭敬有加。不过从天津返回北京不久,王成患病在身,总是咳嗽,喘个不停,八成是染上了肺病。荣源在帽儿胡同后院专门匀给王成一间闲房,还找了一个下人伺候他。他经常见有人买来一种白色中药,一次就提去十五包。王成虽经常找中医看病,天天吃中药,却总也不见病情好转。

起初,王成总跟他一起玩耍,后来母亲怕儿子染病,索性连房子都不让王成迈进。但荣源仍百般照顾,吃什么都要给老太监留点儿。王成喜欢吃人参糖,父亲就时不时赏给点儿,俩人经常躺在一起抽烟、吃糖。其实,所谓人参糖无非普通白糖里再掺点儿人参末儿,王成吃了仍然喘个没完。润麒只爱吃巧克力,吃不到人参糖也不馋。没过多久,王成嚼着嚼着人参糖就死在了炕上。

父母关系虽然不好,偶尔也聊点儿闲话。一次,荣源在北京对母亲说:"年根儿底下处处用钱,租子没收上来,回头给天津挂个电话,让银行再汇二百两银子来。"

对此,润麒始终存有疑问。除了汇丰银行的钱票,一般银行的汇票当时都不能汇兑银子,如果异地汇兑,需要完备的手续且须存有储银才行。

润麒听说,天津人一般只能在当地提取,北京人也只能在北京取款,而父亲在天津、北京能随意开出兑票。从这件事多少可以瞧出,荣源一家财势非同寻常。

仲馨一生饱读诗书,对润麒的影响不可谓不大。母亲的诗、书、画俱佳,尤以画竹擅长,连荣宝斋也有她明码标价的笔单。据说,她年轻时,总在家里闭门苦练书法,与一般女子迥然不同,其草书风格独特,笔法遒劲。他却一直没弄明白,母亲写的究竟是行草还是章草。

一次,他在书案边聚精会神地观赏母亲挥毫,她忽然抬起头来,幽默地对他说:"我写这么一竖,你撅都撅不动哟。"

他曾见到母亲卧室的墙上悬挂着一些装裱过的书画珍品,其中一幅国画,是深山古刹的写意。他清晰地记得,那幅古画上题写着一首诗:

祚祚高原江水滨,
不知尊庙似何神。
尊神在此何公德,
想系前朝诗酒人。

几乎他每次走进母亲的屋里,总免不了仰望着古画回味再三:尊敬的神仙在此有何公德……不就是画了一座光秃秃的高山,远处山洼有那么一座小庙吗?母亲何以如此珍爱?后来他才知,那是著名书法大家王羲之题跋的一幅古代名画,价值连城。

然而,母亲出于对儿子的宠爱,施教时不厌其烦,他被说疲了,误认为母亲絮叨,便听不进。而母亲总是锲而不舍,循循善诱。仲馨是满族,荣源属达斡尔族,而润麒秉承了两个民族豪放的性格,母亲见他往往对细微之处不注意,屡屡提醒他:"你这个马大哈呀……"

母亲说过的一句精辟格言,在他脑海烙下了深深印记:"细事不精,终累大德。"

五 玩伴儿韩升与周有

似乎,他的祖父与官爵无缘,终生仅有一个世袭的虚衔——"宫廷侍卫",虽不擅武功,然而,身边的两名书僮——周有和韩升,却是武艺超群。俩人早年曾跟随润麒的曾祖父和祖父、父亲三代当书僮,到了润麒这辈是第四代,成了他的玩伴儿。由于从小他就与这两位武功精湛的老人朝夕相处,感情自然非同一般。

周有和韩升虽性格各异,但对荣家都是忠诚不贰。俩人虽然仅是普通管家,润麒却亲眼见到他们都有一身朝服。韩升在他幼年时经常将他抱在怀里,后来却不常驻北京,有时返回东北居住,但一直到伪满洲国后仍在荣宅管事。韩升的一个儿子在长春,置有房产,而周有常年身居京城荣宅,偶尔才返家一趟。

当时,荣家在讷河还置有三千垧地和一百多间房产。一天,听说东北老家来了人,润麒偷眼一瞅,是两个收地租的管家,正与屋里躺着抽大烟的父亲低声交谈。

"收成不好,钱没收上来呀。"

"噢,噢……"

这些话润麒懒得细听,跑出屋玩儿去了。反正连年歉收,佃户从来没有纳过租,父亲和母亲向来不派人追究,于是,管地租的人便稀里糊涂蒙混过关。反倒是周有和韩升对这类事比他一家人清楚得多。

仿佛成了习惯,无论荣源做何事,周有和韩升总不离左右。荣公不仅喜欢卧车,而且有一段时间忽然喜欢上了火车,甚至独出心裁地在荣宅的后院花厅,修建了一座小型火车站,这两位书僮为其鞍前马后地前后操劳。一辆不知从哪儿拆来的旧火车头,缓缓行驶在新铺设的一段铁轨上。不久,荣源又在附近空地上修建了廊子和天棚。

等到润麒长大时,帽儿胡同的荣宅后院仅剩下了空荡荡的车站棚子,活像话剧的布景,那辆旧式火车则早已被拆除掉了。

润麒的玩伴儿周有,文化程度虽不高,却偏偏喜欢身穿长袍马褂。他听到见多识广的周有不止一次谈起往日长顺将军管教子女以及对其父"削发代首"的故事。每次讲述时,总有一些不同的细节——诸如长顺将军一声"请令",荣源早被吓得跪倒在地,大伙儿一齐跪地拦住了前去"请令"的人……

"多悬哪,就差一点儿,那个令请下来,荣源的脑袋能不掉吗?"周有讲述得煞是生动。

据说,所谓请的"令",就是一把砍头大刀,此乃朝廷所赐,须终日供奉,专用于军中执法。周有还给他手绘了一幅图——木板中间镶着插架,高高的桌案上摆着几把大刀,上边系着黄绸子。据说,"令"若请下来,就不能放回去,非一颗人头落地才能复命。这个活灵活现的真实故事,成了周有时常谈起的荣宅轶事之一。

或许深受润麒祖上三代人的熏陶,周有不仅能吟诵不少唐诗宋词,也颇喜

爱附庸风雅,一时性起,还给他兴致勃勃地背诵过一首类似歌谣的短诗:

> 今日春山春水河,
> 谁人路上唱春歌。
> 春堂榭上写春字,
> 春雨房中绣春萝。

他听母亲不无赞赏地说,周有虽没什么文才,却是武功绝伦。当一只蚊子叮上胳膊时,周有一绷劲儿,竟能用肌肉将它活活捏住。偶尔,周有一时高兴,还当众表演,用麻绳紧紧捆在胳膊上,猛然一挣,麻绳便戛然而断。

荣源对这两位老家人一直心存敬意,而对其粗俗之举却也感到哭笑不得。一次,周有从长春来京暂住,父亲叫润麒与哥哥陪同着四处逛街,母亲又特意嘱咐他俩邀请周有一起去"起士林"吃西餐。刚落座,周有居然一口黏痰吐在了地上。

"您在这个地方得注意,可不能这么吐痰哪。"润良发现后,轻声责备了两句,"免得让人笑话什么的。"

"凭什么他们不给咱预备痰盂?"周有反倒理直气壮。

润麒听了,哭笑不得。自打一次返回东北探亲,周有从此没了消息。

韩升与周有性格截然不同,平时带着一群仆人料理家务,总是显得彬彬有礼。实际上,各屋稍微值钱的东西都叫润麒的几个叔叔拿光了,父亲什么都不管,凡是谁要什么物件,从来不阻拦,荣宅日趋没落。

目睹家族的衰败,润麒显得更是格外要强,被长辈训教一次,便永远牢记在心。当他刚上学,父亲让他念报,念到"皆夕绍换改"时,他卡了壳,结结巴巴念不下来。顿时,荣源气得板起了面孔:"你念书那么多日子,连这五个字都记不住?"

他无言以对,认为没记住这五个字简直是奇耻大辱。回屋后,他立即写在墙上,强迫自己昼夜诵念:"皆夕绍换改……"

这五个字,润麒不仅牢牢记了一辈子,也从此发奋攻读。

第贰章

婉容大婚前后

*养在深人未识。这是一个外人所并不了解的婉容。

*皇叔涛贝勒与荣源堪称莫逆骑友,红绳轻牵,居然成就了末代皇后的姻缘。其实,这也是宫内两位老太妃较量的结果。

*最初被圈定的皇后文绣,变成了淑妃。后、妃瞬间颠倒了个儿,这为文绣与溥仪日后反目,埋下了导火索。

*而润麒全然不知大婚内幕,只是惟独喜欢上了宫廷彩礼———"三羊开泰"之中的一只。而腊月,羊的猝然而亡,或许成了婉容终生独守空闺的谶语。

图片说明:皇后婉容

一　进宫前的婉容

一轮明月冉冉升起，悬挂中天。夜半照例要摆上香案，焚香拜月，这是荣宅共度八月十五的老规矩。

这年中秋佳节，与往年截然不同。之前，婉容与溥仪已经订婚，这是她在荣宅度过的最后一个团圆日，心绪自然显得极为复杂。拜月之后，她一声不响地回到了闺房。

而无忧无虑的润麒，眼瞧八仙桌上摆满祭品、彩灯和蜡烛，院内人来人往，心情无比兴奋。逢年过节，他最喜欢燃放鞭炮，回屋抄起两挂，就蹦到了院当中。

恰巧察存耆①的父亲前来看望荣源夫妇，他笑眯眯地瞧着润麒在院里放鞭炮。润麒头上梳的一根小辫儿总是随着动作甩到胸前来，点燃一下鞭炮，就得用手把小辫儿往后边撩一下。

听见鞭炮噼噼啪啪的响声，婉容走出房门，默默地瞧着弟弟滑稽的样子，依然显得心事重重。

其实，早在五月节，荣宅上上下下就听到了婉容选后的风声，只不过还没传来最后的佳讯。按照旧习俗，五月节要喝雄黄酒，润麒那天依次戴上各式各样十二属相的彩色面具，蘸着雄黄酒抹在鼻子眼儿和耳朵眼儿上。据说，这样什么毒虫就都钻不进去了。婉容也照方抓药，除戴上十二生肖面具以外，也在耳鼻之处涂抹了雄黄酒。姐弟俩彼此瞧了瞧，相视而笑。

养在深闺人未识。其实，一般外人并不了解尔后成为末代皇后的婉容。相对而言，婉容绝非那么开放，也不像当时报纸所宣传的那样，连吃住都很新潮。实际，当她刚刚两岁时，生母便已去世，骨子里是一个深受封建传统影响的贵族格格。② 在润麒看来，婉容是一个成熟的大人，起初连西服都没穿过，

---

① 察存耆，曾当过溥仪的英文翻译。
② 润麒曾回忆说：电影、杂志上往往把婉容形容得极时髦——跳舞、开车，穿着西服出入夜总会，特别是意大利拍摄的《末代皇帝》，将婉容完全欧化了。他认为这不够真实。

在家里总是一袭旗袍。说起来,可能谁也不信,然而这是事实。

早先,婉容在帽儿胡同家里时,时常梳着辫子,与溥仪订婚后才开始留满族人梳的"两把头"——一边一个坠儿,一边一个发髻儿。润麒一次到姐姐婉容的屋里玩耍,她恰好刚买来一件新西服,对他说:"润麒呵,我想穿着西服照几张相片。"

"我来给你照吧。"润麒抬起头,见姐姐婉容正在试穿一件没领子的西服,不禁脱口而言。

"有领子的,我穿不惯。"婉容说。

"你这么穿西服可不行。"润麒见姐姐上衣里还穿着一件红色小夹袄,便笑话起她,"你外边穿西服,里头还穿着中式夹袄,这不都露出来啦?"闹了半天,婉容原来是想穿西服,却又不肯露出脖子来,才穿上了高领小夹袄。听了弟弟的话,她勉为其难地解开纽扣,脱下夹袄,穿上了一件西服上衣。

"润麒,快来照吧。"婉容站在屋中间召唤他。这样,他前后左右,多种角度拍摄了婉容第一次试穿西服的照片。

润麒七八岁起就开始摆弄简单照相机,自然熟悉光圈和快门的技法,照出来的效果一般都不错。这次,他为婉容足足照了一卷,没想到,洗出来的照片却是虚的,身后的陈设,椅子和墙壁、国画都清清楚楚,惟独人物却是透明的,并且张张照片如此。他一时弄不清怎么回事,既感到奇怪也挺害怕,于是拿着照片让母亲瞧。母亲看后感到非常纳闷,但也说不出所以然来。他琢磨许久,才想起可能是误动开关,摁反了快门,所以才出现这个奇怪现象,不消说,照片统统报了废。

订婚以后的婉容,仍单独居住在后院的房间,润麒照旧经常跑到她的屋里玩儿,有时站在一旁,静静地倾听姐姐弹琴。有天,他在婉容的屋里仰起头,忽然看见顶棚上倒插着一个扫炕笤帚,把儿插在里头,底下露着半截儿笤帚穗儿,十分好奇地问:"这是怎么回事呀?"

"咳,这是闹耗子呢。"

听姐姐说后,润麒才明白,原来前几天屋里闹耗子,婉容抄起笤帚打耗子,没想到咚的一下,竟将笤帚把儿一下杵进了纸糊的顶棚里。他听了,乐得前仰后合。

有一个小插曲,或许是微妙的征兆。宫内刚刚有了手摇电影机,偏偏先来帽儿胡同的荣宅来试映。第一次观看电影,润麒感到异常新奇。大厅墙壁上悬挂着一幅宽大的白布当银幕,放映机通电以后,用手一摇,上边就映出了清晰的人物和风景。当时的电影大多是纪录片,放映的也没什么新鲜内容,无非是打枪、放炮以及国外的一些风景,并没多少曲折情节可言。

因为是稀罕事,全家人一个不落来到大厅里欣赏电影。婉容也与家人静静地坐在一起,看到影片中出现放枪的情景,她竟胆小地赶紧捂起了耳朵。见此情形,他抚掌大笑:"这是无声电影,根本没声音呀!"

"噢。"婉容这才放下捂着耳朵的双手。

当时放映的偶尔也有一两部故事片,全家人尤其喜欢一部反映盗贼的电影片。实际,电影内容挺简单,特技却蛮有意思:窃贼溜进一家之前,往墙上靠了一下,就变成了纸片,由门缝钻进屋去,仍然是一个薄片,最后还原变成人形,轻轻扶了一下桌子,大把的钞票就从抽屉里跑到了手上。那个盗贼揣上钱以后,到门边一站,又变成了薄片,钻进门缝从屋里溜了出来。

这部简单的无声故事片,一家人看得津津乐道,吃饭时仍议论不停。这似乎成了规律,宫里凡有了新的电影片,大都先拿到荣宅放映。或许,这是溥仪表达心意的一种特殊方式也未可知。

初夏之际,润麒全家人来到颐和园一座极为雅静的院落——玉澜堂暂居避暑。这是荣宅每年暑期包租的,一个季度才两三块钱,但要自带炊具。院外有一个木头栅栏,小木牌上赫然写着:私人住宅,请勿进入。

他和姐姐婉容跟随父母还没走进院子,远远就闻到幽雅的白玉兰,散发出诱人的淡淡清香。平时,润麒在玉澜堂的后院厢房里读书、写字,母亲还特意带来了平素喜欢的珍贵古字画,挂在正堂里时时欣赏。

仿佛人在画中。附近不远的山坡上,时常往来着一些抬小轿儿的轿夫,这居然成了他们一家人远眺的一道风景。在他们来避暑之前,一名外国人曾在山坡上种植了一片西红柿,临走时没能带走。他溜到山坡上观赏风景,因从来没见过西红柿,便向一名轿夫好奇地询问:"这东西能吃吗?"

"我吃给你看,但是你得给我钱才行。"轿夫踱着慢步走过来,"如果给我一毛钱,我就吃一个给你看。"

润麒拿出一毛钱,便坐在地上圆瞪双眼,瞧着轿夫几口就把西红柿吃了下去。之后,轿夫抹了抹嘴:"还叫我吃吗?如果还让我吃,你就再拿钱来。"

他觉得挺好奇,又掏出两毛钱,轿夫随即又吃掉了两个西红柿。由此,他才知道西红柿还能食用。回到家里,他将此当成新闻,兴奋地告诉了父母。

红色的西红柿幻化成了荣宅门前的红灯笼。从玉澜堂避暑返城不久,帽儿胡同的宅门悄然发生了变化。从早到晚,一群工匠在大门口不紧不慢地施工修葺,他才知这竟得益于姐姐被册封"皇后"。

实际上,直到婉容与溥仪大婚之后,荣宅才翻盖完工。远远地瞧上去,荣家宅门并没显得多么气派,反倒变得像一座新庙似的。

二 册封

秀美的婉容被册封为"皇后",其实纯出于偶然。

直到许久以后,润麒才听说,这是由皇叔涛贝勒①一手牵就的红绳——因载涛与荣源平时经常一起骑马游玩,成了情趣相投的莫逆骑友,彼此相交甚厚,无话不谈。就在京城对皇上选后众说纷纭之际,载涛与荣源有过一次推心置腹的简短密谈。

"你愿不愿意让婉容当皇后?"

"有那么容易吗?"荣源听了,将信将疑。

"试试吧。"

或许就是涛贝勒简单的一句话,铸成了历史的一页侧影。不久,载涛开始牵线运作,荣源这边自然心照不宣。

据说,起初选皇后时,溥仪早已在敬懿太妃遴选的照片上画过圈儿,点中文绣当皇后,然而,婉容为何又突然变成了皇后?当时润麒年龄太小,一点儿也不清楚幕后的隐情,只知是父亲通过载涛才玉成这桩姻缘的。

实际上,载涛与端康太妃一直关系密切,且与溥仪之父载沣进言颇畅,遂通过大把银子打通了种种关节。细细忖之,婉容被册立为皇后,也不乏祖上的背景。因为送进宫的履历册上,明明白白白地写着,荣宅的格格婉容是吉林将军长顺的曾孙女。但在宫中两位太妃的较量之中,这充其量只是一种衬托的说辞而已。②

要说到实质,两位太妃勾心斗角的幕后,其实是溥仪六叔载洵与七叔载涛

---

① 载涛,醇贤亲王第七子,生于一八八七年,曾任清朝禁卫军统治兼军咨事务大臣。解放后,任中央民委委员、军委马政局顾问、北京市民委副主任,于一九七〇年逝世。

② 关于婉容当上皇后的内情,溥仪曾作过这样记述:"文绣是敬懿太妃所中意的皇后,我在照片上圈过了。但是,端康太妃不满意,认为文绣家境贫寒,长得不好,而她推荐的婉容,是个富户,又长得很美。我听了王公们的劝告,心里想你们何不早说,好在用铅笔画圈不费什么事,于是我又在婉容的相片上画了一下。""结果荣惠太妃出面说,既然皇上圈过文绣,她是不能再嫁给平民了,因此可以纳为妃……于是我答应了他们。"见《我的前半生》第 131 页,溥仪著,群众出版社出版,1985 年 1 月出版。

之争。不言而喻,载涛自然倾向婉容这一边。相貌自然是后、妃"掉个儿"的重要理由,而另一点——财力则成了竞争的关键。据说,文绣家连运作"皇后"的银子都是临时借来的,自然后续乏力,只得败北。

其实,婉容还有一个世人罕知的重要背景,她是毓朗贝勒的外孙女。毓朗的父亲溥煕是清高宗乾隆长子定安亲王颙璜的玄孙,跟溥仪是刚出五服的同宗兄弟。

尽管选后如此不易,据说婉容最初被选进宫时,她的母亲始终持不同"政见",其父反倒是"一厢情愿"。俩人意见相左,确是实情。大婚之前,载涛曾经多次来过荣宅与荣源当面商议。即使婉容被"钦定"为皇后之后,其母仍不太赞成,但木已成舟,只得如此。

当时,润麒正寄居在外祖母家,而婉容住在帽儿胡同。不过,母亲有时带婉容和几个姨儿到外祖母家串门,他也由保姆带着凑在一起吃饭、打牌和玩耍。溥仪的三妹韫颖(字蕊秀)谈起过当年她对婉容的最初印象:"她幼年时,长着端庄的鹅蛋脸、一双丹凤眼,走到哪儿都惹眼。她偶尔去逛商店时,老板总爱给她糖吃,因为她相貌出众,十分招人喜爱。长大成人后,她反倒确实成了大门不出、二门不迈的中规中矩的漂亮格格。"

偶尔有些朋友来家里玩儿,婉容从不与她们相偕逛街,父亲和母亲也极少带她出去游玩。她家距外祖母住的地方不远,婉容只是偶尔与润麒相伴一起,在两家之间走动。

有时,婉容跟随母亲到外祖母家看望时,长辈之间聊天,她就与良倌、喜倌一起去润麒住的房间里玩牌。此时,她仍显得十分安静沉稳。

平日,润麒到姐姐屋里玩儿时,极为随便,见了好吃的,伸手就拿,不想吃时,她也从不勉强,俩人一直相处融洽。由于院子大,彼此都不知道他人房间里的琐事。

他回家时,见到一架钢琴搁在姐姐的房子里,才知这是专门给婉容买来的。从此,宽敞的院落时常传出悠扬的琴声,为这幢古宅平添了一丝清新的现代气息。

至于姐姐入选皇后的细情,他起先丝毫不知。婉容订婚之后,溥仪当即让宫里派来太监、保姆以及七八名宫女来到了荣宅,一切开销都归宫里支付。另外,还有一名专门为婉容梳"两把头"的中年妇女,时刻不离地陪伴在她的身边。

从此,婉容的整个生活都发生了截然不同的变化,连饮食也与往日大不一样,一日三餐和水果变得异常丰富。奉旨前来的那些太监都受过严格的宫廷训练,礼貌周全,见面说话时,无不先请安、打千儿,荣宅简直变成了宫中演练礼仪的场所。

婉容虽然开始不太习惯,但也不得不适应新的规矩。她洗手时,宫女必须先跪下端起脸盆,另外的宫女手里捧着手巾、香皂等一些物什。仲馨起初也不习惯,宫女来到她的屋里刚跪下,她就连忙劝说:"咳,别这样,快起来。"执意不让宫女跪拜。慢慢地,才逐渐适应了这些宫中礼节。

册封皇后那天,润麒没有合适的朝服可穿,出于礼仪的需要,他戴的帽子以及衣裳,连靴子、朝珠等,无一不是从其他王府借来的,穿在身上居然意想不到地合适。仅从朝服的外表看,他已俨然成了二品大员。

一九二二年十一月三十日。

那天,润麒从早晨起就在宅门跪迎圣旨。头一天,一名娇生惯养的太太听说后,因不知要跪多久,怕双膝受不了,就向荣源娇嗔地提议说:"要是总跪着,是不是得做一个护膝呀?"

"就那么一会儿工夫,还要什么护膝?"平时脾气随和的荣源,这次却一口回绝。

荣宅门口悬灯结彩,迎门正中摆了一张大条案,上边摆放着各种贡品。时辰将到,全家人无一例外来到门口跪接。门口摆放了三个红垫,荣源自然在打头的位置,哥哥润良排在第二,润麒位列第三,跪在那儿静静地恭候圣旨。

不久,太监奉旨抵达荣宅,当场宣读册封之后,大摇大摆地走进宅门。待他们进去后,润麒和父亲、哥哥才站起身。这一天,婉容接过了象征着皇后的册封和宝文。之后,院里热热闹闹地敲起锣鼓,唱起了大戏。

年仅十六岁的婉容,由于在家中是独生女儿,极少受过苛刻的管束。几天前,她实在难以忍受重复演练宫中繁琐的规矩,在又一次被纠正礼节时,忽然大发脾气。之前,她已经练习了整整一下午,仍然不符合礼仪规范。润麒迈进门,正赶上姐姐大发雷霆——他从来没有看到过婉容如此盛怒。

当时,婉容浓妆淡抹,穿戴已毕,梳着"两把头",脚登厚底鞋,头戴珍贵的头饰。在太监现场监督下,她一遍遍地演练礼仪,早已变得十分厌烦。她自认为将进宫成为皇后,别人竟随意指使自己,怎么突然没了自由?——殊不知,这只是终身失去自由的开始。

她大声地发泄着多日的愤懑和怨气,谁也不敢吱声,虽然太监奉旨而来,也不敢逼之过甚。见了这种情景,润麒劝她说:"姐姐,你别发脾气呵。"

正大发光火的婉容听了,更是大声哭泣不止。他见劝解无效,就一溜儿小跑去禀告母亲:"姐姐婉容,今儿个跟宫里的太监发脾气啦。"

"为什么呢?"

"她练烦了,不愿意演礼了。"

"什么原因呀?"

"我不知道。"

尽管他后来才明白姐姐大发脾气的缘由,最先感受的却是婉容订婚之后,别人对自己称谓的变化——他升了辈分儿。

以往见面时,家里的两位管家周有和韩升,尽管年纪比他大,但都官称他"二哥"。从这天早晨起,两位管家随太监一起,开始改称他为"二爷",连外祖母身边的丫鬟,虽然与润麒自幼青梅竹马,也改口尊称他"二爷"了。

进而,随着宫内太监对他称谓的改变,荣宅那些太监也开始这样称呼润麒——"二爷"。

这一年,他才是一个乳臭未干的十岁小孩儿。

三　迎娶皇后

大婚迫近,荣宅内外变得异常热闹。门前扎起了高大的彩坊,街上观者如潮,人头攒动。

荣宅内搭棚、油漆、彩画的装修,早已开始许久。大门里的几道庭门,油漆过后全部重新描上了"禧"、"寿"字。从垂花门走进来,有一个宽大的玻璃门过厅,两边添置了极讲究的陈设。穿过大厅,有一道四扇绿门,上边重新绘制了菱形格,中间的大门可向两侧随意打开。若走进后边院落,要绕过旁边的廊子门才行。

淘气的润麒从小爱动手,欣喜地当上了干杂活儿的帮手。一名姓彭的大胡子老头儿来到荣宅洒墨挥毫,叮嘱润麒负责往大门贴上不同的字幅,油漆匠随即把"龙凤呈祥"四个大字印在他所居住的院门上,还在几道大门上斜画了三条红纹来衬托装饰。润麒一直无事忙地四处跑个不停,成天满脸汗涔涔的。

谁都知道,婉容进宫后再也无法留居旧宅,所以她的住房仅简单翻修了一下。窗户框换了纸,屋内重新糊过顶棚,墙上也贴了新纸,无非稍微见见新就是了。

过彩礼的仪式，称得上异常隆重。民间结婚送彩礼，大多是两个人抬，而这次是几十人分成若干抬。抬礼的差役都是肩上斜披大红绸，两人抬一个箱笼，里边摆着绫罗绸缎的衣料，玻璃匣内盛放着各式金银首饰……此时，荣宅门口观看皇上大婚过彩礼的百姓，汇成了人山人海。

翌日，一九二二年十二月一日。宫里派来了迎娶皇后的大队人马。操持大婚的总办正是为婉容牵线的载涛。皇叔让福晋姜婉贞和内务府大臣增崇的妻子负责迎娶皇后并布置洞房。黄土铺道，净水泼街，从上半夜开始，整个京城竟实行了宵禁。蒙古郡王贡桑诺尔布和载泽等御前大臣，守候在内廷，载涛福晋等人领衔亲率上千人的迎亲队伍，浩浩荡荡地径奔北新桥帽儿胡同。由声名显赫的皇亲国戚领衔，多年不见的宏大场面震动京城。

自然，润麒不敢再淘气。在热闹非凡的荣宅前，他和兄长润良由父亲荣源率领，恭候迎亲的仪仗队伍的到来，连连行着三跪九叩的大礼，将凤舆以及宫内一行人迎进宅门。

迎娶这天，荣宅挤满亲戚朋友，女眷大部分梳着"两把头"，有的穿着旗装，也有的身着汉装——长长的袖子，黑裙子上绣着剔花儿，这在平时都是不常穿的礼服。

特别惹眼的是一名既没梳头，也没有戴多少珍贵头饰的汉装女子姜婉贞。她被派来专门照顾婉容上轿前的各种琐碎事，她为婉容整理完头饰，又遮上华美的盖头，前后仔细打量不停。

最吸引众人目光的，是一乘二十二抬的豪华双层金顶凤舆。润麒眼见凤舆抬进了正屋，姐姐婉容不厌其烦地行着三跪九叩的大礼，随后接过了象征着皇后权力的金印。

在此之前，他好奇地发现，姐姐婉容正与母亲在床上相坐而泣，娘俩哭个不停。荣宅的正房，中间有一个隔扇，里边是父母住的房间。他在外屋，淘气地从窗户往里偷窥，见母亲并没有特别打扮，只是穿着一件普通新衣，正劝解着伤心落泪的姐姐。他感觉十分有趣，就在门外淘气地跳着脚，双手拍起巴掌乱嚷一气："哭了，哭啦！……"这还不算，他还猴儿跳似的蹿进外屋，模仿姐姐哭泣的样子——"呜呜呜"……

在他的笑闹声中，婉容从屋里含泪跨上了凤舆。等凤舆抬出正屋以后，他仍然学着母亲和姐姐哭泣的样子，拿手绢捂着脸假装擦眼泪，起哄地追随在后边。

在鼓乐齐鸣声中，太监们抬起凤舆，稳步走出宅门，接着，在荣宅大门外，又换上了从太仆寺街雇来的轿夫。

而到了东华门外，太监又重新替换了太仆寺街的轿夫。这一似乎繁琐的细节，显示了宫廷礼仪的严谨。婉容作为逊清王室的末代皇后，在皎洁的月光中，从东华门被迎入巍峨的紫禁城。

在送亲的队伍中，领头的是荣源和喀拉沁王、恭王福晋，随后紧跟着润麒的大三姨儿等一些至亲好友。其中最显眼的莫过于著名犹太商人哈同的妻子——人称哈同太太，身穿旗装夹杂在队伍之中。在沿街百姓热闹的围观中，这一队迎亲仪仗迈进了皇城内廷。①

溥仪大婚之日，润麒（左一）和其母仲馨（中）摄于帽儿胡同荣宅

谁想，一个小插曲，发生在大婚期间，尔后竟在皇城内外被演绎得沸沸扬扬。

按说溥仪大婚，自然照例要在重华宫的漱芳斋舞台唱三天大戏。通常的戏目无外乎《龙凤呈祥》这类吉祥戏。没想到，溥仪却鬼使神差地钦点了一出《霸王别姬》。这个戏名一报出来，几乎所有人都目瞪口呆，看戏的太妃和王公女眷则个个面面相觑。

这出戏由红极一时的武生泰斗杨小楼②扮演楚霸王项羽，当红男旦梅兰芳③饰扮虞姬。当演到虞姬挥剑自刎时，漱芳斋内顿然弥漫着悲戚之情。此后，润麒听到清朝遗老和太监议论纷纷，曾不解地问过溥仪："你怎么在大婚之日，点了这样一出戏呢？"

溥仪笑了，其实这只是纯出于好玩儿而已，并没过多琢磨。宫内外都知

---

① 据润麒说：皇上"大婚"，截然区别于京城婚礼习俗。当时，在北京城结婚迎娶时，娘家人一定要陪同前往，同时还要有"伴娘"相陪。有些地方的习俗是，哥哥还要背着妹妹走一段路。
② 杨小楼，著名武生演员，本名三元，艺名小楼。祖籍安徽，一八七八年生于北京。曾进过升平署，常在宫内演唱，是公认的武生泰斗。于一九三八年逝世于北京。
③ 梅兰芳，字婉华，著名京戏男旦。一八九四年生于北京，祖籍泰州。梅兰芳位居四大名旦之首，他所创造的京剧舞台艺术，被列于世界三大表演体系之一。一九六一年逝世于北京。

道,溥仪和溥杰一样,都喜欢京剧花脸戏,而且一直在学唱,溥仪因嗓音不算好,高腔打不上去,只会冒唱两句"力拔山兮,气盖世",于是,一时性起就点了这出留下话柄儿的"砸锅"戏。

如果说,大婚当夜溥仪未与皇后"合卺共枕",使"宣统大婚"蒙上了一层阴影,那么,《霸王别姬》这出戏则成了阴影的"点睛之笔"。

记忆过人的润麒始终没弄清楚,姐姐婉容究竟是晚上还是白天被接进宫的。无疑,他跪接"册封"是在白天。所以,他竟始终误以为婉容是在白天被迎娶进宫的。① 而在颇为热闹的场面中,也没瞅见轿子是从哪个大门走出了宅院的。因为他只顾淘气了。

他暗自琢磨,正门搭建了戏台,而出了过厅,往前拐过垂花门去才能到前边的大门口,搭上戏台轿子就出不去了,估摸是从东边旁门走的。戏台搭在门前,从那儿怎么过轿子呀?事后,他总是好奇地追问这个看似无聊的细节,却没人回答他。

尤其使润麒感到兴奋的是,从姐姐被迎娶进宫起,他住的院里就开始搭台演戏。一个颇大的戏台搭在绿门前边,正好冲着北屋,恰巧就在他的卧室前边,他在西厢房抬眼就可以瞧见。院里搭的天棚从进门一直搭到四合院,引人注目的是,棚上有个一尺五左右的奇怪的戏装小人,他好奇地问过才知这就是戏班常年供奉的唐明皇。

往日寂寞的大院里,摆放着许多藤椅,台上热热闹闹地整整唱了一天大戏,舞台上敲锣打鼓,演员唱念做打,格外认真。客人吃完饭,大多过来聚精会神地看戏,直到夜里一两点钟。听戏的人都走净了,戏台上还由"富连成"的学员专为他这个小孩儿表演《连环套》。他就搬了一把椅子侧身坐下,一边看戏一边嗑瓜子。一名像戏班老板的老人恭恭敬敬地走过来,跪在地上给他请安。他歪坐在椅子上,轻轻一摆手:"别那么多礼儿,起来吧。"

尽管没其他人听戏,演员们仍然唱得非常卖力气。他变得异常兴奋,一会儿蹦到椅子上,一会儿跳下地来,后来困得实在睁不开眼,才使劲揉着眼睛溜走了。戏不唱了,锣鼓也不敲了,顿时,整个院子变得鸦雀无声。

早晨从床上爬起来,他见院里摆放的几张八仙桌上,各式点心摆成一座小山,乳白色的点心上雕刻着各色鲜花,顿时眼馋了。他好奇地一蹦一跳地跑过

---

① 润麒先生曾回忆说:梅兰芳先生的回忆录和许多当事人,都说溥仪大婚迎娶是在夜间。梅兰芳还看到了大婚的队伍从帽儿胡同通过。据笔者考:迎娶皇后的吉日,是宫内钦天监为逊清宣统皇帝溥仪专门择定的,即壬戌年阴历十月十三日寅时——即夜间三时至五时。

去,掰开一看,竟然不是真的——外边看着像点心,里边却是泥做的,顿时兴趣索然。

至于厨房内的饭菜,以及来了客人怎么摆桌,他漠不关心,其他像什么绸缎布匹,也不屑一顾。他细细地察看了一圈,别的不喜欢,惟独喜爱上了宫廷彩礼中的三只绵羊——寓意"三羊开泰"。他兴致勃勃地走过去,挨个摸了摸披着红绸、额头上点了红的羊头。其中两只一点儿反应没有,惟独一只小羊,见了润麒就一直不错眼珠地瞅着他。

于是,润麒欣然留下了它。由于他总是亲切摸着它的头,很快它就与他变得稔熟。开始是别人喂食,后来他亲自动手喂,没几天他就感觉到,羊若跟人友好比狗还忠实。那只羊没有专门的羊圈,总是时刻跟随着他,平时他在东厢房睡,那只羊就在炕边站着,居然一宿一宿地守着他,念书、睡觉它也跟着,竟与他变得寸步不离。

说来也怪了,他上学时,那只羊居然站在门外,纹丝不动,整整两三个小时目不转睛地瞧着他上课,不吃也不喝。他念书时禁不住时时偷瞅它一眼。有一天,一只狗蹿进屋,那只绵羊像是吃了醋,一扬犄角把玻璃门撞了个窟窿,把狗一下子顶了出去,他大笑着将小羊搂进怀里。

遗憾的是,没过多久,跟随他不过一个来月的小绵羊竟可怜地死去了。他很难过,思来想去,反刍动物不能吃熟食,可能是自己净喂饼干,羊肠子里发酵。果然,这只绵羊临死时肚子胀成了一个圆球。他的泪水在眼眶里打转,可心想,绝不能哭,将来要做一员武将,得有大将的气魄!其实,表面坚强的润麒后悔极了。但他却没流出眼泪,还故作硬心肠,淘气地拿脚轻轻踢了那只绵羊一脚:"死就死了吧。"

第叁章
随母亲进宫

＊润麒被赐三品亮蓝顶戴，其父荣源亦被封"承恩公"，又赏了一个内务府大臣的虚衔。进了宫，他才明白，称溥仪为"皇帝"和"皇上"的区别。

＊"皇上"灵机一动，赏赐"传朝马"，母亲再也无法挡三阻四。他骑着"菊花儿青"进宫领赏谢恩，溥仪顺便把他"扣"在宫里陪玩儿。

＊疯玩儿了一天，晚上，他一摸头上没了小辫儿，不禁痛哭失声。陈妈赶紧找到剪去的小辫儿用绳接上，他摸着小辫儿，才沉入梦乡。

＊"皇上"一反常态，兴致勃勃拽他进了太和殿，一把将他抱坐在金銮宝座上。而溥仪，竟在地上乖乖儿蹲着，眼巴巴地瞅着润麒憨笑不止。

图片说明：身穿三品朝服的润麒。左右两侧分别为书僮韩升与周有

一　赏亮蓝三品顶戴

"润麒,你怎么才戴个蓝顶子呀?"进宫前,载涛的三公子——溥佺讥讽地问起他。虽然起初他被赏赐的顶子是三品亮蓝,上边却有什锦花翎。奇怪的是,溥佺被赐红顶儿,却没有翎子。而润麒更瞧不起其他小伙伴那种乌色、不透明的四品镍蓝顶子。其实,这是宫禁森严的等级所致,他只是皇后的弟弟,而溥佺却是皇叔之子,与溥仪堪称平辈儿。

然而,不久他被赏赐二品红顶子,又有了三眼花翎。与三品不同的是,二品红顶上面有一颗红珊瑚雕刻出来的红色小"寿"字。他仍记着溥佺早先说过的那句带刺的话,于是头戴二品红顶子找到"三公子",明知故问,反唇相讥:"哈,你怎么连翎子都没有啊?"

"啊,啊?……"溥佺被问得张口结舌。听到润麒挑衅的刺儿话,几个一起进宫的半大小孩儿,哄然大笑。

瘦死的骆驼比马大。宫内大婚耗银上百万两,溥仪倒没伤什么元气,而本来就不算十分富有的润麒家,却将多年家财耗费过半。每次进宫,润麒家花不起大价钱购办,只得依旧暂从别的王府借来朝服和装饰。

有意思的是,这几个进宫的半大孩子之间彼此互不称名道姓,见了面也没什么称呼,只是点头咧嘴,一乐而已。进宫时,润麒戴上借来的红顶子,其他孩子的顶子也由蓝变成了红。或许是虚荣心作怪,他进宫以后,要戴上红顶子和翎子才肯与小伙伴一起照像。

说起来,婉容当上皇后,润麒一家都沾了光。大婚时,溥仪不仅循例封婉容的父亲荣源为"承恩公",又赏赐了一个内务府大臣的虚衔,润麒也随之正式有了顶戴花翎。

大婚不久,润麒跟随母亲奉旨一同进宫谢恩。出府之后,母子乘坐着马车来到神武门前,男人一般要下马步行,女眷则乘坐两名身体特棒的年轻太监抬着的红色小轿儿。由于年纪幼小,他也随之坐上了颤巍巍的小轿儿。

仲馨的轿子走在最前头,后边紧跟着载涛的福晋以及溥佺等众多皇亲国戚。这时,他感到挺奇怪,喃喃自语:"哥哥润良怎么没来呢?"

走进宫门,径直往西走,过了二道门,再往南走,坐西朝东有一座宫门,润麒好奇地瞧了瞧,那是一个挺花哨的琉璃瓦门,下了小轿儿,才知到了储秀宫门前。

一路走进宫,只见四处是令人望而生畏的巍峨的皇城大殿,而他却一点儿也没觉得叩见的"皇上"如何至高无上。

倒是母亲不放心,进宫之前,不厌其烦地教了他一些宫内最简单的礼仪,尤其见了溥仪如何按照宫中的规矩行礼:"只要皇上站起来,你必须得随着站起来。皇上坐哪儿,你也得坐在边上,不能乱动。如果皇上给你布菜呀,你要立时站起来接——得长点儿眼力见儿。凡是提到自己,得自称'奴才',管溥仪叫'皇上'。对婉容就不能再叫姐姐了,要称'皇后主子'。皇上如果赏赐东西的话,一定要磕三个头谢恩,这些你可一定要记住啊……"

"嗯,嗯,"润麒称是不已,心里却觉得挺腻烦。

母亲惟恐他在宫中失礼,临来之前,又不放心地反复叮嘱:"在宫里头,不仅你要这么称呼,谁都要按照这些君臣、尊卑的称谓。千万不可造次。"

最初,他跟随母亲在储秀宫见到了婉容——溥仪并没在那儿,呆了一会儿,就和婉容一起步行去了养心殿。

他和母亲走进殿,正在炕桌边坐着的溥仪,马上站了起来。润麒连忙随母亲一起给溥仪请安。不同的是,他母亲请的是蹲儿安,而润麒请的是跪安。他请过安,便依照宫中的规矩木呆呆地站立在那儿,一言不发。

溥仪接礼之后,也没什么特殊表示,只是淡淡地吩咐:"摘了帽子,坐下吧。"

这两句话,似乎是一个信号,帽子摘下之后,润麒就可以自行其便。大人们坐下说话,他就和一群小伙伴儿溜到一边玩耍起来。

见过大世面的仲馨,在溥仪面前,毫无畏葸和生疏之感。她坐在那儿,与溥仪、婉容天南地北,侃侃而谈。不知怎么,溥仪看上去似乎反倒对仲馨始终怀有一丝敬畏。

进宫后,润麒又逐渐明白了许多外界所不知的宫内"潜规矩",爱新觉罗家族在家里称祖父为"玛父"、祖母为"太太",称父亲叫"阿玛",管母亲叫"奶奶"。而宫内对溥仪通常有三种称谓:皇上、皇帝、万岁爷,以亲疏远近及尊卑不同,而确定各自的称呼。无论哪位太妃,甚至连溥仪的父亲载沣,也要称溥仪为"皇帝",而不称"皇上"。他的母亲仲馨则尊称溥仪为"皇上"。①

叩拜过溥仪,他随母亲去永和宫和重华宫去看望两位太妃,太监紧跟在身后提着黄垫儿,一进殿就平铺在地下,他和母亲都要先后给"皇额娘"请安,在这里,则必须三跪九叩。凡遇行大礼或过年过节给老祖宗磕头时,男人亦须"三跪九叩"——跪一次要磕三个头,总共得磕上九个头才行。②

润麒平时称溥仪为"皇上",却看到一名服侍过慈禧的女官,总是称呼他为"万岁爷"。据说慈禧在世时,她只是一名幼小的宫女,却谙通宫廷各种规矩。

他见到她,便不解地发问:"你怎么管'皇上'叫'万岁爷'呢?"

"这是宫里的老规矩嘛。"

他没想到宫里竟然偌多规矩。然而,母亲与婉容见了面,婉容得先给母亲请安,之后母亲才给她回礼。载沣每逢进宫,见了面,溥仪要先给父亲载沣请安之后,才能落座。③ 他奇怪地看到,溥仪身后总是紧紧跟随着一名御前太监,手提一个折起的明黄色厚垫。据说,溥仪见了载沣的面,太监将黄垫往地上一铺,"皇上"就马上给父亲行跪安礼。

溥仪虽然贵为"皇帝",见了太妃,也要往地下铺上明黄垫子,双腿跪下请安。每逢溥仪去端康太妃宫,太监便照例将明黄色厚垫一折,提在手里,进了殿,将垫子往地下一铺,溥仪便跪下给太妃请安。自然,润麒也得跟随其后磕头。事先,老太监反复叮嘱他:"绝不能只磕一个头啊。"

"为什么不能只磕一个头?"他好奇地问起。

"呵,按照民间的规矩,给死人才磕一个头呢。"

他笑了,从此记住,在宫里是绝对不能只磕一个头的。

不同的是,给皇上请安时,男人必须三跪九叩,而女人则连跪都无须跪下,见了面仅仅请一个"蹲儿安"就算礼毕。女人一般梳"两把头",跪下行举手礼,摸一下"两把头"的檐儿,磕头时脑袋并不碰地,不然,"两把头"就会被掀掉。这其中的奥妙,是他后来才知道的。

---

① 溥仪在《我的前半生》一书中写道:"太后、太妃都叫我'皇帝',我的本生父母和祖母也这样称呼我。其他人都叫我'皇上'"——引自《我的前半生》"未定稿"第57页。

② 十几年前,在采访中,我曾询问润麒先生,他在宫里一般请"单腿安"还是"双腿安"。他回忆说:在宫内,无论对太妃或皇帝、皇后都必须请双腿安,根本就没有请单腿安这一说。

③ 据润麒先生回忆:在宫内,并不像有的电影中演的那样,母亲要给婉容跪下。还有的影视中表现的是,载沣先给溥仪行礼,再给大臣行礼,在宫中实际没有这回事。作为皇上的父亲,不能当着皇上的面给别人请安。溥仪先要给自己父亲载沣请安才合乎礼制。

只可惜,溥仪已成了"逊帝",正式上朝的宫廷礼仪,润麒连一次也没见过。

仿佛是缘分。润麒自打头一次见到溥仪,就与"皇上"一见如故,两人亲如"兄弟"一般。

溥仪唤润麒进宫时,总是直接给他母亲打电话。有时他就在旁边,母亲却偏偏不让他接电话,往往溥仪叫上三四次才让他进一趟宫。因为她怕耽误儿子的学习,推托不过才勉强放行。

润麒头一次进宫去陪伴溥仪,是在临过年之前。一起进宫的,还有溥仪的三妹韫颖和她的大姐、二姐以及由奶妈怀抱的四弟溥任。

这次他留居储秀宫时,住在东配殿,卧室的床上挂着精美的帷帐,被子和枕头都是高级丝棉制成,脸盆是铜质的,连手巾也很精致,可以说一应俱全。只有牙刷、漱口杯和弯弯的银刮舌板,是母亲再三叮嘱从家里带来的。打小时起,他就开始刮舌头,直到听说对健康无益才停止。

韫颖来宫内居住,总带着一名姓杨的女保姆。她岁数不大,梳着"两把头",长得挺俊俏。她瞧他时常与三格格逗趣,就戒示说:"男女授受不亲,你俩在一起打打闹闹不合适。"

"是吗?"他总嬉皮笑脸地反问。

她见润麒根本不搭理这茬儿,严肃地板起脸:"二爷,您跟三格格这么玩儿,您说合适吗?"

"嗯……"他仿佛没听见,依然不理睬她,继续与三格格不停地开着玩笑。

眼瞧到了大年三十,爱新觉罗家族的亲属纷纷返家过年,溥仪偏偏只把润麒一人留在宫里。他乐不出来了,心里闷得慌,没事就在宫中溜达。那时,宫里的守卫已换上了警察,比过去紫禁城内那些旧日的护军值勤认真得多。

他站在乾清宫的台阶上,好奇地瞧着身穿黄色制服的警察巡逻。两名警察从中轴路上走来,遇到大殿就分开而行,在殿前碰头后,一齐并排走下台阶,然后,再重新左右分开往前巡逻。

一些太监见他思家心切,就千方百计哄他,给他讲各式各样的故事。似乎,宫内的一草一木都有着神奇的传说。但他看到小伙伴儿都已走光了,又止不住开始思念起父母和家人,两眼泪汪汪。

一名老太监见了,挺同情他,便好心地递信儿给溥仪:"奴才瞧着呀,大概奴才二爷想家啦。"

听到太监当面向溥仪禀报,润麒险些哭出声儿。到最后,溥仪禁不住软磨硬泡,终于发了善心,勉强同意他出宫返归荣宅:"润麒,你回家过年去吧。"

他破涕为笑。

二 传朝马

鞭炮声未息,刚过春节没几天,溥仪又从宫中打来了电话。

在润麒幼小的记忆里,溥仪与婉容结婚之前,从没给荣宅来过任何电话。大婚之后,溥仪结识了仲馨,逐渐变得异常熟悉,经常给她打来电话,却很少与荣源在电话中交谈。

众所周知,溥仪的癖好之一,就是特别爱打电话,甚至莫名其妙地亲自给杨小楼和胡适打去电话。抄起电话来,溥仪往往不说自己是谁,张嘴就是一句:"哦,你干什么哪?"

刚开始,一次荣源接到电话时,没听出是谁,等对方说了几句之后,才知道来电话的是溥仪,连忙紧张地询问:"皇上有什么吩咐?"

"润麒在干什么呢?"溥仪也不搭话,直截了当地问到,还没等荣源回答,又说,"我派人给你们送点儿香蕉吧。"

"皇上,您自个儿留着吃啦。"荣源恭敬地说。

这次,润麒正在电话机旁边,得知来电话的是溥仪,顿时喜上眉梢,父亲却始终不让他接电话。溥仪打来电话说给他家送香蕉只是一个借口,想让润麒进宫倒是实情。

好事接踵而至。润麒被赐二品顶戴后,接着又由溥仪破例赏赐"传朝马"。这意味着他从神武门进宫后,可以不再与女眷一起乘坐小轿,而能一直骑马到顺贞门前下马,再步行去西六宫。

谁都瞧得出来,溥仪喜欢上了润麒,总时不时来电话叫他进宫陪玩儿。有一段时间,溥仪似乎有些急躁,不止一次亲自打来电话,先是说几句无关重要的寒暄话,临完,就让仲馨催润麒尽快进宫,而仲馨总是客气地推辞说:"他现在正念书哪。"

听后,溥仪哈哈大笑,也不接母亲的话茬儿,仍然追问:"您什么时候让润麒来宫里呀?"

"哎,他现在正在念书,跟老师商量商量,再让他去吧。"无论溥仪如何兜圈子,母亲总是找出种种托词不松口。

溥仪想来想去,忽然灵机一动,挖空心思赏赐润麒一匹"菊花儿青"——这就是"传朝马"的那匹"马"。按照宫里的规矩,皇上赏赐时,被赐者必须进宫谢恩。于是,当溥仪再一次打来电话时,母亲再也无法推三阻四了。

这样,润麒不得不进宫领赏谢恩。他能骑着"朝马"进宫陪驾,多少有点洋洋得意。十一二岁的润麒,个子矮得连马背都够不着,得让仆人抱上"朝马"才行。

他骑着"菊花儿青",高兴地进了宫。按照宫规,马前要有一名太监牵着缰绳,后边跟随着另一名扶镫的小太监,怕他从马上掉下来,时时护卫着。

润麒正从神武门往里走,与五六名头戴顶戴花翎、身穿补褂的男人,正巧迎面碰了个对脸儿。他还没看清那群人是谁,对面一人忽然抢先跪在了地上。紧接着,此人身后的一群人也都跟着跪伏在地。润麒低头一瞧,头一个跪在地上的竟然是他的"九姥爷"——润麒的五姨儿的公公曾崇的叔伯兄弟,当时是内务府一名职位不低的官员,戴着蓝顶子和翎子,在宫外无疑是一名风光人物。论起来,其堂兄察存耆的父亲人称曾二爷,在内务府有一个肥缺,称得上有钱有势,在北京开了不少铺子。其堂弟九姥爷个子不高,蓄着一撇小胡子,是外表极像塔王的一个小老头儿。

骑在溥仪赏赐的马背上,润麒才知"传朝马"居然如此威风。甭说一般人惹不起,无论哪级官员遇到,都要在马前下跪,即使是内务府的至亲,也毫无例外。或许他威风凛凛地骑着朝马,使九姥爷有了自卑感,明知道他是晚辈儿,也要按照宫规恭敬地下跪,待他骑马过去,才起身离去。

不出所料,当他骑着"菊花儿青"来宫里谢恩,溥仪照方抓药,依旧把他"扣"在了宫里。按照溥仪的吩咐,平时,他白天陪溥仪玩儿,晚上再回到储秀宫居住,俩人整天"粘"在一起。

就这样,一年里他总得去宫内住上几次。进宫时,大多由陈妈跟随,每次都住在储秀宫的东配殿。有时,溥仪在养心殿接见外国人,他就在储秀宫等候。俩人渐渐变得形影相随,如胶似漆。在一九二三年岁末,他竟然近两个月没迈出宫门一步。

随后,那匹赏赐的"菊花儿青"被荣源牵回,放进荣宅的马圈,与豢养的几匹高头大马为伴。马圈里原有一匹红黑、一匹雪白和一匹枣红,其实,这些马被骑驭的时间不多,大多只是当作供人观赏的"花瓶儿"。

也许是皇上赏赐的缘由,润麒格外垂青"菊花儿青",总爱骑着它四处溜达,脸上常常透着一股喜庆劲儿。

宫内外的人们都感到奇怪的是,润麒头上梳着一根小辫儿,还扎着显眼的红头绳儿。刚进宫时,早晨起床之后,他经常叫溥仪的大妹韫瑛来为他梳小辫儿。

其实,早在进宫之前,他的小辫儿就时常成为小伙伴儿讽刺的笑料。去街上的益永杂货铺买东西,从胡同里出来要穿过一条马路,他便用双手使劲捂着脑袋,生怕路人看见小辫儿。谁知,仍然被人发现。就会有邻居小孩儿见了面,使劲挤着眼,逼问他:"今天你去益永小铺儿了吧?"

"你怎么知道?"润麒反感地说。

"你明明捂着脑袋走路,怕人看见小辫儿,"邻居小孩儿坏笑着,"对吧?"

顿时,润麒没了词儿。

进宫之后,一些老太监拿他那根小辫儿取笑,这使他时时感到不自在。溥仪的二妹韫龢性格倔犟,经常敢与他泼辣地对闹对打,而那根小辫儿常常成了他败北的原因。在一次公开叫阵中,他那根小辫儿被韫龢一把拽散,他歇斯底里地大嚷大叫,满院子追打她。

翌日,韫龢跑去对韫颖自我炫耀地说:"嘿,我把润麒的小辫儿拽下去啦。"

"那还不把他惹恼了?"

"是呵,润麒就是不依不饶呀。"

韫颖知道,润麒从小起就怕人摸他的小辫儿,这一次他被姐姐揪下小辫儿,岂能善罢甘休?于是,她主动前去反复哄他,在她的极力撮合下,俩人又重修旧好。

日久时长,润麒发现梳小辫儿总是遭人讥笑,想剪掉,可又一直舍不得。一天清晨起来,他左右端详,发现溥仪和溥杰的头上都没小辫儿了,思来想去,暗暗下了决心,在储秀宫的东配殿里,终于一剪子铰掉了小辫儿。疯玩儿了一天,到晚上一摸,他才想起头上没了小辫儿,忽然莫名其妙地伤感起来,翻来覆去睡不着觉,禁不住嚎啕大哭。

"润麒,别着急。小辫儿马上就有了。"陈妈知道后,赶紧下床找到他铰掉的小辫儿,勉强用细绳重新接上。摸着小辫儿,他才又渐渐睡入梦乡。

溥仪接见外国人时,怕润麒淘气,一般不敢让他露面,只是偶尔,他才陪溥仪和婉容一起接见外宾。一次,印度著名诗人泰戈尔进宫觐见皇上,溥仪执意不让他去:"润麒呵,我怕你拽他胡子瞎胡闹。"

"我保证不会捣乱。"润麒非要陪同不可。

最终,溥仪实在拗不过,只得让他去了,行前仍不放心,再三叮嘱:"泰戈尔是一个有影响的外国人物,见了面,你可不许跟他淘气啊。"

"放心吧!"他信誓旦旦地答应了。

由于事先叮咛过,他彬彬有礼,没出任何乱子,还与溥仪、泰戈尔一起兴致勃勃地合影留念。照片上的他,眯缝着小眼睛,一副顽皮的模样。

不久,意大利人选派眼科医生专程进宫为婉容配眼镜,那次,到宫内来的三四名意大利眼科专家,还带着几名西服革履的中国人。起初,他们给婉容配眼镜,而她认为配眼镜不合宫规,说什么也不肯。配眼镜片时,一名在场的老太监看不过眼,还发起了牢骚:"这些外国人太不像话,竟敢在皇后的脸上安什么'光子'①。"

经过反复劝说,在溥仪的认可下,婉容最终"屈从"了。溥仪感到好奇,顺便也配了一副眼镜。到最后,连在一旁闲看的润麒,也被劝说前去验光,一名意大利人让他远距离观看一个"草"字。

"你能看得见吗?"

"看得见。"他自信地说着,却把字念错了。

"这个小孩儿眼睛有毛病吧?"见润麒说错了,意大利医生说,"那么大的字,怎么都看不清呢?"

"他不认识那个字吧?"旁边有人插了话,因为润麒不认识"草"字,连音都读错了。

尔后,意大利人又测试了几个字,他都说对了,一名眼科专家说:"这小孩儿眼睛没毛病,甭配了。"

已经被勾起兴趣的润麒,听后狠狠地白了专家一眼,执拗地配了一副平光眼镜。而婉容配的那副眼镜始终没戴过,而溥仪打那儿起却戴上了"光子",终生未弃。

三 陪驾皇上

月色怡人。寂寥无声的储秀宫,传出了似忧似怨的悠扬琴声。婉容在寂

---

① 宫中的称呼,即眼镜。

寞的宫中,时常即兴弹奏钢琴。她颇喜欢音乐,早在天津时就曾专门学过月琴,启蒙老师就是她母亲的老友徐惠福女士,她还经常教婉容演唱广东小曲儿和广东民歌,直到婉容进宫后,还指点过她弹奏钢琴。

受姐姐的影响,润麒虽自称五音不全,却也学会了弹奏几只曲子,连《朝天子》这类难度颇大的曲调,他也凭着记忆而非按照曲谱,向溥仪的大妹妹韫瑛速学而成。渐渐的,他还学会了弹奏《梅花三弄》等其他古曲。他早在帽儿胡同的家里学弹琴时,就觉得学五线谱挺麻烦,徐九太太却告诉他,不学会五线谱永远也弹不好琴,他仍始终没学。一般人只知润麒会弹钢琴,其实他始终是低水准的"半瓶醋"。

润麒觉得有趣的是,在宫里,婉容和溥仪以及几个妹妹时常一见面,就笑着学说一句话——"soumou",连溥仪也莫名其妙地学着这个奇怪的腔调儿。到后来,他才知道人们挂在嘴边的是一句广东话。宫内学说广东话的启端,自然是母亲的老友徐九太太,她不仅经常教润麒和良佾、喜佾弹琴,也成了广东话的传教士。

宫里无人不晓,溥仪酷爱京戏,时不时召戏班来宫里演戏,有时性起还让宫女和太监一起登台扮戏。有一阵儿,溥仪让婉容饰演虞姬,她很不情愿,溥仪却总是让人来劝说,一次不行两次,婉容碍于情面,只得赶鸭子上架,勉强地学起京戏。

学戏是个苦差事,如非自愿,无异于受罪。在升平署教习的严格督促之下,婉容实在烦透了。一天,她实在忍耐不住,竟然对教戏的老师大发光火:"老是没完没了练,真烦人。不演啦!"从此,溥仪再也不强逼婉容学戏。似乎,皇上一直容忍着婉容的任性。

而在婉容的眼里,润麒更是一个率性而为的小淘气儿,在储秀宫,没人能管住他。刚到宫里不久,他对英文打字机发生了兴趣,开始学打字,啪啪啪啪,边打边琢磨,打字机怎么打过去还能自动返回来?……

当时的英文打字机是两条带子,上边是红色、底下是蓝色。轮到蓝色带时,打出来是蓝字,调到红带,打出的就是红字。他好奇地发现打字机有个上弦的弹簧轮,便随意摆弄起来,哪知一下捅掉了,怎么也安不上,一瞧惹了祸,他索性一声不吭地溜走了。婉容听说他弄坏了打字机,只是过来瞧了一眼,却丝毫没责备他。

在帽儿胡同居住时,姐姐大多待在自己的房间里,很少出门,俩人也没过多聊天。进宫以后,他俩反而比在家里见面还多,婉容从心里喜欢这个调皮而又聪明的弟弟,但也不忘时时提醒他。姐姐的教诲,使润麒终生难忘。宫里的个别太监总爱对人说"打某处来的……"这类话,而宫里最忌讳"打"字。按照宫里的规矩,凡是皇上或皇后一说"打",马上就会有太监拿来行刑的板子,候着责打太监或宫女。

一次,润麒无意间说了一个"打"字,婉容听了,马上冲他投来责怪的眼神。他去储秀宫玩耍,见姐姐闲着没事,就用手指着站在一旁的太监,跟婉容逗着玩儿:"你说,打他!"

"为什么不听话?"没想到,姐姐一反常态,双眉倒竖,凤眼圆睁,"不是跟你说过了嘛,不许说这个'打'字。要记住,这是忌讳啊。"

从此,他在宫里再也不敢说起这个"打"字。

然而,他也体验了"国舅"的威风。李长安本是伺候溥仪的老太监,平时不用给他下跪,因一件无关痛痒的小事,他忽然发起火,李长安吓得马上跪倒在地:"奴才错了……"对此,他不以为然,觉得颇正常,谁想,却受到姐姐的责怪。

另一次,他陪溥仪吃西餐,太监上菜时一般都是从人们身子左侧递过盘子摆菜,惟独这次却从润麒右边上了菜。于是,他皱起眉头,不高兴地随口说:"应当从左边上菜,你怎么从右边上呀?"听到润麒的话,那名太监慌忙改到了左边。

坐在对面的婉容见了,觉得他待人过于苛刻,意含责备地说:"唉,您将就着点儿吧……"

她有意将弟弟润麒称作"您",显然是十分不满意他的做法。她的意思是,你这小孩儿,干嘛那么苛求人家呀?通过几件小事,他懂得了姐姐的寓意——要待人有礼,尊重下人。

平时,婉容和文绣经常与徐九太太的两个女儿——良倌、喜倌一起玩耍。在宫里,婉容闲来无事消遣时,短不了与她们和宫女一起念诵灯谜和歌谣:"正月正,老太太爱看莲花灯……"这样一个节气一个节气地数,一直数到年底才算完。其实,历数一年十二个月,也难以排遣婉容的郁闷。

在寂寞的宫廷,相互对诗、练字成了婉容消磨时光的娱乐方式。婉容的性情温和,在宫里亦如此,不过显得更孤寂罢了。显然,"后"与"妃"的宫中待遇,差异颇明显。婉容从储秀宫出门时,往往乘坐黄色轿子,文绣所乘的轿子,无论颜色或式样与婉容的轿子都有所区别。润麒从没看见婉容与淑妃争风吃醋,对诗时,也是按照规矩,谁输了都要打手板,一点儿都不含糊。

那时,宫里时兴诗文酬唱,时常彼此对楹联玩儿,婉容和淑妃自然也在参加之列。有一次,大家相约每人撰写一句诗。婉容作为起头,提笔写了一句诗:"细水潺潺似有声",又轻声曼语地解释说:"潺潺,是三点水那个潺。"

"潺潺是不是声音呢?"忽然,润麒插言反问,没等婉容搭腔,又说,"不对,细水潺潺似有腔,这么写才对……潺潺,是声音呵,你说似有声,有点儿不合情理。"对于润麒改成"似有腔",婉容听了之后,稍作思索,微笑地表示赞许。

润麒虽然与淑妃很熟,但她所居住的长春宫,却始终没去过。连长春宫里绘制的红楼梦人物壁画,他也未曾观赏。他觉得,淑妃家境贫寒,尤擅赋诗填词,是一名饱读诗书的才女。所以,他一见到淑妃,便规规矩矩地给她请安,尊敬地称她"淑妃主子"。涉世不深却心地善良的润麒,自有他的一番道理:"越是对这样的人,越应当多一些尊重。"

相形之下,淑妃构思巧妙,而婉容才思敏捷,二人各有千秋。经过几次赋诗较量,比来比去,润麒下了结论:淑妃文绣对楹联比不过皇后婉容。

闲来无事,溥仪的英文老师庄士敦给溥仪和其他几人一一另起了英文名字。溥仪被称为"亨利",溥杰改名叫"威廉姆",婉容则有了与英国女王一样的英文名字——"伊丽莎白"。庄士敦见润麒平时性格活泼,就给他起了一个名字叫"杰克"。日常在宫内,他们一般不再用中文名字,而相互以英文名字相称,觉得既时髦又有趣,成了宫中一"景"。

溥仪与皇后在宫中谈话时,彼此用英文说你——"you",我——"I"。这时,婉容可以不用按照宫规称溥仪为"皇帝",溥仪也让润麒公开称其英文名字。只有太妃依旧称溥仪"皇帝",太监仍然尊称溥仪为"老爷子",对婉容则一如既往地称呼"皇后主子"。

不过,润麒无论在公开场合或私下里,一直对婉容称"皇后主子",即使与她和淑妃一起弹琴、作画,甚至彼此说笑打闹时也如此。

有时,他们在一起玩儿到晚上肚子饿,就叫太监提来果盒儿,虽然早已吃腻,也比嚼干点心强得多。婉容一向生活规律,从不玩儿到后半夜,每天总是准时就寝,从没听说过她失眠。

婉容身边有三四名老妈子和几个贴身宫女,没事儿时,她们就与良佾、喜佾一起打扑克牌,别的花样不会玩,她们只会玩"抓鬼和抓王八"。吃过饭之后,有时正打着牌,一有人提议攒果盒儿,马上就收起了牌桌,速度极快。没一会儿工夫,果盒便用大红匣子端了上来,里边有花生、炸核桃、糖葫芦、樱桃、糟子糕等等,花样繁多。

润麒一直没弄明白,传膳速度怎么如此之快,婉容随便交代一句话,太监一声"嗻",随即便准备停当。他猜测那些太监,可能昼夜候着随时上殿来伺役。

如果不常吃果盒,感觉挺新鲜,吃得过多,反倒不觉得稀奇了。连续吃过几天,果盒端上来连一口他都不想再吃。相比之下,他在外祖母家觉得更随便,没有所谓几点钟吃饭、饭后上水果这些死规矩,他想吃什么,随时吩咐佣人到外边去买。

由于沿袭多年的宫规,太监对于主子无不百依百顺。早晨,润麒进殿时,由于帘子特别大,太监还没掀起来,他猛地迈进去,不小心摔了一个跟头,太监谁也不敢笑,仍然规矩地掀着。等他出去再次跨过门槛时,啪,又不小心摔了一个跟头。他简直成了卓别林,别人没敢笑,他自己倒禁不住笑出了声儿。

实际上,身居落寞宫中的溥仪,并不缺少玩伴儿,常唤去不少身怀绝技的小孩儿。其中最有名的叫"飞车小李三儿",还有一个变戏法的,叫韩秉承,他俩在京城都是赫赫有名的杂耍艺人。每次表演过后,溥仪便挑选喜欢的小孩儿留在宫里当玩伴儿。他听溥仪说,有几个孩子是从外边强行要来的,像后来成为溥仪随侍的李体育,就是在宫中一次演奏后,被看中留下来的。

为练飞车,溥仪在宫内修建了一个方台作为练习场。除了"飞车小李三儿",他还邀请了一名教习,在台上练折跟头。由于平常缺乏锻炼,溥仪总是气喘吁吁。

溥仪住在养心殿的东侧殿,而西侧是一间空殿,里边珍藏着他喜爱的各种"宝贝",这儿被称为"藏宝屋"。整齐的大殿内收拾得一尘不染,迎门是一面哈哈镜,殿内稀奇古怪的珍宝颇多,轻易不让寻常人进门。

一天,溥仪带润麒进了百宝殿,可把他乐坏了。溥仪一步三蹿地走进大殿,十分兴奋地对他一一讲解。润麒看见有两个仿造得逼真的宫女,身穿华丽古装端坐,手中各执一把扇子,撅动机关以后,两个宫女对坐着摇起扇子,此起彼落,他感觉殿内似乎刮起了习习微风。听说,宫女若无意间碰到开关,也会被吓一跳,因为假宫女会突然摇起扇子,真人反倒被假人吓得不轻。几间大殿成了秘不示人的展览馆,外表死气沉沉的大殿,却蕴含着活灵活现的勃勃生机。

殿内的珍宝玩具中,有一个西洋瓷人,放置在玻璃阁子里,身穿十七八世纪的西洋服装,单腿跪地,正拿着毛笔写字。旁边另有一个洋瓷人右手持笔,似在等候给他蘸墨水。好奇的润麒，刚打开玻璃门，洋瓷人就开始蘸着墨水写字。瞧上去，洋瓷人的书法笔力遒劲，功底非同一般：

八方向华

九土来朝

见到这八个端正的楷书大字，他感到十分惊诧。没想到，溥仪的玩具藏品居然如此有趣，他拿着洋瓷人的书法，在手里反复欣赏。

每逢闲来无事，溥仪就拽着他到那儿打开玻璃门，观赏洋瓷人跪着单腿写字。有一次，他有了意外发现，洋瓷人的上边还有一层小洋瓷人并排站在一起，待洋瓷人写毕，那排小瓷人原地一转，纸上居然又显示出一行中文：

万寿无疆！

润麒圆瞪双眼端详着，惊讶不已。没过一会儿，这一行字又渐渐缩了回去。他冲着溥仪拍手称快。

进殿转了几趟，他才知道这些稀奇古怪的洋玩意儿，大多是海外进贡来的。有时，溥仪心血来潮，就叫太监拿出几件摆在八仙桌上，与他一起摆弄个没完。他忽而发现，不少外国进贡的人形玩具，居然穿着中国衣裳，其中一个洋人穿着传统戏装，手扶着椅子拿大顶，机关巧妙地设置在椅子腿底下。上过弦，身着戏装的洋人便开始动作，一只手扶着两把椅子倒立拿起大顶来，这还不算，另一只手还能把另外一把椅子高擎起来。一个个有趣的洋玩意儿，让他看得瞠目结舌。

使他如痴如迷的还有各种变戏法的西洋玩具。有一个印度瓷人在两张桌子和一把椅子之间，一只手打开圆筒之后，突然显现出来一朵红花，扣上之后，另一边圆筒又变出来那朵红花儿。

"你能看出来，奥秘在哪儿吗？"溥仪歪着头考问他。

"让我瞧瞧。"

表面看上去，这两张桌子之间距离挺长，润麒感到奇怪，走过去掀起才发现，这是两朵同样的花儿，那边一转表面上像是没了影儿，其实绽放出来的是同样一朵红花。原来，两端各有一朵红花，使一些不知所以的人如堕云里雾中。

伏身琢磨半天，他又看出了另一个外国玩具的门道。一个抽烟的西洋瓷人，手里拿着烟袋嘴儿，若往它手指间插进一支烟卷儿，它就从嘴里往出冒烟儿。其实细看起来，洋瓷人并非真用烟袋嘴儿抽，而是由手指吸进烟，转到嘴里喷出来的。如不仔细察看,绝对难以参透其中奥妙。

由于润麒陪伴在身边,溥仪又找回了被压抑已久的童心。谁都知道,太和殿的金銮宝座除皇帝以外,任何人都不能坐也不敢坐的,这是无法逾越的宫规。

没想到,一天,润麒和一名太监陪伴着溥仪在太和殿外荡完秋千之后,溥仪十分兴奋,一反常态,兴致勃勃地拽他走进太和殿,然后一把抱起润麒,让他坐在了金銮宝座上,他顿时手舞足蹈,神采飞扬。而溥仪,在地上乖乖儿蹲着,眼巴巴地瞅着润麒憨笑不止……

第肆章

宫闱秘闻

* 润麒曾亲耳听端康太妃说起，西方洋烟卷儿一度盛行宫内，起因于慈禧太后试尝，又因宫内地毯被烧，被慈禧明令禁止。直到几位老太妃不堪寂寞，吸上烟卷儿，禁令才算废止。

* 他在养心殿抄起一枚载沣的大印———"永保天命"，往隔扇和柱子上叩了几下。载沣正偏巧进殿，皱着眉头，对溥仪说："你瞧，这一定是润麒干的！"

* 以幼年的亲身经历，揭秘电影机引进宫廷之谜———溥仪母亲的胞弟"洋三舅"，从国外带进宫内。在养心殿内打碎国宝青花大瓶，他不觉遗憾，却因十分喜爱的苍鹰焚于建福宫大火，而与溥仪驻足长叹。

图片说明：溥仪与润麒在宫中嬉戏

一 淘气的润麒

润麒自幼与婉容生活在一起,从没见她吸过烟。在娘家时,她连香烟也没碰过,奇怪的是,她进宫不久却染上了烟瘾。也许是她始终避讳弟弟,润麒始终没亲眼见过姐姐躺在床上抽大烟。①

其实,婉容的母亲仲馨也烟瘾颇大。不同的是,母亲抽的只是香烟,很可能婉容最初吸烟是受母亲的影响。当时,女士吸的烟卷儿有各种色彩,有的还带烟嘴儿,母亲吸的香烟,他最常见的,商标是两名手持橄榄枝的娇艳女子。

紫禁城内吸洋烟卷儿的由来,他曾亲耳听端康太妃说起过。西方洋烟卷儿刚引进中国时,慈禧太后试着尝了尝,谁知这引得宫内不少人上了瘾。后来,只因有人不小心烧了宫内的地毯,慈禧才在紫禁城内明令禁止吸烟,任何人抽烟,屁股都要挨板子,谁也不敢再吸了。

然而,禁烟使不少人烟瘾难耐,直到几位老太妃不堪寂寞,吸上洋烟卷儿,宫中的禁令才算非正式废止。润麒认识宫中一名个子不高,年过半百的老太监,叫老六,在宫中一直公开抽大烟,因其辈分高,又有钱四处打通关节,根本没人敢管。这并非个别现象,晚清乃至逊清小朝廷中,抽大烟已成为普遍流行于紫禁城内外的陋习。

在润麒眼里,端康虽贵为太妃,并不算美貌,而且长了一个"气累脖儿"——甲状腺肿大造成的。至于荣惠太妃,看上去无非是一个干瘦的老太太,外表只能算得上普通。他一直纳闷,皇上怎么看上了这些其貌不扬的妃子?

有时,他跟随溥仪和婉容一起去给老太妃请安,照例必须恭请跪安。而婉容梳着"两把头",脑袋两边各垂着一束红穗子,请的只是"蹲儿安"。当

---

① 据《我的前半生》执笔人李文达先生回忆,婉容因医治腹疼才抽上了大烟。亦有另外一种说法,即因溥仪有意纵容所致。

时在宫里,包括婉容、文绣以及他的母亲仲馨,女子见了太妃都无例外地请"蹲儿安"。在大殿里,两边照例各站立着一名太监,背后是罩着玻璃的一座大钟。

进了永和宫,几位女眷向端康太妃请过安,总是没话找话说。婉容转过身,一眼瞧见了润麒,于是对端康太妃说:"您甭看润麒,他这双眼睛往前看,可后边的事他也能知道哟。"听了姐姐这句话,润麒差点儿乐了出来,几近耳语地轻声对母亲说:"这不是哄老太太嘛。"

他陪着溥仪和婉容去看望各位老太妃,没有丝毫乐趣可言,而视为一种负担。只盼着大人吃完饭,一抹嘴就走。可哪儿有这么便宜的事儿,说不完的寒暄话,数不清的宫规礼节,令他烦不可耐,却又无可奈何。

朝夕相处,使他与溥仪、溥杰哥俩成了莫逆之友,仨人时常在宫内打闹疯玩儿。溥仪最喜欢召集一群人在面前耍枪弄棒。此时,他手持木头刀枪,淘气地与"皇弟"嬉闹,几个回合下来,大家对溥杰简直佩服得五体投地,几人同时对打,居然碰不着他一丝毫毛。而溥仪从来不服输,时常拿起唱戏的一套刀枪独自演练,直到年长几岁的"皇弟"最终成了手下败将。

直到有一天,他在溥杰的陪伴下走进什刹海畔的醇亲王府,才发生了人生中的一件正经大事。实际上,这是订婚之前的一次"面试",只不过他当时不知底细。

溥仪与润麒在宫内嬉闹。

他早就听说过醇亲王爷的传奇轶闻:载沣每天早晨起来总吃烧饼夹木樨肉,三百六十五天,永远不变;每天的饭谱也一成不变,永远不腻;连每天写日记亦从不中辍,一记便是几十年;偶尔出去应酬时,载沣要先揣上怀表、戴上眼镜,带齐几样东西才出门;吃西餐必去北京车站,吃中餐则必在后海荟仙堂。

在穿着打扮方面,载沣倒不讲究,惟一的喜好就是嗜书如命,遂被各王府称为"书痴"。润麒始终想见识这位传说中的"怪人"①，进了府门，平时活跃的他竟变得谨小慎微。见到载沣以后，他心情异常紧张，以至连说话都不利落了。

他虽拜见了未来的老丈人载沣，却一直没见到丈母娘——载沣的福晋和侧福晋。据他所知，载沣的侧福晋是一名汉族女性，在府里似乎地位不高，载沣每逢接见客人时总是独往独来，从不让女眷作陪。

在醇王府宽敞的会客室，载沣与润麒隔着一张八仙桌相对而坐。溥杰坐在润麒旁边，给他充当临时"翻译"。谁想，润麒说话的声音特别小，寒暄了几句，简直像附耳低语，溥杰见父亲听不清楚，焦急地提醒他："我们听不见呀，你能不能声音再大点儿？"

"我这嗓子哑了。"润麒不好意思地对溥杰说。

溥杰听了，连忙打圆场，对父亲解释说："这位少爷患感冒，嗓子哑了。"

其实，他根本没有一点儿感冒的症状，而是内心发怵，不敢贸然搭茬儿。由于这次见面带来的"假像"，在载沣眼里，润麒成了一个胆怯的老实孩子。

此后，他多次随溥杰来"北府"，还招来几个兄妹做游戏。不同的是，惟独不见韫颖，据说按照满族习俗，订婚后，男女双方直到婚前便不能再见面。实际上，此时距二人订婚仍遥遥无期。

润麒最喜欢玩各路神仙赴宴会的游戏。自然，扮演的角色无不是各路仙家——神仙或仙女、仙姑，淘气的他既当大将，又是神仙，游戏之后，再各归各山。总之，他和这一群小伙伴游兴不减，总得在府内胡乱奔跑上半天才算完事。

溥仪带着润麒参加过一次洋人出席的宴会。他见一种果盒夹着奶卷儿，味道香甜，便吃起个没完。看到他爱吃奶油卷儿，溥仪说："你爱吃奶油点心，其实我也爱吃。我知道北京有一家'马仲黎'②，专做宴会的奶油点心。"

"我挺想吃。"润麒不禁脱口而出。

他从小就最爱吃奶油西点，回到宫里心里仍惦记着，溥仪立时吩咐了一句话："让'马仲黎'做些奶油点心送来。""马仲黎"以为宫里要大摆盛宴，第二天就送来不少巨大的奶油蛋糕。

走进大厅，润麒一眼看到了三张八仙桌上各摆放着一个巨大的盘子，里边

---

① 载沣病重时，家族请来北京四大名医为他会诊，皆认为他湿气大，劝他尽量少喝水。据说载沣只是吃干的，极少喝水。因患尿毒症，于一九五一年二月三日逝世。

② 马仲黎是当时京城最有名的专门制作西式糕点的店铺。

润麒(上)在宫中扮戏装耍闹

盛放着大型多层奶油蛋糕,品尝奶油点心俨然变成了盛大宴会。鲜活的人工绿叶比真实的美人蕉叶子还要大出许多,五颜六色的"鲜花",芳香诱人。他站在那儿比了比,奶油蛋糕居然和他的个子差不多高。

就餐之前,溥仪说:"润麒,你每次吃奶油都没个完,总说吃不够,这回你敞开吃吧。"

"那我可就不客气了。"

平时他就是"人来疯",这天他简直成了"活宝",别人越议论,他就越来劲儿。他先凑在桌边吃,听到溥仪的话,索性蹦上八仙桌,专拣蛋糕上的奶油往嘴里抹。这块抹一点儿,那块抹一点儿,三张桌子上的点心,他很快就尝了一个遍,面上不仅抹成了三花脸,连鼻子和眼睛也沾满了各种颜色的奶油。

"哈哈,润麒真行啊。"溥仪看着他这副模样,哈哈大笑。

他更得意忘形,涂得满脸都是奶油,人们越哄笑他越抹,还故意模仿卓别林,做出滑稽的样儿,叉开腿站在桌上,甩开腮帮子一顿猛吃。

"你也尝尝嘛。"润麒说。

溥仪也跟着拿起勺子舀点儿尝了尝。高嬷儿和溥仪的乳母以及一群太监,站在八仙桌旁边瞧着,乐得前仰后合。一名老太监笑得直不起腰,讨好地对溥仪说:"瞧,奴才二爷多高兴啊。"

"他就是人来疯嘛。"溥仪开心地笑着,并无丝毫责备之意。

润麒见一群人在桌边瞅着自己折腾,越发来了劲儿,一不留神,啪嚓掉进奶油蛋糕的绿叶里。眼见他一头栽进奶油,身旁的高嬷儿被吓了一跳。一会儿,他晃晃悠悠地站起身,浑身上下沾满了奶油。在大家的轰然笑声中,他从八仙桌上跳下来,滑稽地站起身来,得意洋洋地说:"得啦,给我送到储秀宫去吧。"

这样,润麒在一群太监的陪护下,返回储秀宫换衣裳。他觉得不好意思,躲着婉容住的正殿,悄悄溜进了东配殿。高嬷儿赶紧给他洗完澡,又从里到外给他换上全套衣服,沾满奶油的脏衣裳扔弃一地。过了一会儿,传膳时,润麒已经撑得吃不下饭,仍然惦记着剩下的奶油蛋糕。后来,他才听说溥仪发下了"圣旨":"剩下的奶油,都赏给护军吧。"于是,他这才断了改天接着吃的念想。

俨然一个淘气大男孩儿的溥仪,时不时听风便是雨。一时,宫内外纷纷传言:"世界末日即将来临!"有人说得更邪乎,从那天起,太阳就会消失,变得暗无天日。当时,一种惧怕的心理像传染病似地迅速蔓延,不仅溥仪做了许多无谓的准备,社会上也有不少人信以为真,京城内外掀起了一场轩然大波。

照这种说法,在那些日子里,人们根本无法出门,非得储备大量食物不可。溥仪懵懵懂懂地听信传言,下达了旨意:"赶紧从宫外多买一些点心备着。"

润麒眼瞧苏拉处太监一齐出动,像抬轿子似的运回不少精致的竹筐,里边衬着雪白的软纸,看上去极为干净。一时,几百筐用纸包着的点心盒子,在宫内堆成了几座小山。

谁知,所谓"世界末日"降临那天,天空依然一片蔚蓝。溥仪仰脸看着火红火红的太阳,似乎又想起了赏给护军奶油点心的往事:"那个'世界末日'降临的说法不灵验啊,点心就还赏给护军吧。"

而润麒全然不在乎,顽皮地说:"天全黑了才妙呢,好点灯玩儿呀!"

二 宫廷太监

"我从来就拿润麒当一个小玩意儿。"这是溥仪身边的大太监李长安时常挂在嘴边的一句话。

无疑,隆鼻长眉的润麒是宫内有名的小淘气儿,长得又可爱,尤其是一些年迈的老太监见面总愿逗他玩儿。而他对老太监李长安印象最深的,莫过于那张瘦瘦的长脸、沟壑似的皱纹。从溥仪进宫起,李长安就一直忠心耿耿地追随于鞍前马后,自然是"皇上"的贴身心腹。

在宫内,随处可见品级不一的太监。在这个特殊群体中,有一名与众不同的老太监,叫张谦和——打小儿看着溥仪长大,总被溥仪亲热地称为"阉子",听得出来,多少含有几分戏谑之意在内。

这位老太监并不随时在养心殿当值,每逢重要差事才被唤来。有一次,溥仪想跟他开个玩笑,就用旧瓷盆儿撒了泡尿,让一名小太监倒在壶里提着,又

大太监张谦和

叫来润麒和几名随侍，带上几个小太监一起溜达到了张谦和的卧室外边。

一心捉弄人的溥仪，想来个突然袭击，推门就进。老太监正坐在椅子上，见到溥仪这位不速之客，不知所措地慌忙起身，给"皇上"请安。

"免了。"溥仪轻松地一摆手。

张谦和原本是伺候皇上的大太监，见溥仪大驾光临，只能规规矩矩地恭身伫立一边。润麒进门之后，细细打量了一下这个房间，别瞧是太监的寝室，却是古色古香，一尘不染。八仙桌上摆放着一些御制青花罐和青花瓶，夹杂着几个颇有年头儿的旧药罐儿——主人显然是宫里的老辈儿太监。

最显眼的是窗台摆放的两盆茉莉花，竟与储秀宫里的一模一样。忽然，溥仪眼睛一亮，瞧见八仙桌上搁着一把旧茶壶。于是他站起来，跟小太监要过小壶儿，坏笑着走过去，背转过身，亲手把自己的尿慢慢倒在了"阉子"的茶壶里。润麒瞧出来，溥仪是在耍小孩儿的把戏。

"阉子，"溥仪连眼皮都没抬，"过来。"

"是，皇上。"

"你怎么不喝点儿茶？"虽然溥仪面无表情，说话慢慢悠悠，张谦和却听得出来，这是无可违抗的"圣命"。

"是，皇上。奴才这就喝。"

说喝就喝，"阉子"端起茶壶品咂了两口。其实自打溥仪一进屋，张谦和便看出此行不善，溥仪亲自倒茶，他显然瞧出内中有诈。"阉子"早就知道溥仪曾让其他太监嚼过铁豆儿，而给自己喝"天子尿"是皇上的格外恩赐——这是民间治病求之不得的极品良方。

"谢皇上。"

溥仪见阉子一口气把壶里的尿一饮而尽，便抬腿迈出了门槛。老太监张谦和连忙走过去，伫立门口，咂吧咂吧嘴，目送皇上带着一群人渐渐远去。

宫内的众多太监,腰里无例外都揣着一个荷包。润麒记得,溥仪有一次责打太监,就是由荷包引起的。

少有人知,溥仪收藏着一盒名贵的钻石和金镏子。一天,他忽然发现丢失了一个金镏子,就随口问他:"润麒,你看见没有?"

"我根本就没见过。"

溥仪随即搜查了身边几名太监的荷包,一无所获,勃然大怒:"没错儿,就是这些太监偷的。"

丈二和尚摸不着头脑的润麒,不敢贸然插嘴。这时,老太监张三儿走了过来,他大高个儿,瘦长脸上布满了不少皱纹,显得格外干练和老到。张三儿曾对润麒说起,溥仪年幼时淘气,总爱用东西捅电灯,他就使劲吓唬溥仪,没想到电灯果真掉下来,正巧砸着溥仪的脑袋。为显示对溥仪的忠心,张三儿这次又出了一个损招儿:"这些太监呀,非得挨一顿揍才能说实话。"

"哼,叫敬事房责打每人一顿。"张三儿的话,激起了溥仪的火气,"没准儿能打出来。"

润麒只知敬事房是专门惩罚下人的地方,却从没见过施刑。结果,责打半晌,丢失的金镏子也没见半点儿眉目,溥仪怒气未消:"润麒,你跟我走。"

溥仪叫他跟随着,去看"皇上"亲手拿板子责打太监的屁股,犹豫了半天,他最终也没敢去。溥仪回来时,气哼哼地告诉他:"我惩罚那些太监时,有一名像小孩儿似的小太监,下身往前一拱,被我的板子打着了那儿。"

听皇上的口气,润麒估计不太疼,只是多少有点儿担心。又是一句"跟我走",溥仪带领他和一群太监去看望被打的小太监,以示慰藉。穿堂过殿,进屋一看,炕上坐着几个辈分低下的小太监,见皇上带着一群人进来,几名小太监被吓得陡然变色,不知所措。

溥仪走近炕沿,对被打着生殖器的小太监柔声询问:"你上药了吗?疼不疼呀?"

听了溥仪的问话,小太监受宠若惊,立时跪倒在地:"奴才给皇上请安。"

瞧着小太监的可怜样子,他内心同情不已,轻声地自言自语:"这么一个年岁不大的小孩儿,在宫里遭了多大罪呀……"

见没出什么意外,溥仪旋即转身与润麒这一群人返回养心殿。而丢失金镏子之事,只落得个无果而终。

溥仪平时住在养心殿，抬腿就到了储秀宫，偶尔也去长春宫玩耍，毕竟不如在储秀宫待得久。婉容和淑妃若去养心殿，喜欢热闹的溥仪短不了招来一群人，凑在一起，疯打疯闹。时常，溥仪一时性起，就随便留下一句话："今天呀，让润麒住在西暖阁别走啦。"

　　皇上金口玉言，润麒自然乐得听命。一年里，他总有几次夜宿养心殿的西暖阁。有时，溥杰进宫也住在那儿。养心殿后边的房子并不算多，总共只有几间，每逢他在大屋的炕上过夜，溥仪就只能睡在里间屋。

　　养心殿后边有一套两间的卧室，里外屋的正中间摆放着一个烧煤的炉子。炉子外边涂着一层白漆，虽然没有安装烟筒，却从没听说谁中过煤气。炉火烧得最旺、煤气最弱时炉子再端进来，屋里顿然变得温暖如春，夜半时分，他睡着后还热得踹开被子。

　　宫外时兴的玩具，一般很快就会传进宫里。早晨醒来，润麒径直奔大殿。那儿摆了一些仪器，其中一个圆盘上画了赤、橙、黄、绿、青、蓝、紫七种颜色，一道道显得格外鲜艳。圆盘底下有一柄把儿，摇转起来，七种颜色竟瞬间全变成了白颜色。溥仪十分迷恋转动圆盘的游戏，早已上瘾地独自玩了好几天。

　　那天，溥仪正好还没来，润麒独自一人摇动了转盘。正当他聚精会神俯身观察时，一名太监走进殿禀报，没留神碰了他一下，正在转动的圆盘顿时将他的脸擦破一个小口儿。他抬头一看，正是头一天被溥仪打过屁股的小太监。

　　荣源恰巧刚进宫，瞧见润麒脸上的伤痕，极为恼怒："是谁把你的脸弄伤啦？"

　　润麒刚解释了两句，说明不是谁故意而为，小太监见状，忙跑过来，一个劲儿跪地告饶："您饶了我吧。昨天皇上打屁股时，打着我的小便了，现在还痛呢。"

　　其实，小太监讨饶时，倒没显出多么痛苦。荣源拂袖而去，润麒自然也顺势了却了这档事。

　　另一天，润麒在养心殿与溥仪聊天时，见桌上摆放着一枚载沣的大印，顺手抄起来便淘气地往大殿的隔扇和柱子上叩了几下：永保天命。刚叩完，载沣就走进养心殿，手指着叩反的印章，拧着眉头对溥仪说："你瞧，这一定是润麒干的！"

　　润麒根本没理会载沣的话，又把印章掉过个来，使劲叩在养心殿的柱子上。坐在养心殿宝座上的溥仪，距离他挺近，却没说任何话，只是皱了皱眉头。载沣这下更生气了，他一看势头不对，慌忙溜掉了。

若说起宫内的女人，不免要提起一名特殊的女子铁格。她是溥仪的伴读——毓崇的妹妹，穿着打扮极别致，成天梳着长辫子，旗袍上套着一件坎肩儿，时常出入宫禁。

润麒对铁格印象颇不错。她长得端庄大方，身材丰满，经常来养心殿与溥仪聊天，每次时辰都不短。大伙儿都在四处玩耍，她却在炕桌边和溥仪聊得一团火热。显然，连溥仪也多少有点儿喜欢上了她。日久时长，连婉容和溥仪的几个妹妹都瞧得出来，铁格与溥仪的关系实在不一般。

有时，她也来润麒家里打牌，席间谈笑风生，显得性格极为开通。那时，他见了年轻女子总不敢接近，铁格来打牌时，他偶尔过来瞅了一眼，她偏过头，问他的大姨儿："润麒多大了？"

"我十五了。"没等大姨说话，润麒搭了话茬儿。

她顿时一愣，脸色变得潮红，显得挺惊讶："哎哟，润麒都十五啦？我一直把他当成小孩儿呢。"

"甭听他的。润麒说的是虚岁，虚了两岁。"大姨笑着插话说。

平时，铁格是一个性格豪爽的女子，对于成年男子颇感兴趣。见此，太监福儿悄悄把润麒拽到了一边："来顺①原来就在毓崇那儿，挺了解铁格。后来，她到咱家来了，来顺对我说，'她的性子太野，你得先管管她。'你瞧，我怎么管得了她呢？"

那一时期，铁格常在宫里到处游逛，显得风流倜傥，放荡不羁。不知什么缘故，她年纪轻轻便倏然去世。过了许久，宫内的人们在牌桌上，仍短不了念叨起这位性格鲜明的王府格格。

仅从表面来看，三妹韫颖的穿着打扮倒与铁格颇有相似之处，总喜欢在粉红旗袍外边再套上一件花红或绿色缎子坎肩，边上镶着几道雅致的绸钉儿，两只窄窄的袖子，显得十分典雅；腰下两侧的开气微露绸子裤，鞋上绣着四朵花儿、缀着穗儿。若身穿绿色旗袍，腰里往往系一条红色带子，再配上色彩鲜艳的手绢、荷包。如果穿紫色裙子，上身便穿红色或深绿色小袄，搭配得极为水灵。

溥仪的七个妹妹之中，韫颖是最端庄秀丽的一个。而她的另外一种"蔫淘气"，亦足以引人发笑。润麒与韫颖、韫龢在一起玩儿时，她俩一起上阵都

---

① 在毓崇家当差的太监。

打不过他。韫龢被逗急了,就出邪招儿,抄起外国画报拍打他的头,他就躲避开韫龢,猛追韫颖,拿着手中的铅笔要扎她,吓得她拔腿就跑。他从储秀宫正殿的东屋,一直追赶到她住的西屋,掀起帘子抢夺她的手绢,她死活不给,他高高地扬起手,佯装要打她,韫颖马上顺从地跪在地上,像幼稚的小孩儿似的向他求饶:"哈斯奔①的,我将来嫁你啦。"润麒听了,没想到她说出如此话来,心一软就饶了她。

谁知,这一句戏语,竟不期成了他俩婚恋的预言。

三 电影机与苍鹰

逊清宫廷的电影机,究竟何人引进,确无详尽的历史记载,也始终不为常人所知。润麒以亲身经历,揭破了这个谜底,是"洋三舅"从国外旅游后带进宫内的。所谓"洋三舅",是宫内人的"官称",他是溥仪母亲的胞弟良揆,去西洋游历过许多国家,家里极有钱。据说,电影放映机是他归国时专门为溥仪带来的进宫觐见礼。

那架简易电影机最初进宫时,引起不小的轰动。电影机构造奇妙,不用电插销,自身携带一台手动发电机,轻轻地用手一摇,就能放映出电影。

当时放映的电影片,并无什么新奇内容,放来放去就是几部从国外带来的无声洋片。起初,晚上在宫内的庭院里放映,尔后建福宫才成了专门的放映场地。第一次,润麒是与溥仪、婉容在宫内大殿的一面墙上观看电影的。渐渐的,观赏电影才成了宫内的重要娱乐活动。

淘气的润麒,尽在宫里惹祸,若几天没闹出点事儿来,反倒显得不正常了。一次,他跟着母亲以及溥仪的妹妹——韫龢、韫颖一群人正在养心殿玩儿,溥仪猛然拍了他一下,转身就跑。他马上追赶过去,两人在殿内跑来追去,来回周旋于盘龙雕漆大柱之间,令人眼花缭乱。

养心殿宝座两侧,最具价值的是一对青花宝瓶和工艺考究的古老隔扇。白地兰花的青花宝瓶,高矮与溥仪个子差不多,据说是乾隆朝的古董,堪称价值连城的"国宝"。

此前,润麒曾几次试图摸到青花宝瓶的顶部,却都没够着。他俩围着宝座跑来转去,他猛追,溥仪快跑,眼看两人距离只有几步远时,溥仪突然转了一个

---

① 英文 Husband 的音译,意为丈夫。

弯儿。

平时捉迷藏，润麒拐弯时常以柱子为轴，借力来加快速度。谁想，这次他在疾速奔跑误将高大的清花宝瓶当作圆柱来借力旋转。没等他转过弯儿，巨大的青花宝瓶哗啦倒地，摔成碎片。失去重心的润麒也意外地摔了一个大跟头。

瞬间，养心殿内鸦雀无声，所有人都停止了动作，目不转睛地瞧着躺在地上的润麒和那堆青花宝瓶碎片。殿内外一名太监也没有，仅剩下他和母亲以及溥仪的几个妹妹。

过了一会儿，几名太监拿来木匣，还带来了几把笤帚，收拾干净后很快离开了养心殿。尴尬之中，不知怎么，溥仪的三妹韫颖突然手指金銮宝座，冒出了一句没头没脑的话："嘿，你们瞧，那上头滚出来一个小火球儿……"

"果真吗？"润麒不相信地反问。

"嗳，这是瞎说呢。"韫颖似乎调皮地说。

仲馨在旁边哈哈大笑，韫颖与韫龢也在一旁笑个不停。

直到此时，润麒仍未领悟韫颖解围的玩笑。从小起，他就感觉溥仪的几个妹妹里数三妹充满女性柔情。事隔几十年，她当年力图冲淡尴尬的逗趣余音，仍回响在他的耳边。

甭瞧他无意摔碎了青花宝瓶，溥仪却自始至终没责备他一句，也根本没当一回事。

"走喽……"随着溥仪一声的招呼，润麒和一群人跟随其后，扬长而去。

宣统末年，故宫西北角毗邻建福宫处搭建了一座颇具规模的动物园。一个庞大的铁丝网内，筑有高耸的假山和人工水池，里边喂养了许多拴着绳儿的苍鹰，还饲养了不少叫不出名字的名贵小鸟，种类繁多。

有一阵儿，润麒迷上了照相，成天拿一架小照相机四处拍摄。他怕苍鹰啄人，不敢贸然闯进铁丝网，就叫太监拿着照相机进去拍照，洗印好了，照片上的一只只苍鹰活灵活现。其中一幅照片他格外喜欢：一只硕大的鹰头，瞪着巨大的双眼，目光炯炯地注视着远方……他将这幅照片挂在了卧室。这么多珍稀动物，他情有独钟地关注着一只目光灼灼的苍鹰。

一天晚上，润麒正在储秀宫东配殿睡觉，夜半时分，睡梦中的他骤然惊醒，听见宫内人声嘈乱，劈哩啪啦，劈哩啪啦……他伏窗眺望，红透的半边天，仿佛就在眼前，那正是建福宫的方向。宫内的人们什么内情都不告诉他，认为他仍是一个不懂事的小孩儿。宫内燃起大火,他没考虑什么宝物被烧、什么人纵火……这些,他连想都没想,甚至也没想起看望一眼皇后姐姐。

婉容却惦念着他,火速派保姆前来看望,他这才知是建福宫失了火。谁都清楚高大的紫禁城外还有护城河,极难有人能溜进宫去,更甭提进去偷盗宝物。建福宫这一场大火,溥仪始终怀疑是太监所为,很快就作出了驱赶太监出宫的决策。①

那场冲天大火过后,建福宫变成了空旷的瓦砾,那座动物园也被殃及,烧得荡然无存,成了一片荒凉。一天傍晚,润麒跟随溥仪带着一些太监,爬完御花园的假山,趁着余兴又来到建福宫。黄昏时分,他陪溥仪伫立于土丘上,眺望已成为一片废墟的"火场"。四周是高耸的围墙,他俩的目光,不约而同地转向西南角仅存的一间陋屋。溥仪和他聊起,建福宫大火之后,宫里不少人去瓦砾堆下扒财宝,说不定底下仍有不少稀世珍宝……这时,从远处的三大殿传来了一阵长长的号声,显得异常悲怆。他知道,那是驻扎在宫禁的国民军吹出的军号。太阳徐徐下山,日落残垣,他竟感到一种莫名其妙的失落。溥仪深深叹了一口气,有感而发:"唉,我亲耳听着这种号声,看到那间旧屋,感到多么凄凉啊。"

润麒不知溥仪是痛惜珍宝被焚毁,还是哀叹昔日宣统王朝的不复存在,只是觉得,凡是见过此情此景的人无不凄然心恸……然而,他与溥仪内心所思所想却大相径庭。

润麒回想起,就在建福宫大火的次日清晨,宫内的人们大多起了床,惟独他仍然躺在床上一动不动。焚烧了宫中无数珍宝,他倒也没觉得什么,只是惦记最喜爱的那只苍鹰。刚下床,他便没头没脑地发问:"哎,那只老鹰还有没有呀?"如今,他忆及幼年读书时,就晓知孔子救焚"问人不问马"的故事,而自己恰恰相反——问鹰不问人。他倏然觉得,自己那天的问话竟如此可笑。

大火已经成了过去,建福宫在宫内被改称"火场"。他十分喜爱的那只苍鹰,也被惨然烧死,化成了灰烬……

---

① 润麒曾回忆说:他亲眼所见,建福宫内珍宝颇多。他在宫里时,看到每年仅晾晒文物就耗费几天时间。溥仪出宫时,冯玉祥和鹿钟麟用汽车运走了不少珍宝。后来,蒋介石又把这些珍贵文物集装成箱,运抵南京,又从南京转运到台湾。台湾故宫的文物藏品绝大部分来自大陆故宫。

第伍章

内廷轶事

＊锯断宫中门槛的始作俑者,非润麒莫属。不仅溥仪和婉容,连年迈的端康太妃也在宫中骑上了自行车。

＊溥仪和润麒双脚缠裹白布,腰里拴绳,登上养心殿的脊顶。端康太妃恰巧路过,仰脸望见高耸的养心殿脊站立着人,猛然被吓了一跳:"又是润麒在淘气吧?吓得我都不敢看啦。"

＊巧遇每年一次的宫中"晾宝",他顺手抄起一件国宝———玉器珍品,随意抛在空中,又灵活地接住。霎时,内务府官吏被吓得呆若木鸡。

图片说明:婉容与骑着三轮车的端康太妃

一 锯门槛的"祸首"

春日熙熙，阳光明媚。储秀宫内，在一群太监簇拥下，婉容东倒西歪地骑着自行车，骑着骑着，自行车没扶住，她随即跌倒在地上，众人不禁发出了一片笑声。她慢慢地爬起身，脸上露出少见的微笑。这个罕见的场景，被悄然留在历史的镜头里。

连日，永和宫也是一片嬉笑声。年迈的端康皇太妃骑自行车，这成了宫内一桩奇闻。端康皇太妃年逾六旬，骑不了两轮自行车，怕摔倒在地，老太监便出主意，专门给她改装定做了一辆三轮车。宫内办事果然麻利，刚吩咐没两天，三轮车很快就运进了宫。

润麒站在永和宫里，笑眯眯地瞧着端康太妃穿着一双有别于一般花盆儿底的白色厚底鞋，骑在三轮车上，后边一群太监跟着跑。逐渐，老太妃也学会了拐弯，还能绕着养金鱼的大缸转圈儿。自然，少不了太监们前后左右小心翼翼护"驾"。

上行下效。没过几天，宫里就出现了不少三轮车，上了年纪或是腿脚不利落的人，大多骑上了这种车。

骑自行车在宫内风靡一时，而润麒却是始作俑者。

当时，京城鲜有人骑自行车。润麒和他母亲就成了第一批践行者。荣宅花园挺大，也没有门槛，仲馨起初常在院内骑，后来听说载涛家院子宽敞，便时常跑到皇叔家去骑。不久，载涛一家除了年迈的福晋不敢骑，全家人都学会了骑自行车，连载涛娶的年轻媳妇也骑得十分利落。

润麒感到自豪的是，他和母亲都有一辆"二六"型外国自行车，是他将这辆自行车最初骑进了紫禁城。

溥仪起先不会骑自行车，溥杰和婉容等人也都不会。后来听润麒说他和母亲经常在家里骑，才叫他把外国进口的自行车骑进皇宫内苑。

溥仪亲眼见到他表演车技，不由怦然心动："买几辆自行车，咱们也学着骑骑。"

皇上一道圣旨颁下，一批外国自行车随之推进宫禁，养心殿前的空场顿然变成了练车场。溥仪率先披挂上阵，由太监搀扶着骑上了自行车，润麒亲自担任现场教练。没几天，不仅溥仪学会了，溥杰也能骑得飞快。此前，溥杰"败走麦城"——学车摔倒在地的情景，被润麒悄悄抢拍下一组照片。溥仪后来才发现，自己练骑车时也被偷拍了不少"御照"。

在储秀宫，润麒亲眼见到姐姐婉容学骑车时摔倒在地的情形，便抓拍了几张照片，拿给母亲看，过了没几天，仲馨便前来储秀宫辅导女儿练骑自行车。

溥仪在养心殿骑了几天，觉得院里不过瘾，就想骑到外边，但各宫的门槛儿碍事儿，无法骑过去。而且各宫都是死门槛儿，绝不像一般插销，可以随意拔下来。润麒想了想，笑着向溥仪提出一个大胆建议："这些门槛儿真碍事，干脆锯了它得啦！"

"嘿，好主意。"这正中溥仪下怀，他当即下旨，锯掉养心殿通往御花园的门槛儿。一些门槛儿实在锯不动，就由太监运来黄土垫起来。他陪着溥仪飞身跃上自行车，在宫里畅行无阻，身后的众太监总是被落下老远。

没过多久，润麒玩儿腻了，舍弃自行车，又开始迷上驾驶摩托车，一下买回两辆。那时，他刚刚十几岁，摩托车座位高，骑上双脚够不着地。当时，摩托车的加速油门是由一根可以转动的圆棍儿来掌握快慢节奏，往外推是加速，往里拉就减速，刹车时要用两手同时捏闸。反正宫内谁也不敢骑，只有胆大的润麒一人能驾驶。

刚开始，摩托车踩火以后，先得让人推着走，加大油门才能行驶起来。他骑着摩托车，在御花园通往养心殿的道上跑来跑去，待要停车下来时，却闹出了笑话。

"我下车啦！"润麒大吼一声，一群太监马上跑过来把他团团围住，他从摩托车上一下歪倒在太监的怀里，众人面面相觑。

几天之后，他又闹出了笑话。起初，两名壮实的年轻太监推动了摩托车，他坐在上面怎么也打不着火，累得俩太监浑身大汗，摩托车却只能歪歪斜斜地行走。末了，他还被摔了下来，惹得一旁的众太监啼笑皆非。

溥仪瞧着眼红，也买了一辆摩托车，开始却不敢骑，见润麒平安无事，才摸索着骑上去，最后竟也能在宫内驾驶自如了。

在荣宅，润麒骑车挺顺当，可是遇到有人起哄，便心里发慌。一次，他骑自行车出门时，正巧门口有一辆老式大鞍车，由一匹白马驾着辕停在门口。临出大门时,门口站岗的护军犯坏,一齐吓唬他:"小心白马,小心呀。"他心里猛一害怕,竟从车上摔下来,倒在了马腿上。这时,他不由自主地抱住马腿,反倒吓了白马一跳。幸亏那匹马老实,没踢他。

等护军跑过来,强行牵走白马,他才蹁腿骑上自行车,低头猛蹬几下,拐出了帽儿胡同。途中,他不禁自言自语:"真差点儿丢脸哟……"

二 深宫琐记

午餐时,溥仪唤润麒来在养心殿"伴驾"。而润麒感到最别扭的,就是在养心殿侧间的炕桌吃饭。因炕桌不大,又在炕沿拼接了四张高矮一样的八仙桌,所以必须盘腿而坐。溥杰若坐在炕桌边,润麒便坐在炕沿的椅子上,这也倒好,省得盘腿。

甭瞧溥仪坐在炕上侧歪着半个身子吃饭,却只能夹眼前几个菜,有些菜连够都够不着。溥仪吃饭时,总有一名太监专门在旁边候着,随时布菜、盛饭。偶尔,够不着菜时,溥仪竟不管不顾地从炕上跳下来,夹点儿菜,又猴儿蹿似的蹿上去。不过,这样凑合了一个来月,就换成了大八仙桌。满桌菜肴,都是用御膳房的专用红盒子抬来的,冬天,端上来怕凉了,还在菜盘底下垫了一个盛着热水的夹层托盘,菜盘上还罩着盖儿以保暖。

溥仪和婉容在宫内的一日三餐,远不像一般人想象的那么复杂。早餐,一般是炒木须肉、炒黄瓜等几样热菜,再照例上一道热汤。两座大殿里几乎每顿早餐都有烧饼、炒饭和稀粥,除几道例菜之外,只是小菜略有差别。至于午餐和晚餐,也没有外边传说的百十种菜那么多。起初是几十种,可以摆满四张八仙桌,到后来撤成一张八仙桌,只摆八九样菜,炕桌中间还有几个菜,总共也就十几样菜。桌上摆的瓷碗和瓷碟儿十分考究,一律是精美绝伦的官窑出品。

尝过御膳,润麒才知道宫廷菜其实与民间菜肴并无多大差别,只不过做得精致些罢了。像炒白菜、炒油菜及鸡、鸭、鱼、肉等,大多是百姓家的常见菜,几乎找不出一样惟宫里独有,而宫外绝无的菜肴。

午饭时,溥仪很少喝酒,晚上通常吃米饭和炒菜,一时性起,还给大家布菜,这时,润麒必须按照规矩起立,反倒觉着拘谨起来。

平素,润麒和婉容大多在一起吃饭,只是偶尔才去养心殿就餐。溥仪来储秀宫与婉容共进午餐的情形并不多。他一直纳闷的是,太监首领一句"传膳",没一会儿,小太监就从膳房抬来大提盒、大盘小碗,神速摆满餐桌。婉容吃饭时,总愿坐在八仙桌旁,从不盘腿坐在炕沿上。八仙桌上的菜肴她动得很少,大多吃的就是炕桌上有数儿的几样。

润麒发现养心殿的一日三餐与储秀宫也没什么区别,都出自御膳房的厨艺,传膳的也是太监,连餐具也一般无二,只不过稍多几样菜而已。他在其他太妃的宫里吃饭,菜谱也无两样,连传膳的方式也是一个模子刻出来的。

宫中倒是有一个老规矩,凡是御膳房做出来的菜肴,先要由一名太监"尝膳",即端上餐桌的菜肴都要当面叫太监试尝过,再给溥仪摆膳。

宽大的餐桌上一般不铺桌布,而是直接摆设餐具。与宫外不同的是,所使用的餐具都是纯银打制的,连筷子和筷子架也是。端上来的每道菜都有一个银碟搁在盘子上,以随时验明菜肴是否有毒。

用膳时的餐巾极为讲究,都是用上好的绸料制作的。明黄色的里子,正面印着方格,餐巾角上夹着一个金质的明钩儿,吃饭时可以别在衣裳领子上,脏了便换下。这是宫里老一辈儿传下来的,似乎比西方的餐巾还先进一些。

宫里还有一个旧规矩,太监端来茶后,便往后顺势蹲一下,叫"打千儿"。主子吩咐之后,太监照例要答应"嗻",若没听明白时,再说第二声"嗻"——后音一抬,就是表示没听明白主子说的意思。此外还有一个宫廷规矩,俗称"打横儿",是不能不提及的。譬如,皇上在金銮宝座上端坐时,无论何人从皇上面前走过,都必须躬身表示敬意,而且双手要背在身后,走过之后再恢复原状。

在宫中,润麒亲眼目睹了满、汉大臣的区别。汉族官员很少有人自称"奴才",而一般称自己为"臣",写奏折时,都写着"臣某某进书"。而满族官员则往往写"奴才某某进书",自称"奴才"。这个微小的区别,却是宫廷的真实侧影。

润麒观察发现,宫内最讲究的莫过于君臣尊卑长幼之序,服饰穿着也颇有讲究。逢年过节,润麒都要穿上绒蟒袍,腰间系一条带子。上身穿的褂子前面刺绣的方块叫补子,袖子是马蹄袖。① 他穿上这一身行头,既威风又十分拘束。

见了皇上必须行大礼,见了长辈须请跪安,这是一个无可更改的宫规。后辈见了年仅十四五岁的润麒,自然也得请跪安。一般单腿安,仅限于平辈儿之

---

① 据润麒回忆:现在电影里清朝大臣的服饰都挽着马蹄袖,一说行礼,就啪、啪、啪、一褪袖,再行跪拜礼。这完全戏剧化了,宫中的实际生活并非如此。至于甩袖子,据润麒回忆是从没看见过的。从袖子的款式来说,也没听说卷上又放下来。在宫中,一般是请跪安,请完跪安就站起来。至于电影中有的大臣起身以前作揖,先请单腿安之后又请跪安、磕头,与实际情况不符。

间行礼。行交手安时，头要偏在右边，另一人的头须偏向左侧。

一般人都以为润麒熟悉各种请安的方式，其实淘气的他自幼知之甚少，还曾闹过不少笑话。有一位皇亲叫曾凯，与其弟曾益同是荣寿固伦公主的后人，他俩年龄比润麒大许多，论辈分却是曾孙辈儿，如果从母亲仲馨那边论起，却又只比润麒晚一辈。有时哥俩管润麒叫老祖儿，有时又称他二舅。无论怎样称呼，见了润麒他俩必须恭敬地跪下请安。一次偶然相遇，曾凯连忙下跪请安，头歪在他的右侧，哪知，润麒的头恰巧也偏向了右边。请过跪安以后，比曾凯矮一头的润麒没留神，刚一起身，正巧撞到对方下巴上，疼得曾凯龇牙咧嘴。润麒歉疚地说："咱俩没受过训练。以后就干脆请交手安吧，这样简单些。"俩人捂着疼处，尴尬地相视对笑。

三　储秀宫内

皓月当空，夜色阑珊。

白天，润麒总在宫内四处乱跑一气，临到电灯亮起来，才精疲力竭地回到储秀宫东配殿。屋里连收音机也没有，困了在炕上倒头便睡。他睡在床里，陈妈一直躺卧着护在外边，陪伴他进入睡梦。

每天，陈妈都要催促他换上衣裳才让上床睡觉。在宫里，他根本没什么作息时间的概念，每到早晨，陈妈便须叫醒他："润麒，该起床啦。"立时，他就听话地从床上爬起来，从来不多睡一会儿。

起床后，陈妈给他穿戴好衣裳，再伺候他洗脸、漱口。有时，他在东配殿和陈妈一起吃早点，有时性起就跑到婉容住的正殿，找姐姐一起共进早餐。

一天清早，御前太监兴冲冲地跑了来："万岁爷等着二爷，要跟您一起吃早点哪。"话音未落，润麒起身一溜儿小跑，到那儿一看，溥仪正端坐在养心殿等他来共进早餐。此后，他大部分是和溥仪一起吃午餐，有时，溥仪会见外宾或有宴会，他就在婉容那儿吃饭。

在家里，润麒没人管；在宫里，他爱怎么玩儿就怎么玩儿，溥仪根本不管。偶遇婉容不在时，他便在储秀宫正殿召集一群宫女，肆意胡闹，不亦乐乎。那些宫女大多是十五六岁的小女孩儿，而他根本不懂什么"男女之大防"，甚至没觉得宫女是女性、自己是男性的区别。

宫女在宫内都受过严格训练，听到主子吩咐无不惟命是从。一天，他想出了一个坏点子，把好吃的东西都拿出来，摆了满满一桌，同时把一些漂亮宫女唤到跟前,手里晃着一包糖果,吩咐她们在殿内比赛摔跤:"你们谁摔赢了,我就赏给你们糖果和巧克力吃。"

眼瞧宫女们连撕带扯地翻滚在地上,他欢快地拍着巴掌,哈哈大笑。比赛没一会儿,他就把殿里的糖果等食品当作奖品发给了宫女。听说婉容要回殿,一群宫女顿时像兔子似的跑得没了影儿。婉容进屋一看,殿里的糖果和点心所剩无几,奇怪地问他:"那些好吃的都没了,怎么回事?"

"都当成奖品,赏给那些宫女啦。"润麒的口气十分轻松。然后,他将摔跤比赛大肆渲染一番,婉容听了,知道淘气的弟弟趁自己不在时,又上演了一出"新节目",笑了笑,也就没再说什么。

溥仪这位关门"皇上",成天无所事事,经常和润麒泡在一起。有时早晨刚刚起床,溥仪就跑来对他说:"昨天夜里,一个小太监禀报说,殿顶上有人往下窥探,我让他们在宫里搜了半天,连个人影儿也没找到。咳,害得我一夜未眠。"

"这还不好办?叫人搬梯子,"润麒喜形于色,"我上殿顶瞧瞧不就齐了吗?"

婉容听说后,死活不赞成,惟恐他登上殿顶摔下来:"你要是有个好歹,我怎么向奶奶和阿玛①交待?"

溥仪却极力撺掇他,嬉笑着说:"我也正想上房顶看看……"

"好啊。"润麒听了,显得非常高兴,"那太好玩儿啦。"

"上房!"溥仪喜滋滋地传出话。

没一会儿,竖梯和裹脚白布、绳子就由太监运送了过来。大殿的高墙对润麒来说,不仅不怵头,反而极具诱惑。养心殿后边的暖阁比较矮,他便出主意在暖阁的天井里竖起梯子。太监小心翼翼地把溥仪和润麒的双脚裹上白布,腰里拴上绳子。

溥仪打量了一番,见绳子一头拴在润麒的腰里,另一头系在太监腰间,他自己亦如此。腾、腾、腾……没一会儿,他和溥仪先后蹬着梯子蹿上房脊,分别奔向房脊的北侧与南侧。在房顶上玩儿了一个时辰,俩人又动作灵敏地蹿房越脊,彼此调换个儿,变成了润麒在南、溥仪在北,他俩隔脊相望,配合得极为默契。

---

① 满族人称母亲为奶奶,称父亲为阿玛。

溥仪登上养心殿，吓了端康太妃一跳

俩人又不约而同地一层层攀到了养心殿的殿脊上。这时，恰巧端康皇太妃路过，她打起手遮，仰脸望见高耸的养心殿脊站立着人，被吓了一跳："那又是润麒在淘气吧？吓得我都不敢看啦。"

"殿脊上边还有皇上呢。"

"啊……"听了太监的回话，端康太妃没再吭声，赶紧转身走开了。

自然，他和溥仪在养心殿顶上什么也没发现，至于殿顶藏人的传闻，不攻自破。他和溥仪在养心殿蹿房越脊的故事却成了宫内谈论一时的热门话题。

刚进宫不久的润麒，简直成了一个磕头虫，见了面就要给皇上、皇后以及太妃逐个请安。后俩，他与溥仪混得熟悉了，见了面，往往鞠一躬就算了事。而对宫内的端康和荣惠、敬懿三位老太妃，见了面则必须请安，在礼节上不能有一点儿差池。他与端康太妃、荣惠太妃比较熟，去敬懿太妃宫里的机会少一些。他随着溥仪对太妃的称呼，叫她们"皇额娘"①——重音在"额"上，见了太妃的面，赐座之后，也不必磕头，更不用说什么"谢主隆恩"之类的话。请过安，溥仪便坐下与太妃闲聊，说的无非是一些寒暄话而已。

最初，他在宫里见到姐姐婉容，请一个跪安之后，便垂首站立旁边。日常，

---

① 额，音为去声。据润麒回忆，溥仪给太妃请安时，一般称"皇额娘"。

溥仪和婉容都没有"接安"这么一说，只是站在那里，一抬手就算完事。如果刚见面，他无非依然要尊称一声"主子"。渐渐的，他们一天见几次面，便也不那么循规蹈矩，他对溥仪、婉容也不再称"皇上"、"主子"了。

起初，凡是溥仪赏赐珍品，润麒与溥杰谢恩时，非跪在地下磕三个头不可："谢皇上。"

"别谢了，得得，别磕了。"每逢遇到这种情形，溥仪往往打断他俩的话头。

到后来，溥仪赏赐珍宝时，他也不再跪下谢恩。有时，俩人离得挺近，近乎头顶头了，润麒刚说了一句："得按规矩谢恩呀。"

"坐着，你坐着。"溥仪便抬手按住他，说什么也不让他下跪谢恩。

只是有一个规矩他必须遵守：那就是溥仪站起来，他绝不能安坐不动，必须马上起立，而且要微微低头，嘴里说着"嗻"，自称"奴才"。后来，溥仪也不再让他称"奴才"，而让他自呼姓名。有时溥仪嫌麻烦，连请安也省却，索性一挥手："甭请安啦。"再到后来，润麒即使得到婉容赏赐，也没有什么繁缛礼节，道谢之后，接过礼品就可以。

而对于宫里的一些老规矩，则马虎不得。譬如，逢年过节进宫给皇上磕头时，必须当众递上如意。那次拜年时，他刚走进养心殿，太监便递过来一柄玉如意，他随之跪下，双手捧起如意跪递上去。太监接过之后，他按照宫规恭行三跪九叩的大礼，太监再将如意跪呈溥仪，这个礼仪就算结束了。一般玉如意都不是自己从家里拿来的，而是宫里的太监事先预备好的。

按照宫内规矩，润麒先后给端康、荣惠、敬懿太妃递过如意。他家里一直正式收藏着三柄玉质如意——底下有硬木衬，两头是灵芝草的图案。看到他递如意时的假装斯文，联想起他平日活蹦乱跳的滑稽样子，谁都觉得十分好笑。

有一次，润麒随溥杰去荣惠太妃宫里串门。寂寞的老太妃见了两个小孩儿异常高兴，寒暄没几句，就吩咐太监手托青花大瓷盘，端出满满一匣珍藏多年的"宝贝"。里边有很多奇妙的玩具和鼻烟壶，分别装在一个个小锦盒里。荣惠太妃让他俩每人挑选一件作为赏赐的礼物。润麒端详了半晌，拿不定主意，于是小声对溥杰嘀咕说："咱俩就挑一件最差的，不挑最好的，怎么样？"

"好吧……"溥杰也表赞同，俩人居然想到了一起。

溥杰随手挑了一个锦盒，打开一看，是一个鼻烟壶。随之，润麒也挑出一个类似玻璃的蓝色鼻烟壶，一边摆弄一边说："依我瞧呀，玻璃杯和玻璃缸子在宫外有的是，这一定是很次的东西吧。"

"嗯,可能。"溥杰不明就里,只是随声附和。

"哎,古月轩?①"润麒拿起一看,随口念出了声,于是,放下手里另一个紫色锦盒,自言自语地说,"就拿这个吧。"

荣惠太妃见了,笑着站起身说:"真没想到,润麒倒真有眼光啊,挑了一件最好的。"

"这可坏了,怎么挑了一件最好的呢?"润麒抬起头来,瞧了荣惠太妃一眼,心想,原本要挑个最差的,却没想到挑中了一件顶尖级的——古月轩制做的鼻烟壶,在宫内也算是上品中的精品。

这时,心直口快的郑广元②见到,开玩笑地对他说:"你不是挑了一个最好的吗? 回头出宫卖了呀。"

他哪儿想得到去宫外倒卖,只是有意想在老太妃面前显摆自己不贪财,专挑一件不值钱的古玩拿走,谁知适得其反。尔后,敬懿太妃见到他手里这件珍贵的鼻烟壶,也赞不绝口地认为是一件宝贝,他仍不以为然。其实,对于那些所谓的宝贝,他看得极轻,不知为何竟然忆起《阿房宫赋》里的一句——"秦人见之,亦不顺兮"。周围人眼瞪瞪地瞅着那些古董,莫不视为"宝贝",偏偏他却没有这种心境。没过多少日子,那件珍贵的鼻烟壶就不知丢到哪儿,没了下落。

最使宫内之人称奇的是他在"晾宝"时的轻佻举动,把内务府大臣和在场的众人吓得目瞪口呆。

每年宫里都要照例盘查一次秘藏宫中珍宝的库房,数十名太监要把所有宝物端出来,小心翼翼地摆放在殿外的八仙桌上,给每一件珍宝别上黄绸条儿,标明其名称、来源和编号,然后再对照造册逐件核对。此时,内务府大臣必须衣着顶戴花翎,服饰整齐地候在现场监管所有"晾宝"过程,以免出现闪失。谁想,润麒那天在宫中随意游逛,恰巧碰到了每年一次的"晾宝"。

早在幼年,润麒就养成了多少有些神经质的两个怪毛病:一个是,他经过门槛时只迈右腿,如果迈错了就一定要退回来再迈,待长大之后,才渐渐改掉了这个怪毛病;另一个是,平时别人越重视的"宝贝",无论多么贵重,他总喜欢往高处抛起来,双手拍一个巴掌后再接住。

正当人们在肃穆的气氛里低头核对时,他忽然单脚着地,一蹦一蹦地跑过

---

① 清朝年间,北京著名的制作鼻烟壶的专业作坊。
② 郑广元,伪满洲国总理大臣郑孝胥之孙,娶溥仪的二妹金韫龢为妻。

来，顺手把桌上摆放的一件高古玉器珍品随意抛在了空中，站在一旁的人都被吓傻了。紧接着，他双掌合十拍了一下，在半空中又灵活地接住了。人们还没反应过来，他又轻松地将另一件古月轩的国宝级精品鼻烟壶随手抛在半空中。霎时，鸦雀无声，内务府官吏吓得连大气也不敢出，规规矩矩地伫立着，呆若木鸡，摔碎一件国宝，没准儿会惹来杀身之祸。只见他轻松地在半空中接过鼻烟壶，旁边的人才长长松了一口气。他在八仙桌之间穿来串去，旁若无人，虽没摔碎什么，却把旁边的人吓出一身冷汗。而淘气的润麒却丝毫没察觉，乱抛一气"国宝"之后，趾高气扬地溜达回了储秀宫。

第陸章

紫禁秘闻

*他不仅甩纸片吓唬端康太妃，还屡屡耍笑洋师傅庄士敦和琴师关良，成了宫内闻名的小淘气儿。

　　*大雾蒙蒙，他和溥仪行走在乾清宫通道上。忽然，台阶底下发出马嘶人喊的惨叫声……一名老太监揭破谜底：当年闯王打进宫里，将战马轰进暗道，把藏身其中的宫女和太监践踏而死。在特定的气候下，磁场记录下的声音重现，这或许就是他俩听到的神秘音响……

　　*在宫内，谁都瞧得出来，溥仪对婉容一向发怵，伉俪之间从来没有常人那种亲密的卿卿我我，而完全是畸形的"天子夫妻"。

图片说明：润麒（右）在乾清宫前向本书作者讲述昔日秘道的悲惨轶事

一　端康皇太妃

无疑，润麒成了宫内的"特殊人物"。

虽然"朕即天下"早已成了神话，但溥仪在"逊清"小朝廷却仍是至高无上的"皇上"，连留居皇后或淑妃的宫里过夜，以及在哪位太妃宫里吃饭，亦被宫内外密切关注。润麒终日伴其左右，自然也成了众人瞩目的"贵客"。

润麒经常陪着溥仪在端康太妃或荣惠太妃的宫里就餐，而去敬懿太妃的宫里相对少些，只留下浅浅的记忆。在他眼里，三位太妃外表与一般妇女简直没什么区别，不过是衣着稍许华丽些。

他陪同溥仪去得最多的是端康太妃的永和宫。据说，溥仪最初与端康太妃关系不错，后来端康太妃极力效仿慈禧，大耍威风，因太监绞辫子等事引发矛盾，还让溥仪的母亲跪了半宿加以羞辱。因此，溥仪的母亲死在了溥仪与端康太妃的尖锐矛盾之中。待润麒进宫时，溥仪与端康太妃至少表面已重新修好，经常带着他去看望老太妃。在润麒看来，溥仪城府颇深，表面上对逼死生母之恨并不显露，实际上深深地藏在了心底，只是不言明罢了。

从切身感触而言，端康太妃的所作所为与润麒听来的传说大相径庭。端康太妃在他面前是个脾气极好的老太太，即使他做了使她极不高兴的事，她也佯装没看见。那时溥仪若去永和宫，一准带着他去。

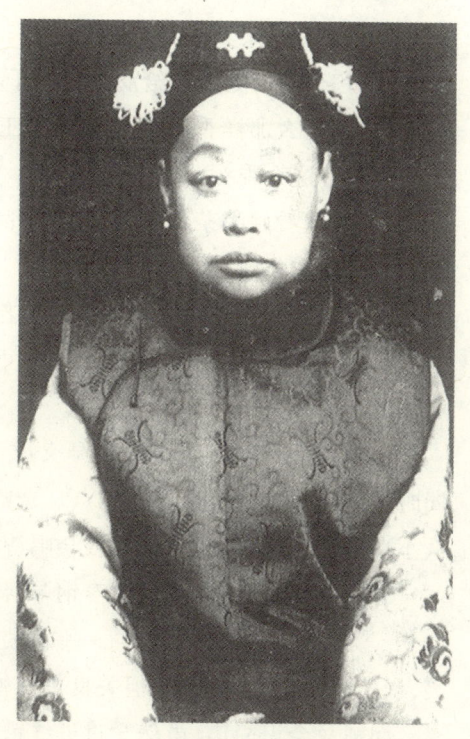

端康皇太妃

一次，他打算捉弄一下端康太妃，就把硬壳纸叠成一个小斗儿，然后藏匿身上。走进永和宫，见溥仪正与端康太妃一起聊天，他趁俩人没留神，把两个硬壳纸斗儿紧攥在手里，悄悄溜到端康太妃身后，啪地一甩，立时吓得老太妃浑身一激灵。溥仪故作恼怒地瞪了润麒一眼，谁知端康太妃不仅没生气，还回过头来，面含怜爱之意，对溥仪说："这孩子呀，太闹啦。"瞧得出来，她不仅不讨厌润麒反而喜欢他。一瞧没事儿，他又尾随在端康太妃身后故技重演，甩了几次纸斗儿。渐渐的，她只当做游戏罢了，并无责怪。

忽然，润麒又想出一个新花样儿，在纸斗里装了不少铰碎的纸片，跑到端康太妃背后啪地一甩，里边掉出许多纸钱儿来。见此，溥仪故意当着端康太妃的面，大声地责怪他："你在我的亲额娘面前，怎么撒纸钱儿呀？"

听到溥仪的话，润麒以为惹了祸，一声不敢吭。见没起到挑拨的效果，溥仪接着话里有话地说："死人才撒纸钱儿呢。"其实，淘气的润麒哪会想到这些。而端康太妃像根本没听见似的，拿话岔开了。显然，溥仪故意使坏没起到任何效果。

他最欣赏端康太妃品茶时怡然自得的样子。到了那儿，太监照例很快端上玉碗和玉勺儿，随即也给润麒打个千儿，递上用盖碗儿沏的香茶。

"这茶怎么那样香啊！"润麒端着玉碗，细细地品啜着香茗，"我家的茶为什么沏不了这么香？"

"我最爱看她喝茶的样儿。"颇爱品茶的溥仪，没搭话茬儿，却乐哈哈地指着老太妃对润麒说，"她喝得可真香啊。"

听溥仪这么一说，润麒也注意到老太妃喝茶的神态，俨然陶醉于品茗之中。

不知怎的，一时，宫里练钢琴又成了时髦。婉容天天学琴，溥仪和润麒也同时聘请了一名钢琴老师来指点。老师叫关良，一看外貌便知是满族人，此人从小在教会里唱圣歌，后来在教会唱诗班里弹钢琴，琴艺精湛。

有一次，关良正在殿内弹奏钢琴，溥仪路过走进来，随意吩咐他演奏几支曲子。关良在屋里聚精会神，一弹就是半天。溥仪听烦了，走到屋外说说笑笑，居然忘了个一干二净，但关良仍然弹个不停，连溥仪何时离去也不晓得。

润麒只会识简谱，虽然学过五线谱，却始终没学会。他不愿像科班那样由五线谱学起，觉得太麻烦，而是直接学起了弹钢琴。到最后，他仅仅能双手弹奏，也只学会了简单的几支曲子，便再也无法继续深造。

关良并不喜欢他。按关良的话来说，润麒实在太闹，不仅称不上好学生，还时常揭露老师的隐私。平时，关良总戴着一顶带沿儿的礼帽，往桌上一搁谁也不让动。爱刨根问底的润麒却偏动不可，结果他发现了一个秘密：帽子外头看着挺干净，里边却十分脏。他就时不时把礼帽翻过来，戏弄关良。一次，关良见他又要把帽子翻个底朝上，气得满脸通红，实在忍无可忍，劈手夺过来搁在桌上，怒气冲冲地手指润麒，高声嚷叫着："告诉你，以后不准动我的帽子！"

润麒看穿关良既怕别人看到脏帽子，又怕人看见脏袜子的心态，偏偏想出关良的丑。一天，他佯装帮关良提裤子，借机把他的袜子和袜带一齐拽了出来，关良极为恼怒，气得脖子青筋暴露。关良认为他太招人讨厌，过后，虽然表面上没什么报复举动，但背地里一提起他就狠狠皱起眉头。

在宫里，接近婉容最多的外国人，一位是她的英文教员，叫任萨姆，另一位就是溥仪的洋师傅——庄士敦。

偶然，润麒见到了任萨姆，感觉这名英国女子很有趣，逮个空儿，便去找她闲聊天。在他眼中，这个三十多岁的英国姑娘，模样长得挺端正，平常总是上身穿衬衫，下身搭一条黑裙子，穿着打扮显得挺古板。只是与传统的中国女子比较起来，她的脖子和胸显然暴露得多了一些。

任萨姆教过婉容使用英文打字机，还会说一口流利的中国话，但她平时不住在宫里，而是早来晚走。幼稚的润麒一直挺纳闷，总爱凑近观察她胸上的别针，故意淘气地发问："这个别针是别在你的肉上，还是别在衣服上呢？"

任萨姆猛一抬头，发现润麒一直死盯着她的胸部，心里有点儿发毛，手指着脖颈，掩饰地对婉容说："你看，我的脖子露在外头，这儿都晒黑啦。"

听到这句话，润麒笑了，其实他并没想瞧她的胸和脖子，也没什么邪念，只是想看一下她的别针而已，谁知竟引起了她的猜疑。

相比而言，他时常遇到的庄士敦在宫内是一名特殊人物，他可以随意游走于东西六宫。他的打扮一年三百六十五天，始终不变——身穿西服，头戴礼帽，脚上是一双锃亮的皮鞋，堪称西服革履。

庄师傅是典型的欧洲人相貌，长方脸上嵌着一双蓝眼珠，最具特色的是满脸大胡子，肤色白里泛红，活像刚出生的婴儿。无论庄师傅怎么打扮，即使偶尔穿上蟒袍卜褂，瞧上去，仍然显得鹤立鸡群。

庄士敦能读懂中文，也会熟练地书写汉字，他最喜欢没事来储秀宫与婉容在一起照相或闲聊天……有时，溥仪到储秀宫喝茶，再加上润麒凑趣，那就更热闹了,仨人一起用汉语与庄士敦不停地逗笑。

润麒惊奇的是,庄师傅有一个信封大小的框儿,能像抽屉一样随意地拉出来、推回去,在上边写过字,随手一拉就会突然消失。多少有意显摆的庄士敦,当着他的面,挥笔在上边写了四个歪歪斜斜的中文字:润麒消灭。写完这四个字,他得意地抬起头,笑眯眯地拿给他瞧,之后,又举起来让溥仪欣赏。

在溥仪面前,庄士敦的眼睛紧盯着润麒——啪地一拉框,"润麒消灭"这四个字骤然消失。这时,庄士敦咧着大嘴,开心地笑个不停。显然,庄师傅对润麒颇有成见,借此来发泄不满。

宫内的人们大多知道,庄士敦一直想当溥仪的"灵魂",梦想让皇上重登帝位,还曾密谋策划溥仪去英国留学,遗憾的是,因载沣和众太妃极力阻挠,功败垂成。

投桃报李,由溥仪关照,庄士敦曾一度"奉旨"管理过颐和园,或许这就是洋师傅提议且运作的结果。偌大的皇家园林维护亟需资金,而宫内资财匮乏,无力维修。庄士敦急功近利,就在湖中打鱼卖,对外的名义是以这笔钱修葺园林。

当时就有人激愤地跳出来,竭力反对:"颐和园是皇家的,庄士敦怎么能够在昆明湖打鱼卖呢?"

当时,社会上本来就对这位洋师傅"入主"颐和园议论纷纷。一名"清华"的学生得知润麒认识庄士敦,率直地对他说:"他这种管理方式是外国的,对于中国来说,至少目前不适合。"

无论对洋师傅是非功过评判何如,将皇家园林开辟为面对公民开放的公园,毕竟是首开先河。当然,仅靠收门票和卖鱼终究难以为继,结果入不敷出,而至关门大吉。这是后话。

庄士敦不仅与溥仪关系密切,与皇亲国戚交往也颇为频繁。闲暇时,洋师傅还去过帽儿胡同的荣家串门。不凑巧,那几天赶上润麒闹肚子,正在院里的躺椅上敞开衣服晒太阳。庄士敦走进门,见到仰面朝天在"阳光浴"的润麒,指着自己的胸脯,操着半通不通的京腔对仲馨说:"照照太阳光好,紫外线对身体有好处。你看我经常晒,所以总也不患感冒。"

聊天当中,洋师傅反复说教,晒太阳有益于身体健康。庄士敦走了,荣源坐在院里书房前的一把椅子上,一边瞧润麒胡涂乱抹地画画儿,一边与仲馨闲聊起了有关庄师傅的卧车的不少趣闻。

虽说庄士敦"入主"颐和园颇有点儿商业意识,乘坐的却是一辆最老式的破旧福特卧车。时适值民国年间,早已不时兴坐轿子,却依旧流行乘坐马车出行。庄士敦最初没有卧车,常坐人力车,后来才买了一辆过时的老福特。这种车启动时与一般卧车截然不同,要用脚换挡,拿手转动胶皮棍儿加油。每天,庄士敦将车停在宣武门外,由于没赏"传朝马",宫里那段路只得步行。庄士敦坐着那辆破旧的卧车进宫后,短不了向溥仪表白:"我现在不是买不起好车,正准备买一辆好的。这辆旧车,我想就把它处理了吧。"话虽总这么说,润麒却始终没见到洋师傅扔掉那辆破车,自然也没能换上新卧车。

二 清初宫廷血案

初冬的傍晚,紫禁城内外大雾蒙蒙。才六点来钟,天色就渐渐暗了下来。吃过晚饭,宫里便陷入一片漆黑,惟剩东西长街甬道上的宫灯,透过玻璃窗映出电灯的淡黄色弱光。雾气沼沼的夜色,更使皇城罩上了一层神秘的面纱。

九点许,溥仪在养心殿与润麒对坐闲聊:"我感觉今天肠胃不太通畅,得吃点儿通气的药。"想了想,溥仪觉得吃小红萝卜通气,遂吩咐太监叫御膳房端来一盘。

润麒见了,随手拿起一个,尝了尝:"挺好吃。"

他陪着溥仪治病顺气,在养心殿里不停地走来走去。溥仪一边吃着小萝卜,一边随口说:"外边天不算太冷,出外走走吧。"

说着,溥仪信步踱出殿门。而润麒没走台阶,淘气地从养心殿前的高台上跳下来,三蹦两跳地跑在溥仪前边,他俩从养心殿向东一拐,径直奔向乾清宫。

这晚,溥仪身边只带了一名老太监——金聋子,他手托一个红漆盒,里边的瓷盘搁着小红萝卜,溥仪可以随时拿起来吃。

金聋子瞧上去足有五十多岁,方脸庞,头发已灰白,是一个瘦瘦的干巴老头儿。平日里,金聋子看上去愣头磕脑,其实身体挺棒,脑子也很清楚,从来不多言少道,心里异常有数儿。为此,溥仪常喜欢让他贴身跟随左右。而润麒发觉,金聋子并不真聋,谁的话他都能听明白,也用不着特别大声喊叫。但这或许是他从人们口形中猜出来的,也未可知。不过,宫内的人叫惯了,都称他"金聋子"。

这天,金聋子身穿一件团花长袍,腰里系一根蓝带子,外边穿着侧面系扣的坎肩儿,白袖口高高挽起,小腿上打着绑腿,脚蹬一双带棱儿的布靴,瞅着格外利索。无论走多快,金聋子总是一个姿势不改样,端端正正地手托漆盒,亦步亦趋地紧随溥仪。

他俩在乾清宫的高台阶上,东拉西扯地闲聊了一会儿。高台下边有一个石头砌的通道,据说,早年东西方向往来,在台阶底下能畅行无阻。

两名警察例行并排在台阶上巡逻,又一起往台阶下走,到了台阶底下,然后一东一西,嗒嗒嗒地走到小平房前,又同时走回来,继续并排逐殿巡视。

润麒(右)在乾清宫前,向作者讲述秘道的悲惨轶事

当两名警察的背影渐渐消失在视野之中时,他俩正行走在乾清宫通道上边。忽然,他听见台阶底下发出呼啦呼啦的声音,接着,噼哩扑通,噼哩扑通,传来一阵杂乱奔跑的脚步声,继而呼号声大作,似乱马奔腾。过了一会儿,又隐隐约约听见马嘶人喊且夹杂着惨叫的声响……

这时,连溥仪也听得一清二楚,好奇地对他说:"润麒,你说让金聋子下去瞧瞧怎么样？"

"好呀，瞅瞅到底是怎么回事。"

于是，溥仪手指着台阶下边，大声地吩咐金聋子："金聋子，你从这边进去，由那边出来，下去走一趟吧。"

"哎哟，如果底下有悬事怎么办哪？"

润麒一见让金聋子去探险，还真有点儿担心。他琢磨金聋子耳背，可能没听见台阶下的声响，下去也许不会害怕。或许金聋子根本没听见底下的响动，听了溥仪的吩咐，连奔儿都没打，仍然手托小红萝卜，神态自若地从台阶上走了下去。

没过多长时间，金聋子神色平静地从长长的通道走出来，瞧不出半点儿惊慌失措的样子："奴才禀皇上，底下什么都没有。"

听了金聋子的话，他俩将信将疑。润麒觉得心里直发瘆，溥仪则更是不敢贸然再下去探个虚实。亲耳所闻，难道是假的？为什么溥仪也同样听到了呢？他感到异常奇怪，百思不得其解。他和溥仪带着心底的谜团，悄然离开了乾清宫。身后，是一片久久没有散去的浓浓大雾……

其实，宫里不少太监进过这个通道，也亲眼目睹洞中血迹斑斑的暗褐色痕迹，听到过昔日凄惨的故事。可是，谁又敢向皇上和国舅冒昧乱讲？而且，金聋子也未必全然不知，不过，宫中的太监自有传下来的老规矩：不闻不问，不问不说。

经过在宫内四处搜听，一名老太监向他捅破了这个谜底："这个通道你白天又去过了吧？墙壁上都是血印儿，到现在也有痕迹呀。明朝末年，'闯王'打进宫里时，不少宫女和太监躲藏进暗道里，洞口用石条堵上。闯王的部下发现后，搬开石条，没动刀枪，而是轰赶战马进去将人践踏而死，真是悲惨至极啊！"

据说，当年的通道曾被封死，许久后又打开过。如果遇上阴天，能够闻到里边有一股淡淡的血腥味。当润麒和溥仪在乾清宫台阶上闲逛时，底下封闭的小门已经被打开了。太监纷纷传说，这里的太监和宫女阴魂不散，宫里的人一般不敢轻易走进通道里去。

另一名老太监提起此事，还详细述说了清末时慈禧太后下旨祭奠的亲身经历："老佛爷在世时，为超度暗道里的亡灵，还请僧道念经，做过法事呢……"

许久以后，他才略解此谜。从科学角度而言，世间的确存在一种磁记录现象,也就是说,在特定的气候条件下,某种环境可以形成磁场,连墙壁也能作为录音的载体。是不是也可以如此推断,当年的血腥案也同样发生在大雾蒙蒙的相同气候条件下。当年磁场记录下的声音得以再现,是否便是润麒和溥仪听到的神秘音响?

润麒不仅想对乾清宫通道的秘密探知究竟,金聋子不吭不哈、处变不惊的那份淡定也使他对老太监陡然发生了兴趣。

此事过后不久,他晚上陪溥仪去储秀宫看望婉容,恰巧她没在,猜想她可能是去了养心殿,于是又与溥仪一起返回养心殿,婉容仍然未归。润麒得知金聋子住得离此不远,便提议说:"我想看看金聋子去。"

"这还不好办?行啊。"

随之,溥仪带着他到了养心殿东夹道后的厢房。那儿有几排过去御前太监居住的平房,润麒原以为有人居住,溥仪告诉他,这些厢房早已经空闲下来了:"你瞧,这不是连窗户纸都破了吗?"

金聋子在宫内是职位不低的大太监,手下还有几名小太监伺候,所居住的两间厢房,拾掇得蛮干净。一张旧床摆放在屋子里间,靠外屋是两扇大窗户,只有中间是一块大玻璃,周围都是纸糊的窗户。

他们蹑手蹑脚地走进外屋,里屋没点灯,看不到金聋子在做什么,只能望见里屋抽烟时一闪一闪的微弱光亮。

这次,跟随溥仪来的还有李国雄等一群随侍。凑近窗前,溥仪悄声出了一个馊主意,让手下人用口水洇开窗户纸,伸进手去掏东西。开始是由溥仪带头,随即润麒也从窗户伸进了右手,不过一会儿工夫,这一群随侍陆续把紧靠窗户的桌上的笔筒和毛笔一类东西,统统掏出来摆在外屋的窗台上。掏着掏着,忽然,李国雄停住手,低声说:"停一下。"

"怎么啦?"溥仪不解地发问。

"皇上听听……"

润麒凑近溥仪,侧耳听了听,果然,屋内发出了曬曬的声音。

"我听着呀,"李国雄说,"像是用烟袋锅子蹭痰桶沿的声儿。"

"不是,"又有人插嘴说,"像是在磨刀吧?"

"那咱们千万别伸手啦,金聋子可能在那儿磨刀,说不准剁着谁呢。"

听了此话,谁也不敢再伸手。待了一会儿,见里屋没任何动静,溥仪低声说:"走……"

于是,润麒便跟着这一群人,蹑手蹑脚地离开了老太监居住的厢房。

简直是怪事。为何溥仪带着一伙人在外屋闹腾,而金聋子在里屋居然没有丝毫动静？据润麒琢磨,宫里极少出现盗窃现象,譬如,宫内的供桌上无论摆放着多么好的贡品,从来没被人偷过。

在养心殿近旁居然出现入室盗窃,金聋子倘发现是一群人前来,自然不敢作声。或许,他早就发现是皇上带着手下人拿自己取乐。无论哪种情形,故作不知为上策。或许,金聋子耳朵确实聋,什么也没听见。

也真没准儿,金聋子敲了几下烟袋锅子之后,便酣然入梦……

三　寂寞宫苑

暮霭降临,储秀宫总是早早地沉入寂静。紫禁城内万籁无声。

婉容初进宫时,仲馨短不了去凑成一桌牌局,说说笑笑,显得异常热闹。溥仪和溥杰没事便在各宫闲逛一圈,有时也来一起打闹玩耍。一次,溥仪和润麒坐着聊天,仲馨侧身而坐,婉容则在长条案边站立着。偶然,仲馨提起婉容在荣宅的一件旧事,右手顺势一指,可巧指在婉容的肚子上,溥仪见状,戏笑着对丈母娘说:"您指的是她肚脐眼儿呀,往后可别这样了……"

婉容听了,像对待小弟弟似的和蔼地对溥仪说:"你现在年纪还小,我们回屋吧。"

在一旁静听的润麒,虽然年幼却也能听懂姐姐话里的言外之意——你还幼小,不太明白成年人的事儿。其实,看得出来,溥仪最初十分喜欢婉容,俩人年龄差不多,[①]性格却相去甚远。从表面看,这一对"天子夫妻"交流不多,似乎溥仪只是一个未成年的大男孩儿。然而,婉容并不了解溥仪的内心世界,这是他渐渐才明白的。

在白天,婉容写诗、填词,有时还绘画、弹琴。傍晚来临,溥仪却很少来储秀宫就寝。她总是在灯下孤独地看书、练字,而更多的是静静坐在床上陷入沉思。她心如止水的平静外表,却难以掩饰莫名其妙的些许愁思。

在宫内,谁都瞧得出来,溥仪对婉容一向发怵,夫妻之间从来没有常人那种亲密的卿卿我我,完全是一种畸形的"天子夫妻"。[②]溥仪不仅对婉容没有夫妻间的亲热劲儿,对其他女性也大多采取避讳态度,从不主动亲昵女性。据

---

① 另据润麒先生回忆,他认为真实的情况是婉容比溥仪年纪要大一些。姑录以待考。
② 笔者曾多次询问润麒先生关于溥仪与婉容畸形关系的原因。据润麒分析,溥仪对婉容的百依百顺,极有可能出于性内疚的心理。

末代太监孙耀庭回忆,婉容凡洗澡都用大盆,让保姆和丫鬟把水端进屋里,将凉水和热水兑温后再洗。有时,溥仪洗澡也使用大盆,却从没听说过与婉容一起沐浴。

凡提起女人,溥仪就不甚感兴趣。据润麒分析,这恐怕与溥仪把女人看作不洁净有关。及至宣统年间,王公贝勒宴请宾客时,邀相公作陪的积习依然残存。一般人尽管喜欢漂亮女人,嘴上却不提,周围人也不明说,总是邀请漂亮男青年出席陪客。据润麒所了解,不能说逊清宫廷没受到潜移默化的影响。①

虽然不少人传言,溥仪身体有疾,不能人事。然而,溥仪偏偏向润麒坦陈真相,使他感到了心灵的震颤。一番交谈之后,润麒似乎明白了,溥仪心理倾向与常人有异……从此,他不再提起这类事,也不再询问溥仪的隐秘。而他们之间,仍始终是一对莫逆好友。从此,他顿悟溥仪与婉容的畸形关系,即使静坐一起,也只是聊一些宫中的闲闻异事,而对于男女之间的话题,绝口不再提及。②

一天,他走进姐姐婉容屋里,刚刚闲坐一会儿,她却玉顾左右地述说起不久前发生的一件怪事:"前两天呀,有一个火球忽然由外头滚进来,就在屋里头乱转。一些太监闻风而来,拿着竹竿打火球。没想到,这么一打,火球居然变成两个了,再一会儿又变成了一个火球。满屋人都拿着竹竿四处乱打一气,过了一会儿也没烧着任何东西,火球就从窗户飞走不见了。"

"据我猜想,这可能就是球形雷。"润麒对姐姐说。

无独有偶。数年后,润麒也遇到了一档类似异事。夏天,他正在院内乘凉,看见一个火球滚进门房睡觉的屋里,院里的人们一齐往外轰赶了半天,火球仍然在炕上滚,结果燃着被窝后,才从窗户飞了出去。

身处寂寞深宫,他和姐姐一样,都对宫廷内外的掌故颇感兴趣,连溥仪也不例外。

在顺贞门朝东一拐的御花园东侧,有一座假山坐北朝南,底下是两扇紧闭的小门,里边是众太监供奉的殿神和关公,极具神秘色彩。一天,正赶上溥杰

---

① 关于"相公"在晚清流行的原因,据润麒先生考证:这与清朝对官吏的规定有一定关系,因当时不许官吏赴宴席时"叫条子"——由妓女陪酒,也禁止官吏逛"青楼",以致产生了畸形的性习俗。

② 以上根据润麒先生回忆,兹录以待考。

进宫,溥仪拽上了二弟和润麒来到假山下,一齐走进山洞。

他平日只知里边供奉的是萨满教——达斡尔族和满族本来都信奉萨满教,却从没来过。进了山洞,最先映入眼帘的是一座骑马挎刀的红脸关公塑像。

在阴森森的山洞中,润麒既不磕头也不烧香,一反平时胡闹的作派,静静地站在关公塑像前,听一名太监手指关公,说起关老爷救皇上的故事:"张勋复辟那年,讨伐军往宫里投炸弹时,皇上幸亏有关公爷救护啊,所以,连炸弹也只是扔进了御花园的水池子。事后,我们进洞来拜关公时,看见关公骑的马累得浑身都是汗呀……"听着这些传得神乎其神的"救驾"故事,他并不相信,但宫内的人们都那么传说,以致这儿俨然成了神圣之地。

步出山洞,溥仪执意要爬上山顶——"神仙"的脑袋上,平时这是谁都不敢爬的。紧随后边的溥仪乳母二嬷儿,见劝说无效,不放心,跟了上来,为探路,她索性抢先一步爬了上去。那座假山虽然不算高,却较为陡峭,冒出许多凸出来的石头,爬上去很危险,润麒几次险些掉下来。最终,溥仪和溥杰仍跟在他身后登上了假山。在假山上,几人踩着"神仙脑袋"放声大笑。

这次攀登假山,溥仪没带上喜爱的狼狗佛格。据说,那只狼狗在德国立过战功,还得过勋章,是德国人入宫时"进贡"给溥仪的。它在溥仪豢养的一群狗里算是最聪明的,时常眨巴着双眼竖起脑袋,像是能听懂人话,只是无法与人对话而已。

起初,润麒见到它时,这只狼狗趴在炕上一声不吭,不错眼珠儿地盯着他。那间空屋没人住,炕上仅铺着一床蓝色炕单子。他刚走过去,它就使劲冲他摇摇尾巴,他只瞅了它一眼,这只狼狗就狂跳着奔跑过来。哪知等他走后,它竟然饭不吃水不喝,总那么呆呆地趴伏着。

他喜欢上了这只狼狗,从它的眼神里看得出来,它也一见如故地信任他,只是围着他转,除此谁也不理。连小太监都挺纳闷儿,这只狼狗见了他,怎么如此友好?

他带溥仪去看那只狼狗,溥仪也马上喜欢上了它。不久,溥仪夸耀地说,它自从见到他的第一面,就马上认定他是它的主人,变得异常驯服听话。他这才听说,这是一只训练有素的军用狼狗。

溥仪见这只狼狗老老实实地趴在地上,为了测试它的灵敏度,拿来一样东西,让润麒偷偷藏匿到养心殿一个难找的旮旯里,随即下令叫它嗅找出来。它听懂后,立即狂奔至养心殿,迅速把东西叼出,掉头跑回来,往地下一扔,两眼不眨地望着溥仪,似乎在询问主人:对不对?

"这哪儿像狗呀?"看到眼前的一幕,润麒感慨地说,"简直神了。"溥仪高兴万分,当即给它改了一个中国名字,叫"福衡"。从此,它与溥仪成了形影不离的朋友。

溥仪发出一句英语指令,它就老老实实地趴在地上,四肢伏地爬行。一声呼唤,它又立即一跃而起,虎视眈眈地注视前方,等待主人的命令。

平时,它一点儿都不讨人嫌,而是一只永远招人喜爱的狼狗。它时刻盯着主人的表情,凡是瞧出溥仪不高兴,就立刻蔫不唧地躲起来。

自然,福衡也成了润麒的"玩伴儿"。

第柒章

家族內外

*皇叔载涛侃侃而谈载沣———当年代表清朝政府去德国赔礼时,德国人故意刁难载沣,不让走正门,而在旁边开了一个小门。载沣则义正辞严:非开正门不可!

*溥儒接人待物与众不同,把媳妇打扮成村姑待客。其国画堪称神来之笔,遗憾的是,润麒顺手拿来几幅字画不久,竟不知丢到了哪儿。

*正月十五,官里过元宵灯节,润麒一通招猫逗狗,竟剐坏了溥佺的眼睛。

*五哥被死缠活磨不过,终于带他走进神秘山洞。里边伸手不见五指,阴风朔朔,被惊飞的蝙蝠扑腾着翅膀。他稍大一些,才晓知这儿位于积水潭蒙古棍王的府第之内。

图片说明:润麒(后立者)与两位表妹王敏彤、王涵合影

一 涛贝勒

什刹海畔的龙土井胡同，道平路净，翠柳成行，是京城赫赫有名的涛贝勒府所在地。

涛贝勒是溥仪的叔叔、光绪的胞弟，身份尤为特殊。以往，荣源交际不多，鲜见有人来荣宅串门，称得上门庭冷落，自从婉容当上"皇后"，才变得门庭若市。

荣源家里喂养着四五匹良马，空闲时总喜欢跟随骑术高超的载涛到郊外去操练，偶尔，也带上仲馨和润麒出外散心。

在皇族里，数仲馨与载涛的福晋平素交往频繁。有时载涛携妻带子到荣宅来玩儿，润麒也短不了随父母去涛贝勒府串门。相比较而言，载涛家的院子比荣宅大一些，后院还有一座小花园。润麒因喜爱摆弄西式刀叉，最高兴的莫过于去载涛的院里品尝西餐晚宴。间或，载涛也偕家人前来荣公府聚会。

他在旁边倾听长辈交谈，才知道载涛福晋使唤的丫鬟，大多是七八岁进府的，直到三四十岁时还当小孩儿看待。载涛的福晋也并非外边所传那么古板——早在德国兵营避难时，润麒便看到过载涛的福晋披着外衣站在水池边，与洗衣裳的男男女女一起毫无顾忌地聊天，等他来到身边，她才知趣地离去。

席间，若提及胞兄摄政王载沣，载涛顿时显得钦佩有加，侃侃而谈："要论大智若愚，得数吾兄载沣。说实话，他比两个儿子都强，当年他代表清朝政府到德国赔礼道歉时，德国人故意刁难，不让他走正门，只在旁边开了一个小门。他义正辞严：'非开正门不可！'再有一件事，他主张不杀汪精卫，实在不失是一个明智的主意。在复杂的形势下，他力主释放汪精卫，表面瞧着糊涂，其实头脑挺清楚。最让人佩服的是，他有一种面对日本人的民族骨气，任凭谁劝说，他也不去满洲国定居生活。在这一点上，溥仪和溥杰都远不如他们的父亲。"在一旁静听的荣源，从不打断载涛的话，只甘当一名忠实听众，不断地点头称是。

润麒却对大人的谈话不感兴趣，仅仅是对载涛家的那些大洋马津津乐道。两家虽然都养马，区别却大。荣源家的马匹都是纯中国种，而载涛家的大多是从国外购回的高大洋马。

润麒抚摸着这些马,喜爱到了极点,载涛见状,笑呵呵地告诉他:"洋马的骨骼跟其他马种可不一样,能站着睡觉,不像有的牲口躺在地上四脚朝天。"润麒听后,感到十分惊奇。

他看得出来,载涛最喜爱一匹白色的洋马,宠若至宝。他接触不久也觉得这匹马着实招人喜欢。它跟一般马匹不同,见了面,总是亲热地用马头来回蹭主人的身体。没多久,他也跟这匹洋马混成了熟悉的老友。

令他兴奋不已的是,他在涛贝勒家还和父母一起观赏了载涛赴德国访问的电影纪录片。清末,载涛曾代表清政府到德国就"庚子赔款"从事国际交涉,德国人千方百计地故意刁难。举行欢迎仪式时,在载涛骑着高头大马行进途中,突然,印第安人头上戴着翎子,脸上抹着五颜六色的油彩,咚咚地敲起了震天鼓声,载涛骑的洋马受了惊吓,嘶叫着奔跑起来。

"那些外国人纷纷落马,惟有我稳稳骑在马上,没掉下来……"每当载涛讲述这些往事时,总是得意洋洋。看过电影许久,润麒一家人仍然时不时啧啧赞叹载涛高超精湛的骑技。

若与喜欢骑自行车的母亲相比,父亲显然略高一筹——从来不摸自行车,而喜欢驾驶小卧车且技艺高超。当时荣宅有几辆卧车,润麒最感兴趣的偏偏是那辆燃煤油灯的老式卧车。在天津,荣源亲手驾驶的卧车名叫"威赛那",算是津门数一数二的高级轿车。

"威赛那"装饰忒讲究,他父亲轻易不让别人乱摸,而总是"亲驾"。开起车来,两边宽阔的拖泥板上,时常一左一右地蹲着两只狗——一只狼狗、一只猎犬。有意思的是,那只狼狗总是昂首挺胸,虎视眈眈地紧瞪前方,任凭狂风往嘴里直灌,无论卧车开得多快也掉不下去。而那只灰色杂花的猎犬,当车子骤然加速时,总是聪明地掉转过身子,头冲后咬住拖泥板,避免往嘴里灌风。润麒坐在车上环顾左右两只大狗的模样,乐不可支。

荣源车瘾颇大,经常携妻与载涛一起开车出外游玩。仲馨始终没开过卧车,倒是常乘车到香山等地兜风,一般都带着润麒、润良,陪同的往往还有载涛的福晋及溥侒、溥佳①,一路上浩浩荡荡。

---

① 溥侒和溥佳,均为载涛之子。溥佳又名金智元,早年在宫内当过溥仪的伴读,伪满时曾任内廷侍卫官。

偶尔,荣源偕仲馨到郊外的跑马场去玩儿。其实,仲馨更愿意威风凛凛地骑马在街上驰骋。润麒长大后,父亲和母亲才对他讲起往事。有一次,他的父母一起骑马,仲馨突然从马上掉了下来,据说是荣源的马惊了她的马。受惊的马在街上狂奔不止,最终被她乖乖驯服,颇为惊险。

一次,润麒跟着父母和载涛一家人到郊外的马场去玩耍,看到京城的纨绔子弟骑在马上,身穿华丽的外衣,还在马尾巴上扎了红布条,一瞧便知不是练骑技,而是在摆阔、出风头。从此,他们再也没迈进过这个马场。

虽然荣源家的马比不上载涛,而载涛的卧车却没有荣源的好,驾驶技术也显然比不过荣源。据说,载涛与荣源比赛过骑马,但润麒从没见过。俩人比赛开车,他倒知道得一清二楚。

一次,两家人相约一起去香山游玩,同时从京城家里出发。载涛亲自驾车,满载一家人前往。荣源驾驶着名牌"威赛那",该车有特色的是车顶上装置了可以随意打开的新敞篷。父亲荣源在前边开车,润麒陪坐身旁,哥哥润良与母亲坐在后排。卧车两侧的拖泥板上,依然各趴着猎犬和狼狗。他乘坐父亲的敞篷车,速度飞快,下车后满脸尘土,简直成了"土人",却万分兴奋。

像以往一样,荣源一家人总是先到达目的地,然后耐心等候。过了许久,载涛一家才姗姗来迟。载涛的卧车是"老爷车",速度慢得活像一头老黄牛。车停下以后,两家人欢聚在一起,有的在附近赏花,有的凑在一堆儿打牌。野餐闲聊时,母亲感慨地对润麒说:"甭看你父亲平时不运动,可他蛮有力气,能连续开一天车。你看,他开车到香山这儿,一点儿也不觉得累。他体质非常棒,要是平常注意治一下血压高,身体可能就更好了。"

偶尔,润麒的大三姨儿一家人也一起相伴来香山游玩,那就更是热闹非凡。她的儿子叫宝儿,被小几岁的润麒尊称为"五哥"。有一段时间,学做带耳机的矿石收音机颇为流行。有次,五哥去香山时带去一架自制的矿石收音机,引起了众人的关注。润麒的母亲年岁虽大,对新事物仍极感兴趣。她回到家,先做出一个空纸筒,缠上细线,再扎上矿石针,竟然就可以收听几个电台的播音。最初,母亲做得比润麒强,后来他跟母亲学着做,越做越精,甚至巧妙设计了外形。他制作的收音机,打开盖可以调音,合上便成了一个精美的匣子。母亲见了,赞赏不已,自叹弗如。

那位五哥喜欢摆弄电器,曾经买过一个竹子编织的小楼模型,还安上了电灯,一按开关就亮。五哥知道润麒已学会做矿石收音机,邀他去家里交流安装技艺,还请他顺便去尝尝厨艺。

在大三姨儿家里，润麒却瞧不惯五哥对丫鬟的申斥加挖苦。一次，五哥对丫鬟说："你呀，行点儿好，下辈子叫你托生一个男的好不好？"

当时，他正在场，听到之后觉得非常反感，便反其意地讽刺五哥："你行点儿好，下辈子让你托生个女的好不好？"丫鬟笑了，五哥却不吭声了。

母亲听到润麒的述说，立时拍掌大笑。后来，五哥娶了一名非常漂亮的媳妇，直到结婚后很久，家里若来了客人，她仍在婆婆面前规矩地站立着，一动不动。

润麒十分喜欢她，曾夸奖她："你肤色那么白，个子那么高挑儿，真漂亮。"

在他的眼里，这位品貌出众的媳妇简直没挑儿。偶然一天，她却现了眼，也使他改变了最初的美好印象。那天，她婆婆正在与客人聊天，她恭敬地伫立在旁，不知怎的，连连打了几个饱嗝，突然，咕叽从嘴里接连漾出一股股奶油，吐了一地毯。原来，她贪恋奶油点心吃多了。这使她婆婆极为狼狈，敷衍了客人几句，赶紧叫人收拾干净，又遮掩地说："你累了。走，休息去吧。"

润麒正在一旁欣赏着美妇的风韵，没想到出现如此尴尬的情景，大煞风景，心里暗忖：女人美貌难得，聪明难得，两者兼得更是难得，不禁深深为之惋惜。

相形之下，他的心目中始终有一个硬派女人的形象——喀拉沁王的福晋。到他家做客的这位老太太，身材高大，虽是蒙古人，却没穿蒙古长袍，只身着一袭北京老太太的肥大衣裳，也不戴头饰，脑瓜顶儿上仅梳着一个发髻儿。从外表看，她多少有点儿像润麒的外祖母——只是没有外祖母的现代作派罢了。据说，她性格凶悍，经常骑马带兵在草地上打土匪。那时内蒙和东北的胡子（当时又称马贼）闹得异常凶，但一听到蒙古老太太就望风而逃。

脸上皱巴巴，说话豪爽，像男子汉般的传奇老太太，在润麒的脑海留下难以磨灭的印象。他从小就羡慕小人书上的武侠老太太，如今偶像近在咫尺，发自内心敬佩不已。私下与韫颖交谈时，才知连她也听说过这位勇猛善战的老太太，她说："喀拉沁王的福晋曾经到我家去拜访过，在我父亲载沣和全家人眼里，这是一个有真本事的怪老太太。"

二 溥儒赠画

受母亲的熏陶及日常的耳濡目染，润麒日渐喜欢上了书画，但仅此而已。

起初，他在母亲的督促下，在天津习过几天书法，久久不见长进，倒是攒了不少古旧墨盒,时不时拿在手里把玩。不知怎的,打小起,他就从骨子里看不起宫里的"如意馆"画派,凡涉此话题,总是不免揶揄:"那些画儿呀,俗不可耐。如果提起哪幅画儿是如意馆画的,就说明不怎么样。"

夏天,他有时随家人在八大处或颐和园避暑,房子富丽堂皇,租金却挺便宜,整整一个暑期,仅花几块钱。在颐和园时,保姆几次对他说,厨师偷偷从中赚钱。他是个不喜欢搬弄是非的人,听了之后从不搭茬儿。而那位大师傅照旧热情地做饭,自以为无人知晓。

离颐和园不远,是溥儒①临时租借的一处幽雅小院,小桥流水,绿荫环绕。一般人不知,溥儒不仅擅长绘画、书法,也嗜烟成瘾,却总恐仲馨知晓。每次听说她携润麒前来作客,就赶紧藏匿起大烟枪,找几个仆人拿着大蒲扇,拼命驱走屋里的烟味。但是,无论怎么遮掩,溥儒嗜烟如命的恶习在京城不胫而走。

一进门,润麒就缠着溥儒作画,却偏偏不让他画山水虫鸟,而画什么兔爷大登殿和王八精这类趣味国画。润麒对溥儒钦羡得五体投地,在他看来,溥儒是一名奇人,堪称当代国画大师。

从外表看,溥儒一介白面书生,女人似的,却力大无穷,掰腕子能胜其者屈指可数。闲聊天时,溥儒曾向润麒自豪地说:"我在大连时,所有德国兵挨个跟我掰腕子,没一个能掰过我的。"

润麒连声叫好,也频频称赞溥儒画的"德国兵放枪图"。下笔极为神速,寥寥数笔,勾勒得活灵活现。另一幅"兔儿爷大登殿",画的是宝座上端坐着的大兔儿爷,手持"虎稳",底下两边是列队的小兔儿爷,全身披挂着亮晶晶的盔甲。一般来说,国画名家极少作这种风俗画。

润麒既没跟溥儒学过书法,也没有向他学过绘画,却偏偏能一张嘴就讨来画作,这只能说溥儒对他偏爱殊于众人。遗憾的是,他根本不懂书画艺术价值,不久,这些字画便不知随意丢到了哪儿。

溥儒才高八斗,接人待物也与众不同。他明知媳妇是个封建脑袋,偏叫她穿上一条大绿的肥腿长裤,上身配件小红袄,面带羞涩地出来招待客人。而自己安然坐在太师椅上,手指着媳妇,风趣地对来客说:"瞧,这就叫'村姑',多风雅呀。"众人哄堂大笑,他却怡然自得。

---

① 溥儒,字心畬,生于一八九六年(光绪二十二年),著名书画家。其为道光皇帝后人,贝勒载滢次子,幼年师从宫廷画师习画,擅长诗书经史、书法绘画研究。曾入北京贵胄法政大学,后赴德国留学,获生物学和天文学博士学位。归国后,在画坛与著名国画家张大千并称"南张北溥"。曾在台湾师范大学任教,一九六三年十一月病逝于台北。

溥儒最喜欢面目俊俏的小儿子,时常给他涂脂抹粉,扎上小辫儿,打扮得像小女孩儿似的,还以他为作画的模特。更有趣的是,溥儒有时拉开一个五屉柜,把小男孩儿轻手轻脚地搁在抽屉里,而自己端坐太师椅上画素描。小孩儿忒乖,总是老老实实坐着,纹丝不动。润麒感到奇怪的是,这小孩儿从不管溥儒叫爹,而是当面叫他"二爷"。多年来,这始终使他心存困惑。

虽然溥儒贵为道光皇帝的后嗣,却与"逊清"小朝廷往来不多,也极少拜见"皇上"。宫中过年节总是鲜见他的身影。反倒是溥儒能从润麒口中,听到不少宫廷故事。

每逢正月十五元宵灯节,,紫禁城里四处挂满大大小小的宫灯,热闹非凡。最显眼的是悬挂在养心殿外院的一盏巨大的宫灯,高抵殿脊,分为多层,可以同时燃几十盏蜡烛,须借助高大的梯子,才能从里边攀登上去。

傍黑天,润麒与众多皇亲国戚的孩子手里提着点燃的小灯笼四处游逛。晚上,宫内的人齐聚养心殿,宽阔的大院里摆上长条案,上边堆满果盒儿和各色糖果、点心,任人随意品尝。溥仪的妹妹韫瑛、韫龢、韫颖凑在一起,说说笑笑。溥仪的四弟溥任还不会走路,由大人抱在怀里哄着玩耍。

润麒和润良、溥优、溥佼这些半大男孩儿,在人群中穿来蹿去,起哄打闹。照例,溥仪叫来三个伴读——中文伴读溥杰、毓崇,英文伴读溥佳,前来"伴驾"。在润麒眼里,没怎么瞧见他们正经念书,多半时间倒是进宫玩耍,就是溥仪的玩伴儿而已。

婉容与众不同,由宫女相陪,半夜前去养心殿,在院里香案前焚香跪拜,再与溥仪、淑妃闲聊一会儿,旋即慢步蹀回储秀宫。

润麒在大人面前不敢过分造次,对平辈儿的却喜欢见面耍笑。进宫后,他才认识溥优——载润的儿子,白净脸,高鼻梁,长眉毛,相貌堂堂。他与溥优搭话时,见哥哥润良正好奇地登上养心殿外巨大的灯笼里,就快步走了过去。见润良刚刚攀着梯子钻进灯笼,他立即从外面关闭了小门,润良焦急之中,尖声喊叫,大发光火,而他根本不搭理。

紧接着,他又挑逗地拍打了溥优一下,转身就跑。溥优穷追不舍,叫来几个人在后头一边喊一边追赶。溥杰也跟着起哄,紧追在润麒身后,学着溥优那群人的喊声,嚯、嚯、嚯……宫殿外挂着许多灯笼,他个子矮,恰好可以从绳子底下灵巧地钻过去。而溥优个子高,穿的衣裳又厚,钻绳子时不小心剐伤了眼睛,疼得龇牙咧嘴。润麒顿时着了慌,急忙转身找来大夫。溥仪也闻讯赶来,亲手给溥佺滴眼药。

这时,润良仍在灯笼里大呼小叫,惊动了一旁的太监,遂把他放了出来。润良正要找润麒发作时,发现溥佺的眼睛受了伤,连忙赶去照顾,无奈地说:"咳,润麒到哪儿都招猫逗狗,净闯祸。"

润麒余兴未尽,又跑到了御花园的假山前,见素爱运动的仲馨,正在玩儿打枪。早年,宫里时兴用箭投壶的一种古代游戏,即在一定距离内,比赛谁往方口壶里投箭多,以往他玩过几次就觉得腻烦了。如今演变成了以枪击靶,他兴味十足:"拿枪打动物玩具多好玩儿呀。"假山前边摆着不少圆饼,凡是用气枪击中后,就砰地跳起一只纸板老虎或持枪猎人,更多的是各种可爱的小动物。他顺手抄起一支枪,简单瞄了瞄,一枪就打中了目标,然后神态怡然地坐在藤椅上。桌上摆放着果盒儿,他边吃边议论母亲的枪法。

以往,母亲用气枪打酒瓶很准,这次连打几枪却都落了空。他见状疾步上前,自信地端起枪,砰的一声,一只瓶子应声倒地,自豪地吹起牛:"瞧,这里有窍门哟。"

母亲问怎么回事,他附耳嘀咕了几句,她恍然大悟:"噢,难怪我打不着,润麒一打就中。原来是准星偏高,得往下移一点儿,才能打着瓶子。"

三 积水潭密洞之谜

润麒天生好奇。小时候他就听说积水潭有一座神秘山洞,据说一直能通到黄寺甚至更远,但里边究竟有多深,无人知晓,还听说有无数蝙蝠栖身于内。这山洞到底是人工的还是天然的,始终没人能说得清楚。

润麒一向佩服大三姨儿的儿子五哥,五哥虽然一辈子没文化,却练就烧一手好菜的绝活儿。五哥少年时就敢带人点燃火把钻过这座山洞。据说,五哥刚进洞不远就见到许多巨大的蝙蝠,倒头悬挂在洞壁上,于是没敢再往里走,只留下洞里挺宽敞却阴森森的悬念。

润麒还曾听大三姨儿说起过,有一年,一只小豹从深洞里蹿出来,误以为前边的浮萍是平地,一跃跳进池塘,结果被淹死了。打那以后,就更没人敢进山洞了。

听到这些后,润麒偏偏要进洞探个究竟。五哥被死缠不过,终于同意带他去。他俩进洞不远,猛然,几只被惊动的蝙蝠扑腾着翅膀,狂飞起来。再往里走,漆黑一团,伸手不见五指,阴风朔朔,十分恐怖。五哥想起母亲来之前的叮嘱,怕出意外,赶忙带他跑出了洞。

"这个山洞究竟通往哪儿?"步出山洞,润麒仍琢磨着,山洞能跑出小豹,肯定通得很远,兴许能通到深山也说不定。这成了他从小到大一直牵肠挂肚的心事。

待润麒稍大一些,他才晓知这个神秘的山洞位于蒙古棍王①的府第之内②,而时常来他家做客的大三姨儿,则是蒙古王爷棍布札布的福晋,仲馨与胞妹性情相投,过从甚密。大三姨儿高高的个子,狭长的脸形,一双大眼睛,面部棱角分明,活脱脱一副剽悍的蒙古男人形象。别瞧她是王爷福晋,却风流倜傥,酷爱表演,曾异想天开地在王府里自编了一个类似皮影戏的娱乐节目,不同的是,表演道具不是"驴皮",而是她亲自披挂上阵。

试演那天,润麒刚跨进门口,一名守门的年轻女子便扔给他一副立体眼镜。凡是进门观看者,每人发给一副据说是外国进口的"红绿眼镜"——镜上贴了红绿两色膜,戴上眼镜,幕布上就立时变成了立体影像。

观众面前悬挂着一幅巨大"银幕",表演者站在幕后,前边用红灯和绿灯冲着幕布照射。润麒坐在前排,好奇地看着大三姨身穿夏布长裤,步履矫健地走进幕后。她在灯前一过,就看见两条长长的大腿和巨大的身影投现在幕布上。

只见她叉着腰,圆瞪着双眼,挥起一根棍子,猛地向前一砍,近排的观众无不吓得缩了一下脖子,下意识地朝旁边一躲,真以为要砍到自己头上似的。她离幕布越近,人影儿越显得高大,她随手比划一下,两只手臂就遮满了"银幕"。一会儿,她又换上缩腰裹臀的旗袍,在幕布后边,做着各种夸张而有趣的性感动作。

润麒看得乐不可支,于是悄悄地钻进布帘后边,目不转睛地盯着大三姨儿的"出格"表演。

台前变得更热闹,人们极度兴奋地尖叫着,年轻的守门女子竟然脱下鞋,高高地抛起在空中。台前幕后,热闹非凡。

散场之后,众人在幕布前一连捡到十几副丢落的眼镜。大三姨儿的豪放而别具特色的"皮影"表演,深深地感染了仲馨:"看得出来吧,她是一个特别

---

① 棍王,即棍布札布,元太祖十九世孙。光绪六年袭贝子,民国之后相继晋贝勒、加亲王、封郡王,曾任民国行政院顾问,于一九三九年与福晋先后去世。据说,其福晋运往东北安葬时,启用两副皇杠,一时轰动京城。

② 据初步考证,这个神秘山洞,即在如今北京市积水潭医院里。

豪放的女人,可不像一般福晋和格格那么规矩,所以才能在银幕上放得开。"

大三姨儿时常来荣宅吃饭,待人客气而热情。其他几个姨儿也不过四十来岁,三姨儿虽然行三,却因个子高大,所以前边加了一个"大"字,她虽年纪不小,瞧着却显得十分年轻。几个姨儿一来荣宅,准聚在一起"搓麻"。润麒的外祖母打麻将时,常常把荣源和大姨儿、三姨儿、五姨儿以及几个女婿,统统唤到客厅,陪她一起玩儿。

仲馨见此,屡次劝说老太太:"玩麻将没什么好处,容易变成赌徒。润麒还是不学为好啊。"

因母亲这番话,润麒终生不摸麻将。他不仅没成为赌徒,也没成为烟鬼,连一口也没尝过——家里仅荣源吸食鸦片。

他大姨儿的两个女儿,都是载洵贝勒起的名字,一个叫王敏彤,另一个叫王涵。幼年时,他与姊妹俩常在一起玩耍。他与王敏彤同桌念书,短不了欺负她。杨秀才曾教过二人书法,王敏彤一动笔描红模子,他就暗地拱桌子,弄得她总也写不好。杨老师气得经常叫他起立罚站,最后无奈,只好调她去另外的书桌念书。

不仅如此,他也时常淘气地耍笑王涵。王涵自幼性格温厚,为人规矩老实。一次,在课上念"百家姓",杨老师笑着问她:"姜沈韩杨什么样儿啊?"她于是从头背起,直到背诵出来"姜沈韩杨"。"百家姓"全文,他也能背诵出来,但这四个姓什么样,他俩根本无法说出答案来。这只是老师在课堂上的一次诙谐玩笑而已。

润麒与王涵同窗最久,她曾一度住在他的外祖母家,而父母家单独拥有一座气派的宅院,两家相距不远。他也曾在她家住过,客厅的窗户下边是一圈沙发,他经常在上边不停地蹦来跳去,竟把沙发踩出了一个大窟窿。

润麒与表妹王敏彤(左)、王涵常在一起玩耍

平素,王涵最怕他装模作样地念咒语、背太极图。只要他一闭眼念咒,便吓得她撒腿就跑。而他特别顽皮,总想在孩子里称"王",哪个不听话,他就用谁也听不明白的咒语胡乱吓唬一通:"……一杆长枪,通天挂地,地上无人,人住内城,城里城乡,乡里有娘,娘长娘短,短大方其,其骨碌豹,豹头环眼,眼看烧火,火烧战船,船上妖精……知过必改,改邪归正,正大光明……"

半通不通又毫无逻辑的所谓"咒语",是他跟一直追随仲馨的老太监景和学来的。这名老太监四五十岁,中等身材,秃头,脸色惨白,长得很端正,对润麒一家人几十年如一日,忠心耿耿。老太监让润麒背诵这些话,本意是让他坐下来不再淘气,哪知倒成了他吓唬小孩儿的"咒语"。

在旧式大宅里,主仆界限极为分明,太监在主人面前不能坐,无论见了谁,行过礼后,都要规矩地站立一旁听喝。景和像一个老家院,经常给他讲故事或说笑话,他在景和面前,整天没大没小,俨然一个随心所欲的"小主人"。

在溥仪面前,他依旧没大没小。或许,他念叨起溥儒的留学归国,或多或少引起了"逊帝"的遐想。可以说,在爱新觉罗家族中,溥儒是民国初年赴欧留学者中的"先驱",学成归来后[①]不能说对溥仪、溥杰这一对"难兄难弟"没有影响。

赴欧留学是溥仪"逊位"之后的天真幻想,为此曾私下将许多国宝级的字画让溥杰偷运出宫,以积攒经费。有一天,润麒终于听到溥仪悄悄说出了心里话:"总有一天,我们在宫里呆不了……"

"是呀,早晚有一天会被迫出宫。"

虽然,润麒内心赞成溥仪的看法,话也说得更直白不过。然而,他丝毫没想到,溥仪被"逼"出宫,竟如此突然……

[①] 溥儒,在三十三岁时(一九一八年),赴德国柏林研究院留学,一九二二年毕业归国。

第捌章 溥仪被逐出宫前后

*枯叶飘落。没等老百姓的脑筋转过弯来,"逊帝"就被逐出了皇城。润麒随父母去日本公使馆,探望溥仪和婉容。一直紧皱眉头的逊帝,见了他,才勉强露出一丝笑容。

*梅兰芳被劫,轰动京城。之前,润麒一家的好友孟小冬突然辍演,据传嫁给了梅兰芳。而梅老板妻儿俱在,结婚明明是没影儿的事。岂料,润麒与大姨儿路过九条胡同西口时,亲眼见到"劫梅"凶犯被枭首示众的头颅。

*"冬皇"孤身一人返回母亲家,外祖母带着仲馨前来探望。年根儿前,润麒欣喜地见到了愁绪重重的孟小冬。而自从孟小冬下嫁杜月笙,他再也无缘见她一面。

图片说明:出嫁前的孟小冬

一　在日本公使馆见到溥仪

枯叶飘落,暮秋降临。京城一连几天狂风骤起,刮得昏天黑地,满地尽是黄土。一时,坊间纷纷传说军阀逼宫,包围了紫禁城。没等老百姓的脑筋转过弯来,"逊帝"溥仪已被冯玉祥的部下鹿钟麟逐出了皇城。

这时,年轻的润麒正居住在京城帽儿胡同,全家人无一不揪心,荣源更是急得满屋团团乱转。"国丈"不仅密切注视溥仪的下落,也为婉容的命运而担忧。见到报纸,他们才知溥仪被逼无奈出宫的准信儿。

不久,溥仪和婉容派小太监前来传话,他们已然躲进了北府(即什刹海后海北岸的醇亲王府)。在大人们的谈话中,润麒听说溥仪出宫之后,在醇王府门口,脚蹬汽车踏板儿对士兵慷慨陈词:"以后要当一名公民……"话音未落,围观的士兵和人群中居然响起了掌声。这是一九二四年十一月五日(阴历十月初九)。其实前不久润麒刚刚离开溥仪,他早就知道,溥仪和溥杰事先做了各种准备。从溥仪在醇王府门前发表的言不由衷的一番话来看,他没显得特别惊恐,只是自欺欺人而已。

在如何对待日本人的态度上,溥仪与婉容迥然不同,婉容执拗地不同意溥仪跟日本人混在一起,但又无计可施,只得听命于溥仪。北府不是久恋之地,何去何从?最终,"逊帝"选择了日本人。实际上,溥仪从醇王府溜出来就径奔宽街的荣寿固伦公主府,在那儿见到了日本公使芳泽谦一,在其全程陪同下,溥仪几经辗转,悄然钻进了日本公使馆。

将溥仪逐出故宫的鹿钟麟

次日，婉容和文绣也按照事先的周密策划，从北府抵达日本公使馆与溥仪会合。紧接着，润麒跟随父母去日本公使馆，借探望溥仪和婉容为名，暂住下来。一直紧皱眉头的溥仪，见到玩伴儿润麒，才勉强露出了一丝笑容。

听说溥仪迁住日本公使馆，一些拖着长辫子、身穿长袍马褂的清朝遗老闻风而动，纷纷前来叩见溥仪。连续几天，润麒陆续见到了不少令人生厌的白胡子老头儿，在他眼里，这些无不是怀揣个人目的而来的"怪人"。他到溥仪居住的那幢小楼去玩，只见"皇上"的不少旧随从已陆续到来，有的还在门口挂上了诸如什么"传达"之类的小木牌儿。

溥仪惟恐润麒独自溜回家，便跑到他的屋里，反复哄劝："润麒，你可别走呀，过几天要拍电影啦。"

"真的吗？那倒是挺有意思的。"于是，寂寞难耐的润麒勉强留住下来。临到拍摄时，他才知是日本人要给溥仪拍摄电影纪录片。

那天从早晨起，至少有二三十人在张园的院子里走来晃去。润麒俨然成了一个活道具——作为背景，他在后边拿着临时发的日本干点心，谁也不准吃，只能端着瓷盘摆样子。

拍摄影片时，润麒故意装出挺淘气，以为拍电影就要像卓别林的滑稽样子。结果轮到他上镜时，一名绅士走过来，郑重其事地在镜头前介绍："这位是溥仪的'义弟'。"

润麒弄不清怎么出来一个"义弟"的称呼，反正给他拍摄了不少镜头，在过分严肃的气氛中，他倒没敢出太多的洋相。在电影镜头中，看起来无忧无虑的他，从头至尾都笑得挺天真。①

他的演员任务初告完成，站在一旁，观看了整个电影的拍摄过程。轮到溥仪上场时，摄影师让"皇上"从小土坡上缓缓走下来，以显示其从容不迫，其实，他最清楚溥仪忐忑不安的内心世界。

之后，他见姐姐婉容梳着"两把头"，也从坡上慢步走下。接着，又拍摄了溥仪与婉容边走边亲热谈话的镜头，结果，摄影师让他俩重新走了一遍才算过关。

千篇一律的重复，使他对原以为饶有趣味的电影拍摄，顿时失去了兴趣。

他在院里欣喜地碰见了后来成为他妻子的韫颖，俩人聊得十分火热。韫颖说起许多童年的故事，他眨巴着小眼睛，听得如醉如痴。韫颖曾在家中饲养

---

① 近年，有关人士将润麒当年在日本公使馆内所拍摄的照片翻印后送到他手中，以作纪念。

过小家雀儿，一不小心，小家雀儿挣脱束缚飞走了，家人没敢告诉她，又换了一只模样相似的拿来。原来的小家雀儿跟她挺熟，这次换了一只陌生的小家雀儿，见了她就撞笼子，她自然产生了疑问："这不是原来那只吧？"

"就是那只，没错儿。"保姆哄她说。

"明明不是那只，你怎么说就是那只呢？"她坐在地上撒娇地哭开了，"我知道，原来那只是黄嘴，这只是黑嘴的。"

"咯，咯，咯……"润麒听后，与韫颖一起笑个不停。

尽管溥仪试着与日本人接触，实际上在日本大使馆的"闷罐"里，溥仪始终没弄清日本人是"黄嘴"还是"黑嘴"的底牌。

溥仪出宫，京城舆论一片哗然，又正值军阀混战，爱新觉罗家族人人自危，惟恐"城门失火，殃及池鱼"。皇后的家族自然也成了社会关注的焦点之一。由于溥仪"潜"往日本公使馆，家族的人们骤然向它靠近。

日本公使馆位于东交民巷，巷子东头有一座德国旧兵营，由于德国人撤走，整个院子都空闲着。考虑到一则家里不安全，这里可以避乱；二则看望婉容方便，离日本公使馆很近，步行几分钟就可以走到。于是，外祖母就近租了德国兵营的一套房子暂住下来。

兵营里的旧房子被打通，外祖母吩咐佣人拉上幔帐，将客厅和卧室隔开，又购置一些旧家具，便在这里"安营扎寨"。除外祖母以外，大姨儿和三姨儿、六姨儿以及棍王的三姨太太所生的七姨儿，也分别来这里住了一些日子。大三姨儿一摊家事需照料，只暂住几天，便回了家。他的母亲也要照顾家，照看他的外祖母，小住几日之后，便也返回荣宅。

算来，润麒在日本公使馆没住几天就来到德国兵营与外祖母团聚，又见到了几名老太监、保姆，还有大姨儿的两个女儿。大姨儿在屋里经常叫保姆蘸水刮痧，卡哧、卡哧地刮个不停，据说可以调节微循环，后来他和表妹也受到感染，刮痧上了瘾。

一向以谨慎著称的前内务府大臣载润受润麒外祖母的影响，也在德国兵营后边租下房子。两家离得挺近，载润福晋常来他外祖母住处串门。

其间，还发生了一个小插曲，溥运的哥哥在院里开汽车，没留神撞到了树上。看管院子的是一名中国壮汉，态度异常刁蛮，威胁说，你撞了我们的树，必须赔偿。溥运的哥哥走下汽车，眼见撞上树，人家又气势汹汹死活不答应，竟被吓得当场休克。

润麒的外祖母也常去前去看望载润一家，竟意外地扯出一段未果的姻缘。

载润有两个儿子,一个胖胖的宝贝女儿。载润福晋回访时,主动拿来女儿一张梳着大辫子的照片,托人给润麒说媒。此时,他虽然进宫结识了三格格,但还没有订婚。最终,他与载润女儿的这桩亲事没谈成,那张照片却在外祖母家保存了多年。韫颖后来曾经打趣地说,他若没在宫里认识她,按照门当户对的传统,也许早就跟胖姑娘完婚,而自己也不可能与他成就姻缘。

韫颖的话,只是一个玩笑。润麒知道,载润的女儿是一名老实姑娘,听说嫁人不久便去世了。而其长子自幼胆小,当上东陵守卫后,却变得飞扬跋扈,在家里连父亲的话也不听,胡作非为,后来闯下大祸。据说被溥侊带兵包围,结果"自作孽"而死。载润为此还给溥仪写过一个"罪己折",自责教子无方。

润麒曾亲眼目睹载润亲笔书写的白折子,一手漂亮的楷书。提起此事,他总是遗憾地唉叹:"乍瞅着,润贝勒的大儿子是一副老成端重的样子,身体好,脑子好,可惜环境让他变成了如此不成器的人呵。"同时,他也暗自庆幸,胖姑娘那档子婚事得亏没成,不然搅入这样一个家庭,后果可想而知……

在德国兵营里,闲着无事,人们常聊起宫里的老人旧事。曾教授过溥仪和婉容英文的中国老师——崔惠茹,是一名老姑娘,个头不矮,颧骨挺高,平时满口广东话,外貌却像北方女子。一直到溥仪出宫前夕,她都在储秀宫陪伴婉容,也不止一次去过润麒家串门聊天。到天津以后,她便不见了踪影,据说,投奔了远在香港定居的妹妹。

提起宫内的外国女子,自然少不了婉容的英文女教师——任萨姆,她给宫里带来了西方礼仪和学习英文的时髦风气,溥仪出宫以后,润麒便再也没看到过她。听说,任萨姆眼见"逊帝"和"皇后"被逐出宫,遂断了盼头儿,沮丧地返回了大不列颠。

二 "梅孟之恋"的幕后隐情

谁也难料,年少的润麒居然见证了"梅孟之恋"的全过程。此时的梅兰芳,已是蜚声京城内外的京剧男旦,称得上大红大紫。其祖父梅巧玲随徽班进京后,颇受皇宫"升平署"赏识,一家三代在戏行里迅速蹿红。而自幼生于北京的梅兰芳,在杨小楼等名角提携之下,脱颖而出,竟位居"四大名旦"之首,也成了润麒一家人追捧的"美人"偶像。

梅兰芳遭"劫",一时轰动京城。消息传来,润麒一家人无不万分惊诧。

孟小冬在《借东风》中饰诸葛亮

京戏舞台上扮像英俊的孟小冬

润麒与梅兰芳仅有过几面之交,但对劫案的牵涉者孟小冬①,却再熟悉不过。她不仅是润麒外祖母的义女,也是他一家"戏迷"的挚友。

半年多前,孟小冬突然辍演多日,不见了踪影,据传闻嫁给了著名京剧演员梅兰芳。但润麒一家人深知梅兰芳妻儿俱在,结婚对于孟小冬明明是没影儿的事。不久,报纸上果然出现了"梅孟之恋"以及梅兰芳劫案众说不一的详尽报道。

润麒与三姨儿亲眼见到了凶犯枭首示众的头颅。一九二七年九月十五日午后,他跟着大姨儿一起乘坐马车,由北往南行走,正路过东四牌楼九条②胡同西口时,只见聚者甚众,挤得人山人海,纷纷抢着围观电线杆中间悬挂的一颗人头。虽然他已经十六岁,家里人仍拿他当小孩儿看,坐在颠簸的马车上,大姨儿忙拧过他的脑袋,又用手捂住他的脸,不让他窥看那颗血淋淋的人头。而他偏偏非看不可,而且清楚地见到那颗年轻头颅,脸上焦黄焦黄的。据说,这正巧是梅兰芳劫案凶犯的头颅。

梅兰芳劫案成了荣宅一家人茶余饭后议论的焦点。他们谈论的中心话题,不是梅兰芳,也不是那个杀人凶犯,而是时常出入荣宅的当红女老生——孟小冬,而润麒则是她的忘年之交。

当时,偌大京城提起女老生孟小冬,几乎无人不晓。她是爱新觉罗家族的座上宾,也是荣宅一家人的密友。各王府的堂会,无不以邀孟小冬出场为荣,作为一名京戏女演员,她简直红透了整个北京城。不仅仲馨经常与她相伴一起出外游玩,润麒也短不了追逐她到各个剧场观看演出,乃至跟随她到后台四处乱窜。

那些日子,抢看当天的报纸成了他家最紧要的事。原来,劫案的凶犯是一名山东籍大学生,叫李志刚,他的家庭虽然不富裕,却时常到城南游艺园"捧角",日久天长,竟"瞟"上了扮相俊俏的孟小冬,隔三差五地去她家串门,因未遭到拒绝,便误以为她对自己有意。

谁知,孟小冬一连多日未登台,李志刚探知她一个多月没回家,又听说她嫁给了梅兰芳,于是移恨于梅老板,苦苦寻觅了近半年,终于打听到了梅宅所在地——无量大人胡同五号。

---

① 孟小冬,原名若兰,字令辉,著名京剧女老生。一九〇八年出生,北京人,祖籍山东。一九三八年拜余叔岩为师,成为余派艺术的主要传人,一九七八年逝世于台湾。

② 即现在北京市东城区东四九条胡同。本书作者自幼住在东四九条东口,曾听到不少有关"梅孟之恋"的传说。

九月十四日午夜,梅兰芳与友人同赴宴会,痴迷的李志刚竟然尾随至东四牌楼九条胡同的冯耿光冯宅①,声言梅兰芳抢了他的未婚妻,于是绑架了梅的好友张三爷,向梅兰芳强行勒索五万元。这轰动一时的"桃色"闹剧,从当晚七时延至第二天清晨八时,终以军警将其一枪击毙才告落幕。

　　而引起润麒一家人格外关注的是报纸登载的一则简短消息:"凶犯被枭首示众于九条西口时,有人见一青年女子乘汽车而来,面披黑纱,下车瞻望凶犯首级,唏嘘泪下,旋复登车而去。惜无好事者报警拘捕,或设法追踪侦探,盖亦无头公案之一绝好线索也。"据京城人纷纷传说,这位面蒙黑纱的翩翩年轻女子,就是大名鼎鼎的孟小冬。

　　这桩劫案的原委,要从一年前说起。在一次堂会中,"旦帝"梅兰芳与"生皇"孟小冬未经排演,被突然邀请合演了一出《游龙戏凤》,竟大获满堂彩。二人由此一见钟情,在众人撮合和梅大奶奶王明华首肯之下,居然将戏中的"假夫妻"变成了真实婚姻。

　　转过年的阴历正月二十四日,俩人在冯耿光的九条寓所喜结良缘。之后,孟小冬被"金屋藏娇",隐匿在距长安戏院不远的内务部街的小胡同里。据润麒回忆,孟小冬后来曾说,当时梅兰芳承诺,此"婚姻"叫作两头都为"大"。

　　一时,京津媒体"爆炒"梅孟姻缘,各报刊纷纷发表了不少报道和评论,而孟小冬却消失得渺无踪迹。此时,梅兰芳的二太太福芝芳正在家里生着闷气。另一个"冬皇"的戏迷李志刚,则发疯似的漫天寻找着孟小冬,这才引出了以上血淋淋的一幕。

　　九月下旬的一天傍晚,母亲仲馨神色忧郁地拿回一份天津《北洋画报》。全家人聚在灯下,抢着阅读梅兰芳在这份画报上公开登载的"梅兰芳最近因北京劫案,致天津张谷公手札"。(参引自许锦文著:《孟小冬传》。)

　　全文颇具外交辞令,对"梅孟婚姻"闪烁其词,使孟小冬顿生误解,旋即,引起了梅、孟之间的一场轩然大波。孟小冬逐渐与梅兰芳断绝关系,不久重登舞台,几经犹豫之后,她终于搬回母亲家居住。自此,润麒一家人又重新见到了与梅兰芳"圆后破镜"的孟小冬。

　　当时,他和全家人寄住在东四牌楼三条胡同路北一幢深宅大院里。房主

---

① 冯耿光,字幼伟,广东中山县人。日本士官学校第二期毕业,曾任晚清政府军咨府第二厅厅长、北洋政府总统府顾问、中国银行总裁、新华银行董事长。解放后,任中国银行公私合营董事。当时东四牌楼九条胡同三十五号,即梅兰芳与孟小冬的大媒——冯耿光的寓所。

与孟小冬关系"莫逆"的润麒母亲仲馨，摄于一九五二年

是一家远房亲戚，也是大户人家，被润麒一直称作"大舅"，在大院里仅住着两间小房，却腾出不少空房来，让润麒跟母亲、大姨儿以及几位姑奶奶租住。最显眼的是大院里有一座斑驳的旧戏台。不知是否这个缘由，一个熟人曾招来住在隔壁院子的街坊孟小冬前来串门聊天，自然而然结识了润麒一家人。

孟小冬由于家境不富裕才走上了学戏的道路。登台演戏以后，一家经济才有所好转。她是京戏演员，当然愿意结交"皇族"，借以提高社会地位，一来二去，便跟润麒的父母混得愈来愈熟。润麒属于自来熟，一见面就与孟小冬亲热得以姐弟相称，很快和她成了无话不谈的忘年"挚友"。

两家离得挺近，在胡同里仅隔两个门。孟小冬家里挺清静，只有父母和弟弟，没事儿时，她就来润麒家玩儿，有时聊得太晚，竟与仲馨同床而眠，惹得坊间闲话不断。又因润麒的外祖母也酷爱京戏，于是，她成了朗贝勒福晋的义女，更成了这一家的常客。

当年，孟小冬无论扮相还是唱腔，都称得上风靡一时。但她并不经常登台，只唱上一两天就待在家里歇着。有时，上海、天津等地邀请她去唱戏，往返十天半月。她虽然生活散淡，"冬皇"①的美誉却声名鹊起。

孟小冬与梅兰芳"离异"之后，手中还多少有点儿积蓄，花钱仍是大手大脚。手绢、袜子，依然成打成打地买，自己只挑选一二，其余只作"天女散花"，分送给润麒和他的表妹、保姆、丫鬟或亲朋好友。她与仲馨、五姨儿关系都不错，时常互赠一些小礼品，以作酬答。

从外地演出回京，见了面，孟小冬张口就叫润麒"小淘气儿"，仍惦念着给

---

① 据考，力捧孟小冬为"冬皇"者，是《天津商报》的沙大风。他最先在"孟话专栏"中称孟小冬为"我皇"。在此之后，逐渐演化为"梨园冬皇"。

他带回一件礼物。而他从不叫她什么"官称",说话总是没大没小。一次演出归来,她故作神秘,双手藏在背后:"润麒,你猜猜,我给你带回什么来啦?"没等润麒说话,她把一只手表轻轻塞到他的手里。

他瞧着这只手表,感到挺奇怪:"上边明明没有表针儿,怎么还能走呢?"

起初,他好歹不要,孟小冬劝了劝,见他执意不收,便收了回去。隔天,润麒琢磨着,人家好心从外地买回来,若硬是不收,她会认为是看不起她,于是,又找到她拿回了手表。顿时,孟小冬喜笑颜开,拉着他的手,问长问短,显得异常亲热:"以后,不

"梅孟之恋"中的孟小冬(坐者)和王敏彤身着旗装(左立者)

准见外。"尽管两家相距咫尺之遥,多年来,润麒始终没去过她家一趟。

从登台第一天起,张罗着伺候且为她演出"包头饰"的,就是一名长相端正的中年男子,别人包不好孟小冬的"三大片儿",非他不可。那名男子平时总是身穿一件灰布大褂儿,演出时专门负责给她"饮场"——倒茶、卸妆,连倒洗脸水、挑服饰也一律由他包办。

润麒时常去后台转悠,见那名中年男子梳着短头发,动作慢条斯理,没事儿就在孟小冬的面前站着听喝,活像"老妈子"。仲馨听了不信,唤来一瞧,见那名男子举手投足,连倒茶的姿势都果真与传闻一般无二,她乐不可支:"嘿,真像一个老妈子。"

三 目睹"冬皇"反目

在驰骋舞台的粉墨生活中,孟小冬似乎暂时忘却了"失恋"的隐痛。哪知,"梅孟之恋"又横生枝节。

难以说清什么原由,润麒的五姨儿出奇地喜欢孟小冬。在润麒的眼里,五姨儿长得眉清目秀,高鼻梁,大眼睛,鼻子和嘴都挺俊俏,尤其酷爱饰演京戏老

生，打扮起来格外迷人。她忽发奇想，欲叫她丈夫再娶一名小老婆，竟然打上了孟小冬的主意，有意撮合二人。润麒无意得知，以为这只是说说而已。此讯一经传出，孟小冬听到后倒没显得过于反感，依旧与润麒的五姨夫说说笑笑，照常往来。

平时，孟小冬在家里总是短衣、短裤，一身短打，偶尔出门时才穿旗袍、高跟鞋，烫上时髦的发型。平素看不出她性格暴烈，外表倒像是一名文明的知识女子。润麒跟她时常打打闹闹，也从来没见她发过脾气。

有一天，孟小冬与五姨夫不知为何闹翻了脸，平常文质彬彬、大家闺秀似的孟小冬，出乎意料地暴跳如雷，竟与五姨夫粗野地对面大骂起来。润麒从没看见过如此架势。

那天上午，孟小冬身穿短汗衫、白绸裤子，气呼呼走进院内，双手叉腰站在他五姨夫屋门口，一只脚横蹬在栏杆上，拍着大腿痛骂："你这个杂种！"

见此架势，谁也不敢贸然上前相劝。这时的孟小冬，丝毫瞧不出来是一名年轻女子，倒像一个凶神恶煞的"夜叉"。院里有人猜测，很可能是五姨夫对她动手动脚，失了礼，才惹恼她。他的五姨夫始终没露面，畏缩在屋里没搭一句腔。润麒也被吓得没敢吱声，只是躲在门后偷偷观阵，只见孟小冬狠狠一顿大骂之后，扬长而去。

更多得时间里，孟小冬是安静、平和的。与润麒在一起时，她时常闲聊一些京剧演员的逸闻轶事。她过去唱京剧《王佐断臂》之前，总要先表演一段钟馗率一群小鬼儿跳的舞蹈，润麒和观众在台下觉得美妙之极，喝彩不止。而她在桌子上剁自己的胳膊时，每次都是一个空翻跟斗折过去，极为利落的优美身段，总是赢得雷鸣般的掌声。

与梅兰芳闹过一场"离异"后，孟小冬嗜鸦片成瘾，似乎在以此麻醉自己的神经。自此，她元气大伤，有一时期竟疏于练功，再演出"断臂"空翻时，显得极为吃力，只能一个虎跳前扑，勉强从桌子上翻滚过去。

临到下场，她刚刚走到后台门时，一名扮"畔儿"的配角与她恰巧走个碰头，竟然朝她竖起大拇指，讥讽地说："您那个空翻跟头可真棒呀，我们练武功的都佩服您。"

她听出了话里的刺儿，双手一叉腰，两眼圆瞪，跟那个"畔儿"大声吵嚷起来："告诉你，有话直说。你以为谁听不出来这是挖苦人吗？我是'空翻'折不了，才从桌上对付过去的。"

"哟，您那么大的角儿，谁敢刺儿您呢？"

"你要是再找茬儿,我饶不了你!"

本来,她重返舞台就窝了一肚子火,哪知这次偏巧又遇上找刺儿的对头,实在忍无可忍,便叉着腰站在后台,大骂一顿才算出了口恶气。

润麒始终在一旁冷眼相观,此时的孟小冬实在不像女子与男人吵嘴,倒像两个男人在打蛮架。

回到家里,孟小冬长叹一口气,对他颓然说出了心里话:"后台是个杂巴地,哪派都有,说话互相都带刺儿,非要把对方压倒才行。你看明白了吧,那家伙就是成心挤兑我呢。"说着,孟小冬忧郁之中,面露怨恨之色。

对比"梅孟之恋"之前,她的脾气显然变得喜怒无常。尽管如此,润麒依然台前幕后地追随着她,观赏她的戏。那天,她在吉祥戏院演戏,又特意带了润麒去。她在《打渔杀家》中扮演的萧恩,从眼神中传递出的喜悦、惧怕、愤慨等表情,以及几近传神的动作表演,淋漓尽致地展现了一个古代男性的喜怒哀乐。剧终,观众对她的谢幕报以雷鸣般掌声,润麒也在心里悄然喜爱上了孟小冬。

早在幼年,润麒就随父母一起观赏过梅兰芳与武生泰斗杨小楼合演的《霸王别姬》。杨小楼早年曾就职于宫内"升平署",时常进宫演唱,在京城红极一时,杨梅二人阴柔与刚烈的"联袂",成了京城戏行的绝配,虽招致不少流言蜚语,却是坊间票房的热门视点。

润麒当时还不能完全看懂京剧,但仍觉得杨小楼与梅兰芳饰演的《霸王别姬》,无论唱念做打,都恰到好处。尤其是杨小楼饰演的不可一世的楚霸王对虞姬柔肠百转的挚情,使他体味到了从未有过的感动。

观赏梅兰芳与孟小冬演出的《游龙戏凤》后,他的心情更是非同一般。他的母亲与大舅、舅母坐在包厢里嗑着瓜子儿,坐等开戏。大舅的女儿三滨——她管润麒叫二哥,忙前忙后地伺候仲馨,她不仅认识孟小冬,也想再睹她与梅兰芳合演的舞台风采。

在观众的心目中,后台往往是一个隐秘的场所,特别是名演员上戏,更是不允许外人随便闯进去。临开演之前,润麒死活缠着孟小冬,想到后台去瞧瞧热闹,她好心地劝他说:"后台人挤人,没什么意思。"

"只瞧几眼行吗?"

润麒执意要去,孟小冬与梅兰芳拗不过,只得带着他好不容易挤进幕后。他抬眼一瞧,满满一屋人,正轮流在破桌上的镜前化妆或试戏衣。颇有意思的是,梅兰芳在后台挂的戏衣下边,还特意搁了一个尿盆儿。润麒见其上场前,在那儿背对着人哗哗地小便,不禁掩口而笑。

说起来,名牌演员在台上挺漂亮,到后台一瞧,化妆时连一扇门都没有,全部对外敞开着。演出开场之前,总有一些观众少不了挤在上场门,好奇地偷窥名角的后台英姿。

孟小冬虽然是当红坤角儿,但也没有单独的化妆间,依然在人山人海的后台化妆、打扮。回去时,服侍孟小冬的改换成了仲馨的亲戚季小竹,她负责在后台伺候孟小冬,做些递勒头、贴"大件儿"的杂活。那时,梅兰芳与孟小冬凡上演《坐宫》、《武家坡》等对手戏时,润麒准会紧随观阵,到后台默默地看着她化妆、试衣。

每次观赏孟小冬与梅兰芳珠联璧合的演出,以及在后台形神交融的默契,他从心里钦羡这一对佳人的"天仙配"。

然而,这一切都已倏忽成了过去。孟小冬"别姬"之后,孤身一人生活在东四牌楼三条胡同的母亲家。

不久,风波又起。梅兰芳的母亲过世时,孟小冬头戴白花,身着丧服前去吊孝,不料却被强阻门外。她抱头痛哭,发了疯似的奔跑回家,从此重病不起,躺卧家中,万念俱灰,多日不思饮食。

当仲馨得知孟小冬终日在家以泪洗面,便偕润麒的外祖母前去探望。见孟小冬面容枯槁,老太太非常心疼,遂建议她到天津自己的妹夫家去静养,以中药调理病体。孟小冬的母亲自然极力赞成女儿变换一下环境,她便由仲馨一路陪同,毅然从京城来到天津,开始过起整日吃斋念佛的清静日子。一连几个月,润麒与她始终未曾谋面。

年根儿前,润麒欣喜地见到了孟小冬,面前的她靓丽依旧,风度翩翩,只是显得并不欢愉,愁绪重重,愈加变得懒散。她一天到晚没多少事,不唱戏时就静养赋闲,时常来他家串门聊天,甚至大白天插上门销,与仲馨自顾自地卧床倾心长谈,难免招致不少坊间的闲言碎语。在世俗眼里,她俩成了一对不为外人所解的"怪人"……不消说,润麒家里成了她消愁解闷儿的避风港。

不久,经多方斡旋,孟小冬与梅兰芳自津携手返京,表面虽重修旧好,裂痕犹在。不久,四大名旦揭晓,梅兰芳赫然位居榜首。当梅兰芳访港演出归京之际,孟小冬约其作了一次刻骨铭心的交谈。

貌合神离的"黎园伉俪"终于摊牌。孟小冬悲愤已极,冒雨跑出门,跌跌撞撞地消失在细雨蒙蒙的夜幕之中……①然而,雨夜之中这一幕,倒并非润麒亲眼所见,而是听母亲仲馨述说的。②

---

① 据许锦文先生著《梨园冬皇孟小冬传》考证:一九三一年七月,梅兰芳自港演出返大陆后,孟小冬与梅兰芳私下作了一次长谈。自此,二人最终分手。另据李伶伶著《梅兰芳传》记载:一九三一年,在孟小冬聘请的郑毓秀律师和上海的杜月笙调停下,梅兰芳付孟小冬四万元作为赡养费。此后,孟小冬嫁给杜月笙,一九四九年五月随杜月笙赴香港。一九六七年秋,移居台湾,于一九七七年五月二十六日患肺气肿和心脏病并发去世。
② 据润麒先生回忆,母亲仲馨曾亲口告诉他,梅兰芳与孟小冬最终分手的原因是,由于孟小冬身怀有孕,遂与梅兰芳作了一次长谈,由于意见相左,导致两人最终分手。由此,孟小冬迫不得已下嫁杜月笙。另据万伯翱、马思猛先生著《孟小冬——氍毹上的尘梦》所述,在梅兰芳访美期间,"婚后未孕"的孟小冬,到私人医院作了妇科检查,结果却查出了"妇女病",不能怀孕。梅兰芳始终不知孟小冬这个秘密。出于尊重历史公众人物并有利于研究的客观角度,兹将两种不同说法,录之待考。

第玖章 迁居天津

＊"梁园"虽好，非久恋之地。溥仪在日本公使馆鬼混一些日子后，自京迁津寓居。润麒一家人也随之搬到天津卫。

＊皇亲国戚中，竟有不少稀奇古怪之事。载兴的美妾，见着中意的男人就浑身上下脱个精光，以展示其胴体连个黑点儿都没有，成了嗜裸成癖的病美人。

＊"皇"、"后"关系，名存实亡。润麒看得清清楚楚，婉容闹着要吃整羊，却是嚼几口就吐出去，成心怄气以使溥仪难堪。

＊听说大太监小德张，强娶了小兰英，润麒突发奇想："如果我有能力，一定打进他家，搭救她出来！"自然，这只是他英雄救美的一个梦想。

图片说明：润麒的父亲荣源（后排右四）在天津静园接见外国"小人国"杂技演员

一 租住洋楼

"梁园"虽好,非久恋之地。溥仪在日本公使馆鬼混了一些日子,觉得终归不是长久之计,就从北京迁往天津寓居,实施"韬晦之计"。婉容和文绣自不必说,连溥杰和几个妹妹也随之奔了天津卫。不能说没有溥仪迁津的影响,润麒一家人亦从北京举家搬往天津。

其实在此之前,他一家人早已经常往来于京津之际,每到天津就住在临时租来的平房里。院子外观像是一座兵营,位于天津城南,坐南朝北,里面至少有五六排房屋。厕所在紧北头,解手得跑挺远。后来,为方便女眷,就在院前用席子搭建了一个临时女厕所,男的仍旧得去北头如厕。平房与城墙仅隔一条马路,在院落里一仰头就能看到斑驳的古旧城墙,时常可以望见警察在路上巡逻。

临来天津之前,润麒在西山八大处租的房子外边让太监用照相机照了几张相片,衬托的背景是巍峨的山峰。惹笑的是,只摄上了他一只眯缝的眼睛。一天,母亲在他屋里见到这张照片,呵呵直乐,又让太监给他补照了一张在天津的留影。

此次迁居天津之后,他一家人才从平房搬往到楼房——英国租界伦敦路一幢三层楼房,不过是与另一家合住,连阳台也是一分为二。以一堵院墙为界,豁然分成了两个院落,只是外出时要走同一个院门。

初到天津,他喜欢住在外祖母家,而此时,三姨儿已经出嫁,只剩下了七姨儿和父亲的三姨太太。晚餐后,他常叫三姨太太帮助默写功课,气氛倒还算融洽。

在迁进的新楼里,一至三楼各有三间居室。润良与韫瑛结婚后,曾一度居住楼下,父亲荣源与小妾文安、保姆同居三楼。润麒和母亲住在二楼,各居两间房,之间有一个小门相通。卧室通往的宽敞阳台,阳台上摆放着桌子、藤椅,可以在太阳伞下乘凉或吃饭。母亲住处靠北边一间是卧室,南边是客厅,里边购置了沙发和书桌。母亲的屋里安装了洋炉子,他的屋子则没有。

刚来津时，他曾一度住在一层，门口右侧是厕所，文安当时住在紧外边一间房里。他年纪不大，封建意识却颇浓，每当进楼或上厕所，必须路过她的房间，都事先吩咐老太监景和："我要路过那儿，让她盖好喽。"直到老太监返回来说她已盖好被子，他才小心翼翼地走过去。在街上行走时，倘若遇到迎面走来的女人，他从来不好意思直视，甚至人家过来打招呼，他才回过头表示歉意："对不起，没看见您。"

或许，这是爱新觉罗家族的"通病"——他自幼在家挨饿时居多。其实，家里任何都不缺，吃啥有啥，大人却总是偏不让吃饱，惟恐撑坏。与众不同的是，仲馨动手包饺子——天津俗称煮饽饽，非得包成扁形不可，饭前仍不忘叮嘱他："吃别的我不管，吃煮饽饽要数数儿，免得吃多了。"

皇族的小孩儿挨饿成了京城各王府司空见惯的怪事。溥杰便时不时被润麒取笑："你个子那么小，可能就是营养不良，饿的吧？"

"北府的菜总是老几样嘛。"说到这儿，韫颖总是随声附和，"父亲早晨起来必须吃木须肉，一直几十年不变，也不嫌腻得慌。"

淘气归淘气，但他从不挑食，家里做什么就吃什么。他最喜欢吃奶油食品，而母亲并不反对，却不主张他总吃冰激凌，而父亲却时常带他去起士林解馋。

也许是辈分和年龄的差距，他与爱新觉罗家族的"载"字辈的交往实在不算多。他虽在北京饭店的屋顶花园见过载洵，却没去过洵贝勒府；亦曾见过又高又胖的载泽，却连一次长谈都没有；对于载瀛的印象，他不算太深，只觉得此人看上去挺年轻，一直也没有什么往来。

有一次，他跟随外祖母和大姨儿自津返京，在北京饭店的屋顶花园吃饭时，恰巧碰见了平日熟悉的皇亲载兴。当时，军阀混战，兵荒马乱，载兴也刚从天津回京，平时在家里舞文弄墨，写字绘画，捎带修改戏词儿，俨然成了京城墨客。正值夏天，载兴梳着分头，身穿纺绸大褂儿，端坐在太师椅上轻轻摇着一柄檀香扇。这位王公中文造诣不错，外语却格外蹩脚。

"爱斯（ice），"他见到邻座的载兴，招手冲男侍说了一句英语，意思是想要一块冰，接着，又说了一句英语——"科瑞姆（cream）"。他明白，这是再要一份奶油。那男侍听了，直皱眉头。载兴只好低声唤过男侍，悄声嘀咕几句中文，那男侍才听明白，微笑着将奶油端过来。他向外祖母和大姨儿转述了载兴这几句类似古文腔调的英语，引得哄然大笑。

"这算什么，皇亲国戚中稀奇古怪事儿多着哪。"

"真的吗?"他感到好奇。

"你难道没听说过载兴美妾的故事?尽人皆知……"

润麒听大姨儿讲起了载兴之妾——京津著名美人的传闻。据说,被囚深宅大院的美妾,找了一个说书的瞎子来说书解闷儿,刚落座,她就戏弄地问起瞎子:"你猜我身上都穿什么啦?"

瞎子毫无依据地一顿乱猜,她穿着什么颜色的旗袍,什么式样的鞋子……

"没有……都没有。"她说着,哈哈大笑。

"这不是裸体了么?"润麒好奇地问。

"是啊,"大姨儿绘声绘色地说,"这个女人见着中意的男人就浑身上下脱个精光,以展示她的身体连一个黑点儿都没有,还自诩是天生丽质,这不是嗜裸成癖的病美人吗?"

"你跟润麒这小孩儿乱说什么呀?"仲馨嗔怪地打断了大姨儿的话头。

与旧日王府畸形生活形成鲜明对照的是,润麒和父母在天津过的是静如止水的平淡日子。他每天须去静园念书,下课后与同学各自归家复习。相对于以往在私塾旧式刻板的读书,在这儿,他学的是全新的课程。

其实,他真正初习文化知识是从北京荣宅念私塾开始的。第一位老师姓杨,也是从小教过他母亲的老师,按辈分,得称太老师才行。一见面,他就觉得杨老师外表不凡——硕大的头颅,脑门正中长着一个锃亮的大包,看着蛮像和尚。他遵从母亲的教诲,上学时先向孔圣人的画像叩过头,又向老师作揖,哪知一张嘴,竟惹得老师恼怒万分。

"老师,你脑袋上这个包是不是磕头磕的呀?"

"岂有此理!"杨老师险些被气得背过气去。

在尴尬之中,他和哥哥润良开始了启蒙课。练书法,哥哥进步很快,他却怎么也写不好。哥哥背书时,总模仿老师闭着眼摇头晃脑,内容虽没记住,戏里的故事倒记得清清楚楚,甚至过目不忘。润麒虽不用功,背书速度却很快,只是时常淘气,气得杨老师发懵不已。

从前,他在京城与哥哥润良一起上学,整天念的是《四书》、《五经》、《二十四史》这类的旧古董,觉得舌头都变得不利落,连拌嘴架也吵不过人家,于是,他开起了玩笑:"二十四'死'……好比念经。"

他七八岁开始上学,从"皇帝子曰"起一直念到十六岁,早就烦透了死记硬背的老一套。而在静园是从日本的小学课本念起,另外,还请了一名陈老师教英文，另一名老师教授数学。老师们吃的是大厨房的饭菜，一般两菜一汤，只是偶尔喝点儿酒。老师就餐时挺规矩，总是客气地靠一边夹菜，这倒引起了他对自己随意乱夹菜的反省。

他经常在课堂上淘气，老师拿他毫无办法，实在气急了，就扬起手轻轻打他胳膊。自然，这种责打只是象征性的。直到天津二次发大水，他们才被迫停了课。

在静园读书，他与王敏彤同桌，溥杰也成了他的学伴儿，经常一起同来同走，十分开心。书没念多少，什么"桃太郎"之类的日本童话故事倒读了不少。

他对功课不太用心，却紧盯着静园里的一只大白猫。它被惯坏了，见人就咬，谁也不敢摸，即使不招惹，也说不定跳过来撕咬你一口。吃饭时，竟敢蹦上桌子来扒拉菜。有一次，客人路过，它居然无缘无故咬了人家大腿。

润麒早就感到气不忿儿。一天，他刚从院里路过，它龇牙咧嘴地跑过来要咬他，哪知，他抬起一脚就将它踢飞到了苹果树上。这时，溥杰恰巧从正屋走出来，润麒故意顺手一指，嬉笑地说："哎，这只猫怎么上树啦？"溥杰这才瞧见，那只白猫"老实"地趴在树上，再一细瞧，它的肚子卡在树丫上，耷拉着脑袋正喘粗气。润麒这才攀上树把它抱了下来，从此，这只坏猫再见到他时就变得格外老实，再也不敢龇牙咬人。

百无聊赖的婉容喂养了一只外国人送的小白狗——阿喜，还给它专门置了一张讲究的小床，上边叠着小被窝。这是一只孤傲的小洋狗，任何人都不能碰它，否则，它就汪汪地狂叫着咬人。润麒开玩笑地踢了它的床一下，它就叫唤个不停。趁一天没人，他嘭地一脚把它踹到窗户上，又摔了下来，从此它再也不敢咬他。他坏笑着说："原来动物也怕厉害人呀。"打那儿以后，他再踢那张小床，它也不敢报复，只是耷拉着耳朵呆呆地瞅着他。这种淘气的事儿，他始终没敢告诉婉容。

在一次理发时，他偶然结识了一名日本小女孩儿——三夏离子。她的父亲在天津开了一家理发店，离他家不算远。理发店里没装风扇，墙上只挂着一块用布包上棉花的大木板，用绳儿一拉一拽，来回扇风。润麒常到那儿理发，她有时为他吹头发，他总爱转过头来看她，她便面含羞涩地说："不吹啦，不吹啦。"他觉得挺惊讶，这日本女孩儿的中国话竟然说得如此流利。他记住了这位面目清秀的日本小姑娘的名字。

日久天长，他才知这是一个重情有义的小姑娘。他的外祖母应邀给她画过一幅扇面，她托裱之后，当宝贝似的一直珍藏在身边。一来二去，三夏离子渐渐对润麒萌生了好感，真诚地说："将来，你去日本留学吧"。日本小姑娘简单的一句话，在他的脑海中留下了不可磨灭的朦胧幻想。

那年，天津发生特大水灾，水深漫过人，满街走船。"三不管"地区一名姓达的将军家地势较高，外祖母带着全家人跑到那里避难，一连住了几天。

晚上，润麒离家睡不着觉，熄灯以后，竟止不住哭泣起来，陈妈连忙过来陪他睡觉。陈妈推开门，他看见外边的灯光映在墙上，显现出一个巨大黑影，又被吓得大哭不止。

迁往天津以后，润麒与溥仪这一对宫中玩伴儿，又成了亲密"餐友"。并非溥仪召见时才去，有时静园还没开饭，他就早早地候在餐桌旁，吃过饭一抹嘴就回家，然而，溥仪从不挑理。

溥仪听说仲馨擅长烹饪，一时高兴就乘坐汽车去了他家。"皇上"大驾光临，仲馨按照老规矩，当然先得给溥仪请安，再下厨房亲手掌勺。与对待其他人态度迥然不同，溥仪对她尤其尊敬几分，连寒暄话也要多说几句。

在餐桌上，溥仪大口大口地咀嚼着她炒的油菜和肉菜，甚至拿御膳房的厨艺来比较。润麒夸口地说，谁也炒不了如此有滋有味的素炒油菜，虽然只是简单地切成大方块，却香得出奇。他听母亲窃笑着说，其实这没什么诀窍，关键在于佐料和火候。

午餐之后，溥仪临走撂了一句话："以后有暇还要来这儿解馋。"

在天津时代，溥仪变了，奇特的公民生活，使"逊帝"有了特殊感悟。有一段，他俩许久未见面，刚一见面溥仪百感交集地说："哦，老不见了，民主啦。"他明白溥仪话里透出的无奈的酸楚。

二 溥仪的寓公生活侧影

才二十岁出头的溥仪颓然离开紫禁城，表面上平静地寓居天津，内心却时时涌动着"复辟"的冲动。在与之相处的日子里，润麒时不时能感觉到这一点。

尽管"逊帝"沉湎于纸醉金迷的吃喝玩乐，私下却屡屡嘱咐手下人搜罗奇人异士，尤其是武艺高超者，欲网罗于麾下。当时，溥仪寻访得天津著名拳师霍青云，又通过他结识了著名武术家霍元甲的后代——霍剑阁。有一天，溥仪召见霍剑阁，由润麒陪着从一楼走上三楼，才登到二楼，他就感觉这位拳师有点儿气喘,抵达三楼时竟然气喘得像风箱似的——呼哧呼哧……

"他是习武的,怎么迈上几步楼都喘不过气呢?"润麒深感不解,对其"功夫"产生了质疑。

"哎,他可能是把功夫搁下了。"

仅从这些个细节来看,所谓"复辟"充其量不过是一场梦呓而已。

平时,润麒在剧院看戏并不觉得兴奋,而对于唱堂会则感到异常新鲜。他早就知道杨小楼武艺高超,许久就想一睹风采。一天,溥仪唤来杨小楼,在张园的戏台上表演武戏。在此之前,他在戏院曾不止一次观看过杨小楼在《齐天会》中扮演的孙悟空,腾云驾雾,上天入地,简直活灵活现。这次,他陪同溥仪跷着二郎腿,悠闲地坐在沙发上品茗,静待堂会的开场。没过一会儿,年过半百的杨小楼身穿长袍马褂,挺拔地出现在面前,彼此没寒暄几句,溥仪便兴奋地吩咐润麒:"来,叫杨小楼唱一段儿吧。"

一折戏唱毕,杨小楼极为规矩地站立一旁。溥仪像小孩儿似的使劲鼓掌,润麒拿起手绢捂着嘴一个劲儿乐。溥仪又让他点了一出戏,杨小楼拉开架势,唱得字正腔圆,刚落座不久的仲馨,禁不住在一旁赞叹地说:"没想到一个唱戏的,这么器宇轩昂呀。"

有趣的是,溥仪颁赏过后,杨小楼让带来的只有十四五岁的外孙刘宗杨①上台献艺。这次堂会上,刘宗杨饰扮京戏《借东风》里的东吴都督周瑜,演得出神入化,大有乃爷之风,引得全场轰动。

润麒的外祖母观看演出之后,十分高兴地设家宴盛情款待刘宗杨,而杨小楼夫妇和儿媳妇反倒成了配角。杨小楼的妻子携刘宗杨向外祖母请安后,还特意走过来给润麒问安。

此后,刘宗杨去过润麒家里不少趟,一家人都非常喜欢这个聪明又有内涵的小演员。聊天之中,刘宗杨仰起头,嘿然一笑:"在台上,倒真能乐出来。要是平常叫我大笑呀,还真笑不出来呢。"

一时,天津张园成了戏曲和杂技荟萃之地。当溥仪得知天津有个著名变戏法的叫张宝庆,便差人唤来献艺。为了迎合溥仪,张宝庆偕一家人上台表

---

① 据戏剧家翁偶虹先生记载:刘宗杨的父亲叫刘砚芳,而刘砚芳是杨小楼的女婿。三十年代末期,一次,翁偶虹与京戏净行泰斗金少山聊天时,说:"可惜杨老板没了,杨派的东西都在宗杨身上,有机会您和宗杨来一场《连环套》。"可见,刘宗杨当时在京剧界红极一时——载于《北京市文史资料选辑》第二十三辑,翁偶虹著《我与金少山》。

演,其妻竟然是一身旗装打扮。那次盛大的堂会还邀请了不少外国客人,一些外国女人身穿晚礼服前来赴宴。

音乐奏起时,屋里过于嘈杂,溥仪吩咐打开大门。哪料,阵阵凉风徐徐吹来,服饰单薄的外国女子冷得端肩缩脖。见此,溥仪又赶紧吩咐关闭大门。

整场杂技演出,溥仪看得眼花缭乱,异常开心,当即给张宝庆全家人发了一大笔赏钱。

在张园,溥仪闲来无事可干,找来一名南方老头儿教绘画,按月发薪,后来竟成了润麒学绘丹青的老师。

润麒虽曾在外祖母家学过绘画,如今又伴随溥仪临摹足足两三个月,仍只是学了一些皮毛。南方老头儿曾在晚清当过知县,教授绘画闲暇之际,对他自我吹嘘了不少真假难辨的所谓英雄经历——诸如,险些被一名歹徒谋害,便持刀将歹徒提到一座庙里:我要是杀了你的话,罪当该杀;你要是杀了我,我是大清官员,那可就王法不容了。这么一吓唬,歹徒马上跪下求饶……

润麒听了南方老头儿漫无边际的吹牛,觉得像是听侠客小说。老头儿还连说带比划地说起,一次遇到士兵追赶,他拿白蜡杆子一戳,就越过了河,远远地甩下了那些追兵。润麒问了半天,也没闹清那条能蹦过去的河究竟有多宽,权且当作一时笑谈。

最使他感到不解的是,老头儿瞅准"逊帝"难耐寂寞且喜欢猎奇的心理,竟鼓动溥仪与婉容去一家豪华的风味饭店就餐。席间,忽然莫名其妙地跳出一名男子,老头儿当面滑稽地鼓动说:"在皇上面前,你们可以随便吃啊。"这使溥仪感到不快,归来之后,润麒狠狠地训了老头儿一顿。

以往在宫里,溥仪与婉容的关系虽冷淡,但总算没有明显恶化。婉容在天津与溥仪大吵大闹一场之后,自认为再无出头之日,变得心灰意冷。这次出外就餐成了她与溥仪外出的"最后的晚餐"。

谁都看得出来,溥仪对婉容愈来愈冷淡,婉容已得不到一丝慰藉。有一天,婉容提出嘴馋了,想吃羊肉。厨子就按照溥仪的吩咐,为她专门送去一只炖熟的整羊。润麒和太监一大群人站在一旁伺候她进餐。哪料,婉容吃整羊时,蘸着涮羊肉的佐料,嚼几口就吐出去。她刚吃没几口,溥仪闻声走进屋,一眼不眨地瞧着她发泄、胡闹,强忍着没有发作。伫立一旁的润麒清楚地看到,婉容并非将羊肉全部咽进肚子,而是只嚼几口就吐出去,吃了吐,吐了吃,显然是成心怄气以使溥仪难堪。

饭后,婉容见溥仪不动声色,又找茬儿大发脾气,声称女保姆惹她生了气。
"是谁呀?"溥仪强忍住一肚子火气,问她。
"就是她!"婉容指着头上梳着一个髻儿的保姆老尤,故意怒气冲冲地说。
这名三十多岁的保姆正要解释两句,溥仪气火火地走过来,声色俱厉:"你给我趴下!"
无奈,保姆只好低下头,忍气吞声地趴在地毯上。
"拿笤帚来!"溥仪当着婉容的面,亲手拿扫地笤帚揍了保姆屁股一顿。其实,溥仪下手不狠,只是打给婉容看而已。长长的笤帚打上去,根本就不疼,保姆却委屈地哭泣起来,认为没什么过错,却无端受到"皇上"的处罚。

润麒许久就观察到溥仪对婉容的迁就,或许对她多少感到愧疚,才对她百依百顺。当时,他弄不清楚婉容是否在抽大烟,只知她有些自暴自弃。

凡遇婉容无缘无故动了怒,溥仪就下令责打保姆或下人,这仿佛成了一个规律。

那次,溥仪责打过保姆之后,唤润麒跟随去吃晚饭,他内心不太乐意,但也只得奉陪。因溥仪晚餐总是吃素,他往往只在"法定"的星期六晚上聚餐时,才不得不勉强去应卯,连溥杰也只得"陪绑"。

在天津,溥仪与淑妃比在宫里一起就餐的次数还少,他几乎没遇见过俩人一起共进午餐,"皇"、"妃"关系,名存实亡。

尽管润麒单独探望婉容的机会不多,但姐姐却对他一直关切备至。每次临走时,她短不了让他捎带上美食,又自恃存有一大笔钱,屡次赠他几千块当零花。

由于溥仪的纵容,润麒在院里四处胡闹,偶见饭厅的长桌周围有许多椅子,就穿着皮鞋在上边一顿乱蹦乱跑,大喊大叫。虽然挺不像话,连溥仪都不管,也就更没人敢说他了。

在天津,润麒从没见过婉容打网球,倒是屡屡观看韫颖与溥仪交手。一次打网球,刚开始打,韫颖不小心一球拍子挥出去竟把溥仪的脑袋开了瓢儿,鲜血顿时流淌下来。她立时被吓哭,球拍也扔到了地上。溥仪倒显得十分镇静,放下球拍,球衣没换就从网球场径奔医院,随后,一连几天沮丧地躺卧在静园,一动不动。

近似一潭死水的寓公生活,难掩溥仪焦躁不安的内心。润麒则属旁观者,瞧得再清楚不过。实际上,看穿了,他充其量也只是一个企望水中捞月的"附骥者"。

三　翁同龢题联

不久,"逊帝"迁入一座雅致的古园——张园。这是张彪屡表忠心的结果。此时国内外各种势力向溥仪频频招手。

位于天津市内的张园并不适于居住,它曾是张彪的游艺场——八楼八底,即底下八间、上边八间的两层楼房。楼顶上有几张台球桌,润麒遂成了这里的常客。

无意间,润麒偶遇张园的主人张彪,这是一位身板硬朗的高个子老头儿,长方脸,浓眉大眼,目光炯炯,看上去足有六七十岁。俩人见面,无非问候几句,并没什么正经话题。他特别注意其子张挺的打扮——身穿一件长袍,却裸露着脖子,不仅健谈,还有一个习惯,谈话时喜欢用手捂嘴。在他的眼里,这是一对有着鲜明个性的父子俩。

在张园,润麒经常去溥仪的屋里玩耍。溥仪与婉容虽同住二楼,却分别居住在两间卧室。溥仪的房间陈设简单,卧室里置有一张床和书桌,地上铺着地毯。外屋不算太大,仅有一对沙发和一张写字台,最精美的是一盏旧式台灯,古色古香。说不清怎么回事,溥仪有一个怪习惯,即使白天,屋内也总挂着厚厚的窗帘,平时绝不让打开。

最显眼的是楼下大厅里翁同龢书写的一副楷书对联,赫然悬挂在迎门的墙壁上。溥仪每逢路过,总是摇头晃脑地吟读或欣赏一番:"静坐观众妙,端居味双河"。有趣的是,这个"河"字最末一笔竟撇到了纸外边,翁同龢只好用白粉涂盖上,又重新用毛笔描了一下,落款是:"臣翁同龢敬书"。据说那副对联的意思是,静静而坐,观看众人争斗之"妙",端居品味双河之"味"——意寓张园的主人脚踩两只船,静观时局变化。或许,这正符合溥仪当时的真实心境。

自然,溥仪无法"静坐",也无法"端居",日趋投入日本关东军的怀抱。

而润麒印象最深刻的是溥仪与前来祝寿的众多清末遗老在张园楼前台阶上留下得一帧长幅合影照片。那是拍摄祝寿电影时留下的"副产品"。溥仪假张园祝寿为名,行聚众以图复辟之实。张彪的儿子投其所好,为他拍摄了一部电影纪录片。

出于好奇,润麒数了数,院里足有几十人,有的西服革履、拄着文明棍,还有的身穿长袍马褂、蓄着长长的胡子。这些遗老遗少按照摄影师的指令,面对

溥仪在天津张园

着摄影机的镜头，拘谨地走来转去，无异与溥仪一样成了日本人手中的傀儡。润麒心里觉得非常可乐，却憋住了时时想发出来的笑声。

这场闹剧之后不久，溥仪便从张园搬往日本租界的静园。这里比起张园来倒多少像公寓，比较适合居住。然而，静园不"静"，溥仪从此再也无法挣脱日本人的摆布，最终堕入黑暗的深渊。

这幢楼房的四周，建有颐和园似的长廊，但仅仅能勉强通过一辆汽车，却也足以炫耀"斗富"。据说，院里只有一名开车高手——朱广文，能驾驶汽车疾速地从廊子里飞驰过来，别人任谁也难以做到。

身居日租界，溥仪变得格外小心，在卧室或饭厅里说话更为谨慎，若事涉重大政治话题，总在厕所或通体瓷砖镶嵌的浴室里密谈。浴室外边有一间摆设简单的房屋，靠左边是澡盆，右边是抽水马桶，墙角安有洗手盆，上边装着一面大镜子，旮旯摆了一个沙发，可以同时容纳七八个人谈话。屋里特别辟出两个小门，进出颇方便，堪称"御用"密室。

每逢星期六，润麒常与溥仪在这儿聊私话，但从未见婉容或淑妃来过这里。在这间密室，他意外地见到了奉召而来的罗振玉。看上去，这就是一个普通老头儿,却与内务府大臣宝熙一样,不仅对鉴定古董有独到的研究,对书法也颇有造诣,然而指望其复辟"大清"却难膺大任。

也许献策没有得到"纳谳",密室就再也没见到这个年迈的身影——罗振玉终于弃溥仪而去,成了一个纯粹的古董商。

没多久,朱益藩也悄然溜进了密室。这位"宣统"帝师是饱读诗书的老夫子,不仅学识渊博,深谙四书五经,也精通中医。早在宫里,朱师傅就经常蒙溥仪深夜召见探讨中药药方,他便提着灯笼从东华门进宫,颠颠儿地前来叩见皇上。这次他来静园拜见溥仪,仍想侍奉"逊帝"身边,谋个一官半职。溥仪自感前途未卜,没能收纳他,临别时倒是例外地赠了他一幅亲笔所绘的兰花图,以示"隆恩",上边题有溥仪的御笔墨宝"风异"两个字。润麒曾不止一次在密室"邂逅"朱益藩。溥仪谈起"帝师"时,印象颇为不错,认为他是一名忠心耿耿的老实人,半开玩笑地说起一段笑话:"据说,他过去让疯狗咬过,得了狂犬病。后来一些日子里,他的动作有点儿像犬,曾经伏在地上爬,连尿出来小便都是犬型,也不知是真是假。"

没过多久,润麒在天津又见到了朱益藩。回来后,他对溥仪说:"我见他跟正常人一样嘛,不像得了疯犬病呀。瞧上去,他比陈宝琛显得年轻多啦。"

"没准儿,他的病早就好了吧。"溥仪未加思索,随口说道。

这时,润麒还告诉溥仪,这次他见到了朱师傅的媳妇和儿女,年岁都已颇为不小,瞅着这一家人倒都是本本分分的老实人。[①]

没想到,这期间淑妃在天津闹起了一场大动静——与"逊帝"公开"离婚"。正在天津的润麒见证了婚变的全过程。据说这是"福二爷"幕后出的主意,并且帮助她代找的律师。

那时,婉容和淑妃经常出门去买东西,出入很随便。一天,淑妃出门后,突然打来一个电话,说是要与溥仪"脱离关系"——离婚。继而,报纸上登载了她不惜披露仍是"处女之身"的秘闻,继而闹上法庭,最终在法院办理了正式离婚手续,这成了天津乃至全国轰动一时的社会新闻。这一期间,润麒见到的溥仪始终是垂头丧气的。

[①] 朱益藩之子朱鋈鋈,与笔者是同一街道的街坊。二十世纪七十年代,朱鋈鋈返京之后,与笔者往来较为密切,曾托笔者找溥杰先生联系帮助其办理返京户口之事。朱先生亦为笔者撰写《末代皇帝的后半生》提供不少线索,同时,他曾将溥仪赠其父朱益藩的兰花图及"风异"题字等照片,赠予笔者收藏,并讲述了此事的来龙去脉。

而润麒既无婚姻的烦恼,也没有政治的惆怅,终日生活在无忧无虑之中。他从小起就不迷信宗教,在十几岁时就与高僧辩论过。有意思的是,他无意间溜达到一座古庙,瞅周围没有人,就偷偷蹿上了供桌,蹑手蹑脚地掀开一块黄布帘,往里一瞧,是老神仙抱着年轻裸体女人的塑像——直到许久以后,他才知这可能是"欢喜佛"。正待仔细观看时,一名小喇嘛走进屋,他赶紧拉下遮帘儿,跳了下来。小喇嘛发现了,厉声问:"你找谁?"

"不找谁,随便看看。"

"你必须说清楚,不然,非得惩罚你不可。"显然,那个小喇嘛已经发现了他的偷窥举动。

"没事,没事。"润麒说完笑着扭头就跑。

庙门口是六七十层上山的窄台阶,他噔噔地低头往上跑,没留神,脑袋一下撞到了围栏上,疼得龇牙咧嘴,所幸没摔倒。

小喇嘛盯着他,见此使劲拍起巴掌,大喊:"该!你说怎么样,神仙罚你了吧,对不对?"

润麒捂着脑袋上肿起的大包,瞪了小喇嘛一眼,并不认为这是神的所谓"惩罚",许久之后仍纳闷儿不已,世间居然有如此巧合之事?

当他将此事讲述给溥仪听时,正为"淑妃"离婚闹得焦头烂额的"逊帝",半晌沉默不语,继而,又似有所指地深深叹了一口气:"世间的事情,谁又能说得清哟……"

四 与大太监小德张为邻

润麒一家迁往英租界一幢三层小楼的左侧,竟意外地与一名英国军官比邻而居。在小楼里,英国军官带着一个与润麒年岁相仿的小孩儿相伴而居。有意思的是,英国军官没事儿就从阳台往下眺望,每次,英国军官从外边走进院子,便向他敬一个军礼。

"这是怎么回事?"荣源见了挺奇怪,询问仲馨。

"这也许是他们外国人的习惯吧。"

父亲感到挺纳闷儿。他不仅无法回答,也感到莫名其妙,猜测也许因为是街坊,外国人习惯见面打招呼,也未可知。

迁居天津后,他父母之间的关系日趋疏远。早在北京时,父母平时就不常在一起吃饭。母亲不喜欢厨房的饭菜,只是偶尔点两样菜,她在二楼独自建了一个小灶，经常亲自动手下厨。偶尔性起，她还能做出满桌南方菜肴。她的一道拿手菜，是在嫩豆腐中间挖个坑儿，浇上酱油、香油，吃起来别有风味。润麒在厨房玩耍，尤其喜欢观看大三姨儿等人在厨房一起烹制菜肴，有说有笑，格外有趣。

而荣源一天三顿总是吃大厨房的饭菜，百吃不厌，偶尔与外祖母和几个姨儿一起出外看电影、听戏，索性在外边就餐，反倒很少偕妻出门。

外祖母大多从楼下的厨房拿菜。她非常讲究卫生，还预备了一个专用饭碗，吃完饭便盖上纸，嚼不动的东西就吐在另一个碗里，之后再洗净。

也许，分餐成了分居的标志。他的父母到天津之后便彻底各居其室，个中究竟是什么原因，他一直弄不清楚。毋庸置疑，日常他成了通讯员，楼上楼下来回跑，给父母之间递话。母亲有时向父亲索要钱，就用笔写在纸上，叠成三角形递给他，再由他转递父亲就算完事，而对纸条上的内容，他从来不屑一顾。

他听说清末大太监小德张，住处距外祖母家不算远，还听说福二爷——替淑妃出谋离婚的重要幕后人，也离得挺近。偶尔，他瞧见个子矮矮的福二爷驾驶着汽车，在车外居然看不到脑袋，便不由暗自窃笑。

他听过一些小德张的传闻，尤其对他强娶"小兰英"之事感到新奇，还特意叫保姆陪着去小德张家门口悄悄观过"风景"。从他外祖母家往东不远，有一幢外表颇为讲究的洋楼，二楼向外突出一个面积不小的阳台。他抬眼望去，阳台四个角落各伫立一名太监，中间簇拥着一名年轻女子。她身穿紫色旗袍，瘦型脸，身材苗条，头上梳着一个髻儿，透着迷人的风韵，趴在阳台上漫无目标地四处张望。他再仔细一瞧，她身旁始终贴身紧跟着一名寸步不离的太监，显然受到了严密监视。

"小德张对这个媳妇管教特别严，跟犯人差不多。不准她出去见任何人，只许白天从阳台往外望一望。"小保姆告诉他。"小兰英"原在戏班唱戏，舞台上光彩照人，被小德张一眼相中娶回家。小德张时常让她穿着十分花哨的衣裳，乘坐汽车出来招摇兜风，却不允许她与外人发生丝毫接触。

润麒听保姆说完，突发奇想："小兰英的命运不该如此。如果我有能力的话，一定打进他家里，把她搭救出来！"自然，这只是他英雄救美的一个梦想。

他终归没能走进小德张家，倒去了张勋的儿子张梦潮家作客。当时，张勋家里只剩下这位与他岁数相仿的少爷，他家的洋楼比溥仪住的还要好些，老管事虽年过半百，对小少爷却是恭敬有加。张梦潮邀请他吃饭，摆了一桌菜肴，老管事一言不发，规规矩矩站在一旁，像过去老家院对待小主人一样，一呼即应。他饿了,大嚼特嚼,吃得倍儿香。而张梦潮仅仅吃了几口就撂下了筷子。少爷年纪虽小,但在家里说一不二,众多佣人伺候着这一名小孩儿。

相形之下,张梦潮却受不了他的过火玩笑,三逗两逗就哭了。在静园里,俩人打闹起来,张梦潮死追润麒没赶上,反被他使绊摔了一个大跟斗。为哄张梦潮,他又赠他一个鸟哨形状的小钟,这位娇少爷才破涕为笑。后来,张梦潮也曾来过他家串门,没成想国舅的家境竟然远不如他自己家阔绰。

说来,荣源一家倒也活得舒适潇洒。晚上,父亲时常带润麒坐汽车去"起士林"吃冰激凌、看电影,到街上随意转悠。荣源喜欢凑热闹,还曾带着他去观看德国和意大利的飞机表演特技飞行,足足有上万人观赏飞机俯冲,场面十分壮观。

一脸富态的润良,做事却不招父亲喜欢,因此较少带他出门。有一次,父亲带他俩去看卓别林的无声电影。临开演了,润良倒出去闲逛。这时,走进一名蛮横的外国人:"座上有人吗?"

"当然有人。"润麒解释说。

哪知,外国人转了一圈儿之后,强行坐了下来。这时,他身后的三名英国士兵,说了几句公道话:"人家座位上有人,请不要坐。你怎么欺负中国人啊?"这时,响起了开演的铃声,外国人无奈地走了。直到电影放映半截,润良才慢慢腾腾走进来,荣源极为气恼。

这次放映的是美国惊险电影片《世外女转回家园》,内容再简单不过:偏僻的山上住着父女二人,强盗闯来要霸占女儿,便捆上老人的手,把他推下山崖淹死在水里。女儿逃到更远的高山上生活,被一名扮成野人的城市女子,历经坎坷营救出来,送到纽约。观看这部险象环生的电影时,润麒紧张得冒出了汗,走出电影院,他说:"这么刺激的电影,我再也不敢看了。"

"这种刺激算得了什么。"荣源不屑地说。

然而,现实生活中的刺激却使荣源垂头丧气。别看荣公吃喝玩乐十分在行,却不擅理财之道。天津的生意破产以后,荣源坐吃山空,只得靠存款利息度日。在落魄的生活中,荣源仍然勉力维持与上层社会的往来,时常借打牌来消磨时光,尤其喜欢与谢介石[①]俊俏的小老婆打牌说笑。文安只要看到荣源

[①] 谢介石,生于一八七八年,伪满洲国第一任外交部总长。张勋于一九一七年策动溥仪复辟时,谢介石也参与其中,得以结识溥仪。之后曾出任伪满洲国国营事业董事长。伪满洲国垮台后,谢介石被逮捕,一九四六年在北京狱中病故。

心情抑郁,就好说歹说打电话找她来一起打牌,荣源马上就会喜形于色。对此,深知内情的韫颖倒说了一句公道话:"实际上,她来了无非说说话,倒是没任何别的什么。"

一次,在伦敦路的外祖母家为仲馨过生日宴请各界宾客,有一对富翁兄弟俩走进门时,见客厅两边灯盏的样式不一样,便讥讽润麒家太穷窘,吃饭时,甚至有意笑话他家:"你看客厅边上的两盏灯,都是差样的嘛。"荣源只得装作没听见而低头敬酒,过后却一再唉声叹气。

荣源一家的日渐衰败是皇族没落的真实写照。当日暮降临时,天津城则成了晚清皇族最后一丝转瞬即逝的微弱残光……

第拾章 日本留学前后

*赴日留学，润麒被溥杰带上"贼船"。在日本游荡一年多，书还没念，学费却花了个精光。他交上了桃花运，被一名日本姑娘麻姬子死缠，他却将她亲手所赠的手绢丢进粪坑。

*夜宿黑姬山庄———日本浪人川岛浪速的别墅。出乎意料，在山上竟与打扮妖冶的川岛芳子邂逅。

*润麒新婚之夜，坐床"压衣裳襟儿"时，仲馨却独出心裁："平时润麒淘气，非得让新娘把新郎压住才行。"

图片说明：润麒的妻子韫颖婚前照片

一 自津赴日

赴日留学,润麒是被溥杰带上"贼船"的。而溥杰赴日留学却缘于他对"少帅"张学良的彻底失望,以及对留学西洋的绝望。

以润麒对溥杰所知,自然洞悉他与张学良的隐秘交往。为复辟大清王朝,需借重奉系,溥杰不惜以"皇弟"的身份与少帅结识,且交情笃厚,连两家人也逐渐难分彼此。溥杰的妻子唐怡莹,与少帅私下往来频频,以致险些酿成"婚变",这却是"皇弟"所始终不知的。[①]

一次溥杰见到润麒,无意间聊起在少帅府的所见所闻。张学良在结婚之前,一直抽大烟、扎吗啡,尤其喜欢美女。一次副官报告说一名客人要见他。张学良听后,轻轻摆了摆手。他的副官心领神会地走出屋,说:"少帅正给小姐照像哪,现在不能见人。"那天,溥杰恰巧在少帅府,清楚地知道张学良正在为美女拍摄裸体像。有一阵儿少帅忽然喜欢摄影上了瘾,一些漂亮的年轻女子经常在他屋里宽衣解带。

有一天,溥杰去见张学良时却目睹了他冷酷的另一面。少帅早晨刚起床,迷迷瞪瞪的,副官走进屋,郑重地请示:"叛乱的那些人被逮回来了,怎么处理? 少帅请指示。"

张学良连眼都没眨,只是简单地说了一句话:"旅长以下一律枪毙!"

[①] 张学良与溥杰前妻唐怡莹的这段儿女隐情,直到张学良去世前才披露于世。据张学良在《差点娶了溥杰前妻》为题的文章中回忆说:"我有两句诗:'平生无憾事,惟一好女人'……我跟溥杰很要好,跟她前妻的关系也很好。她是满人,姓唐,她父亲当过清朝驻藏大臣。她几乎成了溥仪的人,可是景妃(即端康太妃——作者注)说这个人不能当妃子,因为她的性情太活泼,最后便没选上。有一次,我与朋友在北京饭店吃饭,在座的一名亲戚对我说,那边有人在吃饭,想认识一下你,我就过去了,见了面。来到她家后,一下子把我惊呆了,她拿出很厚的一本粘好的新闻剪报,都是近几年来报纸上有关我的消息剪贴,我一感动就跟她好上了。后来还差一点娶了她。""不过,后来我发现她不可靠。我最恨人做假,她有点才气,能写能画,作诗能文,什么都会,我很喜欢她。可是,我很快就发现,她画的画是人家改过的,作的诗也是人家替她改过的。她现在大概还活着,在香港定居。"——引自《旧闻集粹》,二○○六年八月十七日。)

任西北"剿总"副司令的张学良

溥杰立时愣住了,顿然领悟了枪杆子的重要性及残酷性。

润麒听溥杰说起亲历少帅的另一档事,亦使他俩对张学良心生疑问。一次,北京青年会邀请张学良去演讲,会场挤得水泄不通。张学良乘车而去,神采奕奕地登上台,由于事先没什么准备,张口就谈骑马打枪、军队装备等一些与学生根本毫无干系的"宏篇大论"。结果,这些学生乘兴而来,扫兴而归。张学良在稀稀拉拉的掌声中,竟浑然不知演讲的惨败。

无论是少帅的业余"嗜好",还是借助奉军复辟大清的希冀,都使溥杰感到了格格不入,大失所望:"指望奉军复辟大清帝国,不啻水中捞月。"其实,润麒亦有同感。

不久,东陵事件①爆发,溥仪在天津设祭坛,发誓复辟大清,然而只是空喊而已,无非几次让荣源扶乩,测乩了将来的国号——"隆武"或"兴武",至于如何实施,却仍是束手无策。溥杰从这两个带"武"字的年号中,愈加体味了军权的重要作用,而润麒远比溥杰迟悟得多。

张作霖身故后,张学良率领奉军退回关外前夕,溥杰与之有过一次深谈,执意要去"讲武堂"当兵。润麒听说后,估摸溥杰要偷偷跑往沈阳。不出所料,溥杰给他父亲写了一封信,尔后便随张学良的亲眷悄然离津。当溥仪得知,立即密令大连的日本水上警察截住溥杰,接着将他强行押送回天津。以失败告终的溥杰回津之后,悄悄找到润麒密商,提出出国留学。

双方家长经过紧急磋商,无不同意他俩出国念书,只是不赞成去英、美国家,一致劝他们赴日留学。这其实是溥仪最终拿的主意——润麒与溥杰赴日留学,其目的无疑是为复辟"大清"作铺垫。尽管溥仪仅比润麒大六岁,但在

---

① 一九二八年,国民党军阀孙殿英以军事演习为名,派工兵盗掘东陵,引发溥仪以及前清遗老的声讨,一般称之"东陵事件"。

他的心里却是一个大人,"逊帝"一锤定音:"日本近一些,就叫他俩上日本留学吧。"

赴日留学前夕,他与溥杰互为学伴儿,在天津"恶补"了一段日语。四十多岁的日语教师远山猛雄是一名典型的日本人,个儿不高,鼻子底下留着比仁丹胡稍长的"腾舌"胡儿。远山猛雄对他坦言,日本人学中文很困难,在"五十音图"之内能发音,否则就难以准确,像"儿"音就不容易发出来。

在远山猛雄摇头晃脑的教诲下,润麒与溥杰总算完成了日语的初级学业。殊不知,他被溥仪"钦定"的赴日留学成了一生命运的转折点。始终未参透的一场人生噩梦,亦离开场不远了。

"皇上"正式召见润麒和溥杰,亲自给他俩各起了一个化名,而且声明去日本留学的费用全部由溥仪解囊,分文无须润麒家承担。

赴日之前,他还闹过一个笑话。荣源拿出一些钱,叫他去天津中央公司买一个皮包。他第一次站在柜台前,挑完包,他连"找钱"这个词儿还没学会,只是嘟嘟囔囔地说:"你给我换换。"

"先生,那不是给你换钱,那是找你钱。"他受到长着瓜子脸,挺白净的女售货员的嘲笑。有生以来,他从没在街上买过东西,而越洋赴日,他首要面对的就是独立生活的考验。

润麒、溥杰由远山猛雄陪同,从天津塘沽港口登船。刚走上船舷,他见到溥杰的妻子唐怡莹①与浙江军阀卢小嘉宛如夫妇般相偕前来送行。这使润麒觉得非常别扭,因为当时溥杰还没与唐怡莹离婚。卢小嘉身穿灰色西服,戴着一顶宽檐儿帽,留着一撇小胡子,若非显得稍微发胖,仍然算得上挺帅的男人。或许是心理因素,唐怡莹虽然身穿浅色旗袍,化着浓妆,头上烫着卷发,但脸颊微兜出来的下巴,他始终觉得她不算很漂亮,甚至多少有点儿反感。

由于允许上船送行,只见浑身散发着活力的唐怡莹踏上船来,双脚一蹦就蹿上了船板。也许为掩饰尴尬,她见了润麒,故作惊讶地对溥杰说:"在我的印象当中呀,润麒还是一个小孩儿,怎么都长成这么大啦?"

"噢,噢……"溥杰只是不置可否地抬了抬眼皮。

此时,润麒刚刚十九岁,个子已超过了一米七。他见溥杰阴沉着脸,有一句没一句地与唐怡莹搭话,卢小嘉则默默地站在一旁。轮船启航,溥杰脸色变得愈发难看,一言不发地斜靠在船栏上,双眼望着滔滔的海水,若有所思。

---

① 唐怡莹,字石霞,溥杰之妻,长溥杰三岁,后离婚。

润麒想活跃一下气氛,以化解溥杰心中的郁闷,就与远山猛雄用中文聊起天,无非了解日本的风土人情,溥杰始终没搭腔。

船上的女服务员只会说英文,润麒就以半通不通的英文吩咐:"请预备洗澡水。"过了一会儿,女服务员准备好之后,前来通知他。随即,他转身脱衣,走进浴室,劈哩扑通的洗澡声压过了轮船上机器转动的声音。

远山猛雄站在舱外,笑着对溥杰说:"润麒在里头洗澡,简直像一匹大河马哟。"

走出浴室,他一再劝溥杰也冲洗一下身上的灰尘。溥杰摇摇头,一动不动。

一路上,他不断地讲笑话,终于逗笑了陷入苦闷的溥杰。

船抵日本,他们先是暂居在档次不算高级的"丸之内"旅馆。那几天,润麒闲着没事,就与溥杰攀上楼顶去玩耍。上边挺宽敞,墙犄角儿供奉着一个神坛,旁边摆了不少小泥佛,周围设有"鸟居"——日本人一般称作"神社"。一向好奇的润麒,就偷偷爬上去揭开"鸟居"的布帘儿,里边有一张小床,小被窝内躺着两个人工制作的小狐狸。

"真好玩儿。"他刚掏出来瞧了一眼,便听到响动,知道有人来了,急忙连床带小狐狸啪地塞进去,将小门一关,跳了下来。

他回去述说之后,溥杰感到非常有趣:"咳,只要是你想干的坏事,也得拉着我去。"

哪知,他俩刚悄悄爬上楼顶就被守护人发现。打那儿以后,只要他俩登上楼梯,就有人紧紧跟随在身后,怕他们又去淘气地作弄"神社"。

才抵日本,被人称为"表哥",润麒觉得好笑,又不敢问。一天,他终于憋不住了:"'婊子'不是骂人的吗?表哥这个词恐怕也不是好话吧。"

"哈哈,这两个词完全是两码事。"

听到裹着笑声的解释,他才明白理解错了。

抵达日本半年多,远山猛雄领着他和溥杰四处游逛,连京都、热海等名胜古迹也畅游了一遍。

在日本,他头一次花钱买了一双袜子和一双鞋。他总觉得手里拿着钱别扭,于是对溥杰提议:"这些钱,咱们搁一起得了,你拿着吧。"

"那多不方便哪,还是各自拿着吧。"溥杰不同意。一对平素手里从不拿钱的伙伴儿,始终没谈妥。

没多久,溥仪付给的两千块学费花得分文不剩。他俩又给溥仪去信,讨要了一些钱款,继续云游四方,若遇见熟人,就由人家招待,省下不少钱。有时,见到像大仓喜积郎这类富豪,他们不仅受到热情招待,还能得到慷慨的资助。在日本游荡一年多,他俩还没念书,学费倒花了一个精光。

求学期间,润麒交上了桃花运,一名日本姑娘麻姬子闯入了他的视野。

麻姬子的父亲是日本驻美国使馆的武官,家里四个孩子都出生于美国,英文自然都不错。麻姬子自从在沙滩上邂逅润麒后,常来他的住所玩耍。那时他还没正式进入学习院,暂在滨上租了一处住房。

不久,麻姬子也与全家人来到附近租房暂住,他们成了名正言顺的邻居。身心寂寞的润麒也对麻姬子颇有好感,只不过因与韫颖订婚,不敢过于亲密接触。

这一家人对他出奇的友好,经常送来各式各样的礼物,有时还唤他一起去游泳、划船。麻姬子个子不高,圆形脸蛋,是一名模样端庄的窈窕女子。润麒倒觉得她的妹妹更漂亮,细高挑儿的身材,浑身洋溢着青春风采。他非常喜欢这个热情的海军家庭,如果没有与韫颖订婚,跟这对姊妹其中的一个结婚倒真说不定。

一天,迎着晨曦,麻姬子邀他去海岸上游玩。一不小心,他右脚大拇指被划破,麻姬子马上拿起手绢给他包扎,他带着她的手绢返回家里。望着充满温情的小手绢,他思来想去,意识到已经面临抉择。为了表明对于韫颖的忠诚,他毅然把手绢丢进厕所,以示没有二心。谁知手绢浮在粪便上沉不下去。此后,他一进厕所,心里就说不出是什么滋味。

这样也好,他叫来溥杰看那帕手绢。其实,溥杰早已猜透他的心事,走进厕所仅瞧上一眼,就明白了一切。临别,溥杰别无他言,只是低声叮嘱了一句:"韫颖仍在国内等待着你呢。"

此后,无论麻姬子对他如何好,总也换不来他的心。有一天,她的母亲和妹妹急火火地前来看望他,告知麻姬子病倒了,请他务必去一趟。他登上二楼卧室,看到麻姬子浑身软软地躺在榻榻米的被窝里,刚一见面就紧紧拽着他的手不放,含情脉脉地诉说:"我有病了……"

自然,润麒知道她患的是心病,放开她的手,离她远远地依墙而坐,表情平淡,也没有什么温存的言语。坐下没一会儿,气氛十分尴尬,于是他轻声道别:"你吃点儿药,好好养着吧。"

第二天,麻姬子从病榻上爬起来,说要上大阪去玩儿,非要润麒送行不可。他去公共汽车站送别,俩人默默无语。走后不久,她寄来一封信,还附上了俩人曾在一起打网球的照片。同时告诉他,她刚刚认识了一名男朋友。意思是,你不爱我,还有人爱我哪。俩人的关系戛然断绝。这时润麒才知道,她和家人住在海边就是为了前来结识他。两个多月后,她自知无缘,只得半途弃他而去……

数年之后,润麒与溥杰谈起这桩没有结果的"恋情"时,还曾疑心这是日本关东军精心策划的"美人计"。真相到底如何,却始终是一个未解之"谜"。

二　川岛芳子一家

瑞雪飘洒,严冬降临。放寒假时,滑雪和滑冰成了润麒的一大乐趣。宪东①除了与他书信往来外,频频约他外出滑雪。平时,他总把仅小几岁的宪东当作小孩儿,还时常借他的三轮车骑。这天,他俩相约穿上滑雪衣,带上背囊,有说有笑地出发去滑雪。

他们刚从东京坐上火车便"巧遇"一名自称信座市的日本男人,说是去农村卖收音机和唱片,可以同路作伴儿,半道上,又拼命与他俩套近乎,极力讨好地说:"你们在这儿人生地不熟,我给你们做向导吧。在哪儿下车,可以住哪个旅馆,我都告诉你们。"

"那好吧。"润麒一边应付,一边转身对宪东小声嘀咕,"咱们不认识这个人,别跟人家什么都说。"

列车抵达信座,下了火车再坐很长一段公共汽车,才到达滑雪之地——黑姬山。陌生男人跟随他俩结伴而行,踏过平坦的山道和积雪,来到设在村头的一家旅馆,然后挥手与他俩分道扬镳。

他和宪东合住一间卧室,外边是长长的走廊。吃过晚饭,女服务员端来三碗茶,他感到奇怪:"我们是两人,你怎么端来三碗茶呀?"

"跟你们一起来的那位先生,就住在隔壁的房间里。"女服务员未加思索,脱口而出。

"啊?!好吧,就搁这儿吧。"润麒听后,吓了一跳,暗想,这可坏了,陌生男人明明说不在这儿住,实际却住在一墙之隔,不是图财便是害命。

他顾不得旅途劳累,急忙与宪东悄声商量:"身处荒山僻野,咱们得逃命

---

①　宪东,肃亲王善耆第二十一子,又名良治,后来改名叫艾克。在日本,宪东上中学时,润麒正上高中。宪东是陆军士官学校第四十六届毕业生。善耆死后,宪东即被川岛浪速收养,在松本度过了童年和少年。满洲国成立之后,曾任禁卫队军官。

啊。要是不逃的话,今天夜里会出什么事儿都说不准呀。"

"怎么逃跑呢?"

"咱们先把房钱搁桌儿上吧。"他出了一个主意,"屋外不是有厚厚的积雪嘛,从窗户跳出去算了。"

夜半,趁着银白色的月光,润麒先把带来的行李和滑雪板从窗户扔出去,然后,两人背上旅行包,跳到屋外的雪地上,疾速穿上滑雪板,逃离了小旅馆。途中,他总觉得后边有人追赶,山下两边都是漆黑一片的树林,狐狸尖叫,鸟鸣交杂,显得十分恐怖。一些地方的积雪已融化,他们只得脱下滑雪板扛上肩,步行至雪地再继续滑行。突然,润麒脚下一崴,一屁股跌坐在滑雪板上,原来遇到了一块融化的雪地。在旷野荒郊,宪东扛着两人的滑雪板和行李,搀扶着润麒,一瘸一拐地挪下山坡。

天还没亮,他们走到一座破庙前,润麒上前敲了半天门,走出一个眼睛滴溜打转的矮小老太太,疑惑地问道:"你们深更半夜来干什么呀?"

"我们滑雪时受了伤,现在也没有车,想借住一宿。"

"这是寺庙,不能住。"老太太口气强硬。

在他俩再三央求下,老太太才勉强让步。他俩千恩万谢,夹着滑雪板,提着脱掉的湿鞋走进旧庙。

老太太身穿黑衣裳,走路罗着锅儿,带他俩来到后头的小屋前,说:"你们就先住在这儿吧。"

润麒躺下之后,心怀疑惑,辗转反侧,总也睡不着觉。临天亮,只见一个人影儿悄然走近,在门销①前边晃悠,他被吓得激灵一下坐起来,压低声音对宪东说:"这可坏了,来'鬼'啦……"他暗想,没准备必遭殃,与其被歹人暗算,不如抢先下手,于是蹲在被窝里,目不转睛地盯着门口。

这时,有人前来敲门,他故作镇静地说:"进来。"

他早已准备好,坏人如果是那个老太太,定能稳操胜券。谁料,房门被轻轻拉开,一名年轻姑娘微笑着映入眼帘:"你们吃早饭不吃?"

"哎呀,真谢谢你了,还给我们预备早饭。"他和宪东这才松了一口气。

见两个男人仍然躺在被窝里睡觉,姑娘踌躇着,不好意思走进屋里:"我们乡村没什么好吃的,仅有酱汤和米饭,还有一点儿咸菜。"

"能管我们吃饭,太谢谢啦。"润麒一再千恩万谢。

---

① 日本将纸糊的门,叫作"销"。

当时在日本住一宿最多不过五毛钱,吃过早饭,他俩结账时却多付了一块钱。也许是"疑人偷斧"的心理缘故,他再次看到矮小的老太太,感觉完全变了——晚上像鬼似的,白天瞧着相貌倒是蛮和善的。

临别,老太太特意提醒他俩,半道上要注意安全。他俩这才知道,早晨彬彬有礼来送饭的是她的女儿,这座寺庙根本没有和尚,是她们母女俩的栖身之地。

在呼啸的寒风中,宪东背着行李,搀扶着润麒,从山上一步步往山下挪动,边走边禁不住埋怨起来:"润麒呀,这都是你的主意。那老太太根本就不是坏人。弄不好,那个陌生男人也不是歹徒,就是你疑神疑鬼的。"

"这也难说。如果咱们不跑,真没准儿还让那个男人害了呢。"

其实,临末了儿,他也没弄清猜测是否准确。他和溥杰在日本的一举一动都受到有关当局的密切关注,这倒是不假。

黑姬山上建有日本浪人川岛浪速的别墅。在山上,他见到了川岛浪速,相比小三四十岁的干儿子宪东,川岛显然衰老多了。

山上虽然只有一名老家院,却住着两名漂亮姑娘。当时,保姆患了重病,奉命前来伺候的老家院,对宪东恭敬无比,视他为本家主人。

他俩白吃白住不说,闲暇时还借来猎枪打野兔子玩儿。老家院神秘地眨着眼,对润麒说:"这儿有一只黑鸡,见人就跑,有的人还以为是一个漂亮姑娘。如果你在山上遇见黑鸡,千万不要打,没准儿那就是狐狸精呀。"

"知道喽。"润麒嘴里答应着,心里却不信邪。

也真怪,那天他拿起猎枪想先练一练瞄准,正值天上飘洒雪絮,老家院手持一把色彩鲜艳的团扇,站在他的正对面,结果枪一歪,子弹竟把团扇打穿了一个窟窿,他被吓出了一身冷汗。

"身上伤着没有?"他跑过去瞧了瞧,老家院的身上丝毫未伤,那把团扇却被打得稀烂。虽然有惊无险,却使丝毫不迷信的他颇觉意外。

更出乎意外的是,他在黑姬山上竟与川岛芳子[①]再度相逢。川岛芳子年

[①] 川岛芳子,生于一九〇七年。其父是清太宗皇太极的长子豪格的第八代孙——肃亲王善耆。川岛芳子原名金璧辉,幼名显子,曾改名东珍、川岛良辅、金诚三等,由于在王府里排行十四,人称十四格格。当她六岁时,善耆将其送到日本留学并认日本浪人川岛浪速为养父。她从中学二年级辍学,由川岛浪速训练她骑马、跳舞、滑冰、开汽车、驾驶飞机等,豢养她成为侵略中国的工具。她一度与蒙古首领之子甘珠尔扎布结婚,后又离婚。曾任汉奸组织兴安游击队司令、华北人民自卫军总司令等。一九四五年日本投降后,被国民党政府逮捕,于一九四八年三月二十五日凌晨,在北平被秘密枪决。

逾三旬,肤色白皙,虽然算不上十分漂亮,却是妖冶媚人。

润麒清楚地记得,头一次与川岛芳子谋面是在天津外祖母家。那天,他见到一群日本人到家里来串门,川岛浪速穿着日式衣裳,留着一撇小胡子,身边带着川岛芳子和宪东。当时,川岛芳子身穿日本和服袅袅而来,胖胖的宪东紧随其后,看上去酷似日本人。

川岛芳子打扮得时髦性感,见了面便侃侃而谈,漫无边际。谈起衣饰时,她一再夸张地声称,这身打扮上台阶时容易露出大腿来。润麒见了,不解地问她:"那你怎么不穿袜子呀?"

"我平时不喜欢穿袜子,也不愿穿裤子。当然,我遇到最冷的气候也得穿……"

对于她奇怪的回答,润麒觉得十分好笑,出于礼貌,只好默不作声。

川岛浪速耳聋已经很严重,吃饭时,面前放着一碗酱油,他端起来就要喝,川岛芳子戏谑地制止了他:"哎哟,这可不是喝的酱汤呀,这是酱油……"

接着,川岛芳子一连多日不见踪影,没过几天,又在山上神秘地出现。不久,他和溥杰返回东京之前,川岛芳子闻讯前来送行,微笑着与他俩挥手告别。

后来,川岛芳子从日本来到东北,始终跟日本军阀鬼混在一起。她所谓的"间谍工作"其实没什么具体事由,无非以"建设满洲国"为名,到处招摇撞骗。在日本,曾经有一名叫金实斋的男人给她当翻译,到了长春,她又找到一名漂亮的中国男子——林中青做翻译,这名年轻人自幼生长于英国,英语极其流利。

返回长春后的一天,他在家里听收音机广播时,偶然听到林中青正用英文翻译川岛芳子的自述,语速缓慢,听得十分清晰:"我过去一直挎枪骑白马,路见不平就出面干涉……"在长篇播音中,川岛芳子大肆自吹自擂——有一次,她在飞机上看见陆地上有一名日本军人欺负中国人,就从飞机上身背降落伞跳下,将其制服。静静坐在一旁,也在收听播音的韫颖,质疑其真实性,而他更是丝毫不信:"她在飞机上能把地上的事看得那么清楚?还胡说什么骑着白马?"

不久,川岛芳子的高个子翻译林中青被日本人枪毙,罪名是反满抗日。据说,打这儿起,川岛芳子蔫了好一阵子……

三 陪溥杰滨口相亲

一年后，润麒和溥杰结束云游四方的流荡生活，投考了日本东京学习院。所谓学习院，实际上是一所贵族学校，诞生于明治时代，连外貌也是日本维新时代的半日式半西洋式的木质建筑。

润麒乍走进长筒房子，就感觉它颇像一座兵营。狭长的走廊两边，被隔成一间间教室，里边安装着四扇上下拉动的窗户，黑板前有一个讲台。可以说，学生从坐在与椅子相连接的斜面书桌前起，就成了战场上的"预备炮灰"。

食堂里摆放着许多长条桌，两边都是板凳，一边可坐十几人。每张长条桌上搁着两个盛米饭的木桶，学生可以随便吃。主食大多是米饭，一般是一菜一汤，偶尔能吃到一两块底下铺着青菜、腌姜的鲨鱼，或是缀上腌白菜、黄瓜的两小块油炸肉。虽然还可以喝上一碗热乎乎的酱汤，但天天吃，多少有点儿腻味。

学院里没有小卖铺，只是特别允许一位日本老人中午来兜售食品。老人身穿半旧的雨衣，由小孙子提着铁桶和口袋，里边装着黄油和面包，付两毛钱，就可以吃上抹着厚厚黄油的面包。有时他吃腻了食堂的饭菜，就买上一个面包勉强充饥。

润麒从小起就爱吃黄油、喝牛奶，连日本人也没他吃面包时裹黄油多。若几天不吃黄油，他小便就多；吃了黄油，夜里几乎不"起夜"，可以一觉睡到天亮。抵达日本以后，听说早晨刮舌头有害，他从此停止了这个多年的卫生习惯。

学院的课程使他和溥杰感到异常紧张。从上午八点钟到十二点，课间仅休息五分钟，中午吃完饭，紧接着听下午课，一直到下午五点结束。他俩从三年制高中课程学起：历史、地理、自然、数学、文学、哲学以及第一外语、第二外语。须说明的是，当时在日本，第一外语不是英语，而是德语，英语只能屈居第二。

通常学院不招收外国人，仅有三名非日籍学生——润麒、溥杰以及一名泰国人。据说，这名泰国人是世袭皇族，脸上晒得黝黑，来日本年头不少，日语说得比他俩都强得多。

朗读课文时，往往一人念一段，润麒刚进学院时念得磕磕巴巴，远不如泰国人。但不久，他的日语就超过了泰国"皇族"。

有一件事，润麒非常地感动。有一名哲学老师，对他格外尊重，主动邀请他和溥杰去家里吃饭。孰料，哲学教师向餐馆叫了两份五毛钱一碗的日本盖饭——在当时算是价格偏贵，眼瞧着他俩吃，自己却舍不得尝一口。弄得他难以下咽，尴尬万分。

虽然对他偏爱有加的老师不少，一名长得肥胖的"白鸟"老师却对他处处刁难。这名教师个子不高，一对小眼睛，胡须寸根不长，动不动就为一点小事儿扣减学生的考试分数。一次，"白鸟"在课堂上厉声训斥他："你这样不行，得扣你几分。"

"书不是为得分念的。"顿时，他冲老师发了火，"你要再这样，我们就不上课啦。"短短几句话在学生中炸了窝，学生纷纷走出教室，三五成群地躺在山上、树后罢课，润麒自然是其中的"首犯"。

许多老师都明白，学生提出的意见是正确的，于是几名讲修身课的老师屡次前来说情，批评白鸟做得不对，建议他向学生赔礼。这样，在复课后的第一堂课上，"白鸟"当众道了歉："我说的那些话不对，请你们不要见怪。"

不久，白鸟患了中风病，歪着脖子仍然坚持授课，渐渐的，他得到了同学们的谅解。

当时在日本，实行男女分校，只有开运动会时，女生才能到男校来。每逢此时，女生就打扮得花枝招展，希望能够交上男朋友。有一名比润麒晚一期的男同学，外号叫"九鬼"，总在他面前吹嘘，他的妹妹漂亮得简直像欧洲姑娘。而"九鬼"的妹妹也想方设法与他接近，让哥哥拿来两个小本儿让他签名。几经犹豫，润麒填写好"九鬼"妹妹的生日卡又贴上照片，交给了九鬼，多情的小妹妹虽几次提出见面，他始终没应允。

甭瞧他结识女性谨慎，却交了不少知心的男朋友。大迫重男是他的同班同学，由于眼睛挺大，同学称之为"大眼贼儿"，时常被其他班的学生

润麒在日本军校的好友大迫重男

取乐。大迫挨了一拳总是佯装被打怕的模样,尽管如此,无论老实的大迫在哪儿露面,总有人大喊,"大迫强,大迫强!"这时,大迫就跟同学犯急,可越当真,就越受到别人挑逗。最初,润麒也是挑逗者之一,出于同情,到后来竟成了大迫的保护者。

在穿着打扮上,他与大迫截然相反,一年到头衣着考究,隔几天就换上一身新衣裳。冬天一整套披挂——斗篷、大衣、呢子帽,连一身海军制服也穿到了学校;炎夏来临,他又以一身崭新的白制服走在校园里,显得十分扎眼。大迫舍不得花钱,总是死穿一件衣裳不换,润麒嘲讽地说:"你总也不换,怎么穿得那么干净呀?"

其实,无论多晚回家,大迫都会拼命熨一遍衣裳,他屡次暗示,家里比较穷,很想向润麒讨一些财物,终归没好意思张嘴。几年后,润麒归国时,大迫被派往满铁,从此,这一对东京学习院的老朋友,各奔东西。

平时,溥杰经常身披一袭斗篷,里边是系着铜纽扣的料子军服。一天,溥杰走进教室,在椅子前脱掉了斗篷,没想到裤子前边的纽扣没系上。润麒正坐在溥杰身边,看了一个正着。当大伙儿哄堂大笑时,溥杰还没弄明白怎么回事,直到他提醒,溥杰才憨笑着赶快系上了"保险扣"。

溥杰虽然表面马虎,脑子却格外好使,无论哪门功课,甚至连作诗都不错,只是日语水平不如润麒。溥杰的日语,堪称中国式,什么都听得懂,就是发音不准,连语法也是中国式的。

晚上,他俩借住在日语老师武田秀山家里。武田的哥哥是一名陆军少将,他把读中学的儿子寄宿在弟弟家,目的是让他帮助教育儿子——这在日本叫作"义子教育",所以,武田对孩子要求颇严格。

武田童年时经常穿日本男人的裙子——"哈卡玛",于是叫侄子也照方抓药穿上了男裙,不男不女的打扮使小孩儿在学校总受窝囊气。不久,小孩儿便被父亲召回去,"义子教育"彻底失败。如此迂腐的教师,他自然瞧不上眼,时不时发表褒贬妙论,溥杰却默不作声。

有一阵儿,溥杰显得心事重重,他一问才知,吉冈安直为"皇弟"提了一门亲事。不久,溥杰欣喜地叫他陪着去相亲,地点在滨口。那是嵯峨浩的外祖母家。她家是日本最著名的两家酱油公司之一①,在当地建有一幢十分讲究的两层欧式小楼。

---

① 当时,日本有两家大型酱油公司,分别以当地的地名命名,一个叫"西各塔",一个叫"滨口"。

神情紧张的溥杰由润麒陪同,忐忑地走进小楼,嵯峨浩年迈的外祖母等候在门口,郑重地迎接他俩。溥杰由于走得过急,刚踩上地毯,脚底一滑,险些摔倒在地。溥杰抬起头,见嵯峨浩的外祖母正在毕恭毕敬地鞠躬行礼,显得挺不好意思。楼内的地板,擦得简直像镜子那么锃亮。

其实,润麒早就认识嵯峨浩的父亲。第一次见面竟是在一个狭小的日式房屋里,这位世袭男爵的年迈老人与妾一起生活。[①] 嵯峨浩的祖父很不喜欢这个儿子,从小把他送到冰川町生活,直到祖父死后,嵯峨浩的父亲才承袭男爵以及祖上传下来的进宫木腰牌,不久又搬到日集,与其子公元居住在一起。

这次,嵯峨浩的父亲沾沾自喜地将进宫木腰牌拿给润麒看:"瞧,我到时还得拿着腰牌,到宫里值班去呢。"

润麒陪着溥杰第一次见到嵯峨浩时,感觉她无论怎么打扮,即使穿上和服也感觉不出漂亮。而溥杰却一眼相中她,认定她是日本古典式美人。后来,荣源的小妾文安曾当众评论说,嵯峨浩虽然长得挺端庄,却是一副"老人相"。听后,他也深感嵯峨浩在照片上漂亮,真人比实际年龄成熟得多。

说来,润麒倒是先认识她的兄弟姐妹:其妹赣子仍待字闺中,其弟正上初中。她与其他姊妹不同,一直单独住在母亲的娘家,而她的弟弟公元、太子以及赣子、坂子、枝子这些姊妹,则住在父母家——冰川区一幢不算宽敞的房子里。

以往,润麒在星期六出来玩儿时,若归来较晚,就会给家里打电话,说晚上住在冰川区,即使夜里一两点钟也敲开嵯峨浩的父母家大门。这时,年幼的赣子和枝子就会纷纷跑出来抢着替他铺被窝,伺候他脱去衣裳和鞋、袜,让他在卧室里美美睡一宿。第二天,他吃过早餐,再乘坐公共汽车返校。

自从相亲后,溥杰时常由他陪同去看望嵯峨浩,他时常提议溥杰拿照相机为她摄影以示交好。那是一架可以伸缩的老式相机——日本人叫"蛇腹"。当下楼去院里给嵯峨浩照相时,溥杰走在前头,他紧随其后。有一次,溥杰脚一滑,从楼梯上溜了下去,相机架子却被摔成几节,手里仍然高举照相机。他就开玩笑说:"哈哈,你把别人的架子摔了,怎么你的照相机倒摔不着啊?"

在润麒的眼里,岂止这一件趣事,溥杰的不少洋相都成了众人的笑柄。比如,碧空如洗,没下一滴雨,溥杰竟然打着雨伞走进火车站接人,还不止一次忘记系上裤子的"风纪扣"出门,甚至男人"那话儿"都暴露出来。一次,溥杰在

---

① 按照日本当时的法律,不承认妾的社会地位。

电车里数卡片,结果散落一地,查票员见溥杰慌作一团,误认为他没买票,遂把他叫到总站严厉盘查了一番。溥杰在车站偶尔抽烟,值班警察看其个儿矮,误以为是中学生,还没到抽烟的年龄,便唤到派出所反复讯问……这些都成了溥杰趣闻轶事的"经典"。他时常拿这些可笑的佐料与"皇弟"逗闷子。

即使如此,嵯峨浩仍十分愿意与溥杰谈婚论嫁。她的几个妹妹见润麒与溥杰亲如手足,时常邀他俩一起郊游,有时还给他送去炖肉。他最爱吃其中一道"佛跳墙",瓦罐里有菜有肉有鸡蛋。在品尝美肴之中,他也体味到了嵯峨浩一家人的脉脉情意。

作为"国舅",润麒在日本渐渐声名远播。一名台湾人叫徐炳,做生意发了大财,千方百计设法接触他,并想通过他接近日本皇族。徐炳认识一名叫"哈佛多立"的退役少将,译成中文叫图布——曾当过北文成宫的侍从武官,缘此关系,润麒才结识当过炮兵的日本皇族北文成宫,两人聊起来竟然有不少共同语言。北文成宫邀请他和图布一起共餐,无一不是徐炳出钱。

后来,北文成宫索性直接与润麒联系,经常邀他到家里做客,他也多次去润麒住处串门聊天。尽管北文成宫家道中落,但仍然被称之为"殿下",极少去普通人家作客,而每次拜访润麒,总有警察煞有介事地前来把守在门口。

每当润麒去北文成宫家里,时常受到破格招待。进门时,夫妻二人总是客气地深鞠一躬,热情地问候:"您来啦?"然后就询问他想吃些什么,随即便照办无误。他感到舒心的是,太妃脾气随和,对他诚心实意,无论他送来什么礼品,她都赞不绝口。他偶尔开个玩笑,"殿下"也从来不介意。而老家院和保姆,对主人的亲密胜于恭敬,这使他感到日本皇族地位的微妙。

富商徐炳有钱,拼命巴结中日皇族,总邀请润麒和溥杰吃饭,还时不时陪他们一起去热海的温泉游玩。有时,乘坐汽车郊游,一走就是几天。虽然旅途疲劳,大伙儿却是兴趣盎然,只有娇气的嵯峨浩禁不住抱怨不止:"我们是'难行酷行'——苦行僧一样呵。"

初夏,徐炳约他、溥杰、嵯峨浩以及她的几个妹妹一起坐长途汽车去"峡格浦"郊游。乘车途中,嵯峨浩想上厕所,溥杰四处瞎找,半天也没找到。情急之下,润麒下车帮她解决了如厕问题,她归来后,满脸不高兴地对溥杰叨唠说:"你看人家润麒多行呀,咳,你怎么连厕所也找不到呢?"说归说,嵯峨浩依然迷恋着忠诚老实的溥杰。

当时,她家里除了出售酱油还代卖黄油,行销区域远至北海道。日本当时施行配给制度,一个家庭只能买一份黄油,润麒自恃身份特殊,提出想买两份。

她家却答复说,在军队里可以,在这里规定却只能卖一份,否则要受到处罚。他通过溥杰去通融,结果仍没办到。

渐渐的,他和溥杰与嵯峨浩一家人变得像近亲一样密切,经常一起游戏玩耍。一天晚餐后,嵯峨浩的母亲和三个妹妹、弟弟公元以及一些亲戚,分成两个组,各出一道随意题叫另一组来猜,而且要照题表演。譬如,一方扮做流浪汉让对方猜,如果对方猜中,则要扮演一名入戏的角色来让大伙评判输赢。

淘气的润麒,总觉得嵯峨浩的母亲极天真,便淘气地给老太太出了一道难以启齿的题目:"强盗要把你的裤衩给扒了,怎么办?"

"哈,我就跳一个裸体舞,"没想到,老太太毫无怯色,稍微踌躇了一下,故作调皮地接着说,"再挣一个裤衩穿上。"大家哈哈大笑。

笑声未落,溥杰也抓到了一个相同题目:"强盗要把你的裤衩扒了,你打算怎么样?"

"反过来,"溥杰顽皮地说,"我就把强盗的裤衩夺过来穿上。"

这又引起一场哄堂大笑,其中起哄最欢的非润麒莫属。

他从不错过任何一个淘气的机会。当他和溥杰一起住在大阪的嵯峨浩亲戚家时,晚间,她的亲戚摆了几桌酒席请客。中途忽然停电,他起哄高声说:"嘿,咱们趁着黑,快抢好的吃啊。"灯泡恢复照明瞬间,大家看到他一副狼吞虎咽的馋相。

晚餐以后,他又提出非吃冰激凌不可,这一家人又马上派人去买。溥杰内心火冒三丈,却又不便当众发怒,只是狠狠地瞪了他几眼。

提起晚间洗澡,润麒更笑话他们是乡下人——日式澡堂设在廊子紧里边,无论男女都要一律把衣裳脱在屋里,赤身裸体往澡堂跑,洗浴后再裸身跑回屋。多年后,他还时常提起这桩引人发笑之事。

熟不讲理。后来,润麒到嵯峨浩家里就不再客气,午夜过后也敢乓乓叫开门,累了躺倒就睡。嵯峨浩也常到他家来串门,却显得温文尔雅,彬彬有礼。她比润麒小,却颇有大姐风范,每逢他患病,她必来家里看望。当他经济拮据时,她便主动资助,钱虽不算多,情意却很真挚。

有缘人终成眷属。他参加了溥杰与嵯峨浩在军人会馆举行的婚礼,规模和排场之大,使众人颇感意外。豪华的大厅里摆满丰盛的酒席。应邀而来的各界宾客之中,尤其引人注目的是一名政界要人,他作为证婚人侃侃而谈。溥杰身穿笔挺军装,嵯峨浩衣着日本和服,当众拍摄了新婚照。

寒假前,润麒又陪溥杰特意从东京赴大阪出席了皇太子的婚礼。

毋庸讳言，润麒始终认为，嵯峨浩是关东军政略婚姻的一招"险棋"。他虽与她家交往密切，还参加了嵯峨浩妹妹的婚礼，却总对她隔着心眼儿，一直不算太亲近。

婚后，嵯峨浩没在父母家居住，而回到了她和溥杰的临时新家，直到那幢房子被整体出售，变成了泰国大使馆。谁知，售后没过几天使馆竟意外失火，上半截房屋瞬间被漫天火焰吞噬，溥杰夫妇侥幸提前迁出，自叹实属冥冥之中的万幸。得知后，润麒玩笑说："多后怕呀，这就算是逃过了一劫……"

四　婚姻

一九三二年炎夏之际，润麒从日本返回天津，静园却再也找不到溥仪的踪影。原来，溥仪近一年前已由天津潜往长春，摇身一变成了伪满洲国"执政"。之前，溥仪作了精心策划和部署，每一个细小环节都考虑得极为周密。而这些，他是事情过后许久才晓知的。

以往清晨起床，溥仪总是叫随侍李国雄或赵荫茂去倒尿盆儿。临逃离天津之前，溥仪精心布置了一个"迷魂阵"，其中一个"障眼法"就是潜走之后仍让随侍按时倒尿盆儿，以使外人感觉溥仪仍稳居静园没动窝儿。

直到溥仪离津几天之后，没有尿的尿盆才不再倒了，这些随侍也随之潜往"新京"①。后来，荣源闻讯追随而去，而仲馨死活不肯相伴，执意留居北京。

润麒抵津之后，又去了一趟理发店，不是去理发，而是想看望一下熟识的日本小姑娘——三夏离子。他如愿地见到她，还送给她一件既是打火机又能当笔的玩具。他得知，三夏离子高寿的老父亲搬梯子上房檐修理东西时，由于梯子散架，掉下来摔伤，不久便谢世了。一番倾心交谈后，她激动地说："请您去我家吃饭吧。"

"行。等我告诉一下父亲。"

他回到家，对父亲述说了三夏离子的邀请，没想到荣源毫不犹豫地否定了："甭去。到一个理发师的女儿家里吃饭，多丢身份呀。"

结果，他没能如约赴宴，翘首以盼的纯情小姑娘大失所望，伤心了许久。

润麒赴京探望了一趟母亲，帽儿胡同房宅依旧，外貌未改，只是母亲变卖

---

① "新京"，即现在的吉林省长春市。

了一部分房子,将原宅一分为二。他们家门牌仍然是三十八号,旁边的三十七号却成了他人的房产。他的母亲依靠出租半边房子——五十七间半,再加上寄卖书画来维持生计,倒也衣食无忧。

遗憾的是,他上次暑假返京,还见过外祖父,而今却已辞世。他的外祖母也在不久前去世,老人病危时,家人怕润麒耽误学业,没敢告诉远在日本留学的他,因此他没能见上老人家最后一面。他收到丧讯,提笔给家里写信时,眼圈儿发红,泪水竟然淌湿了信纸。在依稀的印象中,他刚懂事时,外祖母已经四五十岁。他一天天长大,她却衰老了。暮年的她,平时头上仅梳一个发髻儿,穿着宽松的裤褂,早已没了刻意打扮的心境。

润麒这次也没见到从小伺候自己的陈妈,十分伤感。上次暑假回来时,她已老得不成样子,还得了一种怪病,骨节不停地长,双手几乎垂到了膝盖。不过,她穿的衣服依然那么讲究体面,见到润麒总有说不出的亲热。在他看来,自幼照顾自己的陈妈甚似亲生之母。那次见面,他动了情,掏出一沓儿钱,亲手塞到陈妈手里,老人家执意不肯要:"您给我这么多钱做什么?您要念书,要用钱呀。"而这次回京,陈妈也已病逝数月。他心中感慨万千:陈妈对荣家,可以说是一辈子忠心耿耿。

早在日本留学期间,他就听说了兄长润良新娶之妻病逝的消息。此时人去屋空,睹物思人,更是一阵伤感不已。

趁着暑假,他又去"新京"探望了姐姐婉容和溥仪。那几天,溥仪见润麒与姐姐走得过于热乎,似乎有点不太高兴,趁着一次照相的机会,直截了当甩了他几句闲话:"润麒呀,你和婉容照相吧,我与溥杰一起合影。"

他何尝听不出来,溥仪显然弦外有音。他经常去婉容那儿,显着与姐姐亲近,疏远了溥仪。思来想去,他自认为要忠于溥仪,就必须"大义灭亲",于是,去溥仪那儿的次数多了起来,而对于婉容自然日渐疏远。

其实,他始终心存矛盾。每年放假从日本归国,婉容都格外关怀,经常赠送他一些钱和食品,曾多次托来中国的日本参观团捎东西给润麒。那时婉容手里还颇有一些积蓄,而随着宫内秽闻的传播,溥仪对她日趋冷落,婉容在经济上也变得十分拮据,成了被软囚于内廷的"傀儡皇后"。然而,他对姐姐的尴尬处境,无可奈何又无能为力。而婉容却始终关心弟弟的婚事,不时询问起近况。

早在赴日留学前夕,润麒就与韫颖在天津正式订婚。起初是仲馨看中了聪明漂亮的韫颖,继而对婉容透露了想让润麒与之成亲的想法。"皇后"不仅欣然同意,还直接找溥仪商议过不止一次。这恰巧与韫颖和润麒的"私相授受"不谋而合。

溥仪仅比润麒大几岁,本人就是一个大男孩儿,又因时常在一起玩耍,觉得他是最亲近的人之一,当然爽快地表示赞成。但是,韫颖与家人商议时,载沣却率先投了反对票:"润麒可不行,太淘气,太闹啦!"尔后几经商议,载沣瞧出韫颖内心愿意,又见连溥仪态度明朗,勉强不再反对,只是约定在婚前不能频繁见面。此后,韫颖依照旧规矩,见了润麒就马上"回避"。

虽有婚前不能见面的戒律,却挡不住两人的爱情交流。在日本学习院期间,溥仪特意给他寄去一张照片,上边是溥仪与韫颖、韫龢的合影,他自然心领神会。以往,润麒也没觉得韫颖漂亮,倒是认为二格格韫龢五官格外俊秀。这次,他在照片上反复比较,认定韫颖秀外慧中,对于其他女人便也不屑一顾。

在日本结婚前的润麒

他去看望溥仪时,无意间见过几次三格格的俊俏侧影。过去经常在一起,倒没性别概念,许久不见才发觉她变得性感成熟,声音尤其悦耳,似乎有一种说不出的女性磁力感。润麒在日本念书,她远在北京,最少也要隔一年半载才偶尔见上一面。也许正因如此,他不知不觉产生了一种思恋之情。

润麒和韫颖的婚礼渐渐提到了日程上。他二十一岁那年,频频接到家里来信,催他结婚。应当说,溥仪几个妹妹的婚事彼此起了促进作用。譬如,当时溥仪的四妹正待字闺中,溥仪将她许配给了留日学生赵国圻(后来改名叫赵琪璠),婚事正在酝酿之中。

最初,他并不认识赵国圻,由溥仪引见才在长春认识了这位"连襟"。此时,溥仪的二妹已在溥仪的"指婚"下,与郑广元喜结秦晋。三格格的婚事,自然成了爱新觉罗家族引人注目的焦点。

在日本,男人往往功成业就才结婚,而自己正念书,润麒惟恐遭人笑话。

但是,媒妁之言、父母之命又不能不遵,所以,他回国完婚多少显得有点勉强。溥杰听说之后,特意派奶妈严嬷儿前来协助筹办。

那是一名梳着"两把头"的胖老太太,多次来宫内府催促润麒前去看过礼:"二爷,您过去看看,就在隔壁呢,看合适不合适。"

几经督促,他显得不耐烦,俏皮话脱口而出:"不看,不看。这不是等于老和尚看嫁妆——下世见嘛。"

"您怎么这样说话?您快要结婚了,可千万不能这么说呀。"她一个劲儿地悄声责备润麒。

润麒对"过礼"看得极淡漠,实在没办法了,才走马观花勉强瞅了一眼,扭头就走。

婚礼是在新京举行的,这是一九三二年八月十五日。

结婚当天,平时轻易不露面的皇后婉容,特意与从北京赶来的母亲一起张罗,还择定了一名蒙古妇女——熙洽王爷①的小妾充当"全合人"。她三十来岁,模样俊俏,烫着短发,搽粉抹口红,身穿一件绿色旗袍,袖口和底襟儿缝着绸子边,算是当时顶尖时髦的衣饰。

那天,父亲荣源走上楼,催促润麒穿上燕尾西服并戴上礼帽②,乘坐汽车去怡修园迎亲。宫里没有特别的布置,迎亲仪式也简单,上车前,韫颖连遮红盖头这道程序也省却,他俩只在宫内府前拍摄了一帧新婚合影照。

随后,熙洽的小妾带着一群人前呼后拥地将润麒和韫颖迎进大和旅馆。这里原来是润麒的老同学——金璧东③租住的,他临时拉来一些陈设,充当新婚的洞房。这幢楼外形很气派,里边安有锅炉和暖气,院子极为宽敞,倒适合接待众多宾客。走进旅馆,不知为何,他突如其来想要喝酒。实际上,婚礼连一桌请客的酒席也没摆,所有亲戚都未邀请,更没有鼓乐喧天的热闹场面。

一幅大红双喜字,挂在新婚洞房迎门的墙上,透着喜兴。小炕桌上摆满了花生、栗子、枣、糖果以及各式点心。润麒和韫颖刚迈进洞房,"全合人"马上张罗他俩按照旧习俗,相互搀扶着迈过冒着熊熊火焰的火盆儿,然后,又凑近身嘱咐他俩吃饺子:"饺子可不能真吃,里边搁着小元宝,只是图个吉利……"

"知道了。"他听后,顽皮地一缩脖儿。

---

① 熙洽,正蓝旗,毕业于日本陆军士官学校,曾任伪满财政部总长兼吉林省省长。
② 当时,美国一家报纸报道,润麒穿的西服是在英国订做的,系传言。
③ 金璧东,又名宪奎,即肃亲王第七子;金璧辉——川岛芳子的弟弟,曾任伪满新京市第一任市长。

简单的新婚仪式过后,新娘在钢丝床右边静静地坐下。"全合人"招呼新郎也坐上床来"合卺"。没想到,他故意半开玩笑地绷着劲坐在床左边,然后猛地往后一仰,整个软床倾斜半边,几乎翻倒过去。熙洽的小妾以为润麒慌了神,赶紧走过来,小声儿叮嘱他:"您坐稳一点儿,别慌。赶紧起来吧。"

一脸调皮的他满不在乎地坐起身来。熙洽的小妾又附在他耳边,半唬半哄地嘱咐了几句话:"这是新婚典礼,你可千万别淘气了。"

新婚夫妻迈入洞房之后,按照旧规矩要先喝喜酒,即用红头绳拴着两只高脚酒杯,二人坐在床上对饮,叫作"连杯酒"。韫颖先饮一口,润麒再喝一口,直到饮尽为止,这是必不可少的洞房仪式。

忽然,润麒看到韫颖胸前披着一帕浅紫色手绢,欲言又止。她见到他疑惑的目光,连忙解释:"这是皇后送给我的。"原来新婚前,婉容亲手送她一帕四周镶金边的紫绸手绢,让她披在胸前。

这时,仲馨走过来,督促新郎和新娘坐在床上"压衣裳襟儿"——意味着双方正式结为"连理"。一般,新郎的父母都叫丈夫压住媳妇的衣襟儿,仲馨却独出心裁:"不行,得让新娘把新郎压住。"大家听了,都觉得很奇怪,七嘴八舌地议论着。

望着人们疑惑的目光,仲馨当众笑着解释说:"平时润麒淘气,应当让韫颖的衣襟儿压着他才对。"

使润麒感到意外的是,"全合人"帮他俩掀开被窝,褥子上竟铺满了枣、栗子、核桃……虽然韫颖贵为皇妹,却没有什么像样的陪嫁,也没带来多少钱,而他也从未向醇王府讨过任何彩礼。婚前他与未婚妻一起去醇王府看望未来的岳父时,载沣曾让他挑选一件礼物,他仅顺手抓了一个喜爱的八音盒。在载沣看来,他哪儿是挑选结婚礼品,分明是选中了一件开心的小孩儿玩具。

婚后,韫颖将不多的细软和"陪嫁"铺了一地,正细细挑拣,准备装入行李箱。润麒从旁边匆匆走过,连正眼都没顾上瞧,不小心把一方品相极好的翡翠"扁方"踩个粉碎。满族妇女的"两把头"上一般都有一件横插的"扁方",下边系着穗子。当时,润麒最喜爱的是照相机这类现代品,而对于翡翠类的饰品不屑一顾。眼瞧地上的碎翠,韫颖痛惜地告诉他,薄如绵纸的扁方上雕刻着精妙无比的翠花儿。多年之后他才觉得挺可惜——踩碎的没准儿是宫中的传世珍品。

婚礼后第二天,润麒、韫颖夫妇去宫内府给溥仪和婉容磕过头就从大和旅馆出发,登上开往大连的火车,开始了新婚蜜月旅行。他俩由溥仪的贴身随侍龚勇一路护送到大连。

在赴大连的火车上,他俩出乎意料地见到了川岛芳子。这是润麒第三次见到她。

那天,润麒、韫颖夫妻带着一名贴身宫女,正并排坐着聊天,川岛芳子一身男装打扮,慢步踱了过来。起初,润麒没认出她来,她倒抢先作了一番自我介绍。

"您是润麒先生吧?"

"是啊。"这时,他已完全认出川岛芳子,随即站起身来,"你们这是去哪儿?"

"我们要去大连。"

"这么巧呀,正好同路。"

他向川岛芳子介绍过韫颖,又简单闲聊了几句,便各自回到了包厢。

走下火车,他才发觉狐皮镶的帽子和皮包丢了,连一身燕尾服也只剩下了西服,他懒得找,此后再也没穿过。

他看到川岛芳子接受检票时,身后竟然跟着一名衣着极薄、近乎透明的年轻女子,可笑的是,据说这竟是她的"玩物"。后来,他才确切得知,变态的川岛芳子平时总是一身男装打扮,身后短不了跟随着漂亮女子。眼前的姑娘不过十七八岁,听说她父特别钦佩川岛芳子,特地把女儿交给她教育,没想到却驯化成了她的"媳妇"。

难以说清是否巧合,润麒、韫颖夫妇与川岛芳子竟然住在大连的同一个旅馆里,还身穿短裤主动来到他们屋里聊天。他瞧着川岛芳子雪白的大腿,感到十分不自然。当时连男人穿短裤的都不太多,更何况女人,显得格外扎眼。

不知何故,或许是他乡遇故知,川岛芳子在聊天之中,对润麒谈起了难辨真假的"亲历":"日本侵略朝鲜以后,把朝鲜的国君——李王强行带到日本。李王慕名邀请我吃饭时,有点儿不规矩,对我动手动脚,我顺手抄起榻榻米桌边的小凳儿,砸向他的脑袋,然后扬长而去……"润麒静静地听完宛若天方夜谭的故事,觉得这是不可能的事儿。

"虽然,我现在有一名男朋友,依然留恋过去的生活。"她转而叹了口气。据润麒所知,她实际上早与伊藤阪二结婚,对外只称作男友。其实,那是一名操守无行的日本浪人,只不过写了一本所谓哲学方面的烂书《伊藤阪二主义》。照润麒看来,书中内容纯属一派胡诌。

他们聊天时,外表像莽汉似的伊藤阪二推门走进屋。川岛芳子脸上陡然变色,不客气地吼道:"你怎么这样没规矩呀,难道不懂得敲一下门?"

"呵,这,这……"伊藤阪二支吾了半天,也没说出一句整话来。

润麒觉得异常尴尬,草草结束了无聊的谈话。

事过许久,他与韫颖仍然十分纳闷儿——在列车以及大连的旅馆与川岛芳子的"邂逅",果真是巧合吗?他百思不得其解。

润麒、韫颖夫妻在大连小憩两天之后,乘坐轮船启程,东渡扶桑。

第拾壹章 在日本生活的日子

*随着跨越船舷的一刹那,润麒夫妻登上了日本陆地。

*或许沾了皇亲国戚的光,他和妻子俨然成了日本的新闻人物。他俩去银座逛街或郊游来到偏僻的农村旅馆,也很快会被人辨认出来。

*"你不是认识一个'帕拉秀'的女友吗?"润麒笑对韫颖的疑问,"当初自己是瞎编的,'帕拉秀',那不是英文的降落伞嘛。"

*他偶然听溥杰说起,抗战后神秘失踪而隐居日本的张宗昌的轶事——肃亲王第十八子宪凯与其妾关系暧昧,被狗肉将军佯装走火,一枪毙命。张宗昌密令副官残忍地活埋小老婆,又被副官敲了"竹杠",强行搜出几万大洋掉头而去。张宗昌归国后,却被神秘人物一枪击毙……

图片说明:润麒(右)与溥杰观看韫颖演奏钢琴

一 初抵中野

渡过波涛汹涌的海洋,随着跨越船舷的一刹那,润麒、韫颖夫妻登上了日本陆地。

经远山猛雄介绍,他俩暂住中野的武田秀山一幢二层楼里。平素精通中文的武田在满洲国任职,只是将房子临时出租。这里环境幽雅,原来做过中国留学生宿舍,楼上一共四间房,润麒、韫颖住在楼上两间舒适的卧室。楼下的窗户离地才一尺来高,客厅、食堂、浴室、厕所以及保姆的专用房间,一应俱全。他只将西式客厅略作修饰,购置了崭新家具,就可以居住。早已熟识的武田太太,让他俩感受到了俨然置身于自家的安谧。

没想到,刚在中野住下,润麒就被确诊染上了肺炎。恰巧学习院组织一次旅游——日本叫"远足",他躺在床上干着急:"我哪儿都去不了啦!"说着,一拳把墙壁打瘪了一个坑。他弄不清肺炎是怎么回事,只知是死亡率颇高的险症。

病情愈来愈厉害,一名十六岁的"塔克桑"和一名近二十岁的女保姆北建美代子,日夜守护在床畔,医院又派来一名医生和护士,轮流照看他。

当时还没有青霉素,一名叫栗山的日本老头儿精心为他贴了一种日本药糊,再加上服用消炎药,他逐渐痊愈,也和医生结下了友谊。此后,他每次去中野家,那位医生都要郑重地穿上礼服,亲赴车站迎送。

他刚离开病床,妻子韫颖却又染病躺倒。他照方抓药,亲手把药膏加热抹在油纸上,外边裹着棉布,糊在她的胸上。"烫!"随着韫颖的一声叫嚷,"塔克桑"心痛得捂着脸哭起来,他十分痛悔自己的鲁莽。心诚则灵,韫颖也逐渐痊愈。夫妻俩相继病倒,继而又逐一脱离病榻,在日本过起"蜜月"般的小日子。

阴错阳差。不久,武田秀夫返回日本,他只得搬家。武田太太又代他俩在高原寺向一名作家租借了一幢空闲的雅宅——采用日本帝国饭店那种空洞石盖的平房,装修极为考究。正面朝阳的日式客厅,三面皆书,中央摆放着写字台,倒像一间办公室。略高出地面的卧室里,无一不是高档家具,显出主人的异常阔绰。最显眼的是,书房四壁的书柜,嵌满了日译本国际知名作家的精装名著。

初到日本,学习成了夫妇俩共同的压力。韫颖从前在家里吃大锅饭,来到日本以后,不仅苦学日语、插花,还学起了烹饪及充当家庭主妇。婚后,她始终操持家务,俨然成了家庭一把手。

在中国,蔬菜论斤来卖。而在日本,是论两卖,她明白了日文"几蒙昧"就是"两",溥杰时常教她买芹菜、胡萝卜,教她如何按两算账。

他们家的保姆托米桑富美子,是个农村人,只能边看菜谱边做日本菜肴,中国餐就更不会做了。每天,韫颖告诉保姆按照拟定的菜单购买蔬菜和佐料,教保姆学做中国饭菜,实际她也是"二把刀",还四处写信求教。功夫不负有心人,她和保姆很快学会了炒木樨肉等中国菜肴,不过色香味差些而已。润麒总怕家里来客人吃饭,这绝不是悭吝,而是担心烹调手艺太差而出丑。

1935年,韫颖在日本骑马

对于市场行情,韫颖一点儿不懂。想买水果时,一个电话打过去,商店很快就送来。

一次,她打算买一些葡萄,售货员在电话里询问:"你买几颗葡萄?"

"你们就随便拿点儿来吧。"她感到挺奇怪,怎么论颗卖呢?在中国买葡萄都是按斤称呀。

拿来才知这是昂贵的马奶葡萄,每颗一两块钱,买一嘟噜竟要几十块钱。为了节俭,她从此再也不敢如此奢侈。

每逢星期六,润麒从学校返家之前,韫颖总叫栗山老头儿去谅国桥给他购买食物,尤其必不可少的是冰激凌巧克力,坐车往返至少要两小时。晚餐非常丰盛,各种菜肴以及啤酒、烟卷儿摆满一桌。当润麒走进门时,家人便按照日本旧礼节,由韫颖带着栗山老头儿和保姆恭敬地垂手侍立。

吃过晚饭,润麒喜欢悠闲自在地吸几支香烟,再打开收音机,在悠扬的音乐声中，与妻子韫颖伺弄那三四只猫狗。其中一只狗叫"佩里"，还有一只从外边抱来的"克里"。他时常亲手给它们梳洗打扮，然后放到屋外的草地上玩耍，在不大的安静院落里，享受着怡然之乐。

有一只野狗每天溜进院里，对润麒一家人摇尾乞怜，他给这只怪狗起了一个绰号，叫"亨那一奴"，妻子韫颖十分喜爱它，经常亲自喂食。当时，日本没带牌的狗——即未正式登记的野狗，经常被逮走。一天，他见野狗没来，就叫栗山老头儿四处去寻找。不一会儿，老人回来后，唉叹一声："坏了，怪狗叫抓狗的人抓走了。"一家人都感到十分伤心。

与买马奶葡萄的高价相比，他租赁的一辆卧车倒不算太贵。开车的是一名四五十岁的老头儿，身穿笔挺的制服，不开车时总是昏然大睡。

乘车时，韫颖总盯着司机的眼睛，观察他有无睡意，只要从反光镜里见他一打盹，她便赶紧没话找话地聊天。星期天出去玩时，韫颖总爱去饭馆吃日餐，他却更愿去看电影。

他俩去银座逛街，吃完五色冰激凌，怀有身孕的韫颖刚坐上车就呕吐了一车厢。他马上要付钱赔偿，司机摆摆手说，没关系。他看出，这是韫颖平时与善良的司机师傅相处融洽的结果。

为避免麻烦，润麒出门时尽量不说中国话，以免引起日本人注意。往常，韫颖外出总是烫发、化妆，穿的衣服也比一般日本女子漂亮。住家附近的小孩儿，误以为她不是良家妇女，见她与润麒走在一起，就淘气地起哄："一齐哥奇、一齐哥奇！"①这时，润麒佯装生气地追赶，直到小孩儿跑得不见踪影，才轻挽妻子的臂膀漫步回家。

韫颖靓丽过人，他感到挺自豪，也因此惹过不少麻烦。她每天送孩子上学，时不时有莫名其妙的男人凑上前来，嬉皮笑脸地借故找她询问时间。一名男人甚至每天准时在校门口守候，甚至还走近前嬉皮笑脸地搭腔，约她找一个地方坐一坐。打这次回来后，韫颖害了怕。当时，察存耆之子察奎元在东京大学上课，正好借住在润麒家，离学校只有几站地，他就让察奎元专程护送妻子，吓得那个陌生男人再也不敢露面。

在学习院一年级时，闲来无事可做，他经常去公园逛来晃去。锁在动物园

---

① 日语，意为对虾。

一九三八年，韫颖与长子宗弇在日本

前廊的长臂猿，见了游人就张牙舞爪，极不容易接近，行人若扔给它食物，总被撇回去。他尝试把香蕉剥皮后递过去，开始，它很警惕，渐渐混熟了，接过来就吃。直到有一天，它终于敢将后背冲着他——他得到了长臂猿的信任。后来，他走到哪儿，它就在笼子里一直紧追不舍，简直成了"莫逆之交"。他若哪天早晨没去，长臂猿醒来就叫唤不止，而一见他走来，就从笼子里伸出长臂搂住他的脖子，狂吻他的脸。一同前来的溥杰趁机拍摄下了这一有趣的镜头。

结婚前后，他生活变化不大，上学时没工资，仅靠溥仪的贴补度日，却从来没感觉经济拮据。婚前，溥仪每月给润麒寄三百元，不够花销再去信索要，婚后照旧如此。他开玩笑地说，溥仪对自己的期望是"别有用心"，虽然溥仪每月寄给他和溥杰一样的钱，没有厚此薄彼，但与润麒来往的信件似乎比溥杰还多。后来，润麒进入骑兵学校，升为中尉，能领到工资了。士官学校毕业以后，一般日本同期生都是少尉，惟独他成了中尉，一月能挣二百多块钱，在学校成了富裕阶层。

他酷爱旅行，时常包租一辆卧车与同学出行。临近毕业的一天傍晚，他招呼溥杰和同学出外游玩，意外发现一名姓孙的中国学伴携带一小包毒品，偷偷揣在上衣兜儿里。突然，前来搜查的警察扯下其衣裳，毒品露了馅，站在旁边的润麒，抑制不住内心愤怒："这真给中国人丢脸！"他气愤至极，领着大家将这个同学拽进厕所，狠狠揍了一顿，甚至打破了校服。

不久，姓孙的同学被迫离校，满脸羞愧地对他表示了歉意："真是对不起。"

"请你以后自重，"润麒将他送到校门口，叮嘱说，"要记住自己是一个中国人！"

自此，他的敢作敢为和有情有义在军校出了名。而从军校中途辍学的溥佳，表面虽在上学，实际上却雇了一名日本人当替身，整天吃喝玩乐，有时还邀润麒和溥杰去家里吃中餐,唱歌解闷儿。

润麒对日餐早就腻了,好不容易能吃上一顿中国饭,感到特别开心。饭后,溥佳炫耀地拿出过滤嘴儿香烟,随手给两人各扔过来一根。他从内心看不起这种轻佻作派,小声地对溥杰嘀咕了一句:"真没出息……"

溥杰悄悄用手势阻止了他的申斥。也不知溥佳听到没有,反正没听到搭腔。此后,他和溥杰便很少再光临溥佳的寓所。

润麒说自己像一只爆竹,点火就着,而妻子韫颖却天性随和,俩人关系始终和谐如初。在国内时,韫颖不止一次对姐姐说过,愿意长大当个医生,却一直没能实现梦想。从幼年起,韫颖就接受水妈和奶妈的管教,哪儿都不敢去,惟恐磕碰或摔倒,天生胆儿小。她怕汽车,连过马路都不敢,但她脾气温和,在家里以丈夫为主,总是屈己从人。

润麒跳舞的瘾头特别大,时常与宪东、丁世振一起作伴儿去舞厅,以至跳得脚心肿胀。但韫颖每天晚上都等他回家才入睡。有时,他归来得很晚,就故意逗她,瞎编一些没边没沿的故事,甚至称认识这个或那个女人。韫颖竟信以为真,隔三差五地问起:"今天,你又遇见什么女人了?"于是,他就瞎编一些有趣的名字,譬如,刚刚认识一名女子叫"帕拉秀特"。韫颖一听,果然生起闷气。

不久,韫颖在日本偶然遇到麻姬子姊妹,她俩都已先后结婚,聊天时,依然深有感情地提起润麒,请她务必代为问候武雄先生①。

回到家,韫颖随口告诉他刚刚见到麻姬子。他被吓了一跳,以为麻姬子至少表达了对他的怨恨之情。哪知,韫颖转述了麻姬子对她所说的一句话:"润麒对你是很专一的。"

"你相信吗?"他一字一顿地问妻子。

韫颖脉脉含情地瞧着他,默默地点了点头。

二 东洋妇人会

料想不到的是,在日本润麒、韫颖夫妇成了引人关注的新闻人物,韫颖俨然成了时尚代表。一些杂志和报纸上经常出现他和妻子的消息和照片。

一次,他俩郊游来到一个异常偏僻的农村旅馆,服务员稍稍端详了一番,

---

① 武雄,即润麒的日本名字。

婚后漂亮依然的嵯颖

旋即拿出一本刊载着他和妻子照片的杂志,递到他俩手上,他一看,有几张照片他俩甚至也没见过。傍晚,他有时去银座逛街,也会被许多游人认出,冲着他高喊"京辟桑、京辟桑"①,好奇地围观上来,对此,他哂然一笑,毫不在意。

一些日本妇女画报,还竞相登载润麒、嵯颖夫妻的幽默故事。在一名女记者的笔下,他的大鼻子,居然成了一只大象。一篇文章还夸张地评述,他和嵯颖"两小无猜,就像童话里的公主和王子"。

连一些美容和时尚杂志也不断撰写文章,形容嵯颖如何漂亮,以致对她嘴唇上涂的名牌口红,也连篇累牍加以评介。他忍耐不住,坦率地对记者表示了不满:"你们把我的妻子说成那样不太好,对于正经的人不应当如此形容。"

"我对谁都是这样啊。这不是恶意,请您原谅。"虽然女记者反复作了解释,仍不能令他满意。

嵯颖头一次怀孕,许多记者闻讯又当作新闻前来采访,还刻意拍摄了她弹钢琴的照片。洗出照片来,才发现她的肚子微微隆起,显然已身怀六甲。那名记者专程送来照片,开玩笑地说:"郭布罗夫人,在弹二重奏哪。"一度居住在润麒家的溥杰,得知嵯颖怀孕,惟恐不便,执意要返家。润麒夫妇一再挽留未果,只得任其归去。

在公众场所,嵯颖显得颇为时髦,身穿裸露大腿的大开气、无袖儿的艳丽旗袍,露出如雪的肌肤。她亲手缝制的旗袍,褶子能合拢也可以抻开,日本女子纷纷夸奖她发明了新式的时尚衣裳。有的日本女人不会做,她就手把手地教剪裁,直到满意为止。

---

① 日语音译,即润麒先生。

从日本人钦羡的目光中,他渐渐发现,韫颖不言之中有一种特殊魅力,无论坐卧都透出难以尽表的美妇性感。他始终感到奇怪的是,她的父母貌不出众,却孕育出来如此漂亮的女儿。

韫颖想学习插花技术,他为她请来一名带有浓重乡音的农村女教师。头一次见面,润麒模仿女教师怯怯的地方口音,笑着对妻子说:"这真是一个漂亮的人物啊。"屋内的人都被逗笑了。学日语时,他一直拿韫颖的怯音当作笑柄。但她的插花手艺不错,花枝始终不变形,韫颖从中倒领悟了日本本乡本土的插花真谛。

为便于与日本人交流,韫颖先后跟池田的妻子池田午子等人刻苦研习过日文。日语的复杂处在一句话至少有几种念法,比学汉语麻烦得多。日本人所有的语言都区分"尊敬"与否,日本女子一般视"敬语"为高雅。润麒见韫颖在家悠闲无事,时常静静地坐着浏览日文书或杂志,又找来一名日本保姆陪她练习日语对话。没过多少日子,就有人夸奖她,不仅日语天赋好,敬语也说得好。

想不到的是,教他们学习日文的几名日本人竟然相互排挤拆台。"东洋妇人会"(又称"国防妇女会")的青藤女士,人称"精诚老太太",是一名老姑娘,经常前来看望韫颖,总想把她发展成"会员"。池田太太受到青藤极力排斥,青藤甚至多次告知韫颖,池田太太品德不高尚,建议辞掉她。而韫颖觉得池田太太教授日语不错,没听从青藤老太太的劝告。

平时润麒出外或看马戏总带着韫颖,青藤老太太竟以恫吓的语言威胁他:"以后,你可千万别带她坐车出去,这儿有暴力团,没准会挨打。"

其实,他俩对青藤老太太并无恶感,每当回国或搬家时,一些东西便存放在她家里,直到润麒第二次入读陆大,她还主动把保管多年的钢琴送归,这说明她始终诚信如一。青藤老太太颇有教养,仍保持着一颗稚气的童心。据说她们外出集体旅游时,曾租住一间日本旅馆,书案上除了文房四宝,还有一柄用来拆信的陶瓷宝剑。当时不少日本点心都被做成了各式玩具形状,她竟以为那是点心,掰开宝剑就吃。大伙儿哄笑着拦住她:"你怎么把拆信的剑吃了?"她这才大吃一惊。后来听说她溘然去世,他唏嘘不已。

日本妇人大多讲究出身门第。润麒夫妇刚抵日本时,来往最多的几乎都是毛遂自荐的东洋妇人会成员。这个组织的负责人曾主动带了不少人专程前来拜访。来意再明白不过,只有她们与润麒夫妇接近才适宜。铃木、池部等日本政要也不断以种种借口接近韫颖。

润麒初到日本,就有人介绍在中国当过女外交官的高尔泰来访,她大约四五十岁,精通汉语,是一名标准的日式美人,一双水灵灵的大眼睛嵌在瓜子脸上,长得眉清目秀。她是"妇人会"的骨干,正值寡居,家里有闲也有钱,经常不断地前来嘘寒问暖。

一次,润麒与韫颖同时患病,他给日文老师池田太太打电话请假。谁想,池田接过电话,气恼地说:"你妻子患病应当叫我的太太照顾嘛,为什么不让去呢?"此后,池田便不愿理睬润麒,经过许久,关系才趋于缓和。从中不难看出,日本人无不以接近他俩为荣。

而韫颖却不喜欢与陌生人过多接触。他俩在冬天出外滑雪时,认识了一个看旅馆的老头,老头儿每次到东京,必来他家里作客,吃过饭再饮两杯啤酒,然后返回宾馆。

韫颖最烦老头儿来家里喝酒,蒸饭总得耗上一个多小时。往来几次,老头儿看出了眉眼高低,就势告辞:"哎哟,时间不早了。"

"那我就不留您吃饭了。"于是,韫颖就坡下驴地将客人送到门口。他将妻子的做法,称之故意"淘气"。

一天,一名年轻女人闯进他们家,自称是东洋妇人会派来的。她长得挺俊俏,却是一副十足的流氓相,直截了当地威胁恐吓韫颖,非让她参加声援侵略中国的妇人会不可,且以不参加可能有什么后果相胁迫。一般日本女人就餐时都跪着,而她喝起酒来盘腿一坐,下半身暴露无遗,她却根本不在乎。

她气势汹汹,大呼小叫地恫吓韫颖:"你想想,要是不参加妇人会的话,人家非逼你干,你怎么办?"

"她不能干,家里事也挺多,没有时间。"润麒拿定主意,在一旁插话。

"你的妻子要是不干的话,我就把你的姐姐拽去。"她的话锋陡然转向润麒。

"谁爱干谁干,我姐姐绝不会干的!"听到这儿,润麒顿然来了气。事实上,他不仅没松口,他姐姐婉容也始终没答应。

"国防妇女会"曾屡劝韫颖参加活动,早在长春时,她就一口咬定不肯答应,连一次也没露过面。另外一名好出风头的女人,胸前斜挎一幅白带,上边写着"国防妇女会",乘坐着敞篷汽车,由跨斗摩托车"护航",以代表韫颖为名参加了"国防妇人会"的大游行。事后,偏偏有人诬告说乘坐敞篷车游行且大出风头的是韫颖。韫颖听说之后,气愤地对润麒说:"那个女人,根本就不是我!"

韫颖压抑不住心头的愤慨，又向溥仪述说了此事的原委。溥仪听了，对于韫颖的做法表示极为赞成。溥仪始终也没让婉容掺和这种背景复杂而又说不清道不白的事。

后来才知，那名顶替韫颖参加"国防妇女会"的女人是颇好出风头的小卓王福晋。她年岁与韫颖相仿，外貌乍瞧着还说得过去，但细看起来，无论哪儿都无法与韫颖比肩。

假期，润麒回到长春时，溥仪同时赠送他和溥杰、郑广元每人一架照相机，但他从没看见溥杰使过。润麒显然最受溥仪偏爱，他手里的三架照相机——两架"康泰克斯"、一架"莱卡"都是溥仪亲手所赠。溥仪本来也有一台自动感光照相机，不小心掉到地上摔坏了，又买了一架新的，他就把那架旧相机赠给了他。

返回日本之后，他和韫颖时常接到溥仪的亲笔来信①，这似乎给他心理上带来了特殊的优越感。人们对于这一对夫妻，总是另眼相待。溥仪在信中关心地询问俩人的生活，韫颖陡然想起一件久已湮没的往事，认真地问起了润麒："你不是认识一个'帕拉秀特'么？"

"咳，那不是英文的降落伞嘛。"润麒告诉她，"当初自己是瞎编的，'帕拉秀特'不是女人的名字，而是降落伞。"

韫颖这才又笑了，顿然明白，他起初是在逗她玩儿呢。

三 铃木夫妇

韫颖因怀孕归国，润麒在孤寂中打发着无聊的日子，有一阵子，他若非思念妻子，就是呆呆地望着姐姐婉容寄来的巧克力。听说他要返日读书，临走时婉容将一箱巧克力空运到日本。他一走进家门，就见到戴红帽儿的送货工人早就运来了箱子。满怀感激之情，他揭开盒子外边包着锡纸、贴着进口商标的巧克力，一尝里边还有花生仁。

在东京，他除了学习正规课程以外，又与察奎元作伴儿学起绘画。同时，他还开始独自学习针灸和气功，一天学绘画隔一天再学针灸，每天早起晚归。他学针灸缘自肠胃病和感冒，朋友说扎针灸确实奏效，又奉劝他不能一人闷头研究，还为他介绍了一名老师。

---

① 这一时期，溥仪写给韫颖和润麒的亲笔信，部分载于秦翰才著《满宫残照记》一书。

从此，他经常奔波于住所与牛逵区"梅坞针灸研究所"之间，为节省往返时间，放学后就住在夜间部，经过刻苦钻研，他初步学会了针灸。那年，他才二十岁出头。

　　说起气功，起初他并不太相信。一名熟人带着他进了学校，交上一百块钱之后，胸前被挂了一尊佛像，老师询问他："有没有感觉胸部有股热气？"

　　"说实话，没一点儿感觉。"他虽然没感觉，可据说那所学校确曾治愈不少人。

　　他眼见老师的一家人，包括儿女都能治病，周围一圈儿学生，也都脱下衣裳在练功，还亲眼目睹一名患者胳膊疼，经过发功明显见效，才又有了信心。老师对他说，只要你自信手中有气，练练就能发功，于是他按照传授的方式坐下入静，老师自称传授了他灵感。有时，他正打坐入静，坐着坐着就睡着了，后边有人捅一下，他又醒了，似乎陷入了茫然。

　　一次返家，正巧保姆胳膊发麻，他试了试，似乎有点儿效果，后来又先后给一些人治过胃病。一次，当病人递过来五块钱治疗费时，他脸红了，按照约定，他把挣来的钱全部交给了老师。一个多月之后，他提前毕业，老师亲手送他一件护身符，说是带在身上能治病，他将信将疑。

　　对于气功，他始终未成"正果"，针灸技艺倒是一生未弃。

　　妻子韫颖归国期间，溥杰返回润麒家与他作伴。吃过晚饭，润麒就拿起画具到铃木老师家去习画，铃木是日本人，在法国学绘画时娶法国女子为妻，亦与妻弟住在一起。铃木平时在家里说法语，保留了不少欧洲习惯，总是热情邀请他喝咖啡、抽烟，他简直成了贵宾。

　　当时，日本遭受空袭后实施灯火管制，晚间，他在前往铃木家途中时常碰到日本警察，跑过来向他行个礼，好奇地询问："现在灯火管制了，你干什么去呀？"

　　"学绘画去。"

　　"你有什么凭据？"

　　于是，润麒打开绘画的笔盒，警察扫了一眼，随便挥了挥手："噢，走吧。"

　　铃木的法国妻子十分欣赏他的才华，想尽办法亲近他，甚至亲手做了一架纸糊的飞机，等润麒摆好画布正在聚精会神作画时，她便从空中坠下牵线的飞机在他面前晃来晃去，逗引得他精神不宁。有时，她还特意邀请他品尝法国菜肴，让丈夫托着盘子，异常恭敬地端来。他钦佩她的厨房整洁，炉子崭新似的，所有锅、碗、盘子都十分洁净，饭菜别具特色。厨房的煤气炉子上边有一个镀铬的烤箱,现烤的面包香气扑鼻,总使他不时萌发食欲。

他吃惊的是,铃木的妻子把家里的猫、狗训练得简直神极了。她带着猫、狗来到他的屋里坐下。在她面前,笔杆条直地坐着一只猫、一只狗,眼睛一眨不眨地端着两只前爪,主人让放下才放下来。看上去,猫、狗在女主人面前,总是一脸谄媚的样子。

她轻轻一唤,小猫便飞跑过来。"坐下",她用手一拍,它就安静地坐在那儿,纹丝不动。最可笑的是,据她说,这只猫端坐地上是在模仿旁边那只小狗的动作。

铃木一家人都喜欢润麒,他对老师也极为尊重。起初,他有时一边抽烟一边绘画,当老师走过来与他谈话时,他立即摆下烟卷儿,怀着敬意与老师攀谈。铃木赞赏地说:"你确实有教养。在这儿甭讲究这些,你该抽烟就抽,没关系。"

甭瞧铃木是一名艺术家,却极为关心国际政治,喜欢一天到晚与他人探讨国际战局。早在上学时,铃木就被日本当局抓捕过。法国妻子对于日本军国主义颇有微词,在用日语与润麒谈话时,说最腻歪日本食品,把日本咸菜叫作"叉库万"①,认为这是最难吃的东西,她甚至借题发挥:"日本反战的人愈来愈多,连警察也这样形容天皇——就像日本警察佩戴的那把小剑,没有它不好看,有它也没用。"他十分惊诧法国师母的见解如此大胆。

风闻法国佩丹元帅投降德国后,一家人对此看法不一。她为其辩解说,这是完全被迫的。一天到晚吵来吵去,一家三口人引起了日本宪兵的密切注视。

知道日本无法呆下去,一家人决意去越南河内避难。临走前,他们无奈地药死大狗,将一只可爱的小狗"斯库内"赠送给润麒,又用极便宜的价格处理了家具。他们离开东京时,润麒、韫颖夫妇一起到火车站送别。

在站台上,法国师母与察奎元亲吻后,又深情地瞧了瞧润麒好几眼,生怕韫颖吃醋,没好意思与他吻别。润麒默默叨念着她对自己的好处,凝望着她和丈夫迈上列车,他们的身影随着呼啸而去的列车,渐渐消逝在视野之中。

喜出忘外的是,他的绘画长进很快,居然仅仅三个月就获得了"白日会"展览画奖。这与他的特殊身份丝毫无关,展览前,作者名字都被遮上一张白纸,评奖时,也不允许学生在画作上标明姓名参展。

---

① 日语意为最难吃的食品。

润麒在日本画的油画静物及皇帝读书图

    他觉得极为得意,在花瓶上所绘的鲜艳花朵,阴阳影儿画得尤其出色,花瓶的光线浑然一体,活像雕刻出来的图案。按照常理说,一般绘画的颜色是先轻后重,这幅画则是先浓后淡。这幅用手指蘸着彩色完成的画作,在精美的花瓶上描绘了一只变形橘子。

    可笑的是,据说是一般画作都有流派,而润麒的手指画,专家们争来论去,谁也看不出是何流派,在不少专业画家纷纷落马的情形下,他的油画作品竟脱颖而出。

    他变得飘飘然,尤其喜欢去地下室观赏三层格子里展示的各种评奖画作。底层是最好的,中层次好,顶差的是上边那层。润麒的画作虽然摆在中层,却很快销售一空,连明信片也卖得一张未剩。① 此后,他将陆续创作的画作寄给几位好朋友,惟独将剩下的一幅静物花瓶的油画赠送给父亲。

    他的绘画爱好,居然对溥仪也产生了潜移默化的影响。本来,溥仪不懂绘画,自从他习画并获奖之后,溥仪竟发生了浓郁兴趣,开始向他索画。他回到长春后,把一幅油画作品郑重地赠给"康德"。溥仪看了极满意,亲自督促着挂在卧室门口,一直到最终离开长春时也没摘下来。

    其实,那是一幅与残酷现实相悖的油画作品——蓝色花瓶上描绘的绿色

---

① 据润麒的女婿历振华披露,润麒在生前曾笑着谈起"销售一空"的奥秘。原来,润麒当时比较有钱,便花钱雇了几个人,将其油画作品和印制的明信片一抢而空。这或可算是润麒独出心裁的"炒作"罢。

大叶,衬托出盛开的鲜艳花朵,洋溢着盎然的春意。

四 鹿儿岛

遍地风传杀机,战争火药味愈加浓烈。

他意想不到的是,在日本连乘坐出租车时,司机竟也用英文与乘客探讨起战争局势:"看来,日本要跟苏联打仗啦。"

"日本要是跟苏联打仗,你希望谁胜谁败?"

司机哈哈地笑而不答,眼神透出的意思是,我如果说出实话,你告诉警察,我可就完了。

润麒对他说:"你放心好了,我保证不对外说。"

末儿了,司机也没敢说出究竟来,只是强调不希望再打仗。其实,这与他的想法不谋而合。

日本的"白色恐怖"日趋严重。润麒的一名同学叫伊藤,被日本当局硬扣上"红色思想犯"的罪名,抓进监狱始终没放出来。另一名同学在法国留学之后,娶了一名外国妻子返回日本,有人反映其思想不端,隔了没多久便骤然失踪了。

有一天,伪满洲国外交大臣阮振铎的女儿突然找到润麒,愤愤地谈起了自身的尴尬境遇。她正在东京念书,准备签名加入共产党,突然听到传闻说日本宪兵正要抓她。由于阮振铎的特殊身份,日本当局放风说,把她送回去吧,于是暂时放弃了抓捕。

另一名伪满洲国陆军军官的女儿曾与润麒一起念过书。一天,她突然跑到他的屋里,说是日本宪兵闯进宿舍胡乱搜查她的书,一气之下,她从楼上把一些没用的物品抛到楼下,以发泄内心的愤怒。日本宪兵看她如此厉害,也没翻出什么证据,索性放了她一马。

一时,不少学生被抓了起来,连伪满洲国总理郑孝胥的孙子——郑子罕也被抓了起来。此人个子挺高,方脸庞,娶了一名美国出生的日本媳妇,英语相当好,日本话却说得不太利索。润麒曾问过她是哪儿的人,她想说是在海边长大的。这句简单的日语,她竟然想了好半天才勉强说出口。郑子罕夫妇被日本宪兵队抓去,隔了许久,才被放出来。临释放之前,当局警告郑子罕不许乱说监狱的内情。郑子罕偷着告诉润麒,宪兵队毒打犯人后,打破皮肤就抹红药水,没破便抹紫药水。润麒问他是否挨了毒打,这位老实人面无表情地摇摇头,不置可否。润麒想,这对夫妻想必惨遭过非人的毒打,不然如何会那么清楚监狱的内幕?

残酷的战争,使日本成了藏污纳垢的"杂巴地"。他在日本期间,耳闻目睹不少怪人异事。一九二八年底,"狗肉将军"张宗昌①接受段祺瑞委任,以中华民国盟军第三方面统帅部统帅的名义进军老家山东,岂料兵败,无奈亡命日本。国内人一般都认为他突然失踪,无法知晓他的下落。其实,此前张宗昌假"复辟"之名,一直与溥仪勾搭不断,急欲从"逊帝"手中讨一些银俸,而溥仪也想利用"狗肉将军"手下的军队。当年十月,溥仪曾致函张宗昌,称:"朕每念及,寝食难安,望卿为国珍重以副朕怀。今命谢介石到旅顺慰劳,并赏卿臣通鉴一部,其留心阅览,追踪古人,朕有厚望焉。"

乃至张宗昌逃亡日本之后,仍与溥仪联系频繁,不断以复辟为名,向"圣上"讨要银两。在一九三〇年夏的一封信中,张宗昌写道:"惟枪械一项,需款甚巨,四处张罗,缓不济急,筹思再四,惟有恳乞俯鉴愚忱,颁发款项壹百万元……时机已迫,望若云霓,披沥上陈,无往屏营待命之至,伏乞睿鉴,恭请圣安。"②由此可见,张宗昌的经济状况实在不容乐观,只不过是投溥仪所好,骗取一些钱财以勉强度日。

润麒在日本距离张宗昌住的地点不太远,不仅了解他的踪迹,还听说过他不少隐秘。据溥杰说,一九二九年,张宗昌刚抵日本时,由于妻妾太多,就在日本别府③租了一整幢旅馆。此后,张宗昌"祸事"不断,绝大部分是由几个妻妾引起的。初抵日本,他认为肃亲王的第十八子宪凯与自己的小老婆关系暧昧,佯装持枪走火,一枪将其毙在院内。日本当局徇袒中国军阀,百般为其遮掩包庇,也就没再继续追查下去。④

不久,祸起萧墙。张宗昌住的那幢小楼又险些燃起熊熊大火。深夜,"狗肉将军"正在里屋酣睡,屋子总共不过几十坪——一席算一坪,外屋全是他从

---

① 张宗昌,字效坤,一八八一年出生,山东掖县人。张宗昌是以山东为根据地的北洋军阀,出生于贫苦家庭,其父早亡,幼年失学。辛亥革命之后,率领绿林弟兄投靠山东都督,当过冯国璋的副官,后又投靠奉系军阀张作霖,扩展为上万人马,曾任山东省主席。一度流亡日本,一九三二年,回国后在济南被刺杀。
② 引自《历史档案》一九八二年第一期,《溥仪与张宗昌来往信函》。
③ 别府,位于日本九州东岸,是著名的旅游胜地,温泉多达数以千计,故被称为"泉都"。另一说,张宗昌当时曾一度居住神户。
④ 一般的说法是,张宗昌在阳台试枪时,误将宪凯一枪毙命,事后,张宗昌派人到其家道歉,并赔偿四万元以示抚恤。此种说法,可参见李藻麟著《我的北洋军旅生涯》。

国内带来的年轻女人。睡觉期间,有的女人尿了炕,在吊灯上烤被子,没想到竟被燃着,男男女女纷纷跳起来救火。气极之下,张宗昌无处发泄,挥枪毙了仆人。这件并非纯"桃色"的新闻,遂成了"名噪一时"的笑话。

谁也说不清张宗昌为何活埋了一名小老婆。一次,张宗昌劝这名小老婆代表自己去上坟,她当然很高兴。副官带了不少人,一路陪她在火车上抽烟、打牌。下了火车,卫兵恭恭敬敬地护送她进了坟地,到地头一看,早已刨好了一个深坑。这时,副官猛然翻了脸,一脚把她踹进坑里,一群士兵挥锹铲土,她竟被残忍地活埋而死。

没想到,副官却返身持枪杀进小楼,敲起主人的"竹杠"。张宗昌见此,又气又悲,哭诉说:"现在我可真穷了。家里快没饭吃了,你搜吧,身上有多少钱搜出来都是你的。"平时,副官早就对主人的底细摸得一清二楚,立即从隐秘处搜出数万大洋,冲他磕了一个头,掉头而去。

据润麒所知,狗肉将军最后的确未得善终。张作霖曾在天津叩见过溥仪,张宗昌却鲜见拜望"逊帝",只是与溥仪频频书信往来。后来,张宗昌归国,在济南乘火车时,被一名神秘人物——郑继成在车外一枪击毙。之后,为报父仇的郑继成投案自首,不久被当局释放。[①] 而据另一种传说,这很可能是冯玉祥或韩复榘精心策划的谋杀。这是润麒与溥杰所不知的了。关于刺杀张宗昌历史真相,据苏全有披露:蒋介石两次收买张宗昌未成,遂下达通缉令,又密电指示,不惜一切代价除掉张宗昌。在韩复榘与冯玉祥密商之下,冯玉祥遂告韩复榘,让郑继成以报父仇为名,在张宗昌返京时于济南车站将其暗杀,复派陈凤山等五人辅之。当张宗昌逃到第三站台时,被预先埋伏在四周的军队用一阵乱枪打死。[②]

无事闲聊,溥杰与润麒抿着小酒,又好笑地谈起山东省主席韩复榘真假莫辨的传闻。据说,这位省主席大人视察时路过一座公园,见收门票的老头儿穿着一双新鞋,勃然大怒:"现如今提倡俭朴生活,你怎么竟然敢穿新鞋?"

老头儿十分纳闷,连穿一双新鞋也受限制?显露出不满之意。韩复榘见了,怒冲冲地掏出手枪,老头儿见势不好,慌忙跪地求饶,才算躲过一劫。

据说,连查禁大烟,韩复榘也与众不同。当时捉了一批大烟鬼,但谁也不承认自己是"瘾君子",如何裁决成了难题。韩主席故作神明,在一座古庙里

---

① 此种说法,参见《文史资料选辑》第五辑王慰农著《韩复榘的特谍队和张宗昌的被杀》一文。
② 详见苏全有著《张宗昌全传》,经济日报出版社,二〇〇七年四月第一版。

亲自审讯,独出心裁地让这些人按胖瘦站成两堆,瘦子站左边,胖子站右边,人人左顾右盼,谁也弄不清怎么回事。正在审讯当中,进来一名送信的瘦子,脸色青里泛黄,遂被厉声指定站在左边一堆。

"左边的全部拉出去枪毙!"顿时,庙内一片鬼哭狼嚎,前来送信的瘦子更是喊冤不停。随着庙外的枪声响起,一群瘦子瞬间成了枪下冤鬼。

再看右边那一群胖子,全被吓瘫了,以为是同样下场。谁知,韩复榘一声轻松令下:"全放喽。"这群肥胖的瘾君子听了,纷纷鼠窜一般抱头逃出庙门。

听溥杰有声有色地讲述这个使人哭笑不得的"胖瘦断案"故事,润麒立时笑得瘫倒在椅子上。

初夏,润麒去武田家串门,意外地见到了一名颇有风度的陌生日本军人。寒暄之后,武田格外郑重地介绍说:"这是我的一名朋友,吉冈安直。"

润麒作为军校的一名中国学生,被武田介绍给吉冈。这是一九三〇年。

在初次攀谈中,吉冈殷勤备至,很快博得了润麒的好感。实际上,吉冈是有备而来的,目的就是想结识他,进而有所图谋。然而他浑然不知,只是随便问起了吉冈的家庭情形。

"你是哪里人?"

"我是鹿儿岛人,家在海边,风景很好呀。"

"是吗?太好了。暑假时,我和溥杰想外出走一走。"

"等学校放了暑假,请你和溥杰先生务必赏光到鹿儿岛来住一住嘛。"

这样,在润麒进入学习院头一年的暑假,他和溥杰来到景色宜人的鹿儿岛,借宿在吉冈安直家里。

事后他才明白,吉冈一直苦于没有渠道接触溥仪,便千方百计通过润麒和溥杰攀缘结识。

登陆岛上,润麒和溥杰白天泡在海边玩儿,晚上就睡在吉冈的家里。当时,吉冈任鹿儿岛日本陆军联队长,家里只有聪颖的妻子和一个十二三岁的可爱女儿,他极少待在家里,只是中午回来吃饭。

白天,吉冈在部队忙碌,很晚才能到家,他们时常兴奋地聊至夜半。清晨起床,他见吉冈早已趴伏在案前绘制战术地图,夸奖地说:"你可真是一个勤奋的人呀。"

"一个人必须每天动脑筋,才能不糊涂。所以,我弄一张纸随便画画。"最初,吉冈给他的印象是极为谦虚。

在风景如画的吉冈家,润麒和溥杰一共住了两个星期。一天,吉冈安直有意支开润麒,把溥杰单独叫到了一边,请"皇弟"务必转达溥仪一句话:"过不了多少日子,国内将有重大的事件发生。"

果然,不久国内发生了"九一八"事变。这时,溥杰才恍然大悟。而这些事,润麒却是许久之后才晓知真相的。

放假后,润麒回到伪满洲国,似乎格外受尊重,连日本人也不断向他谈三论四,乃至评述伪满洲国的"国旗"和"国歌",从中他倒觉察出伪满洲国与日本的微妙而奇特的关系。伪满洲国的三角"国旗"上有一条龙。日本人惟恐溥仪复辟"大清",反复欲盖弥彰地声称,这条龙完全不同于清朝的"真龙",伪满洲国和清朝没有任何关联。然而,伪满洲国的"国歌",却是由"满洲国总理大臣"郑孝胥撰词,日本人作曲,其间关系当然不言自明。

"天地内有了新满洲,新满洲就是新天地,人民三千万……"①每逢伪满洲国诞生日或溥仪的生日,电台便终日不停地反复播唱"国歌"。若仅从旋律来看,这倒完全像是一首不伦不类的流行歌曲。

返回长春之后,他偶闻一件奇事。溥仪的洋师傅庄士敦,始终反对日本人插手中国事务,见溥仪死心塌地投靠日本人,便弃他而去,毅然绝然地返归英国。当伪满洲国成立后,"怪人"庄士敦在英国购置的一座小海岛上又居然悬挂起伪满洲国的"国旗",终日迎风招展。他听了,不禁哑然失笑。

---

① 《满洲国国歌》全文如下:"天地内,有了新满洲。新满洲,便是新天地。顶天立地无苦无忧。造成我国家,只有亲爱,并无冤仇。人民三千万人民三千万,纵加十倍,也得自由。重仁义,尚礼让,使我身修。家已齐,国已治,此外何求。近之则兴,世界同化。远之则兴,天地同流。"

第拾贰章

士官学校

*他异常亢奋地踏进日本士官学校，却体验了"地狱生活"。

　　*连续三次落马，当上"野爷会"会长。训练中第四次受伤，脑袋被碰破，眼镜撞碎，头上和双手缠着纱布，一瘸一拐地走回家。韫颖打开门，被吓得顿时哭泣起来。

　　*溥杰闻风而来，掏出削水果刀，刺破巨蛇腹部，汩汩流出绿色鲜血。日本人忌讳灭蛇，遂将润麒和溥杰视为不受欢迎的人。

　　*士官毕业典礼时，他从天皇裕仁手中接过毕业证书。在他的眼里，天皇的还礼，多少有点儿愣头愣脑，活像一个木偶似的。

图片说明：润麒在骑兵学校纵马跨障

一 地狱坡

他异常亢奋地踏进日本士官学校,却体验了"地狱生活"。

通常,日本人将这所学校称之"一齐嘎瓦",而士官生都管它叫"地狱坡"。据说,这是世界上训练最严格的军校之一。

一般而言,入校之前要先到连队当兵,叫士官候补生。润麒被编入第二中队,由竹田宫任第一中队长,他们当时并不相识,也不知竹田宫是身份显赫的日本皇族。

他刚进校,正赶上要求严格的竹田宫值班一星期。校方对已婚者只允许星期六回家,周一必须返校。他第一次返校来到宿舍睡觉,天全黑透了,毯子压在草垫下边,塞得挺紧。眼看响起熄灯号,他不管三七二十一就往被窝里硬钻,上身仍露在外边,竹田宫恰巧走进屋,见他正在床上折腾,询问道:"喂,士官候补生,你干什么呢?"

"我要睡觉,被窝钻不进去呀。"他随即站起身,在床上啪地敬了一个礼。

"你躺进被子之前呀,得先松一松被窝,"竹田宫给他回了一个礼,"然后,再往里钻嘛……"说着,竹田宫哈哈大笑。他听竹田宫这么一说,赶紧松了松被子钻进被窝。在尴尬之际,他初次见到竹田宫。

打这以后,双方都了解了彼此身份,走动得愈来愈近。竹田宫得知他与溥仪的关系之后,时常主动邀请他来家里吃饭,在别人面前,也总是称道他如何如何努力学习,这使他充满感激之情。

其实进入该校并非易事,必须有国内的头面人物,诸如蒋介石、张学良之流保荐才行,正是凭借张学良的关系,他与溥杰才以伪满洲国派遣生的名义迈入士官学校。

以训练残酷而闻名的军校建在高坡上,坡边出口是一片宽阔的平原,进校门前,必须经过一个转弯的斜形土包,这仿佛成了进入地狱坡的一道门坎。校内八个人住一间宿舍,屋中间设有搁放枪枝的木隔板;甬道两边各有四张床,上面铺着毯子和雪白的布单。骑兵床前则挂着马刀和马袋,井然有序地摆放

润麒当年在骑兵学校与同学的合影。上图二排左三为润麒

着长筒马靴。每人发两套军外衣,平时叠得豆腐块似的,上边搁一顶帽子——军校要求学员外出时必须戴军帽。

一次上级军官检查时,他因枪支不够干净受到严厉训斥。一贯好强的他,随后将枪支擦得锃光瓦亮,不久又受到了褒扬。

军校的规矩极严格。晚自习时,每人一张书桌,号音一响,立即中止。规定在熄灯前三十分钟上厕所,如果去晚了,被臭揍一顿也说不定。平常如厕归来,在走廊点名,熄灯之后,学员必须像机器人似的迅速钻进被窝。

个别学生淘气,躺下后再悄悄爬起来,在洗脸池两边追着打闹。偶尔被值班教官发现,他就立即下令全体学生起床,仅仅穿着一身衬衣和衬裤,列队集合。

"谁出去上厕所了?说!"

日本值班教官见没有一个学生吭声，便大声发出命令："脱下拖鞋！"

大部分学生以为是要挨打，纷纷脱掉拖鞋，站在那儿等着惩罚。

"跑步！"

教官发布指令，谁敢不听，这些学生赤脚来回跑了五六趟。处罚完，他们仍不敢大声出气，躺下探着头彼此交换眼色。灯熄了，学生才一个个坠入梦乡。

每逢早晨起床，在号音响毕两分钟内，他们必须立即穿上衣裳集合，再跑到楼顶上练习剑道。一次点名时，他忽然觉得一阵头晕，等睁开眼，才发现已躺在了床上。原来，他晕倒后脑袋磕在走廊墙上，被抬上了病床。由于训练强度过大，不少日本小伙儿患了肋膜炎。他认为中国人虽然瘦弱，伤后破一点儿皮容易流脓，但体质仍比日本人禁折腾得多。

别看润麒不算用功，毕业考试的书面成绩也不甚理想，但在实战训练中却总是名列前茅。军校尤其强调武士道精神，在军事演练中似乎形成了条件反射，一声前进就奋不顾身，若发起冲锋，就要勇往直前。

最突出的一次是在夜间演习，他戴上眼镜冲锋，不慎摔倒在对方壕沟上，磕伤眼眶，鲜血直流，甚至露出了眉骨。他躺卧在士官学校简陋而冰冷的医务室里，一名军医不知他碘酒过敏，脸色冷峻地走过来："你身体真不好啊，怎么上碘酒都烂呢？"

"不知怎么回事，我就是这种体质嘛。"

出院没几天，他又变得生龙活虎。他当时分在骑兵学校，而溥杰在步兵学校，俩人同住在土川附近，上学都不算远。溥杰住的是一幢漂亮别墅，坐车只需四五十分钟。润麒平时住骑兵学校，住家则是一幢从前练相扑的日式宅院，不仅有卧室和客厅，也有厨房、洗澡间。宽大的院落还有山坡、池塘，种植了不少花草。他喜欢驾驭军马去学校，在三十分钟路程中，骑在马背上显得威风凛凛。

刚进骑兵学校时，必须学会喂马、刷马。说起刷马，这有一套死程式，要手拿铁刷挠马背，还得经常用草搓马腿，讲究颇多。骑兵对付踢人的马有一个诀窍，先拽它一下尾巴，一般就不再踢人。为防止意外，学校将踢人的马的尾巴专门拴上一个布条儿，打老远就可以瞧见。

上课头一天，他浅显地懂得了识别各种战马。首先，让他来调教的是没受过任何训练的"新马"。第二种是"新谷马"，即训练过却没完全毕业，需要继续训练马术的。第三种就是"谷马"——完全训练好的马。这时他才明白，能骑着跨越障碍的是训练好的,也就是第四种——"马术马"。

考验一个个接踵而至。

他练骑马的地方叫"覆马场",由四个盖有大棚的马场组成,地上铺着沙子,两边还建有看台。使人纳闷儿的是,十来个学生组成一个班,分配给其他人的都是正常马,惟独归他训练的是一匹由牧场直接运来的"新谷马"。显然,这是教官故意难为他。

说起来,一般日本学员都在幼年学过骑马,而润麒仅在学习院接触过,从未受过骑兵的严格训练。马术表演通常有一个节目,就是调教"新谷马"。他们驾驭一群马集体越障时,路边竖着稻草人,须单骑奔跑起来挥刀砍杀。跳过各式各样障碍后,爬上高坡还得跃过木头障碍,稍有不慎,人仰马翻。

轮到他出场时,那匹马前腿突然一软,他立时摔了一个"大马趴",军帽甩出老远,惟有指挥刀仍在手里紧紧攥着。他不甘示弱,连帽子也没顾得捡,翻身又跃上了马背,尽管如此,他依然出了丑。

调教生马,对于谁无疑都是一道难题。不过,这渐渐成了他的一手绝活。他骑的马名叫"慈那米"。起初,只要走近障碍,它就呜呜地前蹄离地站立起来。他下令往前走它就尥蹶子,骑上让它走,也不听话。

生马不容易让人接近,于是,他动开了脑筋,依据马术书,无论什么马都惧怕障碍,难点在于如何使它克服心理障碍。

起初,他只让马围着障碍绕,靠近一点儿它就害怕,后来虽然习惯了,径直冲着障碍去仍不行。他想出一招儿,到障碍近前便勒住缰绳,下马喂它胡萝卜吃,这样调教了几个星期,它渐渐变得不发怵了。

冬天降临,他又想出一个新招儿,拉马去冰上溜达,它怕摔倒,他就反复摩挲并喂它胡萝卜。刚开始,它使劲叫唤就是不吃,躲来躲去更容易摔跤,反复过几次便不再乱动,他可以轻轻地抚摸它的脑袋,这实际成功了多一半。

在生马脚上挂掌,更是不易。他一边喂它胡萝卜一边钉,使马暂时忘却害怕。刚学会骑马时,只要马一蹦跳,枪柄就砸他后脑勺。功夫不负有心人,一般人得几个月才能把马备上鞍,而他坚持苦练,只用两个星期就大功告成。

当然,跨越障碍也有窍门。聪明的他把骑马比喻成骑自行车。如果水龙带横放路上,骑车压过去会发出咯噔的声响,然而,骑到水龙带前猛地一提车把就能直冲过去。这与骑马越障的道理并无两样。

越障的关键是在马前腿将抬时抽它一马刺。这种感觉只有在长期苦练中才能体味出来,他将此称作"火候"。

一天,他驾驭着"慈那米"跑到障碍前,猛然打了一马刺,它居然跳了过去。他兴奋地跳下马,猛喂了它一顿胡萝卜。从此,"慈那米"克服了越障的心理难关。

或许是给润麒吃"偏灶",骑兵学校派来大尉拉班和中尉哈斯敦都拉前来辅导他训练骑马。俩人各有特点,拉班大尉是广东人,曾翻译过日本的《阵中要令》,而混血儿哈斯敦都拉的日语说得非常流利。

一次,他去找哈斯敦都拉,看到他家的门是用薄铁皮砸成的简陋草房,中尉觉得十分不好意思,索性藏起来不愿露面。专业教官使他的骑技有了长足的飞跃。

他入学那年,骑兵学校恰巧取消了训练时头戴钢盔的规定。从马背上掉下来虽然不会摔死,却频爆险情。一次训练时,他刚骑上马,马由于猛然受了一惊,飞奔着跃上拉着一车草的马车,马车被踩翻,柴草扣在地上,那匹马更是惊慌失措,嗷嗷地乱跳乱蹦。尽管他拽着两根缰绳,也无法控制发疯的坐骑。笼头勒不住,它掉头就往马厩疾跑,眼看横梁就要勒住他的脖子,润麒灵机一动,从马背往上一蹿,想抱住棚顶上的横梁,结果却摔落在一个刷马的铁桶上,正巧硌在腰间,他意外受了伤。

另外一次训练事故更悬。表面上看,那匹马已调教好,因泪腺被堵,马双眼突然失明,正在奔跑之中,他一个马失前蹄被摔下来。正巧,马紧靠墙倒下,把他的双腿压在了马肚下。他疼得要命,喊人也没有应答,只得咬牙等待。许久,一名叫富井的日本学员赶来,诧异地伏身问他:"怎么回事呀?"

"这不,叫马压在底下了嘛。"

"赶紧拽润麒,可别动马。"富井马上叫来高田赤新等一些同伴,"不然,它一动弹就可能压断他的腿。"于是,几个人慢慢把他从马背下拽了出来。过了没几天,他又跨上了军马,依然是目空一切的神态。

他的伤刚好,又遇到骑谷马跳越高台障碍训练——必须先跳上高台,再越过高台上设置的一根横梁才算合格。当马跃上高台时要适时松开缰绳,否则马扬起脖子,后腿就无法跟上来。他在谷马跃上高台时,竟一时糊涂,忘了松缰绳,马后腿被卡在台上,痛得它脑袋往上一扬,结果他的头被碰破,眼镜也撞碎了。这样,他多次从马上跌落,脑袋不止一次戳在地上。训练骑马跨障过程中,他一连被摔下四次。

起初他怀疑马救主人的说法,但几次落马后,坐骑绝没有离他而去,而是围绕他不停地原地转圈,这使他感动莫名。

训练考核结束,润麒的头上和双手缠着纱布,瘸着双腿,一拐一拐地走回家。韫颖打开房门,一眼瞧见他受伤的惨状,被吓得哭泣起来。第二天,他的腰和腿尽管疼得十分厉害,仍没顾得休息,又赶去军校训练。

在骑兵学校,他被指令骑上能抬腿表演的西班牙特种马——与马戏团跳舞的马相似,被称之为"帕萨基"。它们个头特大,极难驾驭。不久,来了一名日本中校教官,皱着眉头说:"我要训练打仗的军马,要这种跳舞的马干什么?"

话虽这么说,这种马也不能宰了吃肉,只能当一般战马。它们在马场里练惯了,跑到野外就撒欢儿,尽管戴上了日本"大勒"①,仍不免疏于管教。那天,富井驾驭着一匹马在他前边疾速奔驰,没过一会儿,眼瞅着富井手中的纲绳和一只脚镫飞了出去,而身子从空中摔在障碍上,砸断了结实的木栏。他紧跟其后,禁不住大喊起来:"坏了!"

"啊"的一声惨叫,富井跌倒在地,再也没爬起来,马却跑得没了踪影。他立即喊来一名日本大胡子,开着跨斗摩托车把富井送进医院。恰巧,正赶上富井将在第二天结婚,婚礼自然无法如期举行,待富井伤好后,他参加了他们的婚礼。夫妻俩工资不高,生活穷窘,只是租了一间小房作为洞房。"国舅"的出席使新婚夫妻喜出望外,毕竟富井与他没有枉为一对患难的"骑友"。

他无法理解日本突现的流行一时的怪事。冬天,许多人披着大衣到著名的活火山——"三岩山"参观,这里以殉情闻名而成了游览胜地。

出于好奇,他也去逛了一趟。他让妻子韫颖与溥杰骑着老实马,自己挑了一匹未经训练的野马,刚一骑上去便被摔下来,旋即又翻身上马。

"他一定当过骑兵吧?"当地牵马的人钦佩地问溥杰。

"当然,他就是骑兵嘛。"溥杰自愧弗如。

山上有一个卖食品的小铺,可以坐下小憩,当地有不少彪形大汉,无论谁走到火山口跟前,他们都紧拽不放,劝人不要轻生。他们起初误以为润麒也是自杀而来,便苦口婆心地劝说:"你年纪轻轻的,来这儿干什么呀?活着多好,还有明天哪。"

"我不是自杀来的,只想瞧瞧是怎么回事。"他虽多次解释,小伙子仍然死活不依,反正他走到哪儿都紧追不舍。

---

① "大勒"套在马嘴里,底下拴着一节锁链。

他来到离火山口不过五六十米的地方,趴在那儿往下看,坑口当中往上冒烟,边上有一块平平的沙地,据说温度能够烧开锅。跳下火山自杀的人大多坠落在沙地上,一般摔不死。如果从最高处往下跳,无疑必死于非命。

他刚刚趴在火山口,想瞧瞧里边究竟什么样儿,一名壮汉跑近前来,偏偏拽着他不松手。他亲眼见到一名神经错乱的四十多岁的男人,狂喊着:"他跳,我也跳他妈的……"纵身跳了下去。经过询问才知,来此自杀者的大多是因为丧失生活信心或失恋——日本叫"殉忠",中国叫"情死"。有一名小和尚,来此自杀,跳下去正落在沙地上,摔了个半死不活,结果又被救了上来,一脸难见世人的尴尬神情。

这种半疯半癫似的坠崖"情死"竟然成了日本风行一时的习俗。

当溥仪访问日本时,有一名被挑上做饭的炊事员,居然特意买了一张去三岩山的车票拿给人看:"溥仪如果吃我做的饭出了毛病,我就去跳三岩山!"

"这多逗。他若想死的话,在东京死好不好?"润麒插话说,"跑那么远来跳三岩山,摔个鼻青脸肿还也许摔不死,这不是瞎捣乱嘛。"他的几句俏皮话逗得身边的人哄然大笑。

二 野爷会长

他在一天内连续三次落马,理所当然地成了"野爷会"会长。这似乎是个约定俗成的规矩,落马最多的人要进"野爷会"——日文叫"亚奇凯"。在学校里,有一个"罚金盒",上面贴着一张人名表,无论谁掉下马,都要主动往盒里认罚五毛钱,再在名字底下画上重重的一道记号。

每逢月底,大伙儿就打开盒子算账,先看谁摔下马次数最多,罚金最多者遂推举其为会长。润麒摔下马不仅被磕伤骨头,连马也摔伤了。"野爷会"规定,马若受伤就得多罚款,自然他被处罚最多。按照规矩,只许在罚金额之内请客,他遂拿着一笔罚金,领着弟兄们去繁华的浅草"红灯区"游玩。那里的清酒极昂贵,其中一种叫"店记白兰地",酒劲忒冲,喝完后一个个身上打晃儿,烂醉如泥。

润麒作为"会长",不仅要掏钱,还要叫大伙儿吃好喝好玩儿好,回来还得有余钱乘坐汽车,非精打细算才行。他始终不敢喝醉,否则无法带队返回军校。他们尤其喜欢去艺妓多野良子的酒店玩耍,她色艺双绝,总喜欢与男人比武,且总是每战必胜。她不仅剑术高超,还能从高处一个跟头翻下来。

往往这一群人刚走进门，多野良子便迎出来，殷勤地询问："你们吃饭了吗？"

"还没呢。"

"那就赶紧吃饭吧。"

她对润麒的那群骑兵战友极为热情，不断嘘寒问暖。他掏钱请客给每个人买了五毛钱一碗的"东不理"——鸡蛋、肉和饭。由于饭钱便宜，再加上耍赖账，一共才吃了几块钱。眼瞅多野良子往厅前一坐，即将轮到她出场表演，他们便起哄似的连叫带拍巴掌。

在浅草胡闹至午夜，连润麒也觉得实在过分，戏称之"集体耍流氓"。有时，他们吃完就走，不花钱看电影，无非四处耍无赖。内田随他去看电影时，早已没了空座位，见一名年轻女子正坐在旁边，便凑过去嬉皮赖脸地管她叫"内桑、内桑"——姐姐。年轻女子吓了一跳，以为遇见了流氓，被吓得起身逃走，内田却稳稳赖在座位上不动窝儿了。

午夜，看完电影坐车返校，一部小卧车里硬塞进七八名学员，简直是人摞人，司机开车时总是紧皱眉头不语。警察得知他们是军校学生也不愿管，甚至撞坏街上的霓虹灯，也不敢当场狠罚，只是按照规矩开出一张罚单，到学校去讨钱。有时，他一次赔偿几千块，仍故意装作满不在乎。总之，他们成了浅草街上的特殊人物。

这一群人喝醉酒之后，还时常歪歪斜斜地行走在红灯区的街上，四处巡睨。各家妓馆的门前，大多亮着半昏半暗的红灯笼，其中一家灯笼上画着一条长长的缠绕着的皮鞭。他们看了很好奇，便想愣闯进去，却被保镖和老鸨好说歹说地劝走了。

润麒离开那家有着特殊标志的妓馆之后，一直感到好奇，曾私下约一名同学逛了一趟。归来后，他悄悄地告诉了溥杰在那家妓馆内看到的难以理解的畸形性虐场景：花钱寻虐或被虐的男女，被捆绑的赤裸肉体，受到鞭打时的一声声惨叫、呻吟……他绘声绘色的生动讲述使溥杰目瞪口呆，难以置信。

一些日本人得知他的"国舅"和"驸马"身份，见面时，经常殿下长殿下短地称呼他。起先，他有些不习惯，渐渐便变得麻木不仁。他的日本朋友愈来愈多，连三笠宫也时常派车接他去家里作客。三笠宫个子不高，长了一副葡萄脸，妻子却算得上漂亮出众。一名出身于日本华族的日本联队中队长时常邀他和三笠宫、竹田宫——二人均为日本天皇裕仁的弟弟，在装饰讲究的宽敞客厅聚餐。一次饭后，中队长微笑着对他提出了建议："殿下吃饭时，嘴里出声儿,这可不太好。"从此,他不仅记住日本人的就餐规矩,也明白了在异国必须入乡随俗。

另一次,润麒和同事一起被邀在中队长的家里,观赏内容开放的十六厘米小电影,其妻羞于看下去,悄然溜走了,于是,几个男人无拘无束地神侃起来。聊天当中,他听说,一名日本军官去内蒙古买来一尊铜佛,以为内中藏有宝石。谁知,刚一剖开铜佛肚子,此人就疯了,请来许多大夫诊疗都无法治愈,竟眼睁睁瞧着他死去。就此,润麒认定人不能贪婪过分到剖佛取宝,更不能做昧良心之事。

学校里一年一度的赛马大会是众目关注的盛会,多数项目是骑马越障。那次,日本陆军省来了不少大人物观看演习。他心知根岸教官没安好心,给他牵来一匹新谷马,故意想在众人面前"撅"他。

周围人山人海,连马场的高层座位都坐满了人。这次骑马越障的上下坡,至少两三层楼高,几乎有八十度的倾斜,往下骑时身子不能仰着,否则很危险,一旦越不过去就会掉进水里。前几名学生大多在跨越水沟障碍时失败,只有竹田宫顺利地越过了障碍。这时,教官命令润麒骑马出场。他骑的是淡黄色马,惟独马鬃是白色的,在众多战马中十分夺眼。他内心十分明白,跳不过去就得当众现眼,忐忑地询问教官:"不使鞭子可以吗?"

润麒在骑兵学校,纵马跨障

"哈哈,不使鞭子你也跳不过去。"

教官轻蔑的笑声变成了他的动力。没想到,他咬紧牙关,纵马提缰跨越了过去,随之整个马场掌声雷动,教官的面部肌肉立时变得僵硬。他胜利了。

演习射击用布做成的假战车时,要求在疾速行走的战车上射中靶心。一些日本人对润麒大多持怀疑态度。当第一个黄色模型通过时,他瞅准战车没有明显起伏时,嘟嘟嘟,一梭子打出去,全部击中靶心。相比之下,日本学生却没一个打中,有的甚至连靶边都没沾上。目睹一切的教官转变了看法,当着众多同学连声称赞:"润麒的点射,打得真棒啊!"

"中国人能干!"

这不仅使得日本同学刮目相看,学校还指定平中正与松琦专门照顾他。当时,卧室没按连、排、班建制,骑兵和步兵混杂住宿。平中正、小林荣一和多田峻这几个人与他同居一室,连练习击剑也相伴陪练。这几名日本同学从小起就当兵,多半是中学毕业考进去的。其中一名日本战友叫原,在生活上时常关照他。小林荣一是个翩翩美少年,演习时,一趴就是半天,润麒见小林侧卧在地上偷偷撒尿,打趣地说:"我可要揭发你一点儿秘密哟。"

"算了算了,你可千万别提这件事,多难堪呀。"小林连忙冲他摆手。

实际上,在众多学伴中,润麒更是显得淘气,一次喝醉之后居然敢当众脱光,从二楼窗外悬挂在空中,大伙儿被吓得啧啧出声:"这多危险,可别掉下来摔着呀。"

世间之事,往往相反相成。一名同学叫大岛芳男,性格温顺,演习时一向严格服从命令,却对他的敢作敢为十分钦佩,遂成了他的好朋友。

骑兵与步兵不同,允许星期天在宿舍喝酒,但不许抽烟。这缘于明治天皇到学校去视察时对学生的一次偶然询问:"你们吸不吸烟?"

"不吸烟。"没等学生开腔,校长已对天皇作了极为干脆的回答。其实,学校当时允许抽烟,只不过天皇视察后才不得不禁止吸烟。润麒已吸烟上了瘾,只能在学校勉强憋一个星期回家再吸。如果家人偶尔来探望,他就在会见室偷着吸两根烟解瘾,开始猛吸第一口时,竟觉得一阵头晕脑涨。

剑道是军校的必修科目。练习击剑,往往是整个中队学员列队一起对打,场面十分壮观。一名胖教官叫松田,平日总戴着手套和头盔,剑道高人一筹。殊异于他人的是,松田练习剑道和柔道,完全不像中国教官那样先教招数,而是让学员在实战中体会,润麒与之练过对打,深有感触。

一次偶然,松田稍一疏忽,润麒抬手直逼他咽喉,居然一剑刺中。从此,松田似乎怀恨在心,把他当成了最坏的学生,无论课上课下,对他的态度都极其蛮横,俩人似乎成了一对"冤家"。一次,松田在讲堂上课时,直陈剑道砍和刺的利弊:"日本人都讲究砍,这是一种拼搏精神,外国人一般讲究刺……"

听到这儿,润麒感觉松田讲得太绝对,忽地站立起来,驳斥说:"请问,难道只有拿刀砍是拼搏精神,刺就不是拼搏精神啦?"见教官没回答,他又反问了一句,"砍和刺对敌人的危害是一样的,为什么刺就不对呢?"

课堂上鸦雀无声,大伙儿都在静待回答。松田教官听了,顿时变得很不好意思,敷衍地说:"好,再探讨。请坐,请坐。"

从此,胖教官绝口不再提"砍"剑之见。

三 溥杰操刀剖蛇

在军校,润麒堪称十足的"淘气包"。

没多久,他就少不了出一次洋相。有一次,他与溥杰抢东西玩儿,溥杰猛然往前一扑,而他往后迅速闪躲,溥杰便从二楼挂着窗帘的低矮窗户掉了下去。幸好脑袋没落在旁边的石头上,只是把地上砸了一个浅印儿。

另一件事,他想起来就浑身发冷。也正是如此,他改变了对于溥杰性格怯懦的偏见。他走近一楼厕所时,只见一条巨蛇盘蜷成环状挡在路上,白花花的蛇团当中探出脑袋,嘴里吐着长长的信子,冲他昂头而视。他试探着往前挪了两步,巨蛇噌地迎面扑来,他吓得急忙躲闪。溥杰听说后,倒显得火气颇盛:"人不能怕蛇呀。咱俩把这条蛇消灭吧,再也甭让它吓唬人了。"

润麒绞尽脑汁也想不出良策,楼下的一名同学帮他出了一个妙主意:"这里拉门很多,要是把它引进一间屋里,用门掩紧蛇身不就可以杀死它吗?"

"这个招儿太好了。"

于是,他照方抓药,设法将巨蛇诱往一间空旷的房屋。它刚爬过去,他连忙掩住拉门,紧紧夹住了这条巨蛇,疼得它尾巴来回乱抽,他在外边死死顶住房门,不敢撒手。当他几乎支持不住时,那名同学及时赶来,他俩使劲把它的肚子掩在门缝里。

正在巨蛇啪啪乱甩尾巴,挣扎不停时,溥杰闻风跑来,从腰里掏出水果刀,猛然刺破巨蛇的腹部。它汩汩流出了绿色鲜血,疼得劈里扑通地又甩又跳,脑袋被掩在门里,尾巴却丢在了另一间屋。溥杰随即又搬来一块大石头,猛然使出全身力气,啪地一声,四周墙壁,顿时溅满了蛇血。

之后,润麒欣喜地专门拿来照相机为站在死蛇边上的溥杰拍摄了一张照片留念,随信寄给家里,在信里又风趣地说:"你们要是害怕,就别拿着看啦。"

哪知房东得知他俩"斩蛇"之后极为恼怒。当地蛇多,最小的也有一号电池那么粗,廊子离地又不高,时常能爬上来。按照日本风俗,他们认为巨蛇是护神佛——日本叫"新大架"①,忌讳灭蛇,房东遂将润麒和溥杰视为不受欢迎的人。

这还不算。一次润麒和校友去山上测绘时,一名叫卡达的校友,竟然活活踩死了一条毒蛇,他伙同几个人将它剥皮,切成一截一截白肉,放上铁丝编的撑子烤。别看是毒蛇,烤熟的蛇肉吃在嘴里香喷喷的,他们将吃剩下的一半挂起来准备晚上再吃。当皓月东升时,他过来一看蛇肉早没了踪影,四处寻找也没下落。可以理解的是,由于军校饭菜太差,他曾在午饭时,悄悄就着婉容送的巧克力将一大碗饭吞咽下去。显然,蛇肉不翼而飞,想必是被饥饿的同学偷偷吃进了肚里。

平时,军校伙食的主食是原米饭——日本叫"梗麦",菜肴时常是一块肉、一块鱼和一碗酱汤,另外还有点儿咸菜。一星期吃一次白面包,抹的大都是质量很次的黄油,校方最多只能售出十分之一。有时,餐厅配给一种特制的似饼干又非饼干的食物,里边还有豆馅儿,似乎并不受欢迎。

相对日本学生而言,他比较趁钱,学校的饭不爱吃就去酒铺买花生、苹果等食品,也因此短不了分给大伙开开斋。日本学生则多数吃不起,对他多少有些嫉妒。

对于润麒学骑兵,而溥杰习步兵,人们看法各异。一名颇有钱的商人叫高桥,总是夸奖溥杰老实。放年假时,高桥单独邀溥杰去大阪作客,言语中明显透出对润麒的偏见:"溥杰,你看你学步兵多好。润麒不愿意吃苦,也不愿意在地上跑,就去学了骑兵嘛。"

溥杰归来,伏耳告诉他,俩人掩面大笑。放假期间,远山也介绍他去过高桥家里,在那儿白吃白住。这是一九三一年。那家人见到他时,看法依旧:"溥杰就是跟你不一样,他肯吃苦,学了步兵。我看你就是图舒服,才选了骑兵哟。"

听后,他没多加解释。其实骑兵不仅苦透了,而且危险重重,他身上的几

---

① 中文的意思是牛犊。

处伤痕,就是最好的证明。

最初,他在士官学校当上等兵——部队叫中心兵,出操时跟随在排长后边,其他士兵则以他为标准绕圈。他只有两件军服,其中一件是演习穿的,上边满是汗和油渍,奇脏无比。一次,他脖子后长了一处疮,没来得及医治,以至磨破流了一脊梁脓,却始终没中断训练。

他时常替当步兵的溥杰担忧不已,因"皇弟"不时闹出笑话来。学校有一个训练项目,就是从高处跃下,他因身上负重过沉,跳下来之后腿疼了几天。而溥杰登到高处时却不敢跳,又走下两级台阶,仍迟疑不决。他在远处期待地望着溥杰,一直降至离地不高,溥杰才下决心跳下,结果落地时又摔了一个屁股蹲儿,引起一阵哄笑。

甭瞧溥杰脑子好使,四肢却欠发达。军事演习时,润麒在骑兵第一连,溥杰恰在步兵第一连。而竹田宫是第一联队的队副,两个连队都归其统管。润麒作为下属士官参谋,肩上佩戴着红白两道的绶带,胸前饰有两只假笔——可能是拿破仑时代的标志,后来演变成了装饰。夏天,从军校急行军到富士山,一步不歇,猛地到那儿一站队,当场就倒地死了十几名学员。而溥杰累得倒卧在地,许久也没爬起来。

演习刚开始时,上级传令要求军队排成一字型前进。部队的一侧是平地,另一侧则是险峻的悬崖,一辆坦克行进时没留神,坠崖而下。一时,整个演习队伍的气氛变得异常紧张。

正巧,那天他在行军途中与溥杰隔河相望,溥杰恰从一艘船的临时窄跳板跨到岸上来,跳板上拴着绳子当栏杆,但不能使劲拽,否则绳子歪了便会落水。他在岸上,只见溥杰戴着一顶旧军帽,颤巍巍地端着枪,手扶栏绳,一歪一歪地蹦着走。忽然,溥杰不慎掉入水里,竭力挣扎着爬上岸时,已成了落汤鸡,随即又站起身,跟着队伍颠颠儿地跑远了。

一切艰难,无不成了拿到毕业证书的过程。早在当中心兵时,他就曾看到日本天皇裕仁前来检阅日本禁卫军的骑兵演习。

举行士官毕业典礼那天,天皇裕仁莅临士官学校,出席隆重的毕业典礼——站在临时搭起的凉棚里,面无表情地逐个接见学生并颁发毕业证书。毕业班的学生身穿军服、戴着白手套,站在那儿笔杆条直地朝天皇行礼。

润麒身穿崭新的军服,从远处正步走过来,啪地在天皇面前猛然立正,然后郑重行礼。天皇戴着白手套毫无表情地注视着他,死板地回敬了一个军礼。

他还礼之后,从天皇手中接过了毕业证书。有人吹嘘日本天皇是"半人半神",在他的眼里,天皇的还礼,多少有点儿愣头愣脑,活像一个木偶似的。

在渐渐降临的黄昏之中,昂首呆立的士官学校毕业生,一个个成了木然的剪影……

第拾叁章 形形色色的交往

*"神风不死"的神话被戳穿。日机迎敌,竟瞬间从美国飞机底下钻了过去。士气若此,日本战败,指日可待。

　　*润麒前去看望吸毒成瘾的皇亲夫妇———家徒四壁,只剩下一块门板,底下垫了几块烂砖头,二人赤身裸体,木然呆坐。他恭敬地给皇亲夫妇请安,可笑的是,夫妇俩一丝不挂地接安。穷极无奈的遮掩,却使他哭笑不得:"你看我们公母俩得的这病,就是怕热,不能穿衣裳哟。"

　　*他和妻子来到日本温泉,哪知,韫颖刚脱光,一名男"三助"走进屋,殷勤地要给她搓澡,她被吓了一跳,立即大嚷大叫。他匆匆带着妻子,尴尬离去。

图片说明:**润麒重游日本**

一　日本皇族

"哥哥是神风队员呵,永远死不了!"对于隔壁"二室"①所谓"神风不死"的神话,润麒始终不信。

其实从四十年代初起,日本已呈败象。她最初对兄长满怀虔诚,近来却陡然生变:"现在呀,神风飞行队没有一个真撞的。日本战局已经很清楚,'献忠'也不干了。飞机要是上了天,人平安回来可真不容易呀。"她沮丧地对润麒解释说,哥哥驾机升到空中,表面上是要去撞击美国飞机,实际瞬间就从敌机底下钻了过去,这也是出于无奈,日本飞机速度比人家慢嘛。

不久前,他曾亲眼目睹一架日本飞机舍身碰撞美国飞机。遥望小蚊子似的"B29",小白点突然一亮,便骤然消失。听了他的感慨,年轻的"二室"反唇相讥:"如今谁撞呀?谁也不撞,就说是怎么也撞不着。现在哪有一个真去撞美国飞机的?"

润麒听了,默然无语。他内心非常清楚,起初他还能乘坐飞机去东京,现在已不可能。美国B29飞机如入无人之境,已占据空中绝对优势,这自然使他感到时局未卜。

虽然三番岛和关岛仍在日本人占领之下,但从整体战局来看,日本战败已成定势。似乎这对于几位日本皇族殿下的生活没产生什么重大影响。他们仍住在旧式房子里,依然配有一名戴着白色手套的预副武官,以伺候殿下的衣食住行,只是不在一个饭桌上共餐罢了。

在日本皇族之中,高村宫曾留学英国,说话温文尔雅,多少有点儿女人相。秩父宫和三笠宫、高松宫、竹田宫——四人均为日本天皇裕仁的弟弟,这几名皇族,境遇各不相同。其中,三笠宫派头比较大。一天,三笠宫派侍从武官来邀请润麒去家里吃饭,他询问道:"能带着佩刀吗?"

---

① "二室",是指当时美国军人在战争中娶的日本妻子。开战后,她们被送回日本。而日本人则一般将她们当美国人看待。这是"二战"中日本的一个特殊人群。

"我给你请示一下。"之后,副官对他说,"我问过殿下了,不能带佩刀。"

这次,他与溥杰一起去三笠宫家,彼此聊了很久。看得出来,三笠宫对他们格外客气,交谈中,还说安然坐在家里派人邀他们来作客,多少有点儿失礼。他倒不在乎这些。不同的是,溥杰始终彬彬有礼,而他假借发牢骚,时而发泄出对日本人的不满情绪。

来往多了,嵯峨浩和三笠宫的妻子都非常喜欢润麒的妻子韫颖。尤其是三笠宫妃,每月装入信封三十块钱,强塞给她补贴生活。据说,这仅是象征性的,多给钱似乎倒失了礼。

他接触最多的竹田宫与北文成宫,他们则不讲那么多旧礼规。尤其是竹田宫,每当他去作客时总以兄弟相称。他去北文成宫家里玩儿时,老太妃——北文成宫的母亲,竟会像接亲戚似的出门相迎。她总强调自己和润麒都是皇族,所以特别喜欢他。北文成宫极讲究面子,尽管将他视同家人,吃饭时场面仍然布置得很阔绰,还召来许多下人伺候。

吃饭时,众人时常与老太太逗笑,润麒也往往跟着起哄。一名老宫女毫无顾忌地对她说:"老太太,您就少吃点儿鸭子吧,吃多了会变成鸭子。"

"变鸭子更好,会游泳不是更好么。"

润麒也往往从中插诨打趣。她们规规矩矩与他说笑,既不失身份也不越轨。他曾看到外国记者在一部书里描写日俄战争时期的日本元帅山岩经常与部下说笑话,却不失上下之礼。或许,这也是日本上层人士的待人之道。

意想不到的是,北文成宫竟突然死于非命。润麒和溥杰都晓得,他一家连续三代无不死于意外。其祖父不明不白地死于一次偶然事故,其父亦被汽车撞死,本人死得更是离奇——参观飞行表演时,飞机向下俯冲得太低,没拉起来,一下冲到了北文成宫头上,随即砰然爆炸,最终连尸首也没找到。

此后,他去看望殿下的母亲和妻子,与老太太说话时,年轻的媳妇看到他,便低垂着头,落泪不止。他默默地走了,悲痛之情始终萦绕心中。

早在士官学校时,竹田宫与他同是骑兵,一直关系要好,连一度想转为侦察兵也曾征询过他的意见。

可乐的是,原来听说竹田宫家的狗从不咬人,专咬电扇,没想到却偏偏咬了润麒一口,脱下裤子一看,腿上竟沁出了血。时世变迁,竹田宫仍是一副旧派头,在沙发上端坐不动,只等保姆跪在地上奉上茶杯。他家的司机说话却极粗野,连对竹田宫夫妇说话也从不客气。因同属皇族,三笠宫也时常到竹田宫家里一起吃饭,每逢与润麒聚在一起,总是嘘寒问暖。饭间,三笠宫时常兴趣盎然地讲述故事,开玩笑地说:"老大像个鸭子,掉到河里淹不死啦……"

一次,日本皇族之首——秩父宫让丰田中队长出面找到润麒,邀请他与韫颖共进晚餐。他没有当即答复,觉得你在日本是皇族,但在我的眼里可不一定,于是慢条斯理地说:"我没问题,等我问问太太近来有没有时间吧。"

这实际是一种托辞。意思是,我不能像你们日本人,殿下赏饭马上就得去。其实,韫颖成天在家赋闲无事,他只是想拖延两天再作答复。丰田听了,显得极不高兴。等星期天从家里返校之后,他才告诉丰田,妻子可以同去。

那天,润麒夫妇被丰田用汽车接去秩父宫家,受到了热情招待,连秩父宫的妻子也出来作陪吃饭。他在院子里散步,观看饲养的孔雀时,秩父宫发表了一番议论,一同去作客的溥杰,见润麒的妻子也在旁边,悄声地对他转述说:"秩父宫说孔雀发情了,就要下小孔雀了。"

润麒听后,不禁暗自发笑,因这在当时日本算是淫话。席间,秩父宫对他异常客气,饭后,又将润麒夫妇一直送回家。

被强勉"留居"日本的朝鲜李王,也慕名通过侍从武官邀请他前去吃饭。他清晰地记得,日本人将李王从朝鲜硬掳至日本软禁,此时已相隔多年光景。他在日本期间,曾乘火车去过作为日本殖民地的朝鲜,冷眼看去,街上到处尘土飞扬,经济十分落后,头戴纱帽、身穿古装旧衣裳的乡下人随处可见。

他观察到,李王娶了一名日本女子为妻,住的并非现代化楼房,而是日式老宅,陈设与日本皇族没什么两样。彼此虽是第一次交往,但李王对他的态度却恭敬有加。

李王受过良好的教育,待人彬彬有礼。乍一打量,李王的相貌显得异常苍老,个子矮得倒有点儿像侏儒。见了面,他尊敬地称他"李王殿下"。李王与他聊天时也极尊重,总是一口一个"您"字。李王作为日本傀儡,竟仿照日本皇族的待遇,也配有戴白绶带的预副武官。润麒还注意到一个细节,就餐时,李王与预副武官同桌就餐,而其他日本皇族则不这样。

那天,他们吃的是日餐,据说这样就餐时间较长,可以慢慢喝酒聊天。后来,他也在李王家里品尝过地道的西餐。他发现,自幼生长于日本的李王,日语说得非常规矩,没有一点儿朝鲜口音。

虽然李王曾两次邀润麒夫妇和溥杰去吃饭,他却从没有回请过,并非请不起,而是怕招待不周而失礼。

日本经济萧条,老百姓根本见不到糖,只能在街上买两三寸长的甜木棒让小孩儿用嘴嘬点儿甜味,显见日本物资缺乏到了极点。巧克力更是极为稀罕。

在李王家里，他却有幸吃到了巧克力，临别时，李王还让每人带走一点儿，又特意说明这是吩咐家里的厨师专门制做的。

润麒很纳闷，正如表面看不出李王仇视日本人一样，一些日本老百姓对美国士兵也看不出明显恶感。一个星期六，他在日本横滨借宿旅馆。进门时，已是午夜两三点钟，遇到了一名十分诚实而天真的日本老太太，谁说什么她都深信不疑。她专门给美国士兵开设了一家洗衣房，对润麒说，美国兵的衣裳天天换，有时挺干净就换下来，撩点儿水熨平，照样收钱不误。听后，他多少有些不解，为何日本人对美国兵不错，而普遍仇视苏联人。

回到国内，他听父亲伏耳低语地说起过复杂的感受：日本人凡是抓到苏联间谍，就砍头示众，有一次砍下了一筐脑袋，在大坑里验头时，还发现一名黄头发的。荣源强调说，这是亲眼所见："那颗黄头发脑袋，可能就是苏联间谍。恰巧，有一只野狗从筐的空当钻了进来，正啃人头呢。"润麒听了，一阵毛骨悚然。

二　归国度暑假

提笼架鸟是一般世人对八旗子弟无所事事的形容。而在润麒眼里，从一位罕见的"怪人"身上倒可以窥见另外一类皇族的穷途潦倒。这多少令人感到酸楚。

毓朗贝勒逝世后，其兄弟仍然居住在贝勒府里。据说王府卖了以后，众皇亲大肆挥霍了好一阵子。暑假时，他从日本返京探亲，见他所熟悉的年轻皇亲又买了一辆旧汽车，连开车的司机也穿着漂亮的绸子大褂和绸子背心，时常开车四处兜风炫耀。润麒身着西服革履，乘坐皇亲的汽车出门，司机拐弯时，只听嘣的一声，不小心把一名军人撞了一溜滚儿。没过一会儿，军人疾速跑来带兵包围了汽车，司机吓得跪在地下磕头不止。他表面镇定地端坐车上，随手递给军人一张名片："这是我借的车，你瞧，也没撞坏人呀。实在不行，我可以跟你们到司令部去道个歉。"

经过交涉，他来到帽儿胡同一个军队司令部。门口站岗的士兵见了他衣冠楚楚的派头，马上提枪行礼。他器宇轩昂地走进去，大声地喝问："这屋里有没有人哪？"

猛然这一嗓子，马上有一名像是副官的军人应声走出来。他递过去一张名片，上边写着"日本学习院高等文科"。

"我的汽车在半道儿,无意之中碰了你们一名弟兄。我来道个歉吧。"

"您等一会儿。"副官说着,慢条斯理地走进里屋。

过了一会儿,一名长官模样的人像是刚刚睡醒,斜披着一件军大衣,趿拉着鞋慢踱出来,瞅着润麒的名片,大大咧咧地说:"怎么,您是从日本回来的?这事儿没关系,请喝杯茶再走吧。"

"谢谢。不了。"

他没想到,事情如此简单。俩人握过手,他被客客气气地送了出来。

尔后,他一细想,这可能是沾了日本人的光,一般人弄不清他是什么背景,怕捅出娄子来,所以才有惊无险地蒙混过关。当时,谁沾一点儿外国人的边,都会受到另眼相待。不然的话,就冲撞翻军人的事,非抓起来不可。仅靠一张名片,他居然侥幸躲过了一桩祸事。

放假期间,他再次从日本留学归来,惊讶地听到皇亲家败落的惨景。皇亲是外祖父朗贝勒家的嫡亲后人,但在家族的眼里,显然是典型的"败家子"。皇亲的兄长,他只是偶尔见过几面,并不熟悉,却自幼与皇亲极要好。俩人见面互称小名,经常在院里一起骑外国自行车,他骑小车,皇亲骑大车,在王府内横冲直撞。

若按照大清朝世袭罔替的规矩,贝勒的儿子蛮可以一代代循次下传。为什么皇亲排行老二却袭爵?据说其兄可能是庶出,也可能是外祖父指定的。这一点,润麒始终也没弄明白。

他倒是知道,皇亲的兄长起初每天早晨照例到外祖父屋里请安,偶尔说两句问候话,也有时一言不发。幼年时,他跟随外祖母住在东院,而外祖父居西院。东西跨院的房子,建筑形式差不多,同样是典型的王府深宅大院。

平时,皇亲的兄长照例去请安时,众多家族的近亲和书僮往往在一旁静候。皇亲的兄长由于患严重近视眼,戴着厚瓶子底儿似的眼镜,见了长辈,先得摘下眼镜再请安。在当时,这是一个不成文的规矩。

据说,有一次,润麒的外祖父不在家,皇亲的兄长进门便摘下眼镜,冲着空椅子请了一个跪安,然后呆呆地站在那儿,过了一会儿才走。这是他听说的一个笑话,也不知是真是假。

皇亲的聪明,他却是亲眼所见。皇亲实际没怎么下功夫练过字,书法却颇为出众,时常应邀代人书写扇面,中英文皆堪称高手。

润麒在天津学习英文时,老师写得非常潦草,他辨认不清,于是就请在北京的皇亲重抄一遍寄到天津。虽然几经催促,却总也抄不完。为此他多次写信,之后仅接到皇亲一封回信,推说因忙于事务,一直没能抄完,"来信见责"云云。

这时,皇亲的神经还算正常。其人本来脑筋极灵光,下象棋时,连一群京城国手也曾多次沦为手下败将,三弄两弄就能组装成"无线电",接收效果蛮不错。再者,皇亲相貌堂堂,胸宽背厚,母亲仲馨提到时,总是赞许地对润麒说:"他呀,简直像一头雄狮。"

哪知,"雄狮"突遭变故,尔后竟变得豪气皆无。事态发展,居然演成了一个莫大笑话。最初,皇亲租下六国饭店的一层楼与一名日本女人同居,结果没多长时间钱被统统骗走,那女人也跑得不知去向。

等润麒和家人知道时,皇亲已经穷得没了辙——王府被卖了以后,总共没半年工夫,巨款就被花得一干二净。皇亲的妻子原来是京城一座大宅门里的姑娘,家里生活异常优越,置有不少房产。结果,皇亲不仅将资产荡尽,还把妻子的钱财挥霍一空。令人实在难以置信的是,家里境遇愈来愈糟糕,竟至找不见一件整齐的衣裳能够穿出门外。

更可怕的是,不仅皇亲成天抽白面,连妻子也沾染上了恶习。仲馨和几个姨儿实在看不下去,听说采用一种新式仪器能戒掉白面,就凑钱送他俩到一家有名的法国医院戒烟。哪料,在医院里,皇亲的妻子老老实实让人家戒烟,而皇亲则阳奉阴违,正打着药针,大夫前脚走,他后脚就拔下针头。私下里,皇亲与一名贩白面的朝鲜商人暗自约定,从外边往楼上的窗户里射箭——箭里藏着白面,皇亲越戒越上瘾。从医院戒毒出来之后,皇亲仍照抽不误,竟然把家里所有值钱的东西变卖净光。最后,连妻子的内衣和外衣也都典当一空,由于没衣裳可穿,夫妻俩平时在家里居然一丝不挂。

大姨儿还愤愤地告诉润麒,皇亲夫妇把衣服全部卖给朝鲜人,以换取白面,实在不够的话,家里还得垫一些钱。润麒听了,摇头不信。于是,她出了一个绝招儿:"这样吧。润麒,你到他家瞧瞧,'寒碜'一下他,或许能够改正也真说不定。"

润麒"奉命"前去看望时,皇亲夫妇已迁往一个大杂院的小平房里。进屋一看,真可谓家徒四壁,所有家具乃至桌椅板凳已被变卖精光,连个坐的地方都没有。环视屋内,只剩下一块门板,底下垫了几块烂砖头,皇亲夫妇赤身裸体地呆坐在那儿。房里的砖地却扫得挺干净,说明仍然有佣人伺候着夫妇俩。

他觉得最具奇妙讽刺的是,屋子正中摆放着一个干净的尿盆儿,这便是全部家当。那时,皇亲还不到四十岁,妻子就更年轻了。听说,家里还有两名被拖欠工钱的保姆和男仆没走,偶尔还照顾一下他们,梦想有朝一日能偿还欠发的佣钱。

一进门,润麒恭敬地给皇亲夫妇相继请安,仍然行那套单腿安的老礼。可笑的是,不仅皇亲,连其妻子也是光着身子,一丝不挂地接安。他尴尬地落坐在门板上,显得局促不安,而皇亲光着屁股走来走去,仍然谈笑风生地遮掩说:"唉呀,你看我们公母俩得的这病,就是怕热,不能穿衣裳哟。"

明知这是谎话,他却不忍拆穿。面对着两位裸体的长辈,他羞惭得抬不起头来,只是"嗯"了一声,心里暗忖,寒冷的冬天即将来临,真不知道他俩如何度过。寒暄几句,彼此说了几句简单得不能再简单的客气话,便再也无话可说,而陷入了无语的尴尬境地。他辞别出门时,皇亲夫妇却无法送客,因没有任何衣裳可穿,根本无法迈出门外半步。

他深感语言的苍白,没完成"寒碜"的重任,茫然若失地回到家里。面对家人凝视的目光,他心酸地述说了在皇亲夫妇家亲眼目睹的真实情形,万分伤感:"咱家族这么多人,难道就没人能照顾一下他们吗?"

"不是没照顾过呀。你今天刚送去衣裳,晚上他就卖了换白面抽。"大姨儿再三重复的大实话,使他哑口无言。

家人的七嘴八舌也使他陷入困惑。其实,皇亲的智商颇高,其书法"润笔费"也不低,却仅仅坐等家人救济,没饭吃就饿着。家族的人实在看不过去,就送去一点儿钱或食品,以临时维持几天。家里白天送给皇亲的衣服,没等到晚上就被脱下卖掉,无法出门便叫女佣人代卖。皇亲的妻子终归是女流之辈,整天在家里赤身裸体,的确丢人现眼,家族便凑钱给她买了一身衣裳。哪知,没过几天又变成了夫妇俩口中吐出的一股股淡香的白烟。

也不知是真是假,后来他听说的一个慌信儿,使他止不住一阵心酸——皇亲老两口连卖冰棍儿都没成,终至潦倒而死⋯⋯

润麒恋旧,跟着五姨儿到京城帽儿胡同的东院串门,正巧赶上亲戚做饭,煤球炉上的铁锅里蒸着一笼屉窝头,味道喷香。

"您干什么来啦?"

"我看五格格来啦。这窝头真香啊,一屉得多少钱哪?"

"两分钱。"

他这才知道,时下两分钱就能蒸一屉窝头,一块钱可以买一袋白面。他不禁想到了皇亲夫妇的悲惨遭遇,如若不是抽白面,连吃窝头也不至于饿死呀,

润麒回到北京,见到几个姨儿。图为几个姨儿和亲戚的合影

难道凑不够两分钱?

整整一个上午,他先后见到了几个姨儿,她们平时手头不算太紧,还偶尔玩玩斗纸牌。然而,若与从前的王府生活相比,却依旧差得一个天上一个地下。

归国这一趟,他不仅亲眼目睹皇族的败落,也见识了各色人等。

年轻气盛的他,路遇不平,总想拔刀相助。他在东四三条胡同坐上三轮车,正赶上狂风刮倒一棵大树,只见一名西服革履的中年人走过来,不问青红皂白,动手殴打站在路旁的一名厨子:"你家的树,为什么横倒在路上?"

润麒坐车恰巧看到这一幕,十分气愤:"这棵树倒了跟他有什么关系呀?是他弄倒的吗?"

"这是妨碍交通,再说你是干什么的,你是警察吗?"此人怒目质问润麒。

"你怎么不讲理呢?这棵树是大风刮倒的,也不能赖他呀,你这么打人可不行。"

"嘿,你是干什么的?"

"你不用管我干什么的,反正你不能打人。"

见这家伙态度蛮横,他抑制不住内心的火气,抡起拳头雨点般地揍得此人满脸是血。

路旁的老百姓瞧着，冲他伸起大拇指："好，这小子就是欠揍，没准儿他是日本特务呢。"

过后，润麒一把将这家伙从地上拽起来，厉声质问："怎么样？你说，还耍野蛮吗？"

"得了，咱们是井水不犯河水。"说完这句话，"西服革履"连忙溜之乎也。

三　男女同浴

一次，润麒偕妻赴日本热海温泉小住。

众所周知，男女同浴，是日本的风俗。男女浴池之间仅隔着一层矮木板，男女混杂，人们时常隔板相望，没人觉得诧异。

不久，润麒带着妻子韫颖、次子宗光以及察士奎，来到温泉洗澡。他小心翼翼地对妻子说："尽量别让宗光和咱们在一起洗，免得小孩儿回去净胡说。"

趁着人少时，他带着宗光去浴池的单间洗澡。没过一会儿，一名少妇带个小姑娘走了进来。她们脱光时，他才发现少妇脚上裹着纱布，可能是受了伤。他嫌脏，于是赶紧对宗光说："咱们回去吧。"

"正洗得高兴，我不回家。"宗光泡在浴池里死活不愿出来。

忽然，少妇因脚疼发出了痛苦呻吟，想让小姑娘帮她抬脚，由于抬不动，就叫他来帮忙。他传统观念颇深，不愿意碰裸体女人，正犹豫之际，少妇裹着纱布的脚从水里费劲地迈出来，他这才算解脱。

润麒、韫颖夫妻俩走进温泉单间洗浴时，叮嘱服务员不要让外人进来。不消说，温泉里搓澡的都是日本男人——"三助"，虽然在服务行业中低人几等，却是温泉里不可或缺的。韫颖刚脱光衣裳，一名"三助"走进屋，殷勤地要给她搓澡，她被吓了一跳，立即大嚷大叫，吓得"三助"赶忙转身跑到润麒身边，用日语低声地说："我要给你夫人搓澡，她大声喊叫，是不是我有什么失礼的地方？"

"没有，没有。她就是不太习惯。"润麒摆了摆手，连忙歉意地解释。

见此尴尬情形，他匆匆带妻子韫颖离开了温泉。虽然早在上学时，他就经常去洗温泉，但自从这次以后，他和妻子便再也没一起去过。

而按照军校的安排，他不得不带着学生去温泉游玩。在他眼里，温泉水质挺脏，一些学生由日本老师带领跳进浴池，简直像下饺子似的。他觉得男人在温泉大多懂礼貌，比方十名男人和一名女人在一起，男人就会规规矩矩。如果十名女子和一名男人混浴,男人受气不说,没准儿还受到女人的戏弄,最后不得不落荒而逃。他多次目睹过,女学生闹起把戏来,撩起水嘻嘻哈哈、推推搡搡,浴池里的男人简直无法洗浴。由此,他联想到妻子的腼腆而感慨她初涉世事的纯真。

婚后一个时期,他俩实在聚少离多。妻子居北京,他住日本。也有时她来日本,而他却返回了北京。凑在一起,他总喜欢与妻子开玩笑,走进宾馆,便故作神秘地对她说:"你的屋里呀,还有一个顶坏的玩意儿呢。"

"什么意艺儿?"妻子没听明白。

润麒告诉她,桌上有一个烟筒儿,外形是个赤裸上身的老头儿。他用手往下轻轻一按,老头儿的生殖器便裸露出来,弹出一支香烟递给客人。见到这种情景,妻子顿然羞红了脸。

婚后,他惟恐妻子过于劳累,为家里先后雇过两个保姆、一名护士。长子宗弇是在家里出生的,次子宗光则出生在医院,出院之后,医院的护士还时常来家里看望。

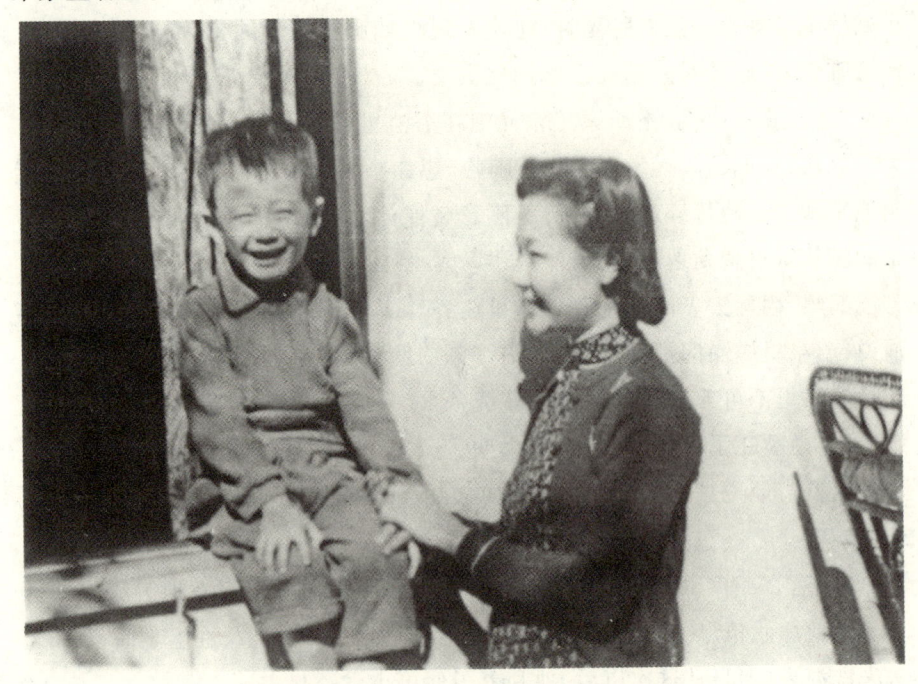

1942年韫颖与五岁的次子宗光在日本千叶县

当时,宗光与一名日本女孩儿大仓虽是同学却不同班,她上学时,母亲歧子时常去迎送,很快就与宗光变得异常熟悉。

自从歧子认识润麒后,时常给他家打来电话聊天。一次他没在家,韫颖接到歧子的电话,听说她想邀请润麒去吃饭,顿时吃了醋,在电话里连奔儿都没打,断然回绝。自此,歧子便知趣地不再打来电话。

妻子送孩子上学时,穿的衣裳往往挺时髦的,街上的小孩儿短不了冲他俩起哄,为此,妻子委屈地哭过不止一次。他的住家附近有一趟横街是"红灯街",在那儿来回转悠的年轻女子大多衣着暴露,他每逢走到附近,无不加快脚步,惟恐别人怀疑他去红灯街寻欢作乐。即使夫妻俩相伴路过红灯街,也仿佛成了条件反射,他依旧一溜儿小跑,妻子紧赶两步,开玩笑地拽住他:"你跑那么快干什么呀?你走你的嘛。"

"哈哈,习惯了。"

行走在街上,他最怕妻子用汉语喊他而引起日本人的围观。他快步疾走时,她喊不住他时就改用汉语,他马上停住脚步,两人微笑着相伴回家。韫颖找到了诀窍,屡试不爽。

他家里有一名八十多岁的仆人,叫栗山,负责看守门户。栗山过去是武士,身体特别强壮,高颧骨,胡子挺长,走起路来腰板倍儿直,总是忠心耿耿地保护着这一家人,而且不止一次地叮嘱他:"润麒先生,你要是见了不太熟悉的人呀,要侧身相让。"家里若来了外人,栗山先要走上前仔细观察,防止有人加害于他。一些日本老太太常来拜访韫颖,她不愿意见陌生人,只要冲老头儿一摆手,他就会意地走出去,客气地说:"对不起,润麒的妻子刚出门。"即使遇到陌生的日本老太太放下礼品就走,栗山也能处理妥当。

起初,他只知栗山懂剑道,却不知其功力深浅。润麒的剑道刚达初段,与栗山比试交手,才知道老人确是真刀真枪练出来的武士。

他俩以竹棍儿作剑,刚一出手,栗山的一柄剑早已轻松地等在那儿,无论如何也沾不着老人一根毫毛,他简直佩服得五体投地。

夜里,他摸黑儿走出卧室去上厕所。

"您上厕所呀?"

猛然一声问候,吓了他一跳。仔细一看,原来是栗山恭敬地站在漆黑的过道里暗中守候,他顿时生了气:"以后,夜里不许你再出来了!"

他冲栗山猛吼了一通。老人却仍然纹丝不动,据说这是明治时代传承的忠诚于主人的作派。他起先不知。每天晚上关门睡觉前,栗山都要带着保姆规规矩矩地朝他屋里鞠一个躬,才悄然离去。第二天早晨起来,老人带着保姆又伫立在门口,恭候他走出卧室。

润麒生性好奇,听说马厩有一名马夫,几年没正经吃饭,仅靠饮酒度日,便邀其来家里共进晚餐。马夫四十多岁,四方脸,眼睛不大,身体异常健壮。落座后,他新奇地询问:"你怎么养成这种毛病呢?"

"年轻时,我的大腿和身上总隆起肉杠子。从那时起,就开始喝烧酒,这样才感觉稍微好一些。我一天一顿,只喝四两,多了不喝。"

此前,润麒事先预备下许多酒,又让厨师炒了几盘拿手菜,亲手斟满一大杯酒,想看看马夫究竟有多大酒量。哪知,马夫喝下两杯酒便不再举杯:"请您别再给我倒酒,就喝这么多了。"

整整一个晚上,对于他布的菜,马夫只是偶尔夹一点儿,总是大口地闷头饮酒。他觉得,无论谁成天喝得醉醺醺的,都实在太危险。约摸过了一年,马夫离开前夕,饮酒践别,他俩还足足饱餐了一顿生鱼片。

说起吃生鱼片上瘾,他是到日本一年以后才开始的。从中,他倒认识了任何事物都有一个适应过程。起初,无论远山猛雄怎么劝,他也难以下咽生鱼片和鳝鱼。当他开始适应时,却又买不起了,只好望鱼长叹……

第拾肆章
返回伪满洲国

＊风闻婉容抽大烟，润麒却一直未曾目睹。到长春以后，她变得愈来愈自暴自弃，时常蓬头垢面，变得更加精神恍惚。

＊内廷是否被日本人安装了窃听器？在他看来，平时的噪音可能是静电反应。而溥仪一口咬定，是安装窃听器所致。

＊润麒的犟劲儿一上来就压抑不住。见日本司机下车殴打马夫，就扑上前去，狠狠揍了司机一顿。

＊同事萧玉琛向他透露一个绝密：润麒成了日本关东军的"眼中钉"，顾及他与溥仪的亲属关系，只得在他的档案画上了"红杠儿"。

图片说明：伪满时期的哈尔滨

一　窃听器

平日不觉寂寞，暑假时日本同学纷纷返回家，润麒才感到了孤独。酷夏，他从日本风尘仆仆归国探亲。

在火车站，他意外地见到了伺候过外祖母的小仆，她如今虽然成为阔太太，却仍然带了一群佣人恭候他返京，使他颇感意外。

回到荣宅，他怎么也找不见从小作伴儿的太监，一问才知，栾儿早已领了赏钱回乡颐养天年，而老太监春和刚刚病逝不久。哀叹之际，他看望过母亲之后，便启程前往长春。

他在伪满内廷偶然见到了溥仪的奶妈——二嬷。当初在宫内首次见到时，她才三十多岁。在他的眼里，她是一名蛮漂亮的女人，大眼睛，高鼻梁，俊俏的瘦长脸儿。据说当年遴选"宣统皇帝"乳母时，经过几轮淘汰，才最终挑中了相貌和体格皆出众的王焦氏。溥仪对她始终敬重有加，从北京带着她辗转天津，最后到了东北长春。她每逢见了润麒，仍沿袭旧称，尊敬地叫他"二爷"。

这次再见时，她已老态龙钟，且左胸低、右胸高，肩膀明显变歪。溥仪知道他会点儿气功，便让他为二嬷施用气功和针灸治病。他仔细观察后，没敢动手扎针灸，却把溥仪拽到了一边："她这病我可治不了，她的肩膀都塌下去了呀。"

虽然她看上去衰老了不少，但面容依然算得上端庄清秀。至于她的胸骨变形，是否心脏肥大压迫症所致，润麒始终没敢下定论。他低声询问她胸部有什么不适的感觉，她却说不明白，只是觉得全身酸软无力。

溥仪对她的病症极重视，当他给二嬷儿看病时，溥仪始终眼睛一眨不眨地守候在旁边。当二嬷儿脱下衣裳，敞开胸怀时，润麒见了，无奈地摇了摇头，转过身对溥仪耳语："哎哟，这可不行了。她左半边胸部的骨头都变形了。"

"那怎么办呢？"溥仪急切地询问。

"她的病很重，还是送到医院去看吧。"这是润麒无可奈何的结论。

后来，她只得被送往医院，临走前，他不无遗憾地告诉溥仪："看来，她的病不太容易治好了。"

然而，她一直到伪满洲国垮台时，仍然健在，只是体质更为虚弱。①

虽然溥仪乳母的重病他不敢妄治，但是，见谁有了病，总想试试手。他临时雇佣的日本女护士叫远藤，出生于中国，脸上长了不少癣，成天缠着纱布，经常自己注射钙以图治愈此病。他见了，好心地提议："我给你注射吧。"

他学过针灸，也有毕业证，只是没学过皮下注射。这次，他做了大胆尝试，脸癣居然见效，"无照行医"总算开了张。

从日本归国后，润麒几乎天天到内廷给溥仪请安，引起了日本人的"关注"，门口的传达室一一作了详尽记载。过去，他和溥杰见到溥仪，无一例外要恭请跪安，此次到长春以后，溥仪破例开了恩："你们不必请安，鞠躬就可以了。从前说过，你们别再自称奴才，就说自己的名字吧。"

打这儿以后，润麒每逢见到溥仪就改成了鞠躬。别瞧溥仪对他俩表面变得随便，对于家族的人甚至长辈依旧十分苛刻，颇讲究君臣尊卑之"礼"，稍有不周，便龙颜大怒⋯⋯

润麒懒得理会伪满内廷的种种烦事，却喜欢各种运动，虽然他聪明过人，有几样体育项目却始终没学会。譬如，他每年暑假从日本归来都去海边住一段时间，天天下水游泳，却一直没能练成高手，折跟头也是怎么练都不行。其他运动，他一学就会，尤其是滑冰，一般人要练几天才行，他仅仅两个小时就能在冰上滑行，还能随意转圈儿。

冬天，他在日本人修建的长春怡修园泼了一个冰场，这引起了年轻人的兴趣，纷纷前来滑冰。他还把滑冰时摔倒的黑白照片，饶有兴致地拿给溥仪瞧，不久，溥仪亲赴怡修园视察后，也受到了感染："如果大家感兴趣，在内廷也修一个冰场吧。"

于是，同德殿前的空地被垫上了一层土，又用水龙头灌了一天一夜水，隔天便冻上了冰。之后，均匀地泼过净水，又用扫帚打扫后，冰面变得十分光滑。很快，在面积不小的冰场上，润麒、毓嶦还有一群孩子撒开了欢，天天晚上比赛速滑，谁也不服输。毓嶦使的是赛跑的冰刀，润麒用的是花样冰刀，但穿上冰球刀却挪不动步，走起来一拐一拐。冰场配套设施不错，连晚上也是灯光雪亮。

---

① 溥仪的乳母，叫王焦氏，宫内称她为"二嬷儿"。据溥杰的妻子嵯峨浩回忆：伪满洲国垮台之后，二嬷儿王焦氏在溥仪离开长春后，随着溥杰的妻子嵯峨浩、皇后婉容、李玉琴等人在东北辗转流浪，最后在吉林通化被流弹击伤，因流血过多而去世。

那几天,溥仪经常站在冰场边上观阵,饶有兴趣地欣赏润麒这些人滑冰。一天晚上,"圣上"终于按捺不住手痒,试着走下冰场。众多侍卫搀着溥仪,而"皇上"既不敢滑也不敢动,总是一撒手就险些摔倒冰上,又被簇拥的下人扶住。

润麒自然是一群年轻人的主力,虽然手把手地教溥仪滑冰,却成效甚微。至于溥杰,依旧醉心于书法,成天闷坐在西花园的书房里练习写字和绘画,尽情挥毫不止。他认为溥杰的字模仿乾隆体,确实笔锋劲锐。"皇弟"对于滑冰丝毫没有兴趣,连冰场都不敢上,当然更谈不上学会滑冰。他劝过几次,丝毫不见成效,也就不再多说什么。

在内廷,张挺的儿子张梦潮净被润麒欺负得大哭不止。与他截然不同,溥仪或许出于报恩的想法,千方百计哄张梦潮高兴。

平时,润麒无论进什么房间都不脱鞋,惟独走进溥仪铺着地毯的卧室却非脱不可,否则,溥仪便会面显愠色。溥仪的屋里,有一个烟盒大小的外国金色小匣儿,上面描绘着金色图案,一揿动开关,便蹦出一只绿颜色的小翠鸟儿。嘟嘟嘟一阵哨儿响后,忒的一声就缩回去,从外表一点儿也瞧不出内中设有机关。

他见溥仪拿出小匣儿递给张梦潮,就走过去,凑在一起赏玩。没过一会儿,张梦潮又被他逗得抹开了眼泪。见此,溥仪屡屡提醒他:"润麒,你没事儿别净胡糟,千万甭和梦潮乱开玩笑,惹人家哭闹。"

以往,他在内廷随时可以遇见姐姐婉容,而这次回来却很少见她出屋。人们虽然早就风传她抽大烟,或许她有意避讳胞弟,他却一直没亲眼目睹过她的"瘾君子"面目。然而,婉容来到长春以后,变得愈来愈自暴自弃,时常蓬头垢面,变得更加精神恍惚。这确是他再清楚不过的了。

听说弟弟放暑假回国,婉容依然不改那股亲热劲儿,不断问长问短。其实,她早已与溥仪分居,而在自己的房间独住。见婉容十分关心他在日本的日常生活,他对姐姐说了实话:"士官学校的饭,实在不好吃。"

"那你平时吃什么呀?"

他向婉容谈起了在日本的酸甜苦辣。"国舅"和"驸马"的身份,在日本军校换来的只是相对优惠的待遇。与一般学员不同的是,他单独拥有一间卧室,门口写着"将校候补生"。作为士官,他平时还有"当番"①伺候,负责端饭和

---

① 当番,日语,意为勤务兵。

沏茶倒水。

早饭和午饭允许他单独回到自己房间,只是晚上必须在"将校集会所",跟中队长和中队副一起就餐。第二天早晨起来,他又变成了一般士兵,长官吩咐什么就做什么,每天出操后,还要喂马、刷马、揉马腿,与普通士兵并无区别。

听了这些,婉容没多说什么,只是一再叮嘱他注意身体,眼中透出的是关切的脉脉亲情。

内廷并非每餐都有糕点,吃西餐时,总是饭后再吃甜食、冰激凌。除宴会以外,一般只摆放自制的小点心。一次,他在姐姐的屋里诧异地见到了她的日常饭食——原米,竟然是没有经过"捣"的稻米,除一两样简单菜肴,仅有一碗素汤下咽。这种饭食,连润麒也难以下咽,他却只能表示一种同情而已。显然,这是溥仪对婉容的惩罚之一。

有一阵儿,溥仪见到他在婉容的屋里待久了,竟面露不悦之色,立即唤随侍叫来他:"润麒,你回来就上她那儿去,为什么不到我这儿来?"他听得出来,溥仪话里有话。然而,他从内心仍怜悯命运多舛的姐姐。

表面看上去,伪宫内似乎平静如水,实际上时时暗藏玄机。虽然日本人在同德殿为溥仪和婉容修建了居室以及相当高级的浴室、厕所,每块殿瓦上都刻着"一德一心",而婉容一天也没在那儿住过。①

其实,不仅婉容仇视日本人,溥仪内心也对日本人十分不满。但既不能在同德殿说,也不敢在勤民楼议论,因这里的静电过于厉害,每逢有人路过便经常啪啪地响个不停。

润麒借游逛玩耍四处察看是否安装了窃听器。在他看来,这可能是

1932年3月8日,溥仪与婉容离开旅顺赴新京就任时留影

---

① 溥仪在长春伪满皇宫内,将办公楼称为"勤民楼",寝宫称为"缉熙楼",另建一处寝宫称为"同德殿"。此外,还曾建有一座怀远楼。

一种静电反应。而溥仪则一口咬定,是安装窃听器所致。于是,溥仪在缉熙楼①的卧室不敢说一句不满日本人的牢骚话,连在书房里也不敢妄言政治。

润麒更是鄙视日本人,来见溥仪时,如果有要紧的话就跑到浴室、厕所,或相约去浴室外的瓷砖盥洗室里。坐在沙发上,他俩可以尽情地发泄对日本人的愤懑,甚至破口大骂。他俩一起仔细察看过几遍,认为盥洗室四壁是光洁的瓷砖,难以安装窃听器。

透过种种迹象,他看出溥仪产生了前所未有的危机感,乃至没有"皇子"也成了潜在的危机。宫中无人不知,《帝位继承法》用心险恶。溥仪胞弟溥杰与日本女子结婚,倘生子就变成了日本人,以此名份来吞并伪满洲国最直接不过。

不言而喻,溥仪的性命攥在日本人手心里,只不过没人敢直说罢了。但溥仪从未与他谈起"心头病"。想来,两人都是心知肚明,心照不宣。

润麒每逢星期六必陪溥仪一起吃饭似乎成了一个不成文的规矩。在宴会上,他因为胃口不好,喝过酒就难受好几天。所以,他滴酒不沾,烟卷儿倒是一度抽上了瘾。溥仪每餐必吃素,喜欢食荤的他受不了,往往吃过晚饭才去。溥仪似乎有所察觉,屡屡询问:"你们不愿意吃素吧,啊?"他怕得罪溥仪,笑而不答。

二 兄弟之间

从幼年起,润麒就始终心存疑问。哥哥润良比他大十几岁,父亲却一直不太喜欢长子,找个茬儿就狠训一顿。而父亲对他却始终关心备至,从来没打骂过。

他俩的私塾老师姓嵩,每餐必喝烧酒,时常满身酒气,成天灌得醉醺醺。一次,嵩老师让润良陪着吃蒜,润良死活不肯,老师非逼着吃不可。而荣源最腻歪吃蒜,嗅出了润良嘴里的大蒜味,将他狠狠痛打了一顿:"你还吃蒜,嘴里这么臭?"结果润良两头受气。

在润麒的眼里,与自己活泼的性格截然不同,兄长是一个窝囊的老实人。不知什么原由,大伙儿给润良起了一个外号——"面包",润麒往往也跟着别人喊"面包",哥哥听了,生气地质问他:"你怎么对哥哥这么不尊重?"

---

① 缉熙二字源自《诗经·大雅》,"于缉熙敬止",喻光明之意。

润麒不搭茬儿，只是蔫蔫地坏笑。实际，他内心对哥哥不错，虽然润良从不带他外出，每逢朋友来了，他却时常拽上哥哥一起去游玩。

家人对他俩的态度大相径庭，润麒出门总有家人跟随，而润良却没有人搭理，经常与佣人一起打牌取乐。他瞧不上哥哥赢钱之后得意洋洋的模样，认为这是得意忘形。

终于，他朦胧地知道了父亲不喜欢哥哥的原因。原来，当润麒八九岁时，润良曾悄悄溜出荣宅后门，让仆人扛着铺盖卷儿，与京城一家"暗门子"同居。另一名仆人得知这情形，悄悄禀报了荣源。于是润良被唤回家跪在地上，被父亲狠狠毒打了一顿。这反倒促成了润良的早婚——溥仪的大妹韫瑛嫁给了荣家大公子。

润良与韫瑛的婚礼是在京城举行的，由于润麒恰巧在宫里陪伴溥仪，没能够参加。对于新娶的大嫂，润麒早就认识，他觉得她是一名成熟的女子——个子不高，头上梳着凉奔头，瘦长的脸颊显得十分端庄。她虽贵为"皇妹"，性格却很温柔，没有丝毫骄横之气，婚后一直住在帽儿胡同，与一家人相处融洽。

润麒张口就叫她"嫂子"，显得异常亲热。其实，嫂子婚前短不了和他一起玩耍，婚后居于一座宅院里，接触更多了，经常和他在一起弹钢琴、写字、绘画，她还手把手教他学会了弹钢琴，连《朝天子》那支曲牌也是她亲授的。

她从醇王府出嫁，很快适应了荣宅的旧式家庭，在婆婆面前总是规矩地伫立不动。她为人纯朴，时时小心地伺候着婆婆，每当家里来了客人，便主动上前应酬，算得上厚道贤惠。

早在宫里，润麒就与韫瑛时常见面。到了天津，润麒和韫颖及嫂子韫瑛也常和溥仪凑在一起聚会。

谁也没想到，一天，韫瑛在家里突然说了一句"肚子疼"，就竟躺倒床上一病不起。仲馨焦急万分，马上吩咐找来大夫。因正值星期天，无法找来西医，遂请来一名熟悉的御医肖炳炎进屋把脉，末了儿，也没看出韫瑛患了什么病症。

"据我看，没什么病呀。"肖大夫说着，提笔开了几味中药，家人当即去药店抓来。韫瑛服下药，仲馨和润良等人都在里屋静静守候，润麒听说大嫂病重，非要进去看看，哪料，仲馨传出话来："屋里头一律甭让小孩儿进来。"

被拦隔在外边的除润麒以外，还有韫颖与韫龢等溥仪的几个妹妹。客厅外边是一间餐厅，当中有一扇门将卧室隔开。开始，他们都在餐厅里焦虑地打听消息，后来又一起涌进客厅。润麒见韫瑛的卧室外边有一张桌子，连忙蹿了上去,韫颖与韫龡也随之登上桌子,透过门上边的玻璃窗,踮起脚尖往里探望……

透过玻璃窗,他看到御医肖大夫正在给大嫂号脉。过了一会儿,眼看韫瑛半敞着上衣,软软地躺在润良的怀里,渐渐闭上了双眼,再也没有苏醒过来。他无论如何也猜不透,结婚刚几年,挺健康的嫂子为何突然去世?

他望着陆续前来吊唁的众人,万分悲哀。直到去世后许久,大嫂的病因也没查明,外界一时议论纷纷。好端端的一个人突然死去,若是一般家庭准引起诉讼。韫瑛刚咽气不久,溥杰急匆匆赶来,表情极为沉痛。遗憾的是,人们等待了半天,惟有溥仪没到场,也没带来任何口信儿。

没有发生任何风波,韫瑛平静地入柩。当哥哥润良第二次结婚时,润麒恰巧不在天津,也没能参加婚礼。润良迎娶的第二个妻子是上海著名犹太人哈同①的后人。此前,哈同的妻子去帽儿胡同拜访仲馨时,润麒恰好在家。

哈同的妻子当时已四五十岁,是一名外表极普通的中国胖老太太,衣着朴素——身穿白衬衣、黑裙子。最使润麒奇怪的是,她居然留着胡子,据说从不刮掉。他觉得十分可笑,低声非议:"这不是变态吗?"没人回答他。

倒是哈同妻子事涉旧京风俗的话题引起了他母亲的兴趣,两人闲聊起了天。客厅内,靠墙摆放着旧式茶几,两边各有两把硬木太师椅。母亲坐在炕上的一张小桌旁边,哈同的妻子由于不习惯坐在炕上,而斜倚在太师椅上。润麒就坐在母亲不远的地方,安静地倾听着她们的谈话。

过了一会儿,他才明白,哈同的妻子是广东人,平时住在上海,这次亲赴京城荣宅,是专程为润良提亲而来的。她出手阔绰,临走时,硬塞给仲馨一百块钱,说是给保姆的赏钱。家里来的客人虽然短不了留下点儿钱,但从来没人赏那么多,几名保姆分到赏钱,简直喜出望外。看得出来,连仆人也欢迎哈同的女儿下嫁荣宅。

等润麒再次从日本放暑假归来,在天津见到了新嫂子。可能是混血的原因,看上去她个子虽不高,肩膀倒挺宽,在仲馨面前总是躬身敬立,却大多处于缄默之中。当仲馨不在家时,她倒是在女客人面前显得十分健谈,他在旁边听着颇觉意外。她和润良在一起生活了几年,润麒在日本留学期间又突然听说了新嫂子暴病而亡的噩耗。

哪知润良的第三次婚姻娶了一名"道德会"女弟子,举行婚礼时,润麒亦

---

① 哈同是犹太人,著名的上海大亨,去世后葬在中国且竖立了墓碑。

不在国内。当时,日本人利用所谓宗教实施统治,在长春一座规模宏大的庙宇里设立了道德会。润麒感到很可笑,凡参加"道德会"者,规定不能抽烟、喝酒,却可以喝"比尔"①,实在有些自欺欺人。

之前,他见过个子不高的新大嫂,外貌很年轻,说话和作派与荣家的旧式传统显然格格不入。在长春的哥哥家里,他不止一次见过她,看上去修养不错,待人彬彬有礼。后来,她生下一个小孩儿,放在荣源家扶养,而一直很少与润良同居。

婚后,润良的日子过得并无太大起色,终日缺钱花,总向家里讨要,没有一点儿理由又不成。一天,润良光着脚从外头跑回家,坐在地上扯着嗓子大喊:"可了不得了,我被强盗抢劫啦!"

据润良声称,家里值钱的东西被抢光了,生活一筹莫展,连饭辙都成了问题。家里怜悯地掏出一笔钱,打发走了润良。润麒在家里听一个姨儿绘声绘色地讲述起哥哥遭遇的真假难辨的"劫案",简直哭笑不得。②

三 挥拳怒打日本人

命运往往出人意料。

润麒"回炉"深造——进日本骑兵学校学习。见面没说几句话,骑兵学校的头头儿瞧着他的军衔,揶揄地说:"这里都是少尉和中尉,怎么来了你一个上尉呢?"

于是乎,他只得降衔以求,又戴上了中尉的肩章。就这样,他在骑兵学校重温一年旧课,之后奉调回到东北,才从骑兵连连长升任第二军管区少校参谋。

他开始频频出入长春宫内府,偶然见到在宫内府当侍卫官而许久未见的亲戚叔远洪。两人会面时亲热地提起了幼年的趣事。不知怎么聊起陈曾寿(时任伪满内廷近侍处处长)这个太极拳高手的轶闻。年轻气盛的润麒颇感兴趣,屡次想上手与其一试高低。

甫瞧陈曾寿蓄着长长胡子,看上去道貌岸然、满腹学问,却是一个蛮风趣的老头儿,时常到溥仪的屋里说笑话,算是"康德"身边的近人。

---

① 比尔,beer 的音译,意为啤酒。
② 此节关于润良的内容,源于润麒先生的回忆及参考溥仪《我的前半生》未定稿。倘有不确之处,诚望指正。

尽管内廷的人屡屡告诫过润麒,这个老头儿不仅能文——教过皇后婉容读书,而且能武,拳术相当出众,曾在上海领衔开过拳社。他仍不服气,依恃在日本学过剑道,提出决一雌雄。俩人见了面,陈曾寿却语态平和:"我使中国剑,你呢?"

"我学过日本剑道。"

较量不可避免。在宽敞的庭院内,润麒与陈曾寿各拈一根木棍,以棍代剑。自然,两人一交手就现出了差距。润麒尽管拉开架势,却一直处于劣势,每当陈曾寿神速刺到头上时,他才作出搪剑的反应,其实为时已晚。明眼人一看,便知他的剑道功力与陈曾寿根本不是一个等量级,每当他持"剑"袭击老先生时,却总是被早已等候的木棍轻松地挡回来。

显然,润麒练的剑道是花架子,且缺乏实战经验,而陈曾寿虽然年迈,但动作极快,有时竟一"剑"直逼其咽喉。这次交手,没几个回合,他便以败北而告终。继而,宫内府逞能上前比试的人也无一不被陈曾寿打得落花流水。

一向争强好胜的郑广元也随之跳进场内,没几个回合便被击中,弃剑而逃,背地里生气地叨唠说:"陈曾寿打得我真疼哟!"

众人这才知到,一般人无论如何也无法取胜陈曾寿,又闹哄着换了一招——练推手。赵国圻在旁边瞧着手痒痒,扑上来想试试手,没想到,陈曾寿旋转自如,轻移箭步,伸手轻轻一掌,砰的一声,立时将赵国圻操了出去。前来观看比武的众人哄然而散。润麒暗自摇了摇头,悄悄溜走了。

当天,听到润麒关于"比武"的一番描述,溥仪嘿然一笑:"你们不知底细,哪儿是他的对手哟……"

溥仪一向崇尚文武兼备的人才,广为搜罗。当时,溥仪在宫内府专门豢养了一名绍兴人,专事绘画和拍摄电影。听说此人特别能喝酒,润麒便邀请他来家里痛饮,接连喝了几瓶,绍兴人却丝毫没有半点儿醉意。当他说给溥仪听时,"皇上"又是淡然一笑:"早知此人有本事,才招进内廷来的。"

宫内府的另一个怪老头儿,是教书先生汪南翔。汪先生先后教过韫馨、韫娴以及溥仪的几个侄子物理、化学课,称得上是中国式的"老古董"。值得一提的是,汪先生的眉毛和胡子颇长,外文和现代科学水准亦超于常人。

据说,汪南翔住在长春一间旅馆里,墙上贴了不少从报纸和杂志上剪裁下来的女明星艳照,没事儿就给上面的人物着色。学生议论纷纷,像这个老头儿,胡子那么长,年岁一大把,难得还有这种春心。溥仪听说后极感好奇,见了面,逗趣地发问:"你现在除吃饭以外,还吃什么哪?"

"除了正常的一日三餐以外,还吃点儿含水碳素的食物,"汪南翔有板有眼地回答说,"比方香蕉什么的……"教授化学的汪南翔,张嘴闭嘴无一不是化学分解式。溥仪听了,频频点头,觉得似乎有些道理。润麒在一旁,却觉得十分可笑。

汪南翔身穿长袍,梳着蓬松的分头,完全不像一个精通现代科学的人,却颇受溥仪欣赏,花钱为他买了不少 X 光仪器。汪南翔时常说,真空里有一个连体板是阴体板,由外边带给它一种光线再射出来就是 X 光线。这类听起来似是而非的"科学知识",充其量只是引起了人们的好奇而已。

一个笑话发生在润麒的妻子韫颖身上。她和二妹韫龢自幼没学过"自然科学",其他几个妹妹倒略知一二。一天,汪南翔教韫颖和韫娴姐俩念书,刚一打雷,眼看要下雨,韫颖急忙借故溜了出去,再也没回来。两天过后,雨停了,她才坐回教室念书,四妹问她:"你干什么去啦?"

"打雷的时候,我在一道闪电中,猛一看汪南翔不像人,像个妖怪。"她悄声地对四妹嘀咕说,"我怕雷劈了他,自己受到鱼池之殃。"

"咳,你真够呛,怎么一人逃跑,把我撂下啦?"

憨厚的韫娴对她多少表示了不满。多年后,他听妻子说起这档旧事,仍笑话她好玩儿之极。

在伪满那一时期,润麒始终精神抑郁,凡是见到日本关东军欺负中国人,犟劲儿一上来就按捺不住。一次,他从南岭骑兵连归队时,乘坐上一辆汽车。忽然,路上迎面驾辕的马匹受惊,挡住了道路,日本司机跳下车狠揍了赶车的马夫一顿。身穿军服的润麒气得脸色煞白。

汽车刚一开动,他假装摔了一下,厉声训斥司机:"有你这么开车的吗?撞疼我的脑袋啦。"汽车刚停下,他扑上前去,挥拳就打,借故狠狠惩罚了司机一顿。

事后,他对溥仪气愤地谈起此事:"依我看,对日本人不能太客气!"

溥仪虽然缄默无语,从表情来看却并不反对他的这种说法,溥杰知道后也持同样的态度,其他后辈听说后也都表示赞成,认为他为中国人出了一口闷气。

另一次发生在他刚当上禁卫队骑兵连连长在去吉林开会的途中。多数禁卫部队乘坐汽车,步兵正在列队行军。他见到满载日本军官的汽车撞倒了一名中国兵,前轱辘从裹着绑带的腿上轧过去,而没人管,就怒不可遏地跃身跳到车上:"你为什么轧完人就跑?"

他说完,向开车的日本司机抡起了拳头。司机见势不妙,慌忙躲进舵轮底下,车上的一群日本军官,没一个敢吱声。下车以后,他对日本宪兵命令似的说:"把他带走。我眼瞅着就是他轧的人,这事归你们处理啦!"

如果说,这次事件使日本人产生了对润麒的疑问,而发生的另一件事,则使日本人对他产生了更大怀疑。

在长春火车站检票口,他见一名日本人下了三轮车就往里走,而三轮车夫焦急地站在门口大声叫喊:"你怎么不给车钱哪?"

日本人根本不理睬,头也不回地转身就跑。润麒目睹这一场面,气愤之极,立刻紧跑几步,将日本人拽到面前,随即从兜儿里掏出钱,昂然走到三轮车夫面前:"给你吧,拿着。"

三轮车夫接过钱,千恩万谢地走了。他满眼冒火地盯住日本人,而日本人见状被气得满脸涨红。没想到,这一情景被新闻记者抓拍后第二天竟在日文报纸上报道,还引人注目地登载了润麒的一张照片,题目是"邦人赤面图"——说是日本人坐车不给钱,他替他付钱,大有羞辱日本人之意,他丝毫没理会。

没想到,他训练过两个月中国军队口令之后,一名日本教官竟然找来他正式谈话:"你要在考核表写上'需要再教育'。"

"为什么?"

润麒不解,细细琢磨起来,这却很可能是他在日本人眼里失去信任的明证。

因为当时中国人受日本人欺压已成了顺理成章之事,哪怕有一丁点儿替中国人打抱不平之事,也传播得沸沸扬扬,连许多日本同学都知道他这个满洲国军官竟敢狠狠揍了日本人一顿①。早在士官学校时,润麒就埋下了反对日本人的"种子",因他心存压抑,看到日本人耍蛮横,总想找茬儿趁机揍他们一顿。伪满洲国中央训练处一名处长与他私下交谈时,产生了共鸣,愤然地说:"一定要找理由开除一些日本人。"

然而毕竟这只是一种愿望,根本无法做到。偶尔,润麒对见面不敬礼的日本下级军官寻机就打骂一顿。当他听说日本宪兵队的特务私自枪毙了一名中

---

① 暮年,润麒提起往事,自认为是小勇,不是大勇。他说:大勇,你可以公开抗日,参加革命。我当时只是心里想保溥仪,在小的地方发泄而已。

国士兵时，便莽撞地闯进宪兵队，说："这件事情必须处理。你要不处理他的话，将来部队就没法儿呆了。"

这些人当然清楚润麒与溥仪的关系，听见他的话，几名日本人显得神经紧张。他态度强硬地说："要把责任人真正送交军法会审判。"

"那叫'失手'。"一名西服革履的中国狗腿子，说着把衣裳撸了起来，"瞧，我这腰里还青了一块，是被他拒捕打的……"

润麒没等他说完，啪的一脚，踹得那个狗腿子的脑袋立时撞到了墙上。他厉声告诉日本宪兵："你们尽快回去审讯，这可是人命关天啊。"

润麒走后，仍一再询问处理结果。

据说，这件事三传两传地拐到长春，竟然说成是润麒抓住日本宪兵队的特务，在十字路口亲手砍了头。虽说这纯属无稽传言，却使他成了传奇人物，也使日本人日渐加深对他的怀疑。

韫颖内心虽支持丈夫，却一直替他担心。当时，溥杰也多次好意地劝过他："润麒，你太鲁莽了。"

不知日本人是否在试探润麒。他在吉林当参谋时，一名日本大胡子宪兵找到了他。大胡子宪兵足有五十多岁，因为不是士官学校毕业，从士兵升到中尉官运就算基本结束了，所以总是满肚子牢骚。大胡子有一个毛病，划洋火从不肯在中间划燃，总爱在边上蹭，一边抽着烟，一边对他说："有人提供的情报不真实，起到了扰乱作用。"

大胡子绘声绘色地描述说，日本警察逮住一个中国人，交待出某日某时要在一个地方安装炸弹来炸毁火车。结果严刑拷打之下，前后几次交待的日期和地点都对不上茬儿，几年里被折腾得死去活来。东京派人来调查，发现很多情节都是编造的。日本警察署长曾经上报过一份不实报告，但又不愿意撤销，便继续编造口供，最后露了马脚，只得被迫自杀身亡。面对不明底细的询问，狡黠的润麒从来默不作声，大胡子莫名其妙的试探，只能无果而终。

更可笑的是，竟有人散布流言蜚语，将润麒的妻子描绘成异常凶悍的女人。传言她有一次想坐马车，人家不拉她而拉上了日本人，她便大闹派出所，在里边一顿胡乱摔打，把警察砍了来出气解恨。

不晓内情的溥杰和万嘉熙听了，大吃一惊，一再替润麒夫妇哀叹不已："他俩这下可完啦。"

"哈哈，"润麒听说之后，轻松地对他俩解释说，"我的妻子大闹派出所，那完全是无中生有的笑话。"

迈进家门,他又对妻子转述了这些传闻。韫颖听后,咯咯笑个不停:"说我大闹派出所倒是挺解气,可我不是那种性格的人呀,这都是毫无根据瞎传的嘛。"

"还有人传说,你亲手拿刀砍了日本人的头呢。"妻子反过来直言相告。

不言而喻,由于种种原因,润麒成了日本人的眼中钉,却对他又无可奈何,因为要除掉他毕竟要顾及他与溥仪非同一般的关系。其实,他虽然已知自身是日本人的怀疑对象,却并不清楚自己竟然成了日本关东军密切监视的重要"人物"。

他在伪满洲国第二军管区当少校参谋时,一群日本宪兵突然闯进他家,通知他立即找来一名伪满洲国军官:"我们想找张青山谈谈话,请您把他约来。"

"没关系,他是参谋处的,我们是同事。"他满口应承,一个电话唤来了张青山。

没想到,日本宪兵当即变脸,连推带搡地抓走了张青山:"他反满抗日,私通八路军。"

"你们要逮人也不能从我的家里带走,那样别人会怎么看我?"润麒气愤至极。

"你要清楚,我们不是带走人,只是想找他个别谈话。"日本宪兵恶语相对。

几天之后,张青山被释放回家,愤怒地说:"刚到那儿,日本人冲着我哗啦哗啦地拉枪栓吓唬。这不,没什么结果又被放回来了嘛。"

他内心何尝不清楚,日本人对他不放心,溥仪也并不一定十分满意他,只是妻子韫颖与溥仪关系不错,溥仪才不得不暗中施以保护——亦是保护他的家庭。

这是无法与他人挑明的,他只是暗暗埋在了心底。

第拾伍章

危险的航程

＊懵里懵懂，润麒当上了驻日大使馆武官助理。病弱的伪满洲国派去一名病态的武官，他总得时时预备一个大毯子，每逢宪原犯了神经病，就拿毯子连头带脚一裹，将武官麻利地送进疯人医院。

＊他亲眼见到川岛芳子往肚子上扎针，是否注射吗啡？他没敢问。宿在同一座宾馆，她却始终没来作客。这是他最后一次见到川岛芳子，从此她便杳无音信。

＊胆颤心惊的润麒，迈下飞机猛然回头一看，机尾在空中早已被飓风削成木架，裸露出帆布和油漆的外壳。相比之下，美国飞机无不是金属外壳。仅从这一点优劣而言，美日之间的战争胜败，似乎已成无可置疑的定局。

图片说明：伪满溥仪旧宫

一 "半疯儿"武官

似乎与战局接连失利并非毫无关系,一九四二年初春,润麒奉调伪满驻日本大使馆,懵里懵懂,他当上了驻日武官助理。

满洲国驻日大使馆原来是日本知名人士伊藤博文的别墅,坐落在东京日本路①,装饰得非常漂亮。宽阔的院落建有草坪、车库,楼内大厅异常考究,比中华民国驻日本大使馆还华丽。由于业务繁忙,使馆又在附近租了一幢小洋楼,润麒的办公室就设在其间。

说穿了,他的任职仍是溥仪的作用。在伪满驻日大使馆,溥仪起初不让他直接写信寄给自己,以免引起误会,由于韫颖从中斡旋,溥仪后来只得不再挡驾。日本人虽然将他称作"辅佐官",但在他看来,什么称呼都不重要,自己实际上只是一个提皮包的"听差"。

大使馆派给润麒的任务主要是侍奉武官。时任武官的宪原,信奉佛教早已走火入魔,整天沐浴焚香,吃斋念佛。肃亲王子女众多,宪东是第二十一子,而宪原是润麒的同学,宪东的同辈胞哥,究竟是肃亲王的第几子,他始终没弄明白。病弱的伪满洲国派去一名病态的武官宪原——一向患有神经病,说起来谁也不信,但这确是事实。

可笑的是,润麒总得时时预备一个大毛毯,每逢宪原犯了神经病,他就拿毯子连头带脚一裹,将这位武官麻利地送进疯人医院。

不可理喻的是,宪原的日语极差,是宪家说得最糟糕者,英文更是不会半句。作为驻日武官,宪原的发言往往使用中文,且全部要由润麒来撰写。由于润麒日文不错,有时连发言稿也索性由他代读,宪原反倒成了徒有虚名的陪衬。

凡是步出使馆大门,润麒作为辅佐官——武官助理,总是颠颠儿地拎着皮包跟在宪原屁股后头,这是一个死规矩。临走进会场时,他才能紧跑几步,赶

---

① 当时伪满驻日大使馆的具体地址是东京麻布樱田町。

在前边向对方通报姓名,然后再尾随武官进门。

没犯病时,宪原是一名"半疯儿"。出席一般外事活动,润麒须事先为宪原递上名片,只能走在前边,宪原见了,异常不满地斥责他:"你怎么在我前头走啊?不行。"

"是。"于是,润麒便改在后边走。

临进门时,宪原又不高兴地皱起眉头:"你走在后头怎么行?你得提前去通报呀。"

"你走你的吧。"润麒见左右不是,索性不管。

见他生了气,宪原倒闭上了嘴,不再吭声。

每逢宪原犯病,无不闹得昏天黑地。润麒总是提心吊胆,忐忑不安。宪原与妻子天天"腻"在一起,听说她经常给丈夫吃调节神经的药品,一旦离开妻子,宪原便时常犯病。

陪伴"半疯儿"武官,润麒既操心又清苦,每月薪水才二十五块钱,连一双好鞋都舍不得买。有时在鞋摊上,他看一双鞋才两块钱,觉得挺便宜,就好奇地买回家,可没穿几天就磨破了一个窟窿,细看后才知鞋底竟是纸做的。

偏偏那一时期日本雨水多,他穿着破鞋,千方百计躲着水坑走,这成了他时常提起的笑话。虽然溥仪每月寄来三百元,再加上一百多块钱贴补,对一般人来说,收入已经不低,但每到月底都给花个底儿掉。

在武官助理的任上,他又意外地见到了川岛芳子。他从吉林回到日本,暂寄宿东京山阳旅馆,听说她住在楼上,却没去主动搭理。宪原作为川岛芳子的胞兄,特意邀她下楼一起吃晚餐,她却耍牌不买账。宪原摇摇头,无奈地对润麒说:"你看,还真挺费劲儿。"川岛芳子根本不搭兄长的茬儿,这顿聚餐只得作罢。

谁知,润麒与川岛芳子在电梯里不期而遇。她身穿红色旗袍,戴着墨镜,随口问起:"你住在几号房间哪?"

"对不起,我也没去看望你。"于是,他告诉了自己的房间号码。

"我没打搅你吧,请原谅。"她客气地说,"现在我还有点儿事要办,以后找机会再见面吧。"

偶然一天,他走进川岛芳子的居室,里边乱七八糟,地毯烧了一个大窟窿,窗帘也脱落了。一名朝鲜族小女孩儿,形影不离地跟随着她充当秘书。他见川岛芳子仰面躺在床上,正往肚子上扎针,是否注射吗啡?他没敢问。这一期间,虽然同住一幢楼上,川岛芳子始终没到他家里来作客。这是他最后一次见到川岛芳子,从此便杳无音信。

润麒以辅佐官的名义广泛接触各界,结交了不少朋友。澳大利亚驻日大使馆的头头儿,时常到他家里来,还邀他去使馆就餐。罗马尼亚驻日使馆的武官也屡邀润麒夫妇和溥杰在大使馆聚会。尽管苏联对伪满洲国持不承认态度,但苏联大使馆也曾不止一次派汽车来接他赴宴。芬兰大使馆的雷易斯武官,与他最说得来,频频往来不断。

有意思的是,一次意大利武官邀请润麒吃饭时,顺手拿出一本图册,说是从中国内蒙古购买的。他拿过来一瞧,是各式各样的马上性交姿势图。

"这不是春宫画嘛。"

"实际上,这是不可能的。"意大利武官对他撇着嘴,"蒙古人虽然长年骑在马上,但在马上性交,简直不可思议。"

"噢?……"润麒觉得挺可乐,没有正面回答。像这类似是而非的趣事,他在武官助理任上,的确遇到过不少,总是一笑了之,避免浪费口舌。

按照当地规矩,每逢过年或过节,各国武官必须去日本皇宫给天皇拜年或庆贺,润麒当然也不例外。他与妻子韫颖第一次去时,各国大使及武官早已聚集在一间狭长的接待室里静候。进了皇宫,他才发现,皇宫并没有想象的那么富丽堂皇,沿墙周围只有一圈沙发和软凳,椅子上镶的旧式花边,有的已剥落下来。

他绝没想到,给天皇拜年的仪式简单得出乎意料。对这些外国大使,皇宫没有任何欢迎仪式,更没有美酒和鲜花。日本天皇在大厅中央端坐,各国代表从一边鱼贯而入行个礼,再从另一侧静静退下,就算拜年完毕。

当众人在前厅相互交头接耳之际,润麒觉得这里不是理想的社交场合,就独自一人走进大厅给天皇拜年,而引起了格外注视。迈进大门,他首先鞠了一个躬,走近前又深深鞠一个躬,然后慢慢退至门口走了出去。这时,恰巧苏联大使迎面走来,他微笑着点了点头。苏联虽然是社会主义国家,外交官依然按照日本的规矩恭敬地前来拜见天皇,这也使他大开眼界。

日本有一个奇怪的习惯,给天皇拜年时,所有人的妻子都不能陪伴丈夫进入。于是,按照皇室的安排,他的妻子韫颖只能随大使和武官夫人拜见天皇。这些细节,只不过成了闲暇时的谈资。

仅仅一年多,伪满驻日大使丁世原、徐良先后走马换将。武官也走马灯似的,宪原接任曹柄森不久,由于病得愈来愈重,只得无奈地调走了。前来接替的是刘梦禅,精神倒正常,说话却多少有点儿大舌头,一遇紧张情况就戛然语讷。润麒为他充当翻译,经常得编造一些临时应对的话,才能得以圆场。

可乐的是,刘梦禅有一个毛病,每到一个地方便不停脚地走动。一次,一群人出外游玩,润麒跃身上马,德国海军军官不善骑驭,只伫立一旁观看。而刘梦禅非骑不可,不料刚跨上马就从马背上摔了下来。

他见刘梦禅骑的马总耍倔脾气,干脆牵来自己的马让刘武官骑上去。正巧三笠宫站在旁边,见到这种情景,赞叹地说:"润麒真不错,他的马被骑老实了,才换给刘梦禅当坐骑。"

由此,刘梦禅开始佩服起润麒。他对刘梦禅坦诚地说,自己刚学骑马前两个月时,双腿总是难以拖上床,开始没有脚蹬,腿疼得简直没办法,只能牵着马走,慢慢就锻炼了出来。显然,他在努力从各方面应付且讨好着新任武官。

骑马只是玩玩儿而已,真正的代步工具是汽车。使馆内,武官和辅佐官各自驾驶一辆,润麒自然亲自驾车,汽油倒是配给的。起初,他驾驶一辆菲亚特,不久又花一千块钱买了隔壁邻居的一辆"雪铁龙"。

哪知,他竟难以启动引擎,当费劲地开动那辆车之后,大伙儿却冲着他嘲讽开了:"这不是博物馆的车吗?"

这辆破车纯属拼凑,引擎一停马上失灵,驾驶起来极危险。车轱辘补得不能再补,但他仅仅换了一个内胎,就驾驶着旧车巡游各地。

说来可笑,原来的车主叫伊藤,也是一名武官,比起宪原的"神经"病状,毫不逊色。一名日本司机为其开车,刚走到电线下,雷电倏然落在电线上,啪地闪起一道火光。伊藤照着司机的脖子就是狠狠一巴掌:"你是怎么回事,哪儿有雷你往哪儿去呀?"

"嗨依,嗨依!"日本司机听着这番不讲道理的糊涂话,只好违心地连声道歉,吓得再也不敢言语。

成天与这样一群人混在一起,润麒觉得又好笑又腻烦。

他天天回家,由保姆做午饭,若晚了就向饭店叫饭,一个电话打过去便送来,价格还不贵,方便得很。

他居住着上下两层楼,楼上是保姆的卧室。有一段时间,韫颖没来,他一人孤居。等到韫颖怀孕,他重新布置好房子才把她和保姆林妈从中国接来。这时,他又雇了一名十九岁的保姆。后来他才得知,她是为了逃避征兵才来临时充数的,连做饭都不会,无奈,他只好将就。

一家人总算在日本过起了团聚生活。

二　初进台湾

在成天琐碎的事务之外,没想到,他居然等来了一件喜忧参半的差事。

日军在东南亚战区屡屡受挫,为营造虚假的气氛,由日本政府组织几名使馆人员赴东南亚地区慰问——不过是去当地转一圈儿就走,只为显示各国的所谓"共荣",以激励日本部队日渐低落的士气。首选"慰问"的地区是台湾、菲律宾、泰国,其次是马来西亚、印度尼西亚、越南、新加坡,原打算再去缅甸、印度,却由于时局陡变没能去成。

当时,日本的精锐战机在空战中损失惨重,润麒一行人只能乘坐一架破旧的小飞机前往台湾,途中竟一惊一乍,终日提心吊胆。

刚刚开始危险的航程,他就目睹了以生命为代价的空中"杂技"。出境不久,频发险情。小飞机的外形颇似轰炸机,里边总共没几个座位。台湾机场恰建在大海之畔的悬崖下,由于机翼受到损坏,飞机难以迅速着陆,竟然不止一次歪向大海。眼瞅着汽油愈来愈少,猛冲了多次仍然没能降落。

润麒坐在飞机上焦急万分,两眼发直地盯着驾驶员,只见机头反复调整方向,就是不敢贸然靠近机场,惟恐撞崖。这样试降十几次之后,只得驾机先冲着山顶飞,眼瞅即将撞上山崖,陡然往右一偏,勉强驶近跑道才算成功着陆。这时,他早已被吓出了一身冷汗。

胆颤心惊的润麒迈下飞机之后,猛然回头一看,机尾在空中早已被飓风削成木架子,裸露出了帆布和油漆的外壳。相比之下,美国飞机无不是金属外壳。仅从这一点优劣而言,美日之间的战争胜败,似乎已成无可置疑的定局。

孤岛台湾给他留下的最初印象是,沿街房屋建有长长的房檐儿,人行便道大半被罩在了里边。街上年轻女人穿的旗袍开气颇大,步履轻盈地脚踩木屐,噔、噔、噔,声音响亮,也许是木质不同,异于日本的木屐。从机场到台北的路边有一种特殊的树,上边的薄片儿树叶像漂亮的孔雀尾巴似的。

惊魂未定,在台湾落地之后,哪处风景他们都没去逛,便从机场径奔旅馆,小憩时间不长,又换乘一架飞机驶离宝岛。只有风中飒飒作响的薄叶树,街上女人冻得通红的大腿,小贩鲜活的叫卖声……不时回闪在他的脑海。

侵略战火燃起东南亚人民对日本的普遍仇视。在他眼里,菲律宾人对中国人与对日本人的态度截然不同——对日本人恨之入骨,对中国人则表示友好。这是他来之前绝然没想到的。在菲律宾大街上采购,他一个劲儿强调自己是中国人。这一招果然有效,在小摊上讨价还价时,当地人得知他是中国人,马上从摊后拿出草帽卖给他——这是由当地一种特殊草根编织而成的,无论怎么挤压都不变形。

随队的日本人见到他戴在头上的草帽,奇怪地问他:"我怎么买不着呢?"

"不知道,反正我就是在街边的小摊上买的。"润麒告诉了同行的日本人,但当地人看出是日本人,偏硬说没有草帽。这使他领悟到当地仇日情绪之深。

他下榻的旅馆叫"伊德斯忒德斯",有一名中国商人叫王金汝,在里边开了一家首饰店,托他给一名中国女人捎去一颗小钻石。她见到他,怨恨地说,当地日本人竟然不准女人开车,若见到便立时拽下来,还要没收汽车。谈起这个话题,她滔滔不绝,显得极端仇视日本人。

同行之中有一名日本陆军省官员,长得凶神恶煞。他见那家伙在飞机上抽烟时,竟然抬手就往地毯上扔弃烟头:"烟头扔在地上没关系,用脚踩吧。"润麒听了,一时愕然。

随行的还有一名日本大尉军衔的内务省官员,戴着一副高度近视眼镜,露着白眼珠,像恶鬼似的盯着所有人。此外,泰国的嘎姆少将以及一名辅佐官寸步不落地陪伴左右,对这几个人,他没有一丝好感。

转道香港时,乘坐的飞机上仅剩下他和驾驶员、领航员、机械师四个人。飞行途中,他猛然发现机舱后边漏油,急火火地冲着机械师大喊:"嗨,你快瞅瞅,后边往外漏油呢。"

"大事不好,"机械师回头一看,急忙大呼小叫,"油漏得太多啦,赶紧返程。"

润麒的神经紧张到了极点,眼瞧着飞机往回飞,油愈来愈少。机尾的粗烟渐渐变成了一缕细烟,就在引擎即将熄灭之前,飞机终于平安到达,他仰面躺在座椅上,长舒一口气。

还有更邪的。刚到新加坡,他眼睁睁见到前边的飞机一个跟头折进海里。哪知,身旁的驾驶员却轻描淡写地说:"天太热,免不了啊。"他听了之后,顿时吓出一身冷汗,觉得简直危在旦夕。

在马来西亚,他偶遇一名汉学老师,一瞧便是暮气沉沉的老学究,却居然当上了国家高层行政官员。这位老夫子主张以孟子的理论来治理国家,成天孟子不离口,治国安天下云云。而当地的现实社会却是一派畸形景象。

在马尼拉,他信步走进舞场,桌边坐着一名乳房硕大的混血女子,主动迎上来攀谈。这名混血女子英文很差,只能简单对付几句,却极为热情。

刚搭讪几句话,她就媚笑着问他:"需要不需要我陪陪你呀?"

"不需要,不需要。"润麒慌忙使劲摆手,又细细打量了她一下,发现她长得不算难看,一副白人的骨骼,却是浅黑皮肤。令人惊诧的是,在马尼拉码头出生的人,不是缺胳膊少腿就是阴阳人。他走出来一打听,才知热情的混血女子竟是阴阳人,设想与她进而独处的情形,不禁打了个冷战:"多可怕呀!"

三　越泰之行

飞机徐徐降落越南,极目之处又是另一番萧条景象。

西贡异常燥热,在屋外晒得发晕,走进屋又极闷热,非开风扇不可。在河内,幸好每人单独一间房,令人眩晕的巨大风扇吊在房顶,声响震耳欲聋。乍开始,风扇转动起来谁也难以忍受,过了几天才渐渐适应。

起初他不明白为何每个床上都有一个圆圆的大竹筒,尔后才知,这竹筒具有降温的特殊作用,睡觉时抱着它凉快,大腿侧跨着还可以通风解暑。

润麒带来的衣裳穿上太热,于是买了白呢子短裤,戴上凉爽的头盔,还在户外拍了不少照片,远远望去,似有荷兰遗风。尽管他是驻日辅佐官,越南人对他仍然特别友好,有的人甚至还为他解脱:"你是不得已才来的嘛。"

偌大的西贡饭店仅有一名复姓蒲寅的女服务员,不仅懂日文、英文和法文,还能书写汉字。润麒指着她胳膊上系的一根黑绳,好奇地问:"你这是什么意思啊?"

"这是西贡的风俗,黑线系在胳膊上,是没有男朋友的标志。"

"你看我怎么样,能不能做你的男朋友啊?"润麒跟她开起了玩笑。

她听了,兴奋地将黑线一把扯断,两眼火辣辣地盯着他,吓得他再也不敢开腔。

飞机降落在印度尼西亚,他放眼望去,街道两边基本都是白色房子,显得非常整洁。而华人与荷兰人的住宅明显不同,华人门前一般都悬挂着大红宫灯,荷兰人门前则没有。印尼虽曾发生过几次"排华"事件,华侨经济依然极为发达。显然,不仅荷兰人,连当地人也无法排挤人口众多的华人,甚至连女性华人在当地亦显得格外阔气,大部分身穿旗袍,一个个神气地在街上驾驶着卧车。

相比之下,爪哇的东西便宜得简直令人不敢相信。刚到那儿,老百姓对他介绍说,吃一碗白米饭,再加上炖牛肉,才两分钱。他不信,吃过才知果然不假,进而得知,当地十几块钱就能买到一头牛。这里绿化不错,从"甲咔鲁达"到"曼敦"——万隆,足足几百里,道路两边都是绿草荫荫。

他乘车刚落地,一位满族资本家就热情地给他送来四桶咖啡:"润麒先生,日本人来了以后,我的财产全部被没收了,只能给你拿来这些啦。"

"怎么回事呢?"

"咳,日本人就是掠夺成性,现在叫我看仓库呢。"

润麒听得出来,满族资本家的意思是,如今我没法儿更好地招待你,只能送上点儿咖啡聊表敬意。他拿起一看,铁罐头上果然长了锈。据了解,印度尼西亚人的汽车被日本人全部没收后,又遭无理封存。

临别,雅加达一名行政官——提弧,晚上邀请他们吃饭喝酒,还召来许多日本妓女。宴席上,提弧几杯酒落肚,就在妓女的左拥右抱中,满脸涨红地打开了话匣子:"我在军队时,骑术和剑术都非常棒,一群日本学生都打不过我。"

"是真的吗?"人们纷纷与提弧逗趣。

"当然,我退伍之后才当了行政官嘛。"提弧自述生平的唠叨,淹没在一片嘈杂的劝酒声中……

到了泰国,在曼谷逛来逛去,他才奇怪地发现,见到的百分之七十以上都是华人,却很少泰国本地人。

泰国天气虽热,但迈进旅馆的房间,他感觉凉爽多了。令人讨厌的是耗子四处乱窜,必须用铁板在旅馆外边拦住,否则就成了昼夜捣乱的祸害。旅馆里的服务员都是中国女子,他吩咐她们去买一些芒果,没过一会儿,便端来一大盘。当晚,他没顾得上吃就睡着了,早晨起来一看,大部分被耗子咬过,他将芒果洗了洗,咯哧咯哧地吃进肚里。

一行人到了曼谷的"班库固",想品尝泰国饭,结果找了半天,街道两边全是"中国餐",居然找不着一家泰国菜馆。午间,倒是一名华侨邀请他们去吃烤鸭解了馋,他感觉大葱虽硬,鸭子却烤得有滋有味。

在湄公河畔,他才吃到了一顿当地华侨款待的香喷喷的泰国饭。去学校视察时,他品尝了泰国人做的咖喱饭——煸熟牛肉,用杵子将土豆砸成泥,放在肉里炖,最后搁点儿泰国黑酱和咖喱调味。不一样的是,日本的咖喱稠,这儿的咖喱是稀汤,浇在饭里吃得忒香。

一趟街逛下来,他发现全市只有一条街是柏油路,其余都是坎坷不平的土道。最显眼的是,大街当中竖着一尊铜佛像,旁边却贴了一幅可笑的"喇嘛启示"。街边销售汽车的店铺仅是一间破门脸房,桌边坐着几个光脊梁的男人,穿着硬挺的黑油布裤子,慢慢地品啜香茗。转悠了半天,他也没见到一个人来购买汽车,满街都是空手游来逛去的闲人。

无意之中,他还视察了日本关押犯人的监狱。这里过去是英国殖民地盖的一幢大楼,监狱里哪国人都有,男女混杂,既有老太太也有小姑娘,里边的恭桶臭气熏天。他刚走进去,犯人就向他深深鞠了一个九十度躬。正往前走,忽然从监牢跳出来一名泰国女人,迎面跪在地上,大声地哭诉冤屈。他一时不知如何是好,愣愣地听了一会儿,赶紧抽空儿溜掉了。

走到街上,他抬眼一望,感到极其纳闷,怎么满街都是托钵的僧人——光脑袋、披黄袍,还打着黑伞。这里虽离赤道稍近,太阳光却不算强烈。三轮车和马车上都没有凉篷儿,连汽车上的遮阳篷都敞开着,太阳底下跟荫凉地温度差不多,晒在身上也不难受。

在湄公河畔散步时,他忽然看见一人裸身跳进河里,走近才发现是一名女子在河里洗澡。华侨的房屋大多建在湄公河上,一些高脚房一半在河里,一半建在陆上,洗澡倒方便,无论男女,出门就能跃进水中。

临离开泰国,他更意识到当地经济发展无不依恃华侨。起初这里没有工厂,什么都依赖国外进口。泰国人一般甚至连饭都不做,只是天天坐等华侨的卖饭驳船送来米饭和菜肴。他开玩笑地说:"如果华侨的驳船不来,岂不都饿死啦?"

最初,润麒以为马来西亚是热带气候,结果乘车爬到一座"厅高干"山上,气温骤然变冷,连房檐都挂上了冰柱。在山上,他只好穿上毛衣,相形之下,有一种肤色比黑人还黑的少数民族男人却一年到头光着脊梁。那些人大多是白头发、扁脸,男人和女人无一不是浑身用布缠裹,捱度四季。

迈入槟榔屿,满街到处可见歪戴帽子的日本兵。当地有一个中国式的"新世界",还设有游艺场,和北京东安市场差不多,沿街边摆了两溜小摊儿,傍晚十分热闹。当地有一种偏见——中国人受歧视,而外国人似乎高人一等。

随同润麒一起去的有一名日本陆大的国民党校友,叫郑晃新。晚上,他俩在槟榔屿散步,一名中国女子迎面走过来,用英语自我介绍是英国人,润麒上下打量一番,讥讽地说:"你明明是中国人嘛,怎么偏说是英国人呢,装外国人干什么?"

"我就是英国人。"

"你是中国人,就说中国话嘛。"他一再挖苦她。其实,她连简单的英语也说不好,只是想以此来唬中国人。

昏暗的街灯之下,他俩看见前边一名漂亮的年轻女子穿着薄若蝉翼的衣裳,郑晃新走过去搭话,年轻女子立即变得异常亲热,像见到多年未遇的密友。她由郑晃新陪着转来转去买了不少东西,转身之际却忽然不见了影儿,郑晃新白花不少钱,只得干瞪着两眼发呆。

他俩毫无情绪地在街上乱逛。街灯下的小摊贩卖着各式各样香烟,润麒想买英国"黑猫"香烟——红烟盒上画着一只两眼炯炯的大黑猫,对老板说:"把烟递给我瞧瞧。"他用手一掂,分量挺沉,再打开一看是鸦片,立刻搁在摊上,抽身便走。见到他在槟榔屿购买香烟的情景,一名马来西亚人走来对他动情地说:"这里不少人抽大烟,实在是一种耻辱啊。"然而,吸毒却是屡禁不绝。

这次旅行,他感到最有趣的数神气活现的马来西亚国王——据说是被逼无奈才"登基"的。润麒一行人与国王见了面,走过去想与其照相留念。哪知,国王竟啪地往旁边挪开了座椅,居然拒绝合影。润麒一行人离开举止古怪的国王,从山下一直步行至山顶,见到道路两旁有不少国王的别墅。他进去看了看,外表虽不错,里边的房间却不大,平时并无人居住。

返回日本不久,驻日武官助理的生涯悄然结束,他进入陆军大学重新捧起了课本。

倘若仅凭学习成绩,润麒和竹田宫在陆大都应当获奖。溥杰早在士官学校就曾获得一把日本"御刀"作为奖励;在骑兵学校时,大家都认为润麒亦应同样得到赏赐。在陆大时,学员都承认,他若是日本人一定能得到御赐军刀,但外国人一律被排除在外。结果,奖项惟独颁发给了竹田宫。众多中国留学生为之愤愤不平。尴尬的东洋留学,使他岂止深感无奈……

第拾陸章

日满之间

*"我那儿晚上洗澡不方便，能让我在这儿洗吗？"李香兰凑近身，对润麒赤裸裸地表示好感。

*事出意料。他在长春又与李香兰邂逅，见到对方，彼此竟有了朦胧之感。往日的脉脉温情，似乎已不复存在。

*他沉着地驾驶着飞机，歪着翅膀左旋右转地钻出云层，又如释重负地迈下舷梯。在六七个人之中，溥杰竟呕吐得灌满了一皮靴。

图片说明：润麒晚年潇洒依旧

一 《何日君再来》首唱者——李香兰

一个漂亮女子的倩影，骤然闯入润麒的心扉。偶然，他在日本中央陆大结识了尚未成名的李香兰①。她那细腰翘臀的高挑儿身材，雪白的肌肤，靓丽的脸蛋，时常引起异性贪婪的注视。奇怪的是，润麒却丝毫不以为然。

润麒住的公寓离学校不远，上学时，可以漫步而去。当时，李香兰就住在附近。处于战争状态的日本，水、电极为紧张。他因特殊身份，享受"特别供应"，水、电和煤气都不受限制。他的住房为外交部所建，设施齐全，连暖气也是自动的，天气骤冷会自动打开，热了就自行关闭。最令人欣慰的是，连澡盆也昼夜备有热水。也许洗澡只是个借口，李香兰时常来他家，却是以此为由的。

红遍东南亚的歌星李香兰

最初，他是由吉冈安直介绍与她相识的，是否早有预谋，他始终不得而知。在朋友聚餐时，李香兰见过他，他却没特别留意。后来，在一次饭局上，李香兰绕过他面前的一簇鲜花，婀娜地走了过来，冲他发出甜美的微笑："记得我吗？"

他瞧着眼前的美女一愣。没等他想起似曾相识者是谁，她便快人快语地作了自我介绍："我是李香兰呀，就住在你家附近。"

---

① 李香兰，以一曲《何日君再来》成为闻名日本和亚洲的当红歌星。二次世界大战之后回到日本，改名山口淑子，曾任日本国会议员。

他骤然记起她,而且给她留下了住址。其实,他没细琢磨,早在留下地址前,她已经说过离他不远,显然早就清楚地知道了他的居住地。没过几天,她果然主动前来串门。这时,他的妻子韫颖正在大陆,家中只剩下"孤家寡人",交谈之中,她对他赞不绝口:"润麒先生,您的风度真好,我周围的日本人没一个能比得上您。"

他听了,仿佛有些晕晕乎乎。这时,她凑近身,竟然对他赤裸裸地表示了好感:"我那儿晚上洗澡不方便,您这儿不是可以洗澡么,能不能让我在这儿洗呢?"

"可以呀。当然……"虽事出突然,他语无伦次,却仍然爽快地答应了她。

见他总是独自一人在家,她时常端来菜肴,讨好地说是亲手所做。他一打听,她压根儿不会做饭,全是房东的厨艺。

有意思的是,他居住的这幢楼上总共有六七名"二室",其中一名就在他的隔壁。所谓"二室",实际是战争中的"怪胎"——被美国人娶的日本女子,在国内根本得不到信任。有的美国军人回了国,而"二室"则被遗弃在了日本。

他的妻子韫颖直到回国分娩前,仍旧每天与隔壁的"二室"一起熨洗衣服。平时"二室"家的煤气、用水都受限制,所以,当他的妻子回国后,她们常来他家洗澡,有时还轮班给他做饭,一直到他毕业为止。

不知为何,此后李香兰时常来润麒家里,和这些"二室"聚在一起,不着边际地谈天说地。总之,李香兰成了他家的常客。

其实,在韫颖回国之前,从国内带来的林妈一直负责家里的杂务。有时,公元来串门时没吃午饭,又急着有事要走,林妈就做最简单的鸡蛋炒饭,公元吃得倍儿香,撂下筷子一抹嘴,就风风火火地离开。他到公元家也丝毫不客气,坐下便吃,亲热得像一家人似的。溥杰与嵯峨浩居住的地点距此不远,她总带幼小的慧生到他家里玩耍,有时慧生一哭闹,说走就走。也有时,溥杰夫妇来他家作客,见到榻榻米旁边净是"二室"脱下的女鞋,还邂逅过李香兰,见她来了就忙活家务,竟误以为是他家的二"林妈"。

润麒也怀疑过李香兰是吉冈派来监视自己的"特务",因此对她极为警惕。他本来背着"嫌疑",所以说话处处小心。见李香兰经常在他家洗澡,竟然有人偷偷地瞟上了她。一次,她敞着窗户,一边洗澡一边与他聊天,住在对门的日本著名画家梅原隆三郎,在从窗户偷窥她洗澡过程中,欣赏地画下了她的裸体像。他全然不知,李香兰也毫无察觉。

当那幅裸体素描画完之后,梅原把李香兰唤到了家里:"你瞧,我给你画的人体素描画像……"

"你太过分了,我根本不知道你在给我画裸像呀。"说完,李香兰只是哈哈一笑,没再说什么过头的话。

可以看得出,她思想颇为开通,但她对其他事情的态度,却显示了另一面性格。一天,朝鲜的李王殿下邀请她赴宴,她力辞不肯,对润麒说:"朝鲜的李王又来宴请我。到那儿去,我实在没什么话可说呀……"

由于李香兰不乐意赴宴,就悄悄躲进润麒家里。李王久等不见她来,觉得丢了脸面,遂诬她思想意识有问题,指使日本宪兵前来抓她。她见到宪兵害了怕,于是央求润麒出面斡旋。万般无奈的润麒只好找到已当上日本宪兵头头儿的好友大岛芳男出面为李香兰说情。就这样,几句求情话搭救了她。

由此,她对他感激涕零。此事过后,他私下询问她:"说心里话,你害怕不害怕?"

"的确挺害怕的。真谢谢您啦。"

直到此时,李香兰依旧孑然一身。

谁料几年后,李香兰以一曲《何日君再来》陡然走红,成了著名歌星。她虽曾在日本结婚,却又神速离异,家里依然成天高朋满座。一些前来捧场且甘心情愿为她效劳的,大多是著名的日本大亨。也不知真假,不久,他听说李香兰特别喜欢中国人,还起劲地追过宪东,因她是日本女人,宪东始终没敢要她。

无法理解的是——据润麒所述,她与他一直保持了超乎常人的"友谊"。

作为一名当红演员,她穿着打扮非常时髦,平时穿的衣裳和鞋袜从不亲自购买,都由店家专程送上门来。虽正值战争时期,她依然积累了不少钱财。奇怪的是,她独居一座公寓,每天都有阔佬前来进贡,她却竭力逃避,时常提着贡盒转送给他。

有时,她来到他家一整天静静地隔桌而坐,相对无语。他也是规规矩矩地正襟危坐,相伴品茗。他打哈欠,她也打哈欠,就是不肯走。他出去小便,回来一看,她又换了另一番靓丽的装束,显然,她在竭力吸引他,也在极力讨好他。

似乎成了一个规律,见他一出门,她就马上化妆打扮一番。待他回到屋里一看,李香兰脸上鲜艳如花,像拍电影上镜似的异常漂亮,活像换了一个人。她有时和他脸对脸地单独跳舞,累了就坐在那儿喘气。她总想给他一个惊喜,他却始终心存戒备。

他下了课就在家里静静地写作业。她和那些"二室"玩牌到晚间十点钟,如果仍然不散伙,他就往往在桌前一站,佯作板起面孔:"很对不起,我得睡觉啦。"与他不同,她们一般午夜之后才入睡。隔壁的"二室"大多从美国学会了做西餐,时常叫李香兰来尝尝鲜,有时她也抢着做饭,无非当作一种游戏。

一次,几名"二室"特意做了一桌饭菜,对他说:"你把李香兰叫来吧。"一个电话之后,她飘然而至。坐在主妇位置的是"二室",而润麒坐在餐桌另一头。谁都看得出来,李香兰对他出奇的好,说起来谁也不信,他既没跟她谈恋爱,也没有打算与她结婚。

走进他家,李香兰总是夸张地把自己摆在客人的位置,随便就一屁股坐下。每逢他家里来了客人,她倒时常反客为主,拿起围裙裹起腰,沏茶倒水,客人经常误以为她是保姆,短不了羡慕地询问他:"哎哟,你到哪儿找来这么漂亮的保姆呀?"听后,李香兰往往大眼一瞪,似乎是在电影里表演"醋不几"。有时,知道他一人在家,她就派家里的保姆端来饭菜,而且依旧捎来话,饭菜是她亲手所做。

迁居之前,润麒将六万块钱买的钢琴贱卖给她,当她递过一千多块钱时,他心绪复杂,刷地涨红了脸颊。其他日常用品,他也慷慨地送给了隔壁的"二室"。临走时,她惟恐来不及,一溜儿小跑赶来送行。

平日,不化妆时她连亲人都不见,这天却没来得及涂脂抹粉。他头一次看到她没化妆的"素面",人虽漂亮如初,却是脸庞消瘦,颜色蜡黄,也许能用得上一句不恰当的比喻——"人比黄花瘦"。

意外的是,几年后,润麒在长春与李香兰偶然再相遇。因她与亲友分割财产不均,双方争执不下,有人晓知他与李香兰的旧谊,找来他解劝,俩人才又见了面。他俩见到对方,彼此的眼神中有了一种朦胧的陌生感,往日的脉脉温情,似乎早已不复存在。

二 空袭之下

机不逢时。正值日军式微之际,润麒从日本陆军大学毕业。这是一九四四年十二月。

此前,妻子韫颖怀着身孕,乘坐最后一趟船归国。海上美国飞机、潜艇出没无常,不时响起空袭警报,日本军舰不断被美国潜艇击沉在釜山附近,海上险情丛生。

由于溥杰一时无法脱身,润麒只得陪伴嵯峨浩回伪满。途中,他忆及近来的复杂局势，浮想不已……一年半前，自从迈入陆大以后，空袭频繁，他得常常戴着钢盔上课，以随时准备逃往防空洞藏身。而到后来，美国飞机简直如入无人之境，日本高射炮根本无法打中。

一天早晨，他突然听到电台女播音员说，大批敌机正向日本本土飞来。据悉，美国空军从关岛的一个基地编队前来袭击日本，飞到富士山前一转弯，便开始轮番轰炸。他听到广播，暗想，炸了小日本的房子不可惜，可别炸着自己的住房。周围的街坊纷纷传说，日本连一架飞机都不能起飞迎战，他赶紧穿上衣裳，快步跑出屋门。街道上的人们四处狂喊乱叫："飞机来啦！"

闻风而动的人们纷纷躲藏起来。日本的防空壕实际上只是在屋边挖一个土坑，连盖儿也没有，男人和女人都躲到里边蹲着，直到空袭警报解除，才能钻上来。地铁离地面太浅，炸弹落下来就死伤一大片，所以人们大都不敢钻进地铁躲避炸弹，只得就近钻洞。

其实，连日本学生都明白，美日之间武器悬殊过大，悲观失望已成了民众的普遍情绪。他家附近上坡的地方是日本乃木希典大将①的故居，又被称之"乃木神社"。当年，乃木得知明治天皇死讯，旋即在家里剖腹自杀，其妻也拿刀抹了脖子。自杀剖腹的一片片血迹，依然残留在榻榻米的枕席上。日本当局将日俄战争时乃木的获胜，作了并非虚构的诠释：其战绩是用士兵尸体堆积而成的。每当他走过这幢日式房屋，心情往往顿然变得灰暗起来。那幢二层楼两边是水泥走廊，透过栏杆可以清晰地看见乃木自杀的小屋。他仅去了一趟就再也没有心情去凭吊。

在军校内，日本教官仍然以乃木精神激励学员。润麒晚上带孩子，还要写作业，一宿一宿地难以正常睡眠。一次在走道上读书，竟然迷迷乎乎撞在电线杆上，眼镜也被碰碎。这件事情传到学校，日本教官赞赏地说，如此刻苦学习才算是一条硬汉子。

陆大给润麒和溥杰各分配一间房作为休息室。他俩在自习室都有一张学习课桌，掀起木盖，里边便可以搁放学习用具。每天进校以后，他在门上写着"外国武官室"的休息室放好东西，就一头扎进自习室用功学习。他一天到晚泡在教室，也无所谓午休。由于课程极为紧张，吃完饭又接着上课，下了课就径直回家。三年课程必须在一年内学完，他觉得实在勉强，却又无奈。

---

① 乃木希典，日本陆军大将。日俄战争中曾任日本第三军司令，后一度任台湾总督。一九一二年，当明治天皇死后，乃木希典与妻子同时自杀剖腹，殉死家中。

有意思的是，一名日本教官知道润麒是中国皇族，对他格外友好，经常鼓励地对他颔首微笑。但这位日本教官本事有限，根本不懂如何讲授战术，也画不出教案，而总是叫润麒先画出战图来。授课时，这名教官仅用圆规画几个圆圈，简单介绍一下大炮和机枪摆设的位置就算下课。不少学生极度不满意，背地里一再谩骂："这个笨家伙，怎么混进大学当上的教授？"

在润麒看来，日本教官委实可怜，因其兄讲哲学课时，批评过日本当局，哥俩在校内外面临巨大压力。而他也为自己在校内遭受歧视感到愤愤不平。有时临上课前，他竟被强行劝退——教导主任忽然走过来，表情异常严肃："今天很抱歉，课堂上要讲讲日本军队的丑事。对不起，请你退场。"这使他颇受刺激。

至于日本的新式潜水艇，学校连一眼也不让他和溥杰观看。下课之后，日本教官突然唤过他和溥杰："学员明天要参观潜水艇，你们俩休息吧。"

"难道我俩不是学员？"润麒内心愤愤，却不敢贸然发泄。

于是，他和溥杰在旅馆里小憩之后就去游戏场观看杂耍儿。他俩因受到不平等的待遇而恼火万分。

不久，那名日本教官被征兵赴前线，只有妻子携两个小孩儿匆匆赶来送行。除此外，到车站送行的仅是润麒和溥杰，而没有任何其他同学。火车刚启动，两个小孩儿就号啕大哭起来。此后，润麒再也没有听到有关这名教官的一丝消息，很可能在战场上成了炮灰。每当忆及分手的场景，他总是叹息再三："那简直是生离死别，悲惨之极。"

他没当上炮灰，却成了模拟炮灰作战的指挥员。因为他的射击技艺胜过了所有日本学员，演练战术时被优先挑中，充当一次指挥战役的司令官，其他人分别扮作幕僚、情报员，协同参谋制定战略和战术。司令员必须依据情报沉着地发号施令，跟真正指挥作战并无两样。

以他的角度来看，陆大的教育主要是研习参谋课程，如果当参谋真正过关，当司令官则绰绰有余。他的主要任务是拟定作战计划，掌握前后方的理论和实践，譬如构筑阵地，连用多少木头和洋灰也必须心中有数。他对于数学公式极陌生，在课堂上，只好瞎写一气。学生们彼此沟通时，这个说五百，那个说一千，他就自作聪明地取中作为答案，其实，心中丝毫无底。

而这次模拟作战则不同，多少具有实战的味道。如果交战的双方在高山两侧，能从山顶攀过去，也可以从底下绕行，这实际是在测试实施战术。对此，他自有独特的见解："战术不像数学，几乘几就是几。如果实践少，无论如何你也胜不过教官。"

临上阵指挥演习时,润麒心情激动,摩拳擦掌。指挥作战的沙盘足有一间屋子大小,且分散在几处。底下的学员根本瞧不起他,一个个叼着烟卷儿,噗噗地从嘴里往外喷烟圈儿玩儿。一名日本军官,起先对配合他当作战参谋不服气。虽然一般日本军人非常尊重司令官,但这个家伙竟当面讥讽润麒是"西兰看"——日语,即什么也不懂的军官。听到之后,他只当耳旁风,依然指挥若定,平静地在临时指挥部下达命令。

演习结束,这些日本军官目睹润麒担任司令官时的干练,才从心底对他钦服,再也没人敢吱声。

三 吞龙轰炸机

体验部队生活,是陆军大学尴尬的必修课。

他与溥杰被派往航空学校实习,这里伙食确比一般部队强得多,除了正餐外还能有一些点心和饼干填饱肚皮,使他稍许感到安慰。而他更感兴趣的是,这里可以任意乘坐各式练习机且亲手操纵。

平时,他不常穿西服,而大多穿便装。军校给学生定做了一身衣裳,多少有点儿像印度军服,战斗帽上还饰有两个锤子型徽章。他特别让"秋林公司"为自己和溥杰量身定做了类似中山装的军服色皮质衣裳,胸前一排纽扣,腰里系一条带子以作装饰。哪知,这竟引起日本当局的关注,甚至有人误认为这是秘密党派的标志。自然,不久这个可笑的误会便解除了。

他还没比试驾驶飞机,倒与同事比试起了摔跤。他的两名日本同事分别叫远藤、金泽。其中,远藤在士官学校比他晚一期,在陆大又变成了同期,对他仍视作前辈,恭敬地向他执礼后,发出了客气的邀请:"咱们摔个跤吧,在地上画个圈儿,能先把对方推出去的为胜者。"

远藤虽比他年轻,却不是对手,没几下就被摔出圈儿外。远藤不服气,说:"哼,咱们回头见。"显然是示意,刚才失败了不算,然而,遗憾的是远藤却再也没能前来较量。

办公室的黑板上,每天都标明飞机乘坐人员的人名,排来排去,结果远藤被排在前边的飞机上,而他和溥杰则被安排到后一架"吞龙"。日本的优质战机都被派往前方,活像雪茄烟似的"吞龙"已算是当时最先进的轰炸机。一般练习机是前边两个人,一边是教官,一边是学生,后边乘坐六个人。

润麒、溥杰与远藤、金泽并无两样,乘坐的也是破旧不堪的轰炸机。这种飞机拐弯时压力特别大。他和溥杰一起扒着玻璃窗户往外瞧,只见远藤驾驶的一架飞机刚起飞,就忽然不见了影儿,大伙儿纷纷叫嚷着:"飞机掉了!"

眼瞅着,地上的大火呼地燃烧起来,二三百米以外的飞机顿时被火焰吞噬。他往外一瞧,飞机两翼被烧得活像两个骷髅骨架,禁不住一阵叹息:"要是我们这架飞机烧着了,咱几个也就变成骷髅啦。"

震撼的是,日本当局似乎早就预备好了骨灰盒,被烧死的远藤等两名日本飞行员的骨灰盒上竟早已填写好了名字。很快,两名遇难者遗孀携子女身穿黑衣裳赶来,被告知其夫已光荣为国捐躯。眼瞅她们站在骨灰盒两边哭泣不停的情景,润麒联想到自己的未卜处境,不禁为之动容。

那天早晨起飞时,由一名十七八岁的少年兵担任驾驶员,教官坐在身边,而润麒不安地坐在另一边。

飞机起降颇为落后,驾驶杆和操纵杆须同时动作才行。他听驾驶员嘀咕说,螺旋桨往右转时,先要往左转动,飞到空中才能平衡,着陆时要极力矫正它往右偏,如果矫正慢了,飞机极易顺着螺旋桨旋转方向栽下去。飞行中,他见少年兵仍然紧张地攥着操纵把不放,凑近身嘱咐说:"没事了,你撒手呀。"

轮到润麒亲自驾驶飞机时,他起初感觉十分紧张,到了空中反倒觉得轻松了。往上一扳操纵把,飞机便往上升,往下一推就往下滑,不能说操作得心应手,倒确是旋转自如。因关系自身安危,身后的一群人包括溥杰,都在一眼不眨地瞧着他。登机之前,他们特别受到叮嘱:"你们恶心呕吐时,可以脱下靴子吐在里头,就是千万别吐在机舱里。"

开始,润麒没觉得有什么异样感觉,飞来飞去进入云层,竟然望不见地面了。他因不精通仪表,心里有些发慌,旁边的少年兵几次想帮他,却没敢动手,只是死死盯着他的双手。飞机斜歪着翅膀,糊里糊涂地在云层里转圈儿,他回头望了望身后的一群人,禁不住担心地自言自语:"这可坏了。"

他尽量沉着地驾驶着飞机,左旋右转,许久,终于好歹钻出了云层。眼看飞机即将着陆,他以极快的动作啪地一脚踹在登陆器上——若慢一点儿飞机就会滚翻。

飞机艰难地着陆,他们如释重负地走下舷梯。回头一瞧,六七个人提着皮靴,其中溥杰呕吐得几乎灌满了半只皮靴,而他一点儿没吐。只听溥杰埋怨说:"叫我去体验生活,这样倒好,全都吐啦。咱们提着靴子回家刷去吧。"

他在空中,屡屡有惊无险。由于美国战斗机经常在空中盘旋,他必须随时与地下指挥系统联络。一次,在大阪附近发现美国飞机追来要袭击他所驾驶的座机,只得紧急改在大阪机场着陆。虽已拉响空袭警报,美国战斗机却未尾随追来,于是,他这架飞机重又飞上蓝天。

总算命大,他多次与死神擦肩而过。在惶恐不安的时局动荡中,他终于奉调回国。

铃木夫妇早在临走前就将一只小猫和小狗——"斯古内"慷慨赠送给他。等他回家时,只剩下那只小狗和他一起同吃同睡,已跑掉多日的那只小猫,不久就在房上开始狂吠,小狗则趴在屋里叫唤,每隔两天它俩就在房顶聚在一起,玩耍打闹一番。他失眠了,内心泛起异样的离情别愁……

从东京回国时,他十分想带上顽皮的小狗,由于飞机上一律不允许携带动物,遂偷偷把它装进一个柳条小筐,登上飞往中国的最后一班飞机。见他提着柳条小筐,海关人员走上前盘问:"这里边是什么?"

"是水果。"

哪知,他刚说完,小狗就顶开筐盖,噌地伸出小脑袋,支棱着耳朵东张西望。见有人过来,这只狗又噌地缩了回去,海关人员十分惊讶:"哎呀,这是活的呀。"

好说歹说,小狗总算被破例放行。当时从日本乘机赴长春的乘客寥寥无几,飞机上稀稀拉拉,总共没几个人。那只小狗颇通人性,既不闹也不叫,老老实实在飞机上待了几个小时,刚进家门就撒开了欢儿。

归国后,难免有一些无法推卸的应酬,无论怎么烦,也不得不去。晚上,他从酒会返家,身穿军服挎着指挥刀,显得神气十足。在月光之下的柏油马路上,他大踏步地走着,距离家门不远的地方,迎面走来一个疯老太太,边走边唱。忽然,她几步蹦到他跟前,眼睛直勾勾地瞪着他,猛地一跺脚,他被吓得一激灵,酒也醒了,撒腿就跑……

第拾柒章

伪满洲国末日

*丑剧落幕的一刹那,连细微之处也在嘲讽着戏中的人物。

*或许是幸运之神光顾。润麒飞赴长春的机票刚到手,感觉别扭便退了票。恰是歪打正着,那架飞机突然坠毁,一些日本关东军军官统统被摔成肉饼。

*他察觉受到了恶意陷害。一名日本宪兵找到他,拿来一帧照片和过时的机密文件,要求他协助调查一名日本人通俄的嫌疑,遭到断然拒绝———所幸未落入一箭双雕的"陷阱"。

*在苏军的隆隆炮声中,他跟随溥杰赶往宫内府。仓促之中,溥仪故作镇定地任命他为宫内府侍从武官,还亲手交给他一支手枪。

图片说明:**暮年润麒回忆往事**

一 乘机返京遇险

自东瀛归来,润麒的心里犹如一团乱麻。

每逢周末,他照例要与溥仪一起就餐。这不仅无法带来愉悦,反而令他窘迫不安,因为聊天的话题总离不开日渐糟透的时局。

在长春,他见识了内廷里外的百态人生。他遇到四十来岁瘦弱单薄的张燕卿①——看上去精明强干,鼻子下边有一撮小胡子,说起话来洋洋得意,时常以溥仪的得意助手自居。一番交谈过后,他转而向溥仪留下了似信非信的疑问:"张燕卿说他很忙,连棉裤破了都没时间换,表明他工作多努力,果然如此吗?"

"劝劝他吧,别总这样才好。"听后,溥仪竟信以为真,特意嘱咐了几句。

有时,他在溥仪接见伪满洲国总理郑孝胥时也陪坐旁边。郑孝胥说话时,总是脸颊涨红,语速颇急,说到得意处还有意地喘几口气,再接着口若悬河。的确,溥仪对郑孝胥的意见还是蛮重视的,时而仔细倾听,时而点头称许。他听说瘦老头儿郑孝胥,不仅能文还会武,一纵身就能跳上八仙桌,不知是真是假。

反正在他的印象里,这是一名性情急躁的大文豪。一次陪同溥仪接见后,他还请被誉为书法大家的郑孝胥在名片上题写了"润麒"二字。当郑孝胥递给他所题写的名片时,脸上现出格外灿烂的笑容。

正聊着天,郑孝胥的长子郑垂走了进来。郑垂与其父相貌酷似,长着一颗硕大的头颅,既会英文也会日文,说话时语速急促,倘与溥仪谈话不投机,也马上流露出来。一次,郑垂指着一身戎装的润麒,微笑着对溥仪说:"润麒过去在日本念书时,猛一看,那身打扮简直跟日本学生像极了。"

"现在呢?"润麒笑着问道。

---

① 张燕卿,张之洞之子,为讨好日本人,将其北京的住宅让给关东军大将冈村宁次居住,曾任伪满新民会会长。

"长大喽。"没等郑垂说话，溥仪倒开了腔，似乎所答非所问。

平时，润麒的二姐夫郑广元大多在溥仪的办公室，一星期至少能遇到一次。其实，郑广元的命运总是伴随伪满洲国总理郑孝胥的沉浮而变幻。待换上张景惠替代总理的职务后，郑广元就觉得前途没了戏。

日常，他与郑广元的父亲郑禹并无来往——郑禹衣着时髦，精通英文和日文，偶尔也能在溥仪那儿碰面。有人认为伪满洲国成立时，郑禹出力不小。谁想，由于郑禹不太听从日本人的话，想扶植溥仪复辟大清王朝，关东军一直心存芥蒂，最终竟被暗害致死。他冷眼旁观，再清楚不过。狡诈的日本关东军惟恐大清复辟，遂请来天照大神，在宫里建了天照大神的神社，逼迫溥仪供奉。这真是又奇怪又可笑——小日本居然成了溥仪的爹。溥仪始终感到苦笑不迭而又无奈其何。

他时常往来于北京与长春之间。一次，他从长春返京探亲，抵达时间已事先通知了家人。哪知，他乘坐的六个座位的小飞机在半空中突然遭遇雷阵雨。闷坐机舱窗口，他见机外黑云密布，左侧的日本人被吓得面无人色，惊惶失措，死死地用手攥着面前的椅子背。前边的大个子驾驶员，紧张地皱着眉头，额头死死贴在玻璃窗上寻找航线。他本来心情紧张，看到一个个神色惊恐的脸孔，手心竟攥出了汗水。

在高空中，不期而遇的龙卷风呈长龙形，挟卷着黑云和雷雨，足有一幢楼房大小。驾驶员绞尽脑汁绕行，耽误了几个小时航程。天上忽暗忽亮，飞机跌进云层里，机舱内顿然一片漆黑，钻出黑云以后，又在空中忐忑地飞行了很久。

距北京机场愈来愈近。在空中，他远远地望见一名身穿旗袍的女人，孤独地伫立在机场的空地上，微风吹拂着绸子旗袍轻轻飘动。着陆之后，他走下飞机一看，原来是母亲仲馨在焦急地等待着。

回家的路上，母亲关心地问起："今天怎么延误这么长时间？"

"您不知道，半道遇见了龙卷风。"

"唉，已经等了你三个多钟头，真是让人担心啊。我曾经给长春打过电话，那边说是飞机很早就出发了。"母亲如释重负地告诉他，在漫长的几个小时里，她一直担心地凝望天空，一动不动地伫立着，心急如焚。

他跟随母亲回到东四三条时，静候已久的几个姨儿焦急地走进来，问长问短。晚上，吃过母亲亲手烹制的菜肴，母子二人唠起了家常，无非是乘坐飞机的种种感受和一些家庭琐事。家里早为他单独预备了一间卧室，当他睡下时已是夜深人静。

或许是幸运之神光顾了他。休息几天后,他原打算返回长春去接韫颖,因她是直系亲属,沾了荣源是伪满洲航空公司社长的光,可以享受免票待遇。当他取回次日机票时,到家后不知为什么突然感觉别扭,就乘三轮车去南苑机场退掉票,换了一张隔天的飞机票,等候下一趟班机再走。

次日,他乘坐飞机回到长春,看见报纸才知,头一天他退票的那趟飞机已从空中坠毁。恰巧,一些日本关东军军官乘坐在那架飞机,统统被摔成了肉饼。他暗自庆幸自己临时改变主意而得以保全性命,捧着报纸的双手,后怕得险些颤抖起来。

润麒与家人团聚时,心绪复杂。其父荣源①虽贵为"国丈",在满洲国却没有任何官职,只是空挂了伪满洲国宫内府顾问及航空公司、"棕油"公司名誉社长等虚衔,倒也不错,每月都有固定的薪酬。令人费解的是,其妻仲馨自号"竹馨馆主",宁愿在北京"荣宝斋"挂单卖字,也不愿意赴伪满洲国寄人篱下,这倒显示了这位贵胄之女的独立人格。

他知道父亲荣源既不识英文,也不懂日文,平常虽与人交往不多,却与伪满驻日本大使谢介石素有交情。一次,润麒见到谢介石对父亲愤愤地说,日本租界的警察叫自己下楼,也不说什么事,只是说公司违反了规定,谢介石一怒之下把警察唤到经理室,狠狠训斥了一顿。说这番话时,谢介石显得洋洋自得,相形之下,荣源倒显得像个佯作老派的谦谦君子。

润麒内心最难过的莫过于他和妻子难以在内廷见到精神近乎失常的姐姐婉容。婚后的韫颖偶去婉容屋里探望,但从来不敢停留太久。润麒每次去看望时,姐姐尽管精神不正常,但仍不忘托他给母亲捎去提前包好的礼品,他从来没打开瞧瞧是什么。

母亲接过礼品,也短不了让他捎上回礼,他总是亲手捧交婉容。在特殊的年代里,母女依然情深如故,这着实使他备感欣慰。

远在北京的几个姨儿和表妹,也是他惦念不忘的。他回京总带一些礼品馈赠她们,几个姨儿仍然照例轮流宴请他一番,花上几十块钱,去饱餐一顿西餐。

照例,他要去北府叩见老泰山——醇亲王载沣。奇怪的是,他从来没见过载沣的侧福晋。进了府门,韫龢与韫颖总是跟随溥杰身后,见了载沣便口称

---

① 润麒曾对笔者表示:前些年,有一本公开出版的《溥仪画册》介绍说,荣源经常出入"三野"日本特务机关。润麒认为,这不是事实。

"老阿玛",请过跪安之后才坐下。据他所知,兄弟姐妹之中惟有溥仪对载沣从不称"阿玛",在公开的场合都口称"王爷"。民国之后才逐渐废掉这些旧规矩。

润麒叩见载沣之后,总是一成不变地被邀前往后海"荟仙堂"就餐;若有韫颖、韫龢在,载沣就带她们一起去北京站吃西餐。载沣有个习惯,无论什么事情一旦立下规矩,从不改样。

润麒短不了去看望住在西老胡同的察家——当时叫索家,连韫颖、溥杰在北府居住的老宅,他也好奇地走进去瞧了瞧,没察觉太大变化。在妻子的旧闺房里,他发现一个古老的八音盒,上弦后试了试,居然仍能演奏几套乐曲,不禁喜爱地说:"我可把它带走喽。"平时,他对金银珠宝没什么兴趣,惟独这次将八音盒带回了长春。

归来不久,他曾一度搬入长春聿修园。其实,"御赐"之园原本无名。一次,溥仪从宫内府出来,溜达到路东不过二三百米远的地方,随便地指点说:"这儿就叫聿修园吧。"于是,聿修园由此得名。

园内建成的一幢小楼,总共是三楼三底。楼上两层由荣源居住,楼下一层则归另一家。客厅相当大,另有一间摆放餐桌的饭厅,厨房、厕所一应俱全。院内还栽种了不少树木,有时邻居的女人借口在房顶上玩儿,偷偷地撸老榆树的榆钱儿,润麒从不加干涉,还与她们友善地聊天,博得了邻居的好感。然而,日益恶化的战争环境,使他始终焦虑不安。

这幢看上去颇为气派的豪宅,本归金璧东居住,后来由溥仪"钦定"宫内府买下,润麒一家人才搬进去。宅门口原由警察把守,此时已被撤销,仅空剩一座岗楼。溥杰未婚时,曾一度与润麒住在这里,他俩赴日留学之后,这幢宅子就归了公。

他从日本奉调长春任伪宫内府骑兵连长之后才搬出了园,在长春城南的安民广场附近租了一幢小平房。相比附近质量低劣的房屋而言,他家显得十分阔气,宽敞的客厅摆放着两套沙发,饭厅有一个窗口可以从厨房往出递菜,还安装着采光不错的玻璃门。画蛇添足的是,士兵油漆地板之后,竟把房门涂上了迷彩色。

他见厨师的专用厕所太脏,又离饭厅很近,就亲自动手用硫酸擦拭。见马车夫反穿着皮袄,足登大马靴在地毯上走来踏去,他客气地端上茶,使车夫惭愧不已。

自从曼若在此出生后,家里显得更热闹。这个大家庭,除了他和妻子、曼若、宗光以外,还有林妈、黑老妈和白老妈、烧锅炉的老温,以及厨师和一名被溥仪开除的茶房。这倒应多交待两句,溥仪平时总怕底下人瞒着赚黑钱,当调查出茶房买东西拿回扣后,溥仪便将其开除了,被润麒好心地留在了家里。自此,茶房劣迹全无,在他家拼命干活以图报恩。

而一名家里开玉器铺的女佣海妈,每天早晨偷吃炼乳。一天下午,她竟然擅自打开了十几桶炼乳。不知她是否成心摔碎瓷碗,被发现后,她居然爽快地说,赔吧。实际上,末了她也没兑现。润麒向来不爱管小事,此事也就没了下文。

在此之际,经溥仪点头,润麒进入长春高等军事学校执教。虽说这是一所培养高级人才的大学,但是关东军不允许如此称呼,只能称为日本高等军事学校。刚一迈进校门,他就见到了毕业留校的五妹夫万嘉熙,而老朋友艾克早已从此校毕业。放假时,他偕妻住在北京东四三条,艾克时常来聊天,聊得太晚,就宿在他家里,偶尔还相伴去香山游玩过。

校内总共没几名正儿八经的教官,真正能上讲堂授课的,仅有他和老万以及一名日本教官船木繁。教室小得可怜,学生才不过十五六名。一名士官学校毕业的学生叫赤新,见到润麒竟萌发自卑感,迷信其毕业于名牌大学,见了他连话都不敢多说。

进入军校不久后他才知,校长从没上过日本陆大,整所学校仅润麒一人是陆大毕业的,所以他似乎被捧上了天。日本军人凡见了从陆大毕业的人便格外尊重,以至他说的每一句话,众人都觉得非同凡响:"你看,人家脑子多好使!"

然而,第一次被指定解答战术问题时,他一时不知所措,就拿起刀柄杵下巴。老万坐在前排连比划带提示,才使他解了围。

经过短时间的适应,他的才华逐渐显露。用日语授课时,潇洒随意,一副教授派头,有时校长在旁边听课,他依然口似悬河。

他万万没想到,日本的武器如此落后——早在日俄战争时使用的捷克式三连式机关枪和只能连打五发子弹的步枪,还时常卡壳。坦克简陋得只有一块仪表,必须边驾驶边双眼死盯着达到一千转才能加速。当他了解到这些真实状况之后,不由发出深深的感叹。他虽然与大多数有识之士一样,认定日本离失败为期不远,但已被绑在伪满洲国的战车上,他只能与溥仪在患难之中"玉石俱焚"。

一名刚从前线归来的日本中校曾在陆大授过课,更是直言不讳日本飞机的落后——升到高空扑啦扑啦地乱响,而美国飞机噪音较小。双方空中交战,日本飞机被打掉时像红莲缤纷落地。润麒对中校客观的讲授态度赞赏有加。

战术考试来临,主考官是校长,他和老万及一名日本人负责试题。三人住在一个安静的旅馆里各自准备,结果第一次就圈定了润麒拟定的考试题目。

试题一出笼,众说纷纭,连坐在电车上也有师生在探讨。是攻击还是防御?日本将官也手拿着考题陷入沉思。他无言地静坐在电车上,暗想,任由你们议论去吧。考试的结果验证他讲授的战术课效果不错。

甭看校内学生不多,上至校级下至少尉,以中国人和日本人为界,截然分成了满系和日系两派。其中满系有一名朝鲜族中国人,叫丁礼泉,延边出生,不是朝鲜族人那种扁脸,而是高鼻梁、大眼睛,肤色红里透白。润麒瞧他年龄较小,站起来以日文答题时却十分流畅,很是欣赏。当丁礼泉结婚时,他欣然参加了婚礼。朝鲜族人按照民族礼节,闭目凝神向新婚夫妇不停地念诵祝词,大伙在餐馆聚餐后,婚礼便告结束。谁料,几年之后,丁礼泉毅然投奔南朝鲜,官越做越大,竟然成为韩国的"建国元勋"。

值得一提的是,当时能上天的飞机驾驶员不算多,他去参观机场时,目睹参军后屡立战功的学生洪佛影出色地表演驾驶飞机,暗自叹息,这些人才也难免成为"空中炮灰"。握手之际,他默然无语。

奇怪的是,别瞧这是日本军校,大部分学生却站在共产党方面。其中一名特别有意思的山东大个子,叫张大召,打仗时勇猛异常。张大个参加过国民党,后来倒戈加入共产党,还担任了军队要职,不知怎么又忽然叛变投奔国民党,作恶多端,结果被八路军诱捕后一枪毙掉,小命呜呼。

授业弟子结局各异,使他颇感人生叵测。

二 陷阱

有一段时间,他似乎陷入了无形的恐怖之中。一个所谓的"自杀事件"猛然惊醒他:团长朱容被变相处死,对外却佯称被邀外出旅游,半道突然失踪,掉进海里没了影儿。而正式宣布死因时,则谎称是其蹈海自杀而亡。整个事件疑点重重。

润麒清楚地知道,朱容在船上的枕边不仅留下一个不易察觉的血点,还遗下了一副眼镜。人们一般认为,他是被掐死后扔进了海里的。至于真正死因,众说不一，有人传说朱团长反对日本人，在平日言语中或许有所流露，也有人认为不一定如此。但他杀的结论却没有任何异议。

如果这还仅是一个警示的话，那郑春城的遭遇更使他感到震惊。

伪满洲国工商联与朝鲜人或日本人打交道，大多由朝语和日语都很出色的郑春城来担任翻译。或许因一笔生意成功，郑翻译一夜暴富，由于没什么文化，竟不知如何花销，穿戴由此变得极为考究，而且喜欢上了眼镜，连墨镜也足有几十副，每天轮换着戴。眼瞧郑春城没了准谱儿。

当时，朝鲜糖装在小盒儿里，蛮像中国南糖，上边再搁点儿辣椒末当佐料，三分钱一份，小贩背着箱子沿街叫卖。郑翻译异想天开，居然做了一缸麦芽糖，昼夜吃个不停，还发狠地对润麒说："反正有钱！"

"爸爸，"儿子吃腻了，对郑春城说，"我要吃饭。"

"就许吃糖，不许吃饭。"郑春城啪地扇了孩子一巴掌。这件事成了众人的笑柄。

钱多招灾，他引起了日本宪兵队的密切注视："这家伙从哪儿弄来这么多钱，他究竟是干什么的？"

突然，郑春城被日本宪兵队抓去，施尽了各式各样的刑法，天天严刑逼供，他肥胖的身体，被鞭打时一哆嗦一哆嗦的。尤其残忍的是，郑翻译的双腿被死死捆绑住，倒吊悬在窗外，时间过久，血液涌到脑袋上，眼睛一黑就昏了过去，再松绑放下来，反复折腾不止。

日本人断然认定郑春城是一名间谍，带着他到各处走，逼迫他交待如何给敌人递送情报。郑春城在夜里一宿一宿地被"熬鹰"，但供词里所谓的接头时间和地点根本无法对上。经过近一年的狱中酷刑折磨，郑春城已成了奄奄一息的活死人。等最终调查结果出来，间谍一说纯系子虚乌有，郑春城才被释放出来。等润麒见到时，体态肥胖的郑春城已变成了一个憔悴的青年老头儿。

"咱们去旅游吧。"忽然，一名眼睛极小的日本军人找到润麒，诡秘地邀他单独出去游玩。

"到哪儿去玩儿啊？"

"去温泉怎么样。"

"我这两天有点儿事，过些日子再说吧。"润麒暗忖，这恐怕是一个危险信号，便托辞推掉了。

由此，他还开玩笑地对宪东说："小日本儿如果请你去旅游，可千万别去呀。"

性格含蓄的宪东理解地笑了笑,未置一辞。宪东待人和蔼,一天到晚哈哈地笑个不停,表面虽不显得聪明过人,倒是一个内心十分明白的老好人。然而,对于宪东从事共产党地下工作,润麒却浑然不知。

不久,他去宿舍找宪东,从门缝儿悄悄往里一瞧,椅子上搭着女子的长袜及衣裳,暗说,这小子一定是在胡来,就故意大声嚷叫起来:"快点儿起来吧,检查,检查!"

他猛然推开门,走近床前,见被窝里藏着人,于是哗地一掀被子,出乎意料地看到一对紧搂着的赤条条的男女。再仔细一瞧,那名男子根本不是宪东,他赶紧盖上被窝,扭头跑了。过后,他讪笑着找到宪东:"你怎么把卧室让给别人,自己反倒搬家了呢?"

"哎,你见到的不是外人,是我的侄子,他刚结婚没地方住,临时借宿在我那儿呢。"宪东哈哈笑着说,"他叫金志康,做过驻外大使呢。"

此后,润麒一见他俩,就笑个没完。

润麒奉调吉林任军事参谋一年,不久又被召回长春。一名日本宪兵找到他,手里拿着一帧日本人的黑白照片。瞧上去,照片上的人物身材肥胖,头戴一顶礼帽:"这个日本人有通俄的嫌疑,您是不是帮着调查一下?"说完,日本宪兵又故作神秘地拿出几页过时的机密文件,"你交给他,看他收不收?如果他收下,就证明他是俄国间谍,那就可以抓捕他了。"

"别的事行,这事我可不管。你们找别人吧。"润麒断然拒绝。他认为这是陷阱,日本人显然是想一箭双雕,借此来陷害自己。

其实,早在润麒刚到伪满不久,就由于发泄对关东军的不满情绪而引起怀疑,被日本人在档案中画了所谓的"红杠儿",随即上了反满抗日黑名单。这种档案被叫作"考核表",当时,谁也不知道,连溥仪也丝毫不知。一次,同事萧玉琛悄声对他透露说:"你刚回国,在这里可能看到一些奇怪的现象,见怪不怪,其怪自败。千万不要对小事儿过于在意,将来这些问题会解决的。"

润麒心里再明白不过,这番绕弯子话的意思是,小日本早晚要被打跑,小的问题别挂在心上。他对于这位同事十分佩服,觉得此人总有一股不服输的劲头。

一次,萧玉琛又将他悄悄拽到一旁,近乎耳语地说:"你档案上的名字被画了红杠儿,那是日本人准备整人的标记。"

"真是这样吗？"润麒听后,大吃一惊。因当时日本关东军杀了不少嫌疑犯,总有一些人莫名其妙地失踪。

随后,萧玉琛低声告诉他:"当时你被调到吉林很危险呀。"

"是吗？"润麒不理解。

"也许再晚几天回来,你就没命啦。"

此前,萧玉琛一直在伪满军政部主管人事考核表,洞悉内情。自然,润麒与溥仪的关系,日本关东军无人不晓,也绝不会让溥仪知道日本人要对他下毒手之事。他甚至猜想日本人可能采用另一种阴险方式,诸如什么旅游失事,甚至让一架飞机掉下来的"事故"使自己瞬间丧命。

另一桩突发事件使他陡感毛骨悚然。他所熟悉的一名年轻人,见到一群日本兵在街道闲逛,无意间说了一句:"看来,美国兵比日本兵穿的衣裳好看哪。"

话音刚落,没提防身旁蹿出一个衣着普通的陌生人,板着脸递过一张名片:"哎,你跟我走一趟吧。"

于是,陌生人将他带到一个偏僻的地方,推搡进屋。年轻人抬眼一看,那里竟是一间阴森森的刑房,室内空空如也,仅搁着一桶水、一根皮管、几条皮鞭以及几根吊索和绑绳。

"你刚才说的话是什么意思？"

"没有什么别的意思呀。"

"赶快交待清楚！"

话音未落,陌生人将年轻人剥光衣裳,赤身裸体捆绑悬吊起来,施以鞭刑。比皮鞭更厉害的是一根裹铅胶皮管,把年轻人抽得浑身血肉模糊。等被释放回来,润麒见年轻人一瘸一拐来自己屋里抹药时,才知日本宪兵队的便衣对他施用了残忍的酷刑。

其实这并不奇怪,连时任吉林省长的凌升也因反对日本人被枪毙,多日之后,溥仪才听说。这分明是杀鸡给猴看的伎俩,溥仪自然心知肚明。

润麒从中悟出了未来命运的多蹇,也从种种迹象看透伪满洲国已成久蠹的朽木,遂一度佯装患病,在家赋闲。但他内心对溥仪仍是忠心耿耿,明知是火坑依然往里跳,自认为是"愚忠"。进退维谷,实出无奈。

三 末日降临

一则简短的新闻轰动东京,润麒自然也听说了,一名美国女伞兵从飞机降落到银座的广告牌上。不少好奇的日本人都想近距离瞅一眼吊在空中的女兵,却被她持枪打死,等子弹打光了她才被抓获。不言而喻,美国空降兵已频频光临东京上空。随着一连串消息传来,日本陷入了极度恐慌——山本五十六大将率领的精锐舰队,二十分钟内竟全部被击沉。东条英机公然违反国际法下达死令,抓住跳伞的美国飞行员一律枪毙①……

战争之残酷已泯灭了人性。据说,在三番岛战役中,登陆海岛的日本军队将所有人包括女人统统杀光。一名怀孕的女人正逃往山上准备生下孩子再死去,被日本士兵一枪击毙。尽管社会党激烈抨击这部实地拍摄攻占海岛的纪录片,然而其中触目惊心的镜头,确是超乎寻常的残忍——一名小姑娘为逃避日本军队的侮辱,被迫跳河自尽,当看见小狗跟随而来时,便把可怜的小狗抱上岸,然后坦然走进河里自杀身亡。

在真实的镜头中,大海里漂满了黑头发,而人们的誓言是,"宁为玉碎,不为瓦全"。这部电影纪录片在东京放映,引起了令人恐怖的震悸。

震悸,也在润麒心中引起惊颤。空袭警报频频拉响,所有人都陷入极度紧张之中,连他身边的小狗也变得草木皆兵,时时惶恐不安。大门临街,外边来了客人叫门,它就跑回来汪汪地狂吠不止。然而,只要空袭警报一响,它就噌地钻进防空洞;警报刚一解除,小狗又汪汪汪地跑出来。最可笑的是,它看到街边摆着的西瓜,竟误以为是炸弹,被吓得疯跑不停。

当军校拉响空袭警报时,绝大部分学生早没了影儿,只有润麒和几个办事员在原地待命。这次美国空军没扔炸弹,只丢下了几颗照明弹。他在校园楼前宽大的二层阳台上,提心吊胆地四处张望,恰巧见到溥杰从外边路上急匆匆走来。

两人见了面,溥杰来不及寒暄,只是简单地通知他:"你已经调到宫内府任侍从武官,赶快跟我去报到。"

润麒沮丧地看到,学校几乎所有人都在准备善后,甚至有人已在焚烧文件。他赶紧一溜儿小跑,找到一条腿的日本瘸校长:"现在,我奉命调到宫内

---

① 日本战败后,远东国际军事法庭给东条英机判定的罪名之一,即是屠杀俘虏。

府任侍从武官。"

"赶快去吧。"日本瘸校长只是叮嘱了一句,便再也无话。

仍像以往教书时佩戴着参谋绶带的润麒,匆匆跟随溥杰赶往宫内府。他见到溥仪,还没来得及说几句话,只见溥仪勉强抑制住神色慌张,故作镇定地亲手交给他一支手枪:"局势太乱,发给你一支枪,跟随着我吧。"

"我一定坚决保卫陛下。"润麒信誓旦旦。他转身走出宫内府时,只见人们个个神情紧张,都在紧张地拾掇东西,顿然一阵凄凉。

按照溥仪的吩咐,他回家整理行装。途中,他在火车站附近见到一些日本兵正在挖掘战壕,各种货物堆得乱七八糟,一列列火车正停车待发。种种迹象表明,满洲国面临着一场大溃败。

丑剧即将落幕的那一刹那,连细微之处也在嘲讽着戏中的人物。搬行李的下人知道日本人即将完蛋,与以往的谦卑态度截然不同,漫不经心地把行李往车上乱扔一气。沿途,街上到处是四处乱窜而惶恐不安的人群。

临走时,他见到哭啼不止的妻子,只能抚慰一番,动情地述说了几句未来重逢的期望。他犹豫再三,回眸望了望,所喜爱的古老的八音盒被孤零零地扔在桌子上,至此,北府的旧物在他手上一件也没剩下。接着,他又唤来烧锅炉的老温,索性把房子连同家具一齐送给了这位老实人,不无伤感地说:"这幢房子送给你吧,将来我们可能还有机会见面。"

"唉,恐怕再也见不着哥哥啦。"

"别想那么多了,好好生活吧。"润麒说完,神情凝重地迈开军人步伐,转身走了。

小狗"斯库内"跟随老温在门口默默地给他送别。直到许久,他才听说,他刚走没几天,一名伪满洲国侍卫官就骑着马把老温赶出屋门。据说忠厚老实的老温流离失所,不久就冻饿而死。润麒总觉得侍卫官太过分,多年后他回到北京,侍卫官始终不敢见面,直到他声明不咎既往,俩人才逐渐恢复往来。

转瞬之间,他摇身一变成了侍从武官,从安民广场开始跟随溥仪走上了坎坷的漂泊之旅。

临离开长春时,溥仪钦点几人跟随同行,溥杰、万嘉熙,还有毓嵒、毓嶦、毓嶂、医生黄子政、随侍李国雄等,总共八个人。自然,润麒也在其中。临行前,溥仪当面问李国雄:"你跟我去不去?"

"我去!"李国雄毫不犹豫。就这么一句话,溥仪赠送两万块安家费,带走了侍卫队长。

开始，听说溥仪一行人乘坐飞机，润麒一家人只能留下。后来改成乘坐火车，但听说有人不让带上黑老妈，韫颖立时急火火地往上一撩旗袍，跑去找人说理。这时，火急火燎赶来的润麒，只瞧见了妻子疾跑而去的后背影儿⋯⋯

穿过杂乱不堪的市区，润麒随溥仪来到火车站台。他登上待发的火车时，见到一名挺帅气的伪满军队的小伙儿孙奇生，十分规矩地站在列车门口站岗，还给他俩行了一个军礼。抬眼望去，列车四周都是伪满士兵，突然，列车上下的伪满洲国士兵被强迫解除武装，无一例外地换成了日本兵，润麒和溥仪等人一时瞠目结舌。

在列车上，他没与溥仪同住一车厢，而随韫龢一家与毓嶦夫妇在一起休息。车上堆满了大包小包的各式行李，人们坐在上边百无聊赖地扯闲天。韫龢的女儿三秀①发烧躺在床上，听说他会点儿气功，韫龢央求他去给女儿治病。可能是凑巧，他发功后，三秀的体温居然下降了一度，韫龢千恩万谢，感激不尽。

在列车驶进中，润麒一行人离长春渐渐远去。

伴随稀稀落落的枪炮声，苏联军队开进长春。苏军本来没把润麒的父亲荣源列入抓捕名单，因其仅有一个"顾问"的空头衔，算不上伪满洲国高官，抓走的都是所谓的伪满洲国"大臣"和少将以上的将官。

据说，头一天，荣源吩咐小老婆文安拾掇包裹，以备第二天早晨坐车逃走。谁知拿错了行李，早晨打开一看，连一件事先包裹好的细软都没有，立时急得暴跳如雷。又因文安与楼下街坊的关系闹僵，当苏联军官检查楼下时，一名街坊猛然狂喊了一嗓子："哎，这楼上头还住着溥仪的老丈人哪！"

阴错阳差，他的父亲被苏联士兵推搡着抓走了。当他得知这些时已是几个月之后。由于哥哥润良没与父亲住在一起，而与察存耆相伴，侥幸逃过了这一劫。

还有根本不应在抓捕之列的竟也被裹挟其中。郑春城出狱以后，时而神情恍惚，与精通英文、朝鲜语的穆绪根一起暂在汪伪大使馆充当翻译。可惜好景不长，仅仅不到一个月，正赶上日本投降，大使馆被连窝端，两人同时被苏联人抓走。

也有例外，正当"康德"大厦骤然垮台之际，他的老友宪东率部起义，弃暗投明，被任命为解放军炮兵团团长，四处传授大炮的发射经验。当宪东负责看

---

① 三秀，即郑洁的幼名。

管抓获的日本将校官时,由于晚上偶然放松警惕,门口的卫兵被暗中杀害。这些日本将校本想除掉宪东,哪知正赶上他翻身,没敢下手,结果仓促逃走的日本俘虏一个没漏,全被抓回毙掉。宪东成了皇族中惟一的"叛逆者"。

　　溥仪走了,从北京皇宫带来的贴身太监李长安被遗在了"新京"。那只忠实的德国狼狗——"福衡"从被逐出宫那天起,始终一天没落地紧紧追随"逊帝",而今也已茫然不知去向……

第拾捌章

苏联的『抑留』生活

＊广岛核爆炸成了日本帝国崩溃的奇特标志。乘火车逃至通化大栗子沟的溥仪,沮丧地颁布"退位诏书"。

＊临掩上门的一刹那,婉容在屋里猛地大喊一声:"润麒!"飞机即将起飞,他头也不敢回地跑了,只听见姐姐在身后声嘶力竭地喊着:"润麒,润麒!"

＊抵达沈阳机场,才发觉那里已被苏军占领。走下飞机即被"移交"给苏联军队,莫非是日苏达成的一笔交易?

＊溥仪惟独给一名苏联女子起了个中国名字,叫"王魉"。

＊"我奉斯大林的命令,拘留你们。"随着一名苏军少将下达命令,溥仪一行人的身份骤然生变———由座上客成了"阶下囚"。

图片说明:*润麒(右)与溥杰一起追忆在苏联期间往事*

一　与溥仪一起被俘

一朵蘑菇云,冉冉升空。广岛核爆炸成了日本帝国崩溃的奇特标志。不久,日本宣布无条件投降。乘火车逃到通化大栗子沟的溥仪,沮丧地颁布"康德退位诏书"。

仿佛是个不祥之兆,体壮如牛的"御用挂"——吉冈躺倒装病,居然几天卧床不起。润麒早就受够了日本人的排斥,本来瞧着这家伙就气不打一处来,找来老万反复商议几次,欲除掉吉冈而后快。

"咱们手里有枪,毙掉他也就毙了。"

"门口站的都是日本卫兵,必须杀掉他们才行啊。"

"说得是呀,是不是都给毙喽?"

两人犹豫不决,一直没有得手的机会。惊慌失措的溥仪曾经糊里糊涂地提出要逃往日本。谁知称病不起的吉冈此时凶相毕露:"你们如果去日本,生命无法保证!"

双方无法谈拢,最终陷入僵局。见面谈无济于事,吉冈又给溥仪写了一张纸条,措词强硬地重申:"你必须去沈阳。如果想到日本,你的生命安全我不能保证。"惶然之间已成丧家犬的溥仪,丝毫没了主见,只好依从吉冈。

临行之前,润麒前去看望姐姐婉容。在一幢煤矿的日本宿舍,他拉开了一扇日式拉门。一眼瞧上去,"皇后"显得异常疲倦,一个人在屋里穿着皱巴巴的睡衣,愁容满面地闷然独坐,他走上前,无奈地低声说:"我马上要走了。"

"啊?"多少有些痴愣的婉容听到润麒的话后,猛然仰起头,眼神里透出异常激动的渴望。

他见婉容想跟自己说话,但飞机即将起飞,显然已经来不及,慌忙对她说:"时间太紧张了,我必须赶快走。"

他心里极不是滋味,赶紧退出屋,轻轻拉上了门。他竭力想帮助姐姐逃脱苦海,却又找不到任何出路,这使他感到矛盾重重而又内疚不已。他的脑海中浮现了姐姐凄凉的境遇,他认为姐姐一生不幸,始终没有常人的夫妻生活,更无法达到性满足,总是想方设法无理取闹,最终彻底绝望,连伪满洲国也逃不出去,抽大烟只是她自暴自弃的表象。

就在润麒临掩上门的一刹那,婉容在屋里猛地大喊了一声:"润麒!"

毫无办法,飞机眼看要起飞。他顾不上话别,头也不敢回地跑了。只听见婉容在身后,仍然声嘶力竭地喊着他的名字:"润麒,润麒!"

婉容拼尽气力喊出的声音,在空旷的田野中激荡,似乎产生了巨大回声,直到许久,仍时时震响在他的耳畔。她那美丽而颓废的面容,呆滞而蕴含激情的眼神,伴随着他的人生,每每想起就食寝无味。

甚至,他也没顾得再看一眼妻子和几个孩子,一路飞奔到机场,疾速登上已隆隆发动的飞机。这架飞机上没有溥仪,他乘坐的是大型飞机,而润麒、溥杰乘坐的是仅能容纳六个人的小飞机,除驾驶员坐着驾驶椅,里边连一个座位都没有,他们只能盘着腿席地而坐。小飞机在大飞机的跑道上危险起飞,加速到极限才勉强驶离地面,他坐在机舱里感觉晃晃悠悠,活像悬在太空中。

匆忙之际,他仅仅带了一个小皮包,其他什么也没来得及拿。同机乘坐的还有吉冈、高桥银之助和两名日本宪兵。照他看来,即使此时,宪兵仍然没有放松监视自己。

他们被告知,飞机即将前往日本。事后才知,溥仪在晕晕乎乎之中,见飞翔方向不对,心里直发毛。而润麒在空中丝毫弄不清飞机着陆的地点,当抵达沈阳机场时,才发觉那里已经被苏联军队占领,飞机也被苏联红军团团包围。

溥仪乘坐的大型轰炸机先期抵达,润麒、溥杰乘坐的小飞机晚到了几个小时,所有人都紧张地趴在窗户上察看机外的情景。机场四周遍地都是苏联士兵,既有长胡子老头儿,也有十四五岁的娃娃兵,手里端着转盘枪,穿着袖子过长的宽大军服。润麒一行人不知所措地走下飞机,被枪威逼着来到候机室,见溥仪正在一声不响地坐在那儿发愣。

刚迈进门,苏军命令润麒一行人逐一把佩戴的枪支放在桌子上,他们被全部解除武装,润麒佩带的手枪也被收缴走了。室内只剩下几名苏军士兵和门口的持枪守卫。

面对黑洞洞的枪口,他百思不得其解。为什么日本人非胁迫溥仪一行人乘机飞赴沈阳,而又是那么凑巧,刚走下飞机就被"移交"给苏联军队?莫非这是日本与苏联军队达成的一笔交易?① 据润麒后来分析,不能绝对排除这种可能性。

可笑的是,此前一直手捧"天照大神"的吉冈,早已将它偷偷扔弃到不知何处。见没人注意,万嘉熙又悄悄地将他拉到一边,环顾四周后,悄声耳语:"吉冈太坏了,早就应该把这个家伙给毙喽!"

"是呀,但这得要十分谨慎。"事情非同小可,润麒一再叮嘱老万。因险象丛生,自身难保,他俩的密谋只不过是一种凭空的发泄而已。

咚咚咚,门口传来一阵敲门声。原来,他们和溥仪所在的候机室里备有凉开水,门外站岗的苏联士兵手持转盘枪,愣头壳脑地前来敲门,声称要进来喝水。

当苏联士兵客气地劝溥仪喝水时,溥仪多了心,摇了摇头,死活不肯。苏联士兵当场咕咚咕咚喝了一杯,然后又倒了一杯端给溥仪,而他始终不为之所动。

等苏联士兵走后,溥仪小声地说:"不敢喝哟,怕喝坏了。"

"噢?"润麒这才明白溥仪死活不肯喝水的真正原因。照他看来,苏联士兵本无什么阴谋诡计,只能说明溥仪城府之深。在孤寂中等待了许久,一阵军靴响过,走进一名年逾四旬,身穿军服的苏联秃头少将,见到溥仪,言语倒是简单明了:"我奉斯大林的命令,接你们去苏联。"

翻译将这几句话译成中文,溥仪一行人听了全傻了眼。润麒听得异常清楚,秃头少将至少没说"拘留"二字。然而,已被蒙骗过的一行人究竟将被押往何处,他们心底无不打起了鼓。

傍黑天,润麒跟随溥仪登上了苏联飞机。从沈阳起飞,也不知飞行了多长时间,飞机降落到一个陌生的村落里,满街都是苏联士兵。他跟随溥仪走进一家医院,只见屋内徒有四壁,炕上仅剩下一张光杆炕席,连被褥也没有。一名医院院长走进门,歉意地对他说:"我这里的东西都藏起来了,不然,苏联兵什么都要。你们凑合点儿,就在炕上坐着吧,我马上就端桌子来。"

没过一会儿,饭菜足足堆满了一炕桌。其实,院长早知面前的是末代皇帝

---

① 关于润麒等人的这种猜测,存在种种不同看法。一种认为,这是日本与苏联之间达成的某种交易,即让溥仪一行人从通化乘坐飞机,来到沈阳直接交给苏联军队,以换取某种利益,此后,溥仪一行人被苏联军队带到苏联"抑留"就是明证。另外一种说法则认为,这仅仅是一种巧合而已,不存在日苏之间的交易。两种说法姑且并存,留待有关档案及第一手的相关史料进一步证实。

溥仪,热情地前来张罗晚餐。于是,他跟着溥仪狼吞虎咽地蹭了一顿饱饭,之后,便在简陋的土炕上蜷身躺卧了一宿。

第二天早晨,不知从哪儿忽然冒出几名记者,其中还有一名会说汉语的苏联记者,连珠炮似的询问了溥仪许多稀奇古怪的问题。不知是感叹世事坎坷,还是逢场作戏,溥仪说到伤心处,竟心绪复杂地黯然落泪。见此,苏联记者还一个劲儿地劝溥仪:"不要哭,不要哭嘛。"

马上又要重登飞机。苏军派来接他们的是清一色的美国敞篷吉普车,天空正下着倾盆大雨,地上的泥泞几乎淹没拖泥板。一名苏联胡子老兵端着枪紧紧守在溥仪旁边,途中见溥仪猛然探身向外张望,胡子兵以为"皇上"要逃跑,使劲挎着溥仪的胳膊不松手。

在机场等候了很久,一名苏联军官才发话,让这一行人登机。他走上飞机一看,吉冈、桥本虎之助及两名身穿日本陆军文官制服的年轻宪兵早已端坐在飞机上。他见吉冈仍然一声不响地蜷缩在飞机旮旯里,极为反感,心里暗暗发狠:"哼,到了苏联还用得着你们再监视我吗?"

其实,他想错了,年轻的日本宪兵仍在密切监视着他。苏联人端来了美国罐头、面包和黄油,润麒故意在日本宪兵面前大吃特嚼:"真香啊。"

"好吃吧?"日本宪兵被馋得够呛。

"好吃!"几句故意赌气的话,噎得日本宪兵再也不作声。

飞机降落在内蒙古一个说不出名字的奇怪机场。从飞机上走下来,只见遍地都是不怕人的大耗子,连一群人走过来它们也不跑。润麒在地上来回走遛,而溥仪似乎心力交瘁,在地上蹲了好半天才站起身。

他陪着溥仪一起散步时,遇到一名满头白发的苏联将官,外表蛮像英国人,溥仪于是用英文与其交谈起来。谈话之间,溥仪手指着日本人,极其厌烦地说:"我不愿意和这些日本人混在一起,你把他们弄走吧。"

没想到,溥仪这番话果真管用,苏军少将立即下令,让苏联士兵把日本人轰下了飞机。

夜幕降临,正当润麒胡思乱想之际,苏联士兵催促他们一行人登上一架练习跳伞的专用飞机。他见飞机过道两边有椅子,索性躺在上边睡起懒觉来。看到他泰然自若的样子,苏联军人钦佩地冲他竖起了大拇指。眼看要越过乌拉尔山,苏联军官推醒他,两人各自饮了一杯日本啤酒,又拿过来让溥仪、溥杰喝了几口。

当飞机跃过山峰时,往下一掉就是上千米,机舱内的人们顿时悬了空,之后又重重地摔落在座位上。一名苏联军官走来,坦然地对溥仪说:"这里可能有日本飞机,如果遇到了就得打一阵。你放心,我们绝对不怕他们。"

不说则已,说了反使润麒的心重新悬起来。虽然苏联军官夸口飞机上装置着机枪,可以随时迎击敌机。殊不知,此时日本早已宣布投降。越过乌拉尔山之后,苏联军官又拿起一瓶日本啤酒劝他."现在总算保险了,进入苏联边境,日本飞机就不会来喽。"

开饭时,苏联士兵送来了美国罐头、黄油和黑面包。一名苏联士兵端着空饭盆儿站在一旁,想等润麒吃剩下再吃,他才咬了几口面包,便随口招呼说:"过来,吃吧。"一群苏联小兵跑过来抢吃,把他吃剩下的面包几口就吞下了肚。

飞抵赤塔之后,在机场至少等了三四个小时,一直到天黑才驶来十几辆高级轿车,上边的司机穿着非军装的笔挺制服,其中一个人对他说:"请你们上车,"又转过身问他,"你是什么军衔?"

"中校。"

等级如此分明。几名中校被分在一起,其他人则凑在一堆。一名苏联士兵跟随溥仪乘坐一辆车,润麒与溥杰共坐一辆车,第三辆是万嘉熙,再后边依次两人乘一辆,边走边聊天。途经小山、森林,穿山洞、过路桥,夜里一直走了几个小时。

短短时间里,润麒竟然学会了一句俄语:"我们现在上哪儿去?"

"斯那托维。"①

听了司机的回答,他和溥杰都没弄明白怎么回事,心里仍十分紧张。他俩表面上虽然有说有笑,却一直没停止猜测:苏联人若有恶意,何必派这么好的车来接?如果是善意,为什么连去的地方都不告诉?

车停山上,明月高悬。溥杰见一名苏联军人从身旁路过,说的竟然是汉语,顿时发生了怀疑,惊诧地对润麒说:"这可坏了,一定把咱们交给国民党啦。"

过了一会儿,一名苏联军官打开车门,对他说起俄语:"请你们下去方便一下。"

"不!"他摆了摆手,表示听不懂。

苏联军官着了急,只好把大衣往起一撩,拿手在大腿间比划了一下,表示

---

① 斯那托维,俄语的意思是疗养院。

小便的意思。这时,他才敢走下车。在月光下走来走去的几个人都穿着苏联军服,有的竟然是满口汉语,究竟怎么回事? 他又糊涂了。

在汽车上,润麒度日如年。午夜约两三点钟,汽车驶近一个关卡,几名士兵提着一盏电池灯把守在栏杆前,彼此对过口令之后,继而行驶到一幢灯火通明的大楼前边。十几辆车刚刚停下,从台阶上跑下来一群穿白衣裳的人,拿起行李就往楼上搬,他忐忑不安地跟随进了大楼。大厅正中摆放着一张大桌子,上边摆满点心、饮料和奶油,饥饿的一行人开始大吃大嚼起来。

一顿饱餐之后,他们被安置在各屋休息。由于溥仪一行人还没最终确定身份,暂时作为外宾来招待。溥仪住在高级单人房间,润麒则是两人合住的双人间,还配置了软床、地毯和写字台。使他感到惬意的是,每个房间都配有一名女服务员,连打扫卫生都不让他们动手。

溥仪莫名其妙地感觉一人在屋里孤独害怕,便请求苏联人让润麒过来陪住。一名苏联翻译走进润麒屋里,征询他的意见,聊过几句,他才知道这名翻译原来是中国人。

"我是山东人,在苏联军队里当翻译。"

"噢,让我和溥仪住在一间屋是你们的主意?"

"是溥仪提出来的。他觉得一个人寂寞,要求让你跟他住在一起。"

"可以,那可以。"润麒满口答应,随即搬进溥仪宽敞的居室。

见了面,溥仪小声对他说:"看样子,苏联人对你的态度还是善意的。"

"现在谁能说得清?"他对溥仪的话颇不以为然。

翌日清晨,润麒出乎意料地受到热情招待。不少苏联小兵是蒙古人,对待润麒与其他苏联人没有两样,每逢见到他从门口进出,总是行礼致敬。

一觉醒来,他的名字忽然发生了变化。在日本,人们通常叫他润麒,而这里认为他姓润,就改称他"老润",再后来,叫来叫去,只是直呼其姓,遂将他称之"郭布罗"。

无论称呼什么名字,他都诺诺而应。

二 疗养院艳遇

初抵赤塔,两名苏联法院的官员前来找他谈话。他抽着烟,大大咧咧,态度极蛮横,认为这才是电影里的英雄形象。谁知,这两人毫不恼怒,只是客客气气地询问,庆幸的是,根本没强迫他写什么交待材料。

不久，苏联将官又派来一名白俄翻译，以轻蔑讥讽的态度找他谈话，而他俨然以中校自居，不惜顶撞，自然不欢而散。

两三个星期之后，一次散步归来，他在院里迎面碰到一名身穿便服的苏联男人，自我介绍是疗养院的经理："这个疗养院的矿泉水，对身体特别有好处。"说着，经理拿起矿泉水倒在杯子里，仰头喝了下去。润麒也试尝了一口，觉得矿泉水口感微咸，倒不算难喝。直到走后，他才知这名经理竟是苏联少将。

没过几天，少将经理忽然又下达了搬家的指令："这里的房间住着不太方便，你们还是搬往风景更好的地方吧。"

于是，女服务员帮助润麒一行人提着行李，搬到了距离二三百米远的苏式木房，里边布置得相当讲究，两人合住一间。在众多房间之中，设有一间大客厅和饭厅，算是聚会的场所。

所方原来给溥仪预备了一间豪华卧室，由于"皇上"患了恐惧症，不敢"独处"，改与几名侄子共住，而不再与润麒"同居"。这也倒好，他与黄大夫宿在一间居室——有了专用"御医"，溥杰则和万嘉熙共居一屋。

所幸，白天能时常出去散步，山根底下没人管，可以随便溜达。山坡附近却有士兵站岗，往那边一走，士兵就上前拦阻，不让攀登，他们只好"迷途知返"。

他在院里散步时，见到每逢有人过来，溥仪便虔诚地凝望斯大林像，以示景仰。打那儿，他就对溥仪产生了看法，认为这纯粹是装模做样给别人瞧。看得出来，溥仪虽对几个侄子时常发脾气，甚至掐人打人，对外人却异常客气。

不知怎的，溥仪突然变得进步起来，竟主动要求学习俄语，甚至请求留居苏联——其实是怕被引渡回国。在"新京"时，溥仪还敢悄悄大骂日本人，而到了赤塔却使劲讨好苏联人，任谁也不得罪，成了一个慈面菩萨。

不久，润麒当上了学习组长，老万成了领读。在宽敞的走廊里，摆上桌子和几把椅子，他们便开始琅琅读书。书目尽是《联共布党史》之类的政治书籍，像和尚念经似的，谁也没听进去。

在赤塔，每个房间都配有政府动员来的两名女服务员，有的甚至是学校教员。她们连说带比划，润麒能听懂一多半。几名女服务员对他尤其亲热，曾当过广播员的托尼娅，就是其中之一，她不仅不让他干活儿，而且关照有加。

每天，大夫逐个检查他们的身体状况。照例一天三顿饭、饮两次茶，一般人都在饭厅里就餐，而溥仪仍以"皇上"自居，只在屋里坐等送来饭菜。而润麒吃饭、喝茶总愿坐在长桌一头,托尼娅丝毫不避嫌,大多陪坐在他的身边。起初,苏联女子的过分亲昵反使他怀疑她们是苏联当局派来监视他们的,过了一些日子又感觉不像。

吃饭时,纯真的托尼娅落泪不止,他不禁关切地问她:"你为什么掉泪呀?"

"我认为,你们都受了日本人的害。你们是好人,可日本人太坏啦。"

见此,他用餐巾慢慢为她抹去眼泪。打这一天起,托尼娅对润麒格外友好,又教跳舞,又教俄语。见日本人与中国人说话时往往用小拇指对准鼻子,她就竖起大拇哥指着自己胸部,善意地对他说:"这样多大气呀。你怎么跟日本人学呢?用小拇指比划多难看,多小气呵。"她的意思是,要用大拇指比划才有气魄。润麒想了想,觉得提出的建议蛮不错,欣然采纳。

莫斯科突然派来一名少将,据说是斯大林最得意的部下之一,外表显得极为威严,说一不二,若要什么东西,必须马上送到,否则就大发脾气。院里有一个凉亭,一棵大树从亭内钻生出来,少将下令在凉亭四周摆了一圈桌子。吃饭时,由于厨房较远,少将遂叫蒙古小兵一直列队至亭外,将饭菜从厨房逐一传递过来;见白酒不够饮,他立即下令开车去市里购买。

吃饭时,少将边唱边拽着托尼娅的手,扯着脖子吼唱苏联歌剧,而托尼娅躲来躲去,颇像害羞的中国女子。瞅准机会,她用小拇指头暗指少将,低声对润麒说:"我最讨厌这样的人。"

由于苏联少将握有生杀大权,谁都惧怕他。当伙食主管被唤来后,吓得简直像一名罪人,浑身哆嗦不停,话都答不上来。

前来服侍他们一行的苏联女子,大多住在附近的小平房里,连夏天穿的衣裳也是统一发放的。她们的身体挺棒,仅穿着薄薄的单衣躺在食堂的椅子上睡觉,不盖任何东西,居然不着凉。

成天在一起打交道,彼此逐渐变得熟悉起来。他见托尼娅总围着自己转,觉得她心怀叵测,便起了疑心,对溥仪说:"这个女人对我有点儿过分好,可能另有企图。"

"很可能。"溥仪琢磨之后,觉得他说的有道理,"你可一定要小心为妙。"

在举棋不定的猜疑中,润麒对她日渐疏远。

舞会上,他没拒绝一名三十多岁的苏联女人瓦尼娅的邀请,可没想到第二天,她竟然身穿崭新的衣裳,满脸浓妆地找他来了,吓得他赶紧溜之大吉。

另一名不算漂亮的苏联女子舒拉,不知不觉也暗恋上了润麒。一名女军医前来检查卫生,用手一摸门框上边,自然发现了灰尘,不满地大喊:"舒拉!"于是,她被女军医唤来狠狠训了一顿。此后,他往上一比划,舒拉便明白是喻示门框上有灰尘,就笑着用手捶打他。

她喜欢润麒成了所内公开的秘密,不仅频频暗送秋波,而且多次向他递送纸条:"……我喜欢你。"

由于他心存疑虑,这桩单相思无果而终。

不知怎么的,溥仪对给苏联女子另起中国名字突发兴趣。

那名叫瓦尼娅的妇女,比起其他女子显然年龄偏大。对于别的女人,溥仪都分别起了好听的名字,惟独为她起了一个中国名字叫"王魉"①,一行人听到这个名字无不掩口而笑,明白这是挖苦她的意思。但瓦尼娅不懂,反而因中国"皇上"亲自给她起了一个中国名字而洋洋自得。

后来,竟至几乎每个女服务员都择定一名中国男人当"伴儿",连古板的溥仪和毓嶦也交上了苏联女友。惟独溥杰没有女朋友,因苏联女子嫌他个子矮,也过于死板。因润麒避讳托尼娅,她便渐渐与万嘉熙接近,而与他愈发疏远。

事有凑巧。一群苏联女子正和中国男人在客厅里玩捉迷藏,老万虽然年岁不小,却天真浪漫,被苏联女子捂上双眼之后,满屋转悠寻找另外的女孩儿。正玩得高兴时,苏军大尉推门走了进来,被蒙住双眼的老万寻着响动,偏巧一把抓住了苏联大尉的胳膊。

苏军大尉气愤至极,猛地甩开了老万的双手:"你们怎么能和女孩儿这样胡闹呀?"

苏联当局不好过分指责中国人,只得把苏联女子狠狠地训了一顿。然而,日久天长,苏联女人与中国男人当众拥抱亲吻竟习以为常。当局暗中调查的结果是,几乎每个苏联女子都交上了中国男朋友,遂下令辞掉了年轻女服务员,叫她们的母亲来代替上班。

这些老太太原来在后方做饭,来到这里之后,总是大发牢骚:"我真不明白,不叫年轻女人干,偏偏让我们这么大岁数的妇女在这儿干活。"

转眼之际,秋去冬来,一场鹅毛大雪之后,润麒在大院里精心堆砌了一个

---

① 中文"魉魉"一词,与王魉同音,一般喻为鬼怪之意。在晋朝干宝《搜神记》卷十六记载:"昔颛顼氏有三子,死而为疫鬼。其中一子居若水,为魉魉鬼。"

大型雪人，对围观的士兵说："告诉你们，这是普希金的塑像，谁也不许弄坏喽。"

"哼，我们就是要毁掉它。"苏联小兵威胁吓唬一番，却始终也没敢毁坏这尊雪雕。

一名苏联小兵踏雪进屋，说是要请黄大夫拔掉虎牙。黄大夫苦笑着说："我没有手术工具，也不是牙科呀。"苏联小兵失望而去。

润麒画像却意外地给苏联小兵带来了乐趣，他画的像惟妙惟肖，小兵一个传一个，纷纷来央求他画像。

他坦率地宣布："一天只能画一幅。"有了这个新规矩，那些苏联小兵才不再扎堆儿起哄。他偶自为之的绘画居然成了收容所一道的风景线。求他画像的人们纷至沓来，有的苏联人出于虚荣心，竟然连吓带唬，让他画像时尽量美化自己。

一名苏联士兵叫廖尼亚，认为润麒画的船上渔民形象动人，雄狮栩栩如生，就小心翼翼地珍藏起这幅画作，甚至恐吓润麒："你见到有人被关在小屋里蹲禁闭吧？如果不给我好好画像，你以后也得跟他一样，被关押起来。"

"行啊。"润麒反应敏捷，说，"如果画像，你要公平交易，拿食品来换吧。"

打那儿起，每当廖尼亚前来敲门时，他打开门一看没带食品立即将他拒之门外。廖尼亚佯作不解地问："你怎么不给我画了？"

"我不给你画了，就是不画！"他的话斩钉截铁。于是，廖尼亚转而讨好地送烟卷儿给他，他仍然不吐口："不要。就是不给你画。"从此，润麒不再给廖尼亚绘画，断然拒绝往来。廖尼亚悔之晚矣。

平静的生活被陡然打破。一天，忽然来了一名苏联少将，当众向溥仪一行人宣布："我奉斯大林的命令，拘留你们。"从此，溥仪一行人的身份骤然生变——由座上客成了"阶下囚"。

命令下达，他们将被转移去"哈巴罗斯克"——伯力。此前，他们出入无不乘坐小轿车，而这次换上了大卡车，而穿的衣裳也大多是战利品，像毛衣、毛裤、绒衣、绒裤和长靴子，连军服的裤子也镶有日本式竖线。

溥仪一行人坐在卡车上等候出发命令，足足冻了两个多小时，若不是外边罩上了白色翻毛大衣，非成了"冻物"不可。

突然，他看见托尼娅穿着单上衣和裙子匆匆跑来，裸露着大腿和胳膊，站立在车下瑟瑟发抖。飕飕的风雪刮得她的衣裳迎风飘飞，他真切地感到了苏联姑娘的炽热情感,在寒风中似乎连命都不顾了。卡车徐徐开动,托尼娅依然伫立风中,深情地凝望着润麒。他这才明白自己一直误解了这些善良的苏联女子,如此多情的女子恐怕再也难以遇到了……

他们到车站换乘上从莫斯科专门驶来的包厢列车。一名莫斯科派来的苏军大佐,挺着像三个月孕妇的肚子,带着一行人在隆隆车轮声中,奔赴遥远的伯力。

列车包厢虽然颇为讲究,臭虫却奇多,夜间简直无法入睡。大佐也觉得难为情,一直与溥仪聊天没睡。老万单独住在一间包房,身痒难耐。臭虫多了竟毫不怕人,眼瞅着冲人爬着袭来,浑身立时泛起鸡皮疙瘩。

润麒虽然一直戴着手套,却总感觉浑身发痒,袖口扎得再紧也无济于事。晚间躺在床上,拿洋火棍儿往墙上随意一划,臭虫血就往下流淌,实在瘆人。

尽管环境如此恶劣,润麒在火车上依然不断地说笑话。列车上食品丰富,有黄油、面包,还有各式罐头,应有尽有。他见老万在面包上抹了许多黄油,大口大口地嚼咽,于是开玩笑说:"你抹的黄油太多啦,不怕拉稀?"

"能吃就多吃点儿吧,谁知将来怎么样呢?"老万的话反映了所有人的复杂心境。

在伯力下了火车,一行人换乘上卡车,经过一段不长的行程抵达红河之畔,住进一幢两层小楼。据说,这里最早是一名苏联将军的别墅,如今木质的筒子楼变成了他们的宿舍。院子周围设有四个岗楼,由一队苏联士兵驻守。沿走廊是一排宽大的玻璃窗户,屋里摆放着铁床和崭新的绿色毛毯,拾掇得十分洁净。而楼道里却显得脏乱不堪,连楼梯的木地板都被人偷走烧了火。上楼得挑着道走,否则难免掉下去。

院子虽不大,小楼底层却有一间大厅,比二楼显得宽敞一些。四周有不少可以居住的房间,似乎仍有"君臣尊卑"的讲究,楼上只有几间卧室,溥仪住在其间,朝南还建有一个宽大的阳台,其他人则住在楼下。溥杰和张绍继[①]住在一起,而润麒仍与黄大夫同居一室,隔壁就是厨房,每逢就餐前,老远就能闻到饭菜香味。溥仪与大家同居一楼,感到一阵无名的兴奋:"这次跟大家住在一个楼,更方便了。"

润麒闲来无事在楼上观景,见溥仪正站在门口望风,就拿出镜子借助阳光来晃溥仪,终于被"皇上"发现,两人咯咯地对视而笑。

---

① 张绍继,又名张梦石,是伪满洲国总理张景惠最小的儿子,是中共地下党外围成员。

早晨起床之后，溥仪怎么也找不到洗脸手巾，纳闷地说："真奇怪，我连屋子都没出，怎么能没了呢？"直到晚上睡觉溥仪脱下长裤，才发现手巾被裹进了裤腿里。说来不奇怪，溥仪从小一直被伺候惯了，来到苏联才不得不亲手穿衣裳。

润麒有时出去干活，苏联士兵把他锁在外头，不让进来。他使劲拍门，岗哨却不管，他就大喊大叫："你们不让我进来，我就继续使劲敲！"直到苏联军官出面，岗哨才不得不打开门让他进去。

在楼上可以望见楼下公园另一边的街景，有次润麒见到一名喝醉酒的陌生苏联人正破口大骂："你们过去打我们，可现在你们住高楼，吃得又好，他妈的！"陌生的苏联人显然把他们当作了日本人。

忙里偷闲，润麒悄然学会了烧泥做鼻烟壶，几乎为每个抽烟的人都做了一个烟袋锅儿。起初他用黄泥做，不久，一名年轻的苏联中尉送来一袋白泥："你拿这种泥烧，效果可能更好。"

"好吧，我试试。"润麒欣然同意。

果然，白泥烧出来的烟袋呈白色，外观很漂亮。他俨然成了红河的"名匠"，靠这个手艺，他第一次卖烟斗居然挣到了十块钱。

与他同居一室的黄子政为人老实，他制作鼻烟壶总用他的水果刀抛光，以致刀把松动。黄大夫实在憋不住了："咱们就一把水果刀，坏了可就没法儿用了。"

"对不起。"他哈哈一笑，"这把刀子，你就借给我暂时用用吧。"其实，许久之后他才奉还。

见肥皂缺少，润麒就从澡堂里捡来小碎块，在火上融化后搁进香皂盒，倒出来就变成了有型有样的肥皂。他还别出心裁地掺点儿红、蓝墨水，外表五颜六色。

一天，润麒正在堆雪人，无意中一抬头，远远地看到一群人缓缓走来，无法认清是谁，猜测可能是伪满或日本战犯。走近仔细一瞧，队列中没有早已渺无踪影的吉冈和桥本虎之助之流，却意外地发现了父亲荣源，在万里之外的异乡，父子俩竟然意外重逢！他没敢贸然走过去，只是抑制住激动，偷偷用目光打了一个招呼。接着，他看到张景惠等一些伪满洲国老头儿。过了一些日子，他惊讶地得知，他们大部分人竟戒掉了鸦片烟瘾。荣源多年的"瘾君子"恶习，如今也戒得一干二净。

以往，他与父亲关系不算亲密，而在这里则成了不折不扣的孝子。他有生以来头一次为父亲换洗衣服,甚至缝缝补补,父亲开始依赖起他。有人议论说,荣源只要见到儿子就变得事儿多起来。

一次,父亲的衣裳领子脱落,嘱咐他缝一下。依照父亲吩咐,他缝上一看,领子竟然缝歪了,荣源由于有急事,等不及改缝,就这样出了门。每当想起这件小事,他就觉得对不住父亲。

父子之情日益加深。他喜欢父亲那块能够准确报时的怀表,每逢时针走到正午,就出现一扇弯弯的月牙儿。瞧他喜欢,父亲便亲手赠送他。遗憾的是,在岁月流逝中,不知丢失在了哪里。父亲喜欢良马,又擅丹青,能将扬蹄腾飞的奔马画得出神入化。他没学到父亲的真谛,只是徒自羡慕而已。

当时苏联时兴一种三色圆珠笔——一般是两色,售价达四十块钱。父亲见润麒工资低,连钢笔都没有,就亲自给他买了一根。不久,润麒丢失了三色圆珠笔。没过几天,他发现圆珠笔在勤务兵郭忠陆身上带着,便唤来询问:
"你这是哪儿的?"

"是捡来的呀。"

"这是我的圆珠笔。"润麒拿起一看,圆珠笔已经被压瘪了,也没说什么,讨回后便珍藏起来。他其实在乎的不是笔,而是父亲的那份关爱。

在红河,他与父亲的关系得到了根本改善。他亲手为父亲制做的白泥烟斗以及鼻烟壶,直到父亲去世以后,依然保存多年。父子俩时常见面,不免提起家里的亲人以及往事,母亲仲馨、哥哥润良都不免成了他忆旧的话题。

甭瞧婉容是亲生女儿,荣源却总不愿提及。以他的视角猜度,婉容一生未获幸福,至今不知沦落何处,父亲难免自责或后悔,从来没主动提起过这位"皇后"。

也许,这位荣公爷彻底伤透了心。

三 溥仪赴远东军事法庭作证前后

一件意料不到的事又吓了溥仪一跳,他不知是福是祸。苏联当局通知溥仪去东京远东国际军事法庭作证。溥仪成了热锅上的蚂蚁,急得团团乱转,寝食不安。

润麒起初压根不知此事,只看到莫斯科派来一名大校,面无表情地宣布了赴日行程。远赴东京之前,连溥仪也没弄清真正底数。

溥仪没想到赴日前第一课竟是练习规范吃西餐。偌大餐厅摆了一桌西式饭菜,一个人在旁边专门指导"皇上"拿刀、叉的规矩,尤其提醒溥仪喝汤时注意别出声音,连溥仪在宫中养成的随心所欲持刀叉的方式也一一矫正过来。

几天之后,溥仪的行李由苏联人预备停当。"皇上"走时,润麒根本没留意。一天上午,他正在院里闲逛,一名日本军官指着空中缓缓飞过的一架客机,说:"你看到头顶上这架飞机了吧?"

"看见了,飞机上是谁呀?"

"这就是溥仪去东京乘坐的那架飞机。"他这才知当天溥仪已飞赴日本。

过了一些日子,溥仪又神情恍惚地回到了红河。似乎,"皇上"并不开心,像是有重重心事。短短几天,红河的日本人对于溥仪的态度发生了截然不同的变化。以往,所有日本人见到"康德"都是九十度躬,一鞠到底,陛下长陛下短。而溥仪从东京作证归来,那些日本人纷纷议论,说溥仪在法庭上跟"天皇"作对。所以,日本人再见到溥仪竟熟视无睹,丝毫不再理睬。

溥仪去远东军事法庭作证的前因后果,润麒根本不清楚。他曾好奇地问起溥仪,哪想溥仪顾左右而言他,实在被逼不过,只谈起了一件"窃茶杯"的轶事:"我和一起去的苏军大校住在宾馆同一个房间。临走时,他把宾馆的茶杯偷偷顺手揣在皮包里。见我发现后,也随手递给我一只茶杯,我不好意思拒绝,就带了回来。"

日本人认为溥仪在法庭上与天皇作对。
图为溥仪(右)访问日本时与裕仁天皇握手

"真有此事?"

溥仪神情尴尬地点点头。润麒听了,暗自好笑,"皇上"赴日期间竟然"偷窃茶杯"。

比起溥仪,溥杰生性平和,对有争议之事大多不置可否,然而,每逢酗酒便突然变得胆大包天,疯闹起来没边。有一次,溥仪和溥杰在一名苏联军官家里饮酒。溥杰喝得酩酊大醉,在回家的路上,紧紧搂着一棵大树瘫倒在地,不省人事。那天晚上,溥杰跌跌撞撞回来之后,趁着醉意与一名苏联老太太絮叨没完。哪知老太太丝毫听不懂,溥杰便抬腿踢了她屁股一脚,老太太气急败坏地找到润麒,气愤地告了一状:"溥杰太不讲理了,竟然踢我的屁股!"

"您别在意,他喝醉了。"润麒耐着性子解释了一番。

隔了一会儿,溥杰的酒劲仍然没醒,还要起身揍老太太。他便打抱不平,猛然抬手掐住溥杰的脖子,将他摁倒在炕上。"皇弟"的酒劲儿一过,便躺下呼呼大睡。等早晨醒过来,竟浑然不知头天晚上的尴尬之事。

也许是润麒的干练显露了头角,苏联人让他管起摊派劳务的差事。在百货大楼修理暖气片时,他上楼时提不动,就让苏联工人帮着提上去。走进大楼,他才知道那儿根本没什么货物可卖,顾客极少,商场内冷冷清清。

活儿刚干完,马戏团又来人让他派五名工人当劳务,他马上找来老万带队前去。当时苏联钟表缺乏,一般人连普通手表也没有,所以老万手上戴的长型金壳手表极引人注目,一群年轻演员围上来套拉拢,争抢着想买那只金表。结果老万卖了几百卢布,立时成了小富翁。当时,被人询问时间是一件荣耀的事情,被问的人也往往引以为荣。不仅老万,润麒也时常被人询问时间,他非但不嫌麻烦,反而故意伸出胳膊炫耀一番。

一名伪满警察见他有一块金表,垂涎欲滴,反复央求:"如果你的手表不卖,能不能借我几天呀?"润麒不愿意得罪警察,捏着鼻子借了出去。

哪知才过几天,警察居然偷偷卖掉了金表,又花言巧语地欺骗他:"对不起,郭布罗,我把你那块表弄丢啦。"他明知金表已被暗地倒卖,却只能象征性地责备几句,奈何不得。

依恃过去学过中医针灸,他在医务室尝试着用拔罐子的方法为苏联人治病。一名漂亮的苏联年轻女子来针灸治疗,趴在床上一边拔罐子,一边和他嬉皮笑脸地聊天。当她脱掉内衣时,润麒见她身上青一块紫一块,感到很奇怪,询问是怎么回事。

"丈夫平常对我不错。可是外边总有男人追我。他很生气,昨天晚上狠狠揍了我一顿。"内中细节,她却闭口不谈。

毓嶦听说之后,跑来悄悄告诉他:"她没法儿不挨打,前些日子又交了一名男朋友。"

他这才知道,苏联女子多情,婚后有的仍不安于室。漂亮女子自我披露隐私,是不是在暗示什么?猜来想去,他实在拿不准。

果然,这名年轻女子再次来看病时,见屋内无人,便随手插上门,不管不顾地脱了个精光,顺势趴在床上。他愣了一下神,随即用手轻拍了一下她雪白的翘臀,然后拿来一床被单盖在了她赤裸的身上,又拉上了窗帘……

治疗过后,这名年轻女子临出门时冲他抛了一个媚眼,低声说:"依我看,不背叛丈夫的妻子,目前在苏联是不多的……"

其实,苏联男人背叛妻子之事也不少见。甭瞧捷尼索夫所长极讲究卫生,连开门都不用手,而拿着钥匙拽门,但他在对待女人的态度上却不那么讲究,时不时把女服务员拽进屋里去"娱乐"。润麒打扫捷尼索夫卧室卫生时就多次发现痰盂里扔弃着使过的避孕套。

中国男人也多情。捷尼索夫觉得老万俄文不错,想将他长期留下来训练中国八路军部队。据说,苏联最高苏维埃已允准老万加入苏联籍,而且答应发放安家费。眼看老万即将离开,润麒专门买了一个皮钱包赠送老万留作纪念。直到苏联人非逼老万娶一名苏联媳妇,老万才翻了脸,死活要把国内的结发妻子接去,结果"移民"陷入僵局,终以失败告吹。

润麒早想归国团聚,但由于他属达斡尔族,苏联人遂将他与其他四个少数民族的人单"挂"起来,硬说他归苏联人的范畴,死活扣住不放。

几乎所有人都知道老万成了苏联当局的"红人",连溥仪对他也是既喜欢,又恨怕交加。平时,谁都怕与老万多说几句话,惹溥仪不高兴而沾上"通俄"嫌疑。鉴此,润麒为与老万会面而又不被别人知晓,就事先约定一个信号——拿手绢晃一下,这成了他俩独特的联系方式。

老万待人谦逊,处事圆滑。聊天时,老万曾对润麒讲起,其父万绳栻在天津仅十几岁就长成了大高个儿。一次,家里闯进持枪的强盗,见他穿着灰长袍,以为是个大人,就掏枪抵着后脑勺威逼着上楼。万绳栻听见身后的土匪手扣扳机,叭的一声,才知枪里没有子弹,断然拒绝交出财物。而他祖父的小妾见此情形,认为性命要紧,遂将家里的珍贵物品如数悉交,土匪接过后仓皇而逃。也许是受父亲性格的遗传和影响,老万处事沉稳,不急不躁。

说起来,老万的人缘不错,尤其受苏联女人的青睐。时逢莫斯科东方大学的老师带领四五十名学生来收容所专门学习中文,每个中国人带几名苏联学生。润麒分配到一男一女,老万也被派来三名学生,其中有一名苏联女子恋上了老万,竟引起苏联女人之间的激烈矛盾。一名苏联女子正与老万聊天,另一名年轻女子则走来贬损她生过孩子,两人大吵大闹,打得一塌糊涂。

一名女子说:"为什么你向伊万①造我的谣?你必须在他面前向我认错,不然跟你没完!"

说闲话的女子被逼无奈,只好来到老万面前道歉:"昨天,我说她生过小孩儿是撒谎,请你原谅。她没生过孩子。"

其实,那名苏联女子是否生过小孩儿根本无法弄清楚,但老万与她成了一对情侣却被传得沸沸扬扬。

不久,好戏收场——她们被送回学校,直到坐上卡车,钟情的苏联女子仍然一个劲儿抹眼泪,老万在车下来回走遛,显得难舍难分。直到大卡车开走,老万才举步返家。②

相形之下,毓嶦比起润麒来,算得上老成持重,年轻时性格就像稳重的老人,脑筋好使,书也读得不错,去苏联没几天就学会了不少俄语单词。一次,润麒在厨房里与毓嶦聊天,没想到两人越谈越拧。他一阵无名火起,拽过毓嶦强摁在地上狠狠揍了一顿。毓嶦情急之下扑过去,想咬他没咬着,此后,两人好一阵子互不搭话。

如果说润麒是一个穷光蛋的话,毓嶦则算得上"巨富",在收容所里也是赫赫有名的"财神爷"。人所共知,毓嶦手里存有一串金项链,临到缺钱时就一节一节地卖掉,以买来面包填充肚皮。有钱能使鬼推磨。收容所抓来一些社会痞子和无业游民,见面便死捧毓嶦,离老远就让座或倒茶。原因挺简单——毓嶦趁钱。

毓嶦深知溥仪信佛,便想尽法子邀"皇上"欢心。一天,毓嶦忽然跪倒在溥仪面前,忏悔说:"我刚才心里骂佛爷了。"

"掌嘴,掌嘴!"

"啪、啪、啪。"遵照溥仪的旨意,毓嶦开始扇起自己的嘴巴。

"还骂不骂了?再打!"遵从溥仪的训示,毓嶦虔诚地跪在地上,狠狠地抽了自己一顿嘴巴。显然,这在用一种极端的方式讨好溥仪,以示对"皇上"的忠诚不贰。

见此,润麒鄙夷地说:"真无法理解,毓嶦这不是自己没事儿找打吗?"

---

① 伊万,即万嘉熙的苏联名字。
② 书中有关万嘉熙与润麒在苏联的交往内容,基本来源于润麒先生的回忆。姑待进一步考证。

四　在第四十五收容所养猪

人们常说落了毛的凤凰不如鸡。哪知，溥仪在苏联依然以"皇上"自居，仍想表面上维系在皇族中至高无上的尊位。

溥仪在日本人面前固然没面子，却时常在中国人面前强撑派头，吃饭时，依旧让底下人端上楼来吃，从不迈进餐厅半步。从东京回来后，溥仪更是绝不到楼下就餐，连老丈人荣源和几个侄子也都轮流给他端过饭菜。

溥仪对外异常谨慎，偏偏对几个侄子态度格外严厉。谁也难以想象，惟独润麒敢在溥仪跟前抽烟；从没见过有人在溥仪面前发脾气，而他却敢。也没人料到，润麒大发光火时，溥仪倒害了怕，竟然一声不吭。

似乎是个规矩，谁也不能在溥仪面前打死苍蝇。润麒到市场上买咖啡壶，见到西伯利亚的苍蝇，比蜜蜂还大，腆着金色肚子满天飞。因溥仪反复叮嘱不准杀生，即使屋里飞进来苍蝇，也只叫他打开纱窗轰出去。他不搭溥仪这茬儿，见绿豆蝇时常把军马咬得浑身是血，就趁溥仪不在，一巴掌将其打落在地，还拿脚使劲踩几脚。为了做实验，他还异想天开地在房间里逮了许多苍蝇，切下脑袋再调换对上，尝试能否复活。

有一名曾服侍过润麒的伪满士兵马玉，听说苍蝇脑袋可以切换，也模仿着逮住苍蝇切下来换头，却没能成功。黄大夫见了，含讥讽地对润麒说："你出的这个主意还真有人学啊，那个姓马的家伙摆了一桌子苍蝇，切下脑袋来交替着往上安，没活一个。这不是瞎胡闹嘛。"

"不实验，怎么能知道不成呀？"润麒嘴上仍挺强硬。其实，成功与否并不重要，他只是想在郁闷的环境下寻求一点儿乐趣。

刚到收容所时，苏联人只把伪满洲国议长当作一个极其普通的职务，根本没把臧士毅看在眼里。眼睛贼亮的臧士毅却仍以伪满洲国议长的姿态对溥仪提议："咱们不能再受利用了，小范围的利用不能干。"

面对茫然无望的前途，溥仪听了昔日议长一番话，仅抬了抬眼皮，未置可否。而润麒则认为这位议长大人始终还没弄明白"抑留者"的处境。

明知在严密监视的环境下，溥仪根本无法逃走，但所长办公室门口的走廊里仍然终日端坐一名苏联中尉，负责监视溥仪一行的动向。

离此不远的厕所里摆着一溜儿四个恭桶，几个洗脸池。溥仪只要一进门，每次大便时间都很长,别人休想再如厕。足有一米八高的苏联女厨子叫玛露莎,一天在厕所门外皱着眉头、捂着肚子喊疼不止。到末儿了,实在忍不住,便扯起嗓子对润麒说:"你们的人拉屎怎么慢哪?"

"嘘,"润麒以手掩口,"里边是'皇上'。"

"咳,原来是他呀。"她听了之后,满不在乎地拉开门走了进去,还用手作了一个手势,"你可不许对别人说。"

过了一会儿,玛露莎上完厕所,洗了洗手轻松地走了。此时,溥仪依然没从厕所走出来。他望着她的背影,自言自语地说:"真不知道,她回到家里是什么模样呀?"

没过几天,润麒便获知了答案。他乘坐卡车去劳动,途中,张绍继有意当众"挑逗"她那位烧锅炉的丈夫:"我知道,润麒可喜欢你的媳妇玛露莎呢。"

"斯马托里、斯马托里。"苏联男人拿这种话只当成笑话来听,意思是收起你的话吧,根本不像中国人那么大惊小怪。

玛露莎听说后,更是丝毫不在意,还嬉皮笑脸地和他开起玩笑:"如果跟你走了,我恐怕回来连家门都找不着啦。"

苏联女子大多很开放,不拘小节。一天,人们发现日本独眼士兵和一名乌兹别克女人在地下室一起洗澡,女人浑身上下只穿着一条窄布条的小裤衩,一些上年岁的苏联男人特意起着哄去观看她的半裸体,她毫不在乎。她文化水平不高,终日饱受苏联士兵的歧视和欺负,甚至不让她在一张桌上吃饭,时常被气得哭泣落泪。对此,润麒极为同情,却也无可奈何。

不知为何,润麒忽然对养猪发生了兴趣,自愿提出调换工作。以前,在第四十五特别收容所一直是由近视眼的张绍继负责养猪。所方同意了他的请求,从此他当上了"猪倌"。

"对于这些猪,你不训练好,就没法儿往槽子里倒食。不然,就都倒在猪脑袋上了。"

"听到了。"润麒支支吾吾地应着。

实际上,张绍继传授的浅显经验在他的眼里不过是"小儿科"。最初,他把猪食挑来倒往两边的猪食槽里,就静静地观察群猪吃食的习惯。只经过一段简单训练,他就成了令行禁止的"猪司令"。

他很快摸到了规律,这一群猪平时听话,每到吃食便毫无秩序地乱抢一气。他就一边打,一边大声申斥:"回去!"猪居然听话地退了回去。如此尝试多次,屡试不爽。到后来,他把槽子掇拾好,非得吹过哨,猪才颠颠儿地争先恐后跑过来吃食。

没多久,他就摸透了它们的脾性。喂来喂去,经过旁人点悟,他居然琢磨出了喂猪的诀窍:把做猪食的土豆皮在锅里煮熟,适当加点儿盐,每天添二两,等过一段猪吃腻了,再减成一两,如是增减往复。几个月之后,猪长得肥极了。

奇怪的是,惟独一只小肥猪不抢不闹,总是睡醒过来就趴在地上,始终死盯着一个方向,连眼都不眨。他见它天天如此,足足看了至少两个多星期,纳闷不已。照他看来,它的内心可能是一个奇妙的童话世界。

一天,那只小肥猪发现树荫深处发亮,突然不要命地从铁丝网钻出去,尽管后背被刮出一道道血痕,仍然一边跑一边叫唤,汪汪汪,发出的不像猪叫声而酷似狗吠。往回轰它时,它就打滚或躺下耍赖,死活不肯返回猪圈,他只好无奈地吩咐:"把它抬回去。"他叫了几个人帮忙,将它扔回猪圈,从此,它变蔫儿了。

闲着没事,他就穿着白色工作服坐在小房顶上四处眺望或晒太阳。每次他走下来,刚走进猪圈,那群白猪就狂奔过来,把他团团围住,紧贴着他的腿蹭来蹭去。若是挠一下,猪就顺势倒下让你挠个够。

他觉得那些猪跟自己亲热时,叫唤的声音听着像唱歌似的哼哼哼……显得特别高兴。他还发现,这群猪在快乐或饥饿、悲哀时,发出的叫唤截然不同。

通过观察,他发现那群半白的"马克夏"睡觉时,若是其中一只猪脑袋朝北,其它的猪也朝北,它转向南时其它的也都朝南,原来这些猪居然也有"头头儿"。下雨时,猪不出圈,总在猪圈的犄角大便,不下雨时才出来大便。想不到的是,那些猪还会主动掇拾猪圈,能用鼻子贴着地面噌噌地拱地,地上被擦得干干净净。

他最烦恼的莫过于打扫拱出来的猪食。每逢下雨,那群猪就短不了拱得猪食遍地。他就得跳进猪圈,用铁锹把猪食撮到圈外的手推车里运走,但在他的不断调教下,拱翻猪食的景况大有改观。

难以想象的是,他发现猪居然能做梦。一头猪呜呜地在酣睡中哼叫,一群猪也跟随着叫唤起来。奇妙的是,一头白猪在外头槽里吃食,听见圈里群猪鼾声骤起,以为将要睡觉,便也呱叽倒地而卧。当时他不知道它在做梦,赶紧跑到医务室去找大夫:"猪病了。"

"我是治人的大夫……不会治猪。"

"没关系,猪跟人差不多。"

"拿什么去?"

"有听诊器就可以了。"

到那儿一看,那头白猪仍躺在圈外的地上。大夫拿听诊器诊断后,没有发现任何病症,于是嘭地打了它一拳,猪马上醒了,敢情它在做梦。

世人形容某人愚笨时,总短不了说,这个人笨得跟猪似的。他却不赞成,而认为在动物里,属猪最聪明。

与他相伴养猪的,还有苏联厨娘玛露莎。她尽管带着几名中国人做七八百号人的一日三餐——苏联士兵也在同一餐厅就餐,仍忙里偷闲养了一只猪,只不过归她私人所有。她想让他一起喂养,但收容所所长不准,也把话说绝了,不能公私不分。她只能退而求其次,让他代养。每到晚上,他必须抱着小猪送回地下室,厨房里剩下的鱼、肉,她都拿来喂了那只小猪。

没想到偏疼的果子不上色——小猪营养过剩,反倒不长个儿。养来养去,玛露莎的小猪怎么也没有他的小猪个儿大,于是,她一气之下卖掉小猪,他反倒获得了解脱。

养猪初获成功。而他发愁的是每隔不久便要面临一次的屠宰。有一次,所里宰猪吃炖肉,他端起碗一看,一块猪肉皮上有个明显的黑点儿,他疑惑是平时喜爱的那只小猪,实在不忍下咽,就半途溜了出去。来到猪圈,他见喜爱的小猪依然在低头吃食,才知宰的不是这只小猪。他在养猪过程中,始终忐忑不安地暗存恻隐之心。

他与那群猪仿佛有了感情,只要他往猪圈栏杆上一趴,几头白猪就会围上来望着他。每逢宰猪前,他便心慌意乱,只能三十六计走为上——借机躲避。

夏天卖猪时,它们准会扒着车门冲他喔喔地叫唤不停,他便走到车边给它们喂水、喂食。车开动了,那群猪仍拱着车门望着他,恋恋不舍。一名苏联士兵看穿了他的心思,说:"润麒太狡猾了,一到宰猪时就没影儿啦。"

临屠宰前,那群猪似乎有预感,嘴里大都口吐白沫,凡是见到这一情景,他撒腿就跑。其实,苏联士兵心挺软,胆儿也不大,更不会宰猪,总是哆里哆嗦地用斧子乱砍,或拿起棍子一阵乱打,简直与活活打死差不多。每次屠宰,苏联士兵都被吓得大汗淋淋。宰一次猪,不亚于上一次真枪实弹的战场。

润麒随手捡来一只小黑狗喂养,但它总在走廊里拉屎。一名苏联军官见到,下令让厨子兵把小狗拉到公园毙掉。他听了,极力劝阻:"别介,可以训练这只小狗不在屋里拉屎呀。"

"嗯,嗯。"苏联厨子兵表面支应,趁他不在时,却把那只小狗偷偷毙掉了。

他得知后,立马找去,跟那名苏联军官翻了脸:"你们凭什么毙掉这只狗?"

"这只狗净在屋里拉屎,以后赔你一只好狗行不行?"苏联军官也不想得罪他,直说软话。

谁知苏联厨子兵枪毙狗归来,竟被吓得神经错乱,满脸潮红、心跳不止,去医务室一检查,竟然血压升高、脉搏加快。那天,正赶上阮振铎在医务室值班,没查出什么实质病症,经盘问才知厨子兵已被吓病,逼其吞下一把镇定药,大睡一夜才稍稍恢复正常。

从小狗死于非命一事,润麒似乎隐隐察觉了自身的处境,遂毅然拿定主意,即使归国后受处罚也心甘情愿,绝不做客死他乡之鬼。

五 凄苦的劳改生涯

强制性的劳改生涯使润麒饱尝凄苦。"封建等级制"在收容所愈加彰显。不同的是,参照所谓过去的地位和身体状况而确定的等级,只是区分是否从事体力劳动。一级、二级、三级须从事体力劳动,而四级和五级却可以不劳而获——"皇帝"溥仪和"皇弟"溥杰被划归四级,即可"以逸待劳"。

他作为国舅兼"三额驸"被认定为三级,与一级和二级一样干活。"五额驸"老万因掉进泥坑腿被摔断,遂被确认为二级,也在必须从事体力劳动之列。世袭等级的印记,在这里只不过罩上了一层无法言明的"体质"面纱。

中国人、朝鲜人、日本人按民族划入各自不同的收容所——自然也有混杂而居的。一度,润麒所在的收容所由朝鲜人担任大队长和指导员,实行"自治",干的活儿无非是装卸火车,俄语叫"班古鲁斯戈"——搬运工人。

当地人称西伯利亚风雪为"烟儿炮",吹打到脸上疼得难以忍受。火车站的电灯,被风雪刮得不停地晃动。天寒地冻,润麒穿着厚厚的棉袄,连弯腰都觉得困难。在黑暗与明亮交替之中,他颤颤巍巍地踩着跳板登上火车扛运货物。

开始,他的脚底下像踩着棉花似的,累得浑身是汗,过一会儿又变得全身冰凉。如果到天亮装不满车厢,难免受惩罚,连车站也要受到牵累。他以一股不服输的念头,一边擦着汗水,一边毫不泄气地自言自语:"只要不停地装,我就不信一夜不能装满车。"

往车上装煤时,干了一辈子劳工的老人教给他一点儿技巧,即一只腿拱在前头做支点撮煤,喘一口气扔一锹,但防止被地下的钉子卡住。逐渐,他掌握

1989年夏，毓嶦前来新居拜访，共同追忆在苏联的生活

了窍门，一铁锹甩出去煤块不散，扔多高也不算太累，粗略算了一下，他一天竟足足撮了两万多锹。吃过晚饭，他疼得连胳膊也举不起来。

白天没事儿，他就原地待命；火车驶来，尽管饿得吃不饱肚子，也得马上去装卸车。收容所规定他可以劳动半天，但他从来一干就是一整天。

从火车往下卸煤，要用锤子砸开专列左边的铁门，再倒到右边，躲开掉下的煤块。因为煤几乎堆至车顶，上车时要趴着上去撮。最初钻进车厢时，无法抬起头，随着煤量减少才能猫着腰，逐渐站立起来。他适时抽掉木板，铁门一开，煤块自然就滑了下去。

之后，煤块被装入铁斗，沿着窄窄的轨道，被钢丝绳索拽到几百米远的转运煤站。如果车上的煤块没卸净，还要派人用铁锹撮，中途跳下车难免被摔伤。

民以食为天。油腥少，无法填饱肚皮，成了收容所里所有人的头等大事。肚子吃饱了，他竟然可以在空中的铁索上倒着行走；吃不饱时，饿得浑身打晃儿，双腿走路似有千斤重，蹲下就不愿起来。

起初，谁也弄不明白，收容所的人居然都憋不住尿，夜里起夜好几次，连白天也时常到处小便。夜里，一些老头儿时常从床上爬起来，沥沥啦啦往门口去撒尿，干净的地板总是被弄得脏兮兮。久而久之才明白，是由于肚里缺乏油水。

苏联人曾研究过他们为什么憋不住尿，学者没琢磨透，润麒却悟出了道理：平常吃素，小便就多。可能是平时留下的老习惯，他吃饭时必须抹点儿黄油才行。

劳工的食物，经过两层剥削，吃到嘴里就变成了稀粥。先是苏联所长要剥一层，再就是俘房"自治"选出来的大队长、所里设的大队部和指导员部，层层盘剥。这些家伙穿着呢子军服，吸的是民脂民膏，个个肥头大耳。真正轮到润麒这些干活的劳工头上，就变成了"三餐皆粥也"。

洞悉这些黑幕后，他对那些吸血鬼反感到了极点。也许是惺惺相惜，不少苏联士兵对他极为友善。一次，他收拾库房时，苏联士兵佯装无意中把他反锁在里边，恰好，他在库房饱餐了一顿饼干、黄油和葡萄。

当苏联军官察觉之后，士兵忙溜进去冲他摆手，示意他赶紧跑出来，于是，他顺手抄起黄油和面包，吭哧吭哧猛吃几口，迅速跑出了库房。

没几天，一名伪满警察被抓来，由于腹饥难忍，偷偷地央求他说："你给我偷点儿黄油好吗？"

结果，熟悉库房的润麒帮这家伙装了满满一口袋黄油。由于没命地猛吃黄油，这厮竟然由屁股沟溢出黄油，渗透了裤底。见此，他大发光火："你太过分了，弄不好就得被枪毙呀。"

"润麒，你这么说可不合适呀。"一名苏联军士听了，在旁边抢白他。

"这是大实话。"其实，腹内无食的润麒看见面包和黄油，也急欲吞咽下肚。

当他再次溜进库房顺手偷拿黄油时，晾晒的蘑菇被碰落在地上。他心里无名火起，抬脚踢飞了蘑菇，冷静下来后，他仍然公道地把白面包切成数份，平均分给了身边几个人。

眼看劳动强度超长，饥肠响如鼓，同伴纷纷抱怨不停："一天干十六个小时，没有任何干粮，只是喝粥充饥，怎么干活儿呀？"

"是呵，长此下去，这哪儿行呢？"他深有同感，却毫无办法。

中苏"战友"为填饱肚子而彼此关照，关系颇有所改善。一名苏联汽车司机叫瓦纳彪夫，到山上采摘了许多榛子，死活往他的兜儿里塞，他不好意思地推辞说："真他妈的，怎么只给我一个人呢？"

"你瞧你这个人,真不像话,送给你榛子吃,还骂我?"瓦纳彪夫反唇相讥,还给润麒起了一个苏联名字叫"廖纳",相互逗趣。而随着"廖纳"这个名字传开,润麒不吃"独食"也逐渐被人们了解。

久而久之,苏联军官都亲热地称润麒为"廖尼亚卡"①。其实他岁数已不算小,但在苏联人眼里依然是一个活泼的年轻人。

那名因毙狗而神经错乱的厨子兵,见他的鼻子上能立住铁锹或木棍儿,模仿了半天,却怎么也立不好,显得十分丧气:"不行,我的鼻子没你的大。"在一阵哈哈大笑中,他似乎忘却了饥饿。

命运的摆布使他领悟了生活的残酷。中日两国的人种体质也在极端恶劣的状态下显现了区别。中国人皮肤感染后往往化脓,而日本人则流脓不止以致死去,甚至多数是强壮的汉子。更奇怪的是,他在医院见到不少日本士兵只剩下一条腿仍称身上血液富余,必须经常抽血,于是越抽越多,几乎嗜抽血成瘾。

偶尔,他被派到已遣散回国的日本人的屋里掇拾,只见遍地狼藉,到处都是破烂儿,连新毯子也被丢弃。他曾盖过一条沾着血迹的日本毛毯,中间还有一个瘆人的枪眼儿。

有时早晨一觉醒来,他才发现令人恐怖的死亡骤然临近,身边的日本士兵没睁眼,一动不动,可能半夜便已死去,等发现时早都凉透了。尽管窗外阳光灿烂,他却仿佛时时生活在黑夜的噩梦之中。

---

① 俄语名字中加一个"卡"字,近似中国话里的"小刘、小李"的意思。

第拾玖章

离乱亲情

*心近咫尺,人在天涯。

　　*人亡曲终。可怜的婉容,直到病逝于阴冷的延吉监狱,仍丝毫不知胞弟润麒早已随溥仪"抑留"在遥远的苏联伯力。

　　*家里突然闯进一名身穿军服的中年人,对韫颖直言相告,润麒在沈阳等你。因不能带孩子,她终未成行。不久,那个特务被抓捕,一场虚惊,使她出透了一身冷汗。

　　*"你们回去可能就没命了,这条纯金腰带就送给我吧。"溥仪被吓得说不出半句整话,捷尼索夫就这样半抢半夺,掠走了溥仪的"金裤带"。

　　*润麒站在不远处,目睹了这一幕可笑的滑稽戏。

图片说明:**妻兄溥杰在抑留苏联期间**

一　流浪的妻儿

寒风呼啸。润麒昼夜思念的妻子儿女,流离失所,漂泊在东北的冰天雪地。

他的娇妻韫颖似乎已成了饱经风霜的村妇,只有俊俏的面容依然透出往日格格的些许风韵。韫颖带着幼小的曼若,在临江的小摊儿上贩卖一些破烂以维持生计①。瘦弱的宗光身背一个木盒沿街贩卖烟卷儿,嘶哑地大声叫喊:"烟卷儿!哦,烟卷儿!"

贫困交加,兄妹间难免发生矛盾。一天,曼若在路上偶然碰上了宗光,就笑着模仿他的叫卖声:"哦,烟卷儿,烟卷儿!"

"你为什么羞辱我?"她没想到宗光忽然大发脾气。

晚间,韫颖与林妈在里屋对坐无语,无意间看见外屋坐着一个人不停地抽烟,她们顿时害怕起来,索性顶上了门。后来才发现那人竟是宗光。原来,宗光手里的几盒烟卷儿发了霉,无法卖出去,他索性发了狠话:"这些烟扔掉太可惜,干脆都抽了吧。"

其实,宗光即使不抽掉烟卷儿也无法摆脱家庭的困窘。平时,一家人生活极为艰辛,经常以喂马的豆饼充

1941年,宗光手持父亲润麒自画像。解放后团聚,家人忆及东北漂泊的日子,翻拍以为纪念

---

① 多年之后,韫颖回忆说:若说曼若是在小摊儿边长大的,一点儿也不为过。

饥,偶尔吃一次窝头,就算"开斋"。

几年后,曼若回到北京,无意间问起宗光:"在东北,什么东西最好吃?"

"窝头最好吃。"宗光的回答令曼若一阵心酸,哭笑不得。

在临江,姐姐曾递给弟弟几块饼干,宗光偏偏不敢吃,一问才知他根本没见过饼干,也不明白手中拿的是什么。姐弟俩在临江街上摆小摊儿,一名讨饭的女子瞧曼若过于可怜,就好心地劝她也去当乞丐:"你为什么吃喂马的豆饼呢?当一个要饭的多好啊,你瞧我吃得又白又胖,去看一看吧。"

那天,女乞丐把曼若带到一家饭馆的后边。她低头一看,泔水桶里飘浮着乌七杂八的食物,肮脏得要命,同时散发着令人作呕的阵阵臭味。

"我宁可饿死,也不吃这种脏东西。"她死活不肯去讨饭。

家里仅剩的东西全被收缴走了,连像样的被窝都没有,只剩下一床破被套,全家人只能靠好心人接济的一点儿食物为生。曼若的胳膊上长了红肿的疮,流脓不止,没钱注射盘尼西林,只得哀求医院的大夫免费扎一针消炎剂。

碰巧,韫颖染上伤寒病,又患了胃穿孔,成天疼得寻死觅活。老友张学思①去看望韫颖,瞧她十分可怜,就送给她一点儿大烟灰尝试治病,居然创造了奇迹,没几天,病况骤然减轻,尔后竟稍稍见胖了。

大病初愈过后的韫颖,勉强以摆摊度日。张学思时常光顾她的小摊儿,只为借买东西为名送她一些钱,有时明明是只值一分钱的货,偏偏给一毛钱。多年之后,润麒倒认为,张学思在临江还没正式参加八路军,总是设法接近韫颖,可能有某种特定的任务也说不定。自然,这只是一种猜测而已。

厄运频频袭来,甚至不乏潜在危险。家里突然闯进一名身穿军服的中年男人,一番寒暄之后,对她直言相告:"润麒正在沈阳等着见你。"韫颖思夫心切,准备启程,但听说不能带孩子去,怀疑有诈,反复犹豫之后终未成行。不久,听说那个中年男人是刺探八路军情报的特务,已被抓捕。一场虚惊使她出透了一身冷汗。而这时,她仍不晓丈夫究竟身在何处,终日挂念不已,可谓:心近咫尺,人在天涯。

由于自幼生长于王府,练就了韫颖识别珠宝首饰的慧眼,一眼便能鉴定玉石的真伪和成色。在爱新觉罗家族兄妹里,数她对珠宝、黄金最识货。八路军的李政委和另外一名副政委死磨硬泡,从她家"借走"不少珍贵珠宝;没过几

---

① 张学思,即张学良胞弟。解放后曾任中国人民解放军海军总参谋长。

天又以"贡献"为名,索性连窝端走剩下的,从此再也不见下落。

黑老妈和白老妈焦急万分,她俩虽不是皇族,却自幼跟随韫颖,直到她嫁给润麒,始终不弃不离。以往在醇王府里,几位格格从不住在一起,各有几名老妈伺候,只是像客人一样,偶尔才见一次面。黑老妈是二嬷儿,自幼为韫颖喂奶,因姓高,人称高嬷儿。白老妈是水妈,分工在厨房做饭,俩人共管一个小孩儿,自然与韫颖浑然一体。不同的是,黑老妈头发是黑的,白老妈头发是白的。以润麒一家的"保护神"三个字来称呼她俩,也许毫不为过。

在外人看来,两名老妈与润麒一家简直胜过至亲。追随韫颖多年的黑老妈,眼见这些人把韫颖的珍宝全部"没收",仍然不断向她索要钱款,顿时半真半假地疯癫起来,拼命要抢回被巧取豪夺的宝贝,竟然找到政委的驻地,嘴里喊着嘿嘿嘿,啪的一声摔倒,爬起来之后,又疯喊着嘿嘿嘿,连续跌倒在地……八路军见她犯起疯病,惊恐地赶紧将抢走的少数珍宝"完璧归赵"。

黑老妈返回家,愤愤地对韫颖说:"我跟着你们受了多大的罪,你们可得对我负责呀。"

韫颖面对黑老妈的半疯半癫,瞧着手中所剩无几的珍宝,似乎陷入了绝望。

地处偏远之地,洋火在临江价格不菲,韫颖决定购买一批,想赚一笔钱以救"穷"。谁料一名奸商瞅准她的心思,卖给她整整一箱受潮的洋火,因无法燃着遭到全部退货。她因此忧郁成病,家里的经济又一次陷入绝境。

幸亏家里的女佣林妈从八路军那儿好说歹说讨来一点儿粮食,勉强糊口度日。最早,林妈一直在仲馨家里居住,韫馨见她聪明懂事,遂将她从北京带到日本,从日本又一起归国。伪满垮台之后,溥仪在大栗子沟逃走,她又带林妈辗转流落到了临江。

八路军见林妈是底层劳动妇女,就让她帮助做点儿事,她进而变成了八路军的追随者。自然,韫颖一家沾了林妈的光,不再任人欺凌。

在爱新觉罗家族里,二格格韫龢与三格格韫颖是同父同母的亲姊妹,关系一向很好,而在通化流离失所途中却产生了贫富悬殊。据说二妹夫郑广元在大栗子沟曾当众宣布,溥仪将其所遗下的金银财宝和药品委托他管理,连每天伙食也由"二额驸"负责。在返京途中,二格格一家正赶上从八路军与国民党打仗的火线上通过,郑广元被抓到以后,自诩"文八路",时常用眼药水给百姓治病,再加上八路军一名谢政委力保,才勉强蒙混过关。

因日本战败的特殊背景,无辜的嵯峨浩成了众矢之的,谁都不愿理睬她,连溥仪的亲戚也与她发生了矛盾。在东北流浪的日子里,韫颖不仅亲近她,还对她备加照顾,使她感激莫名。① 艰苦的生活改变了嵯峨浩,她过日子极"抠",连搪瓷盆碰掉瓷,也要买一种化学药末糊上,凑合着使用。

难得的是,她对溥杰的情感始终如一,从未动摇,竭尽全力拉扯着两个女儿,期待着与丈夫团聚的日子。她到北府去见载沣时,国民党派一名军官和两个士兵押解她来京,她仍不忘买一只烧鸭来孝敬老公公。几经周折,她终于携女儿乘船返日。

而润麒可怜的姐姐婉容,自从分别之后,一直追随溥仪家族以及八路军流浪在冰天雪地的通化地区。起初,她还向八路军上缴过几次珍宝和首饰,后来一无所有,终至病卧于阴冷的吉林延吉监狱。直到病逝前,她仍丝毫不晓胞弟润麒早已随溥仪"抑留"在遥远的苏联伯力。

二　父子同拘

婉容更是始终不知,父亲和弟弟在苏联竟然一同成了"抑留者"。

荣源对"皇上"仍是忠心耿耿,时常为溥仪送吃送喝,成天跑跑颠颠儿,不遗余力。屋里白天挺暖和,午夜停火,荣源睡觉时,尽管冻得够呛,依然不忘掀过一床毛毯盖在润麒身上,他感到从未有过的温暖。

寂寞无奈,润麒晚上闲来没事,时常以打麻将和押宝来打发无聊的日子。苏联香烟充足,大多是带过滤嘴儿的烟卷儿,一人每月能分到十几盒。多得连厨房、厕所和走廊里都有公用烟盒钉在墙上,任人随便抽取,剩下还可以存起来押宝玩儿。一次他押宝时,任别人怎么也押不着,他却把所有人手里的烟卷儿赢到手里,成了名噪一时的押宝高手。

在库房里数鸡蛋,他却在父亲面前甘拜下风——只会一五一十地用俄语数,"瓦拉丝……"

父亲荣源教导他诀窍:"如果数数儿,你可以先数仨后数俩,加起来就是五。这样可以数得更快。"他心里默默一试,果然如此。

苏联人感到奇怪:"你数得这么快,肯定数儿不对。"核实之后,见他数得准确无误,感到十分纳闷。

---

① 在嵯峨浩所著的《流浪王妃》回忆录上有这方面的详细记载。

在荣源看来,一般人的眼睛同时数五个东西不容易看准,三个加俩则容易数得最清楚。一名苏联军医,经他指点,学会了写"正"字,自称一个"正"字就是"五",顿时得意洋洋,还在他面前自夸地炫耀一番。

暮色茫茫之中,润麒时常晚饭后走出房门,满村随便转悠,村里人对他说:"过去中国人曾在这儿培训过,你们又来了啊。"

他不知哪些中国人在这里培训过,却明白苏联人并无恶意。他信步走进一个养牛人家,见到一对饱经沧桑的老夫妻,生活极艰辛,母牛的饲料是配给的,牛奶大都向外销售,剩下的才能自己喝。他觉得,苏联农村

润麒暮年,时常忆起"抑留"苏联的日子

百姓诚实质朴,他刚随口说想喝牛奶,苏联女子洗完手便开始挤牛奶:"我们这些牛奶得向外卖,自己喝不了多少。"

"我给你钱嘛。"

"不要钱,你给巴比洛斯①就行。"

润麒没想到苏联老百姓如此喜欢香烟,便赠送她两盒带过滤嘴儿的香烟。她道过谢,又歉意地说:"对不起,我连火柴也没有。"

他又随手送给她一盒火柴,然后喝起牛奶,悠闲地瞧着那对夫妇点燃香烟,大口大口地猛吸过瘾的开心样子。

在第四十五收容所没什么体力劳动,于是苏联人选了一个基地种植庄稼。带着这些人去的是一名即将刑满释放的犯人,叫卡林达索夫——苏联管铅笔叫"卡林达士"。于是,他戏称其为"卡林达士",一传十,十传百,苏联士兵也都叫起这个外号。

"铅笔"总想骗他们多干活儿,往往休息没过一会儿,便招呼继续干活儿。

---

① 巴比洛斯,俄语,香烟的意思。

后来他索性不再听话,该休息就躺倒,"铅笔"对他丝毫没辙。

虽然润麒从事体力劳动,每天却只分配到四十五克黄油抹面包,实在难以充饥。他发现,无论年轻或年老的苏联女人都对中国人充满善意,甚至透出某种尊敬。

一天,他满脸倦色地在地头来回走溜儿,一名年逾五旬的苏联老太太摘野果时,挥手唤他过去,硬塞给他一块黑面包,他不好意思地推辞说:"我不饿。"

"我的儿子在德国作战就吃不饱,你们怎么能吃得饱呢?"她心疼说。

"嗯,还可以吧。"润麒只说了一句含糊的话,仍旧把面包退还给她。老太太不甘心,又抓了一把樱桃似的红浆果,强行塞进他的上衣口袋。大概因苏联妇女的丈夫多数在前线打仗,所以对身在异乡的"俘虏"尤为同情。

其实,润麒这些人收获的果实,一部分拿到收容所,一部分变卖,而钱则落入了收容所所长的钱袋里。这是他们事隔许久才听说的。

有一名高个子苏联中尉,曾到过中国,外号叫"基布登",膝下无子,显得很可怜,家里只有两个侄女,在天气特别冷的情形下,他不回家时就只能趴在厨房的餐桌上睡觉。后来,"基布登"患了性病,时常从润麒的床垫上撕下脏棉花擦抹。两个侄女也陷入了经济窘境,只能靠出外打工养家。

当时为润麒送水的马车夫是一名快出狱的苏联犯人,润麒瞅着挺可怜,便送给马车夫一瓶日本酒。哪知马夫竟连白色玻璃酒杯也捎带卷走了,他气愤地告诉"基布登":"真不像话,马车夫竟然把我的酒杯偷走了。"

"基布登"听后只是耸一耸肩,表示无奈。在苏联仿佛有一个约定俗成的规矩,只要偷窃行为当场没抓着,一切都是白说。

老好人"基布登"死后,两个侄女哭得像泪人似的。他没能力从经济上赞助,只能抚慰一番了事。

人所皆知,第十三、十四和第十五收容所是劳改场所,不仅吃不饱,劳动又脏又累。在前两个收容所,润麒和老万当上了运输木头的搬运工。他们每天要通过传送带把原木装进加工机器,再从烟筒里一炮喷到空中,渐渐堆成一座锯末小山,由汽车统一拉走。

若与润麒相比,老万算得上命运多蹇。运输原木必须经过一座水池,里边的热水奇烫无比,老万原本负责用杆子把原木捅到传送带上运走,却不慎落入水池,幸亏接到大伙儿伸手递来的一根木杆,才被七手八脚地拽上来。由于灌了不少脏水,好心的人们逼着老万吃下了一辈子也不曾吃过的偌多消炎药。

一天,从火车上往下卸几人都搂不过来的粗原木,大伙商议半天,只能使用撬杠。润麒眼瞅着木头意外滚近老万,恰巧一名朝鲜劳工在前头堵住路,老万无处可躲,腿骨被原木撞得粉碎,火速送进医院,这使他一直惦念心头。

一度,苏联人看中了润麒,让他掌管传送白菜的机器。此前,传送带曾不止一次脱落过,自从他负责以后,基本杜绝了此类事故。瞧他为人精干,所里又叫他和两名喇嘛、中尉额信台以及毓嵣,成立了一个五人"佩契克"——砌炉子的小组。额信台曾在哈尔滨砌过炉子,算是一把技术好手,几人吃住在帐篷里,实在天气太冷就拆掉木桥烧火取暖。

苏联人砌炉子时总是邀请他们到屋里喝茶,热情招待。但也有例外。一次,他们为苏联人修房子时,一名身穿白衣裳的女子正在屋里兑酒精,润麒前去讨酒喝,她却连一点儿也不舍得,他碰了一鼻子灰。另一次,事先约好为一名女医生修炉子,他们足足在门外等了一天,既没灰也没有砖,她遂被封了一个外号——"停工待料"。她十三岁的女儿到井边打水时,央求他:"您能不能帮着提点儿水?我得做饭去,家里还有一个小妹妹。母亲回来以后,给你们点儿吃的,可以吗?"

"当然可以喽。"润麒听到能有食品充饥,乐不可支,高兴地提水送进屋里,女医生仍未归家。

没过一会儿,小姑娘抱来洋娃娃似的胖妹妹:"你替我抱一抱,我要做饭了。"

时值冬天,身穿毛衣、头戴编织线帽的小姑娘守信地递给他几块包着蜜饯和糖的饼干——当地叫"包头"。他肚子饿得简直像打鼓,想咬下一点儿往怀抱着的小女孩嘴里塞,谁料一口咬下半块,竟自咽了下去。

小姑娘走过来,奇怪地询问妹妹:"哎哟,你怎么吃得那么快呀。"她哪知,小妹妹没吃多少,大部分都被饥饿的润麒独吞了。他在厨房烤火等候,肚子饿得咕噜作响,一眼瞧见炉子上烤的靴子下边有点儿面包渣,也不管脏不脏,胡撸下来便送进嘴里。

正吃着,女医生推门而进:"谢谢你照顾啊。"听后,润麒连忙尴尬地擦去嘴上的面包渣。女医生说了不少客气话,沏了一杯热牛奶,又摆上盛着黑面包和黄油的瓷盘。他饿坏了,几口就把面包吃了个精光,又将牛奶一饮而尽。

而屋外的几个人饿得直在外边打转儿,便无精打采地进屋来拽他:"咱们回去吧。"

归途中,润麒看见路上的马粪蛋上盖着残雪,仍不由自主捡起来,仔细察看是不是土豆,否则不甘心。有朝一日能吃顿饱饭,成了他的最大奢望。

谁都知道,收容所的所长没一个不贪污的。润麒和两名日本人拿斧子为所长劈原木墩子时,见到门道柜子里收藏着不少蘑菇和黄油,顿生反感。工间休息时,他穿着皮袄郁闷地坐在门厅,愈想愈压抑不住内心愤恨,当众激动地说:"这些东西都是国家的,他们就敢据为己有?"没人回答他的问题。一片沉寂。

他改变不了现状,更为自己的前景担忧。一名从哈尔滨来的白俄翻译,教授过他们的俄文,在课堂上,他掏出中国"战俘"归国后的照片,让润麒临摹成画像贴在黑板上,接着幸灾乐祸地发布了毫无依据的谎言和并不乐观的预言:"上次从苏联送回中国十九个人,十四个枪毙,五个人受到绞刑。你们回国后,被枪毙是最好的死法。"一时悲观情绪笼罩了收容所。

也有人对润麒与其他四人的境遇看法不一,竟然当众散布说:"郭布罗跟你们四个人不一样,你们可能无法回到中国去了。他呢?"话虽没说完,其意不言自明。其实,他们能否回国,谁心里也没谱儿。

他最看不惯一些苏联人干活偷奸耍滑,自己干活分外卖力气。他脚趾头不小心被碰伤,竟逐渐变成了暗黑色,当脓肿从脚趾头黑到脚腕子时,他害了怕,急忙找到医生:"脚变黑了,人恐怕就不行了吧?"

"这两只脚病情严重,必须马上住院动手术。"医生的口气不容置疑。

当即,苏联女护士叫他躺上手术台。他心里直打鼓,胆怯地问:"是不是真的要锯掉腿?"

医生没作声,另外一名女护士只是冲他摆了摆手,不叫他说话。他更恐惧到了极点,眼睁睁地见到医生提来奶白色的药液,注射进自己腿里。他的脚趾被抹了一层黑药膏,裹上绷带之后,又由两名日本士兵把他抬进病房,叮嘱说:"绝不能乱动弹啊。"

哪想润麒慢慢扶着挪下担架之后,单脚蹦到了床前。日本士兵见了,觉得他的腿病没那么严重,挺不高兴地说:"这腿病不是挺轻嘛,怎么还让我来抬?"

他躺下抬眼一看,旁边床上几个横躺竖卧的病人都一声不吭,显然病情严重。没几天,他的双脚化脓,臭气冲天,人们无不捂着鼻子避开,这也倒好,没人肯睡在他的床旁。

一个月后,他去医院照透视,解开绷带一瞧,脚趾缝儿满是黑药,洗干净再一看,脚趾的脓像豆腐那么白。此后两个月没敢动窝儿,双腿才逐渐恢复活力,他变得又蹦又跳,欣然走出了医院大门。

近朱者赤。收容所成了名副其实的贼窝，润麒一度不得不成为贼伙的一员。

收容所附近到处扔弃了不少破汽车，连窗户玻璃也碎得不成样子。吃过晚饭，他和几名伪满警察，再加上七八名苏联士兵溜到现场，先拧松汽车驾驶台的螺丝，再悄悄溜回。紧接着，几名壮汉简直像作战似的匍匐在地，苏军中尉趴伏在最前边，小声地下达命令："卧倒！前进！前进！"

"快！"几个人七手八脚拧下零件，扛起就跑。明目张胆的盗窃，竟然没有任何人过问。

一天，不知谁发现食堂有一堆土豆，饥饿的润麒被长相凶恶的朝鲜贼头儿唤来，面授机宜："速度一定要快！偷出来就往回跑！"

仿佛"闪电战"，他疾速偷回一筐土豆放进锅里煮，很快就烧成了一道"美味"。偏巧，收容所的一个朝鲜委员会头头儿进屋来检查，他心里扑咚扑咚地跳个不停，转念又暗想，这些朝鲜人都是一路货色，无非是大贼头儿指使小贼偷东西嘛！

莫名其妙的是，当晚，所内一个老头儿突发"怪病"，大伙儿连忙叫来急救车，刚刚拉进医院就咽了气。解剖之后一看，胃里全是生土豆，分明是被他偷回的"赃物"活活撑死的。

他木然地凝视着僵尸，两眼发直。

三 第五收容所

偏偏正赶上润麒患重感冒之际，这一行人从苏联第四十五收容所迁往第五收容所。

起初，第四十五收容所仅剩下溥杰、张绍继和毓嵒等人，谁想，辗转几个收容所之后，一伙人又在第五收容所会合。多日未曾谋面的旧交，如溥杰、毓嶦以及臧士毅等人，又终于碰了面，只是遗憾地没见到溥仪。

他当时正发低烧，浑身无力，又冷又饿。没几天，病情忽然加重，竟然吐了血。幸好他被分配了轻松的活儿——烘干毡靴。炉子筑在墙外，添上木头燃烧，里边便成了干燥室，成宿地烘烤脱下的靴子。室外温度已达摄氏零下，屋里反而异常燥热，他仅穿一件单衬衫，结果又受了凉。

患病之中，他的饭量仍然超乎常人，尽管每人匀给他一点儿饭，仍然难填饥腹。治疗时,他遇见一名善良的苏联女军医。经过仔细检查,她作出了诊断:"你只是咳血,别处没什么病,发烧温度不高。按照规定你不能休息,还得出工,就找点轻松活儿吧。"

"是啊。"

"哎,你在满洲国是官还是兵呀?"

"算是官儿吧。"话虽这么说,他却显得有点儿底气不足。

室外寒冷,女军医连大衣都没顾上穿,就热心地跑去找所长请示。没过一会儿,她回来了,兴奋地说:"行了,你甭劳动啦。"

打那儿起,润麒便不再从事体力劳动。虽然他连续咳了九天血,但也没吃什么药,更没照医生所说的注射青霉素或链霉素,居然渐渐恢复了健康。

所里看中他的美术才华,让他绘制斯大林壁像,四周再画上彩带和花朵作为装饰。所长前来视察,连连夸奖他画得好。次日见到画像依旧,似乎看透他有意磨洋工,又委婉地批评他:"你画得可真够细的……"他根本没在乎,依然我行我素。慢工出细活儿,他精心绘制的斯大林壁像形象逼真,在所里引起轰动,人们都对他刮目相看。

一天,收容所调来三四名学生,见面点头哈腰地尊称他"教官",他仔细一瞧,原来是他在第十三收容所最"左"的一所日本学校教过的学生。他刚去时弄不明白,士兵竟然奇怪地成了学校的头头儿,而军官吃饭时反倒席地而坐,不禁询问起来:"你们学校怎么这样奇怪呢?"

他的问话引起了士兵的反感。也许是考虑到润麒的特殊身份,早晨列队时,第十三收容所的头头儿当众宣布:"你们不许对润麒有什么非礼行为。"

但几名日本兵根本无所顾忌,在队列中竟公然大骂润麒:"哼,你们这帮人,将来都会往蒋介石那儿跑的。"

毕竟润麒是一个有血有肉的性情中人,见有人公开叫阵,索性对骂起来,无非是中国话的骂爹骂娘。骂急了,他就圆睁双眼,比划着要打架的姿势,吓唬说:"你打,你们敢打!"

他摸透了日本人的特性:即使被气得满脸涨红,也不敢擅自动手。情急之下,也只不过嘟囔一大通就算完事,极少见到动手打架。

第十三收容所"奇怪学校"实行的士兵自治的"极左"实验最终以失败告终。

当时,苏联法律对于盗窃规定得极为严格:在没有看守之下偷东西,要比普通偷窃加倍惩罚。像农村的庄稼任谁也不能偷,一旦逮住至少要判几年徒刑。苏联还有一条奇怪的规定,中国俘虏犯了错误,只惩罚苏联士兵,而绝不允许惩罚俘虏。润麒的"俘虏"身份反倒成了保护伞。下地劳动时,短不了有苏联士兵在旁边监视,一次,他随手掰下一个老玉米在火上烤,旁边的苏联女人被吓得赫然变色:"这可了不得,要是让别人看见的话,你至少被判几年刑。"

润麒从来不吃独食,若在外头"捎"点儿食物来,大多分给同伴儿。他曾一度负责打扫卸粮食的火车货厢。运输货物的车厢壁往往钉着不少横木,缝儿里时常漏进沙子、面粉和小米。于是,他乘机拿一把小刷子,把面粉和小米刮扫进饭盒,然后搅成稀面糊。煮熟以后,小米里至少有三分之一沙子,无论怎么也筛不净,虽然吃到嘴里极碜牙,但因饥饿,四五个人围坐一团,仍然喝得挺香。

尽管胡吃乱吃,润麒这些人却没一个患盲肠炎的,笑谈之余,他谈起一个观点:患盲肠炎绝非暴吃食物所致。聊以解饥的笑声弥漫在粥锅上空。

或许苏联人对女子要求相对宽松,一名苏联女子被发现偷窃一根香肠之后,丝毫没受罚,自动交出来就算完事儿。未成年人的盗窃,一般也会得到宽容。润麒认识一个十七八岁的小胖孩儿,曾在苏联的马圈当过差,日语说得非常流利,打扫库房出来后竟然晃晃悠悠,连走路都显得十分困难。看管库房的人一看,心里早有了数儿,慢条斯理地发问:"你这是怎么回事呀?"

"没,没事儿。"小胖子回答得吞吞吐吐。

一经检查,果然,小胖孩儿裤腿里藏的全是小麦和燕麦,胳膊和肚子上各缠了几十条香肠,扒下来竟然扔了一大堆。饥饿使盗窃之风普遍泛滥,由此可见一斑。

正当他感叹命运坎坷,垂头丧气地发泄牢骚时,偶然被邢士廉①听见了。这是一个满脸长着深深皱褶儿的善良老头儿,丝毫不像张牙舞爪的军阀,显得异常安详、稳重。平时,邢士廉每次被他叫过来,便马上立正、敬礼。他总是开玩笑地说:"下回再不尽快敬礼的话,我可就不客气了。"

而这次,他刚开腔,却被邢士廉狠狠地"损"了一顿。

"得啦,咱们困在这儿,今生今世也就这样儿啦!"

---

① 邢士廉,生于一八九〇年,辽宁省沈阳市人。曾任伪满中将司令官、伪满洲国治安大臣。一九五四年病逝于抚顺战犯管理所。

"润麒,你怎么这样没出息呀!"

"这种非人的生活,什么时候才能到头儿呀?看来,再也没有回国的希望了。"

"哎,你还年轻,怎么净说泄气的话呀?"

他听邢士廉说完,仔细一想,觉得并非没有道理,但并没能改变他的消极态度,而是预示了多变的前景。

一纸令下,润麒又奉调返回第四十五收容所。

景物依旧,物是人非。溥仪照旧享受着特殊生活,爱新觉罗家族的几个侄子,依然是皇上的"奴仆",老万照旧是苏联人眼中的"红人"。他感到最不理解的是,毓嵒始终认为绝不能在溥仪面前说假话,叔伯弟兄之间谁背后做了错事,这位"皇子"都向溥仪私下打小报告。溥仪仍以"皇上"自居,经常唤来侄子,打罚交加,恩威并施。

润麒竟丝毫不知,毓嵒早已暗中被溥仪钦指"立嗣",幻想在镜花水月中,指望承继那把没有龙椅的"大统"。

其他所谓的满洲国大臣,死的死,病的病,有的半身不遂,长期卧床不起。润麒眼见熙洽被担架缓缓抬来,身上穿着中式衬衫、白裤子,已患中风不语,仍用手比划着非要上楼不可。等他这次再回来时,熙洽已经咽了气。

终于,一个令人震惊的消息传来——中国人将全部被遣返归国。

收容所内,简直乱成了一锅粥,无人不为命运担忧,但离苏回国已成了无法更改的定势。一个足以影响溥仪后半生的趣闻发生了——归国之前,毓嵒悄悄给溥仪出了一个馊主意,即把装有礼服的黑色旧皮箱底层揭开,改造成两层,将宫中带出的稀世珍宝藏匿在底下。溥仪欣然接受了这个建议,由心灵手巧的大李亲手改装。仅经过几天,他便完成了黑皮箱的"伪装",从外观上一点儿都看不出破绽来。

归期日近,苏联收容所所长和下属反而加紧了盘剥。最典型的是红河子收容所的所长捷尼索夫,不断假借各种理由向溥仪索贿:"我原来很富有,什么首饰、金表都有,可惜都丢失啦。"

"噢,噢。"溥仪仍未领会所长的意图,只是不断地点着头。

"你要给我一只金表,我就感激你五十年。"捷尼索夫说得再直白不过,"你要再送我一只金表,我就感激你一百年喏。"

至此,溥仪听出了这一番虚伪话的真实意图,只得无奈地把一些珍宝赠送给大秃脑袋所长。捷尼索夫心高气傲,似乎总是显示高人一等,苏联军官见了或多或少有些惧怕,大多惟恐躲避不及。

临登上火车前,捷尼索夫以为溥仪的裤腰带是纯金的,对心惊胆颤的"皇上"做了最后的敲诈:"你们回去可能就没命了,你系这条腰带也没什么用处,就送给我吧。"

"嗯,好吧。"此时的溥仪早已被吓得说不出半句整话,索性做了一个顺水人情。半抢半夺,捷尼索夫就这样掠走了溥仪的裤带。润麒恰恰站在不远处,目睹了这一幕可笑的滑稽戏。

在惴惴不安中,润麒跟随溥仪一行人,乘坐隆隆作响的列车驶向中国边境……

他莫名其妙地感觉浑身燥热,在卧铺上圆睁着两眼,几乎一夜无眠。

第贰拾章

抚顺监狱

*"谁在骂斯大林?!"溥仪欲与不存在的敌人拼命。"皇上"在列车上扮戏,使润麒大跌眼镜。

　　*杀与不杀?高岗接见使溥仪和润麒吃了一颗定心丸。

　　*最令他目瞪口呆的是,曾与之昼夜相处的张绍继,竟然摇身一变,在抚顺战犯管理所换上了解放军军装。

　　*主角在戏中没引人注目,而纤腰翘臀的"美女"润麒,反倒成了当红明星。谢幕后他去滑冰时,许多人前去围观,"快看,格玛滑冰呢。"

　　*正当他陷于何时出狱的困惑时,在毛泽东主席亲自关怀下,皇叔载涛带着其妻韫颖和五妹韫馨,倏然出现在战犯管理所。何日回京团聚,成了他终日萦怀于心的愁事。

图片说明:润麒在抚顺战犯管理所

一　高岗接见

伴随汽笛一声长鸣,列车戛然而止。

顿然,润麒心里一惊。一直躺卧着养神的众人,突然坐了起来,四顾茫然,无言相视。一问才知,列车已抵达中苏边境——绥芬河。

润麒心里正打鼓,平时与他稔熟的苏联小兵,讨好地溜过来,嘀咕说:"你们中国那边来接人的火车,可比苏联火车漂亮呵。"

他急忙趴窗偷看,只见两名身穿白衣的漂亮护士和大夫从车厢一侧走来,像是在协助办理遣返归国的移交手续。火车上的每个人,心都像揣着活兔子,怦怦乱跳。他留意到,前来接收的中国人身穿制服站成一排,却似乎不是军人,因为脚底下穿着的是崭新的白色运动鞋。

在众目睽睽之下,他们从苏联列车走下来,换乘上中国列车。刚刚坐下一会儿,从车前走来一名年岁不小的解放军军官,态度和蔼可亲:"你们现在回到祖国的怀抱了,辛苦了。好好休息吧。"

他这才算吃了一颗定心丸。他怕换乘列车后被戴上手铐的担心被否定了,但两边窗户仍被报纸糊得严严实实,外边的风景什么也看不见,车厢内只是亮着微弱的灯光。也许是内心烦躁,他觉得旅途闷热异常。

在火车上,意外出现了。他看见当年伪满洲国的同事王永走了过来。此人没有文化,平时只能做些日常服务。当年在沈阳大和旅馆,曾把报纸搁在盘子底下,给前来调查的李顿代表团递过情报。哪知在汪伪使馆被苏联当局误抓而来。

猛然,他见王永竟然在火车上脱光全身衣服,一丝不挂地面对众人,使劲拍着胸脯:"我豁出去啦!"

这时,解放军战士端着枪大步走过来,王永见到后,被吓得低着头一声不吭地回到座位上。在无人喝彩之中,小小的风波瞬间平息。

火车继续行进。寂静之中,一直半躺半坐的溥仪,忽然站起身来,突发神经似的圆瞪双眼,大声吼叫起来:"谁在骂斯大林?!"接着,溥仪像旋风似的在车厢里走来走去,巡睨着每个人,没有一个人敢搭一句茬儿。过了一会儿,溥仪又站起来,猛然冲原伪满洲国军区司令赵秋航走过去,跪在地上就磕头,嘴里还不间断地叨唠着谁也听不明白的胡话。润麒与溥仪仅相隔两个卧铺,见溥仪丑态百出,心里觉得十分难堪:"就是死到临头,也不至于这么无耻呀!"他躺在上铺,转过头,懒得再看一眼"皇上"毫无板眼的瞎折腾。

这时,一名解放军战士的出现使溥仪骤然停止表演,表情尴尬地回到座位上。过了一会儿,另外几名年轻的解放军军官,对于第一次见到末代皇帝——溥仪感到极为新奇,纷纷从其他车厢走来,像观看珍稀动物般轮流"欣赏"了一番。此后,他们又给溥仪买来啤酒和花生。这时,"皇上"的情绪才算稍好一些,脸上露出了连日少见的笑容。

见车厢内的人热得都脱去了外衣,一名解放军军官朝大伙儿轻轻挥了挥手:"现在车厢里比较热,你们可以把窗户打开一个小缝儿。"刚说完,又嘱咐不能伸出头去,窗户也不能开得过大。不言而喻,这是担心被押送人员跳下火车。

润麒的心情依然难以平静,在车上躺一会儿站一会儿,心神不宁。溥仪坐起来嘟囔了几句话,他虽然没听明白,却实在不愿听那些失去理智的废话,始终没搭腔。

火车又停下了。人们彼此发出探询的目光,一问才知列车已抵沈阳。这时,一名解放军军官走上车,手持一纸名单逐个点名。润麒和大家一样,不知是福是祸,只见被点名的都是些有头有脸的人物,像溥仪、溥杰以及一些伪满大臣。他们垂着头走下火车,据说是去沈阳的东北局政府。

润麒伸头往外探看,只见一辆卡车停在站台上,四周都是持枪的军人。他疑惑这些人没准儿是被拉去枪毙,自己虽然没被押走,也可能将被关进监狱。列车上仅剩下的几个人,纷纷惴惴不安地猜测着种种可能。

没几袋烟的功夫,溥仪一行人竟然又活生生回到了列车上,这是他万万没想到的。返回列车的以溥仪为首,一个个脸上透着说不出的喜悦神情。有的人兜里还揣回糖和瓜子分给大伙吃,又兴致勃勃地追述起刚刚结束的场面。原来,东北局主席高岗①接见了溥仪一行人,而且在大厅的长桌上摆满西瓜、糖和点心热情款待。高岗当众发表讲话,打消了溥仪一行人本以为生存无望的顾虑:"你们回来要好好学习。要想杀你们,那不费事,但是杀了你们没有

---

① 高岗,时任中共东北局书记。

用处啊。现在不杀你们,希望你们个个都改造好。"

润麒眼瞧着自从高岗接见归来,溥仪不再耍疯而平静下来,一车人开始有说有笑了。火车抵达抚顺,有人上车来替他们拿行李,他的心变得更踏实——至少性命无虞了。

走进抚顺战犯管理所当天,他们夹着咸菜,集体喝上了大碗白米粥。润麒用筷子把米粥搅得既像糨糊又像牛奶。坐在旁边的穆绪根,仍然一再挑剔:"你怎么搅成这么稀?多难喝呀。你应该保持米粥原样儿,那才好喝呢。"

在抚顺战犯管理所的润麒

"你尝尝吧,这么喝才有滋味。"

他俩端着粥碗,似乎品出了求生有望。

在抚顺战犯管理所,他和张明英等几个年轻人以及伪满领事王永进、牛少泉、周冠南等同住一间屋。穆绪根与汪伪驻平壤大使馆的几人分在另一个房间,溥杰和其他几人住在一起,尽管离得不远,彼此却不经常见面。

开始时一日三餐都是喝大米粥就咸菜,几天之后宣布了学习、散步和放风时间,伙食也明显得到改善,有鱼有肉,据说跟日本战犯待遇一模一样。这些人战斗力颇强,刚拉来一桶炖鸡便赛风卷残云被吃个精光,接着几十个油饼也被瞬间吞下肚,连焦嫩的炸麻雀运来一大筐,眨眼之际也被猛餐个精光。

然而,这里仍然是监狱。岗楼上架着机关枪,监外有一个走廊,四周窗户都是铁棍织成,岗哨当中一站,各屋都能观察得一清二楚。院内有一座日本时期建筑的高台,解放军战士在上边端着枪来回巡逻。润麒开玩笑,端起一盆水要泼穆绪根,被巡逻的卫兵发现,持枪冲他喊了起来:"嗨,嗨,干什么呢!"

面对黑洞洞的枪口,他立即搁下了脸盆。润麒这间监房的犯人比较年轻,晚上总是劈哩扑通一顿胡乱打闹。每逢此时,看守就从外头推开小窗户,既不吼叫,也不申斥,只是柔和地劝说:"别的屋里都在休息,你们小声点儿,别折腾了。"于是,他们便老实片刻,没过一会儿又吵闹起来。看守再次打开小窗户,朝里边扫视一眼,他们顿时又变得鸦雀无声。

最令他惊奇的是,曾昼夜相处的张绍继竟摇身一变,换上了解放军的军装,还佩戴了肩章。尽管如此,张绍继对其父张景惠仍很关心,虽然忙着给溥仪当翻译,又要做一些琐碎的杂事,却时不时抽空来看望父亲。

早在日本学校念书时,张绍继就颇有心机地隐瞒了他懂俄语,直到抵达苏联,润麒才发现他堪称"精通"。据说伪满时,张绍继竟然在张景惠的照片后边给八路军夹带过情报,后来才改名叫张梦石。

张绍继分工负责管理日本战犯,所里让他去开导父亲,他反倒不太愿意。也不知是真是假——据所里的管理员对润麒说,张绍继在抚顺战犯管理所附近居住,娶了一名过去家里的丫鬟。润麒曾数年与他昼夜相处,发现他充当中共"地工"很成功,居然多年没被发现。

两人脾气相投,彼此无话不谈,甚至连笑话儿都敢说,这成了他在孤寂铁窗生活中的一种慰藉。

一般每间监房都有一个便桶放在角落,小便就在屋里。一名老年犯人患高血压,敲门要求出去大便,看守嫌麻烦没开门,让他在屋里解决,老头儿被气得血压骤然升高而病倒。第二天,穆绪根向学习主任李福生汇报了此事:"他是病人,如果不让他出去,一头栽在地上多麻烦呀。"

"是吗?"李福生核实情况后,上级调走了看守。没多久,指导员又换成了性格和蔼的李福生。

歼击机频频出现在碧蓝的天空,抗美援朝战争爆发。一天,战犯管理所召开全体人员大会,走路一瘸一拐的一名老干部走上台,说话干脆利落:"现在抗美援朝已经开始,苏联飞机也已经来了,为了保证安全,你们立即转移哈尔滨。"

润麒与溥仪一行人当天收拾好行李,集体去车站换乘火车赴哈尔滨监狱。那里最早是日本关东军关押刑事犯之地,监房四周用铁棍围成,在过道里就可以瞭望前后左右。放射状高台上由解放军端枪站岗,可以清晰地看到各牢房的动静。不同于抚顺的是,监房里改装成了坐便式厕所。

显然,从监狱的设置就可以嗅出不同寻常的战争气氛。润麒这些人无异于圈在铁笼子里,从低矮的小铁门走出去非哈腰不可,出门后才能直起腰来。窗户在里头被糊死,门外画上了红杠儿,规定了不许越过的区域。原汪伪驻日大使馆的程中酉,走出小门后忘了直起腰,迈出门老远仍然哈着腰走路。大伙儿见了,总拿此事取笑。

第二天，孙明斋所长吩咐打开窗户，连门外画的红杠儿也抹掉了，放风时可以随便进出，人们的情绪为之一振。

没过多少日子，苏联专家前来视察，认为这幢房子太危险，为避免倒塌伤人，要求尽快转移。于是，所方又把润麒这些人转移到一间长筒房里，近二十人同住一屋，通道两边是通炕，当中一张桌子，两边摆放着板凳。在所有犯人之中，仅溥仪单独居住。不久，限制逐渐放松，似乎不再像正规监狱，不过，窗户仍然由一根根铁棍织成。在他看来，自然是铁窗依旧。

隔江的抗美援朝战火，成了热门话题。有一名早年入伍的指导员，文化水平不高，却像刚穿上军装那么幼稚，开会讲话时，居然信口开河："现在志愿军打仗一定能赢，因为我们有了'科学八门炮'，早就超过了美国。"

"什么是科学八门炮？"润麒调皮地乐了，自然，一直心存疑团。直到指导员调走后，他才听说那是看完小人书，信口胡诌的。从中，他也了解了管教人员水平参差不齐。

"小徒弟，快翻译，好好翻啊。"穆绪根是一名山东彪形大汉，见所领导来了，就像掌柜督促小徒弟似的，大声催润麒尽快翻译日本资料，实际上是有意说给所方听。

其实，谁心里都明白，每个人都力求在所方面前表现自己。所方让犯人——包括溥仪，一齐参加糊纸盒劳动。最感到手笨的是溥仪和溥杰。而润麒对糊纸盒颇感兴趣，因为他不仅动手能力强，还动脑筋琢磨出了"流水作业法"。虽然他四处求爷爷告奶奶，让人们按照流水作业糊纸盒，以提高效率，但谁也不买账，有些人还糟改他，尤其遭到李国雄的强烈反对，流水作业遂告流产。

他没想到糊纸盒并非白忙活，挣下的钱过年过节时还能兑成糖和水果。有意思的是，郑春城偏留着烟卷儿和糖，待大伙儿都吃完，才笑呵呵拿出来。因其幼年当过乞丐，讨到饭后，总把乞丐凑在一起吃。所以，郑春城在招待大家抽烟和吃糖时，说话的声调仍像对待当年的乞丐一样："吃吧……"谁听了都觉得可乐，而又感觉简单的两个字里，蕴含一种亲切之感。

冬去春来，抗美援朝战局趋缓，润麒随溥仪一行人又迁回抚顺战犯管理所。

悲伤之事莫过于亲人的离世。父亲荣源因患高血压在哈尔滨住院，乘机前往抚顺途中由于气候原因半道又掉头折回原地，重新住进医院。吃早点时，荣源开玩笑地与同屋的老于抢豆包吃，没想到，刚咬了一口，就突发脑溢血倒卧地上，溘然去世。据说随后葬在了哈尔滨。

返回抚顺，润麒这些人规律性更强了，上午学习、看报，下午运动。由夏转冬，一度从苏联传来一个百病皆治的土方——埋藏法，即把皮肤切开一个口子，埋进"胎盘"再缝上。他看到确实见效，有的人白发渐渐变成黑色，遂向大夫学会了"手艺"，以致"推广"得所里风靡一时。

他每天在室外锻炼，身上晒得黑亮。谁想，检查身体时，他的血压居然高达一百八，低压达一百二。医务室叮嘱让他吃"淡"食，厨房却误以为他必须吃"蛋"，一天三顿饭让他吃鸡蛋，不是摊的就是炸的鸡蛋卷。他实在忍不住，跑去问厨师："医生让吃我淡食，就是素的嘛，你怎么净给鸡蛋吃呢？"这时厨师才明白，错把"淡食"当成了"蛋食"。

润麒因患血压高，住进病号室而担任学习组长，穆绪根则当上了生活组长。抚顺管理所病号室里大多是长年抽大烟的"烟鬼"，而住进病号室后竟然没有一个再犯大烟瘾。有人说吸少量大烟没准儿对人体有好处，而他咬定一口也不能抽。

毫不夸张地说，他简直成了收尸组长。屋里通道两边各五张床，十人里除了两名组长，还剩八名病号：伪满洲国总理张景惠、议长臧士毅、驻"中国"大使王庆章，以及伪满官吏徐良如、吴兰儒、韦焕章、吴国贵……这一群老头儿，大多身患重病。没多长间，除吴兰儒被释放，其他几人相继去世。

先是伪满洲国少将吴国贵，才六十来岁，右胳膊曾被子弹击中，成了残废，在打麻将时忽然歪倒，脑溢血而死。继邢士廉死后不久，臧士毅也病态趋重，去世前两天，书写下绝命诗："八行书述不尽心中忧闷，八弦琴弹不尽……"所方要求密切注视其动向，润麒刚交上去抄录的所谓绝命诗，臧士毅又连夜写下"胆怯人最怕听鸡叫"，翌日凌晨，没等鸡鸣，便突发心脏病，死在了病号室。

张景惠虽是行伍出身，表面粗鲁，但脑筋反应极快。[①] 张景惠一度睡在他的床畔，半夜里，不断地噗噗打呼噜、吹气。晚上临睡觉之前总是挂上一件衣裳挡在床前，不然无法入睡。他怎么也弄不明白，张景惠这些抽了一辈子大烟的人，居然还活得挺长寿。张景惠一天到晚坐着练"八段锦"，一哈腰手就能摸到地面，他潜心跟着学，渐渐也能躬身摸着地了。

他细想起来，发现老谋深算的张景惠从不说反动话。即使在苏联时，也向

---

① 润麒在长春市政协的杂志上，曾专门撰写过一篇文章，记述他与张景惠在狱中的这一段往事。

来不说苏联当局的坏话,而时常说现在如何如何好,甚至公开亲昵地称毛主席为"老毛",总是老毛长老毛短:"老毛真行,人家治理国家多好啊。"

纵观其言行,他觉得阅历丰富的张老头儿蛮有意思,闲暇时,还曾听其亲口述说过亲历"九一八事变"的经过。张作霖被炸身亡时,张景惠正在那乘专列上打牌,炸弹轰然震响,张景惠被巨大的声浪掀起夹在车厢空当里,因上边有铁架子支撑,竟毫发未伤。

尽管所里对满口掉牙的张景惠特别照顾,别人吃饭,而为其单独买来牛奶蛋糕,却也难挽其命。年近九十的张景惠,一次放风回来,刚送进医院就咽了气,算是无疾而终。

与润麒邻床的老人一个个相继病逝。隔床而眠的徐良如,长年患肺气肿,总感觉憋气,隔一会儿必得高声叹气,他不禁劝说:"您能不能别总在屋里叹气呵。"

老徐倒也听话,此后便时常跑到厕所去喘气,哪知又被他偶然发现:"您怎么又跑这儿来啦?您总高声叹气也解决不了问题,让你吃药,你就好好吃药吧。"后来他才知道,这是喘不过来气的病态所致。

而老徐回到屋里又长叹一口气:"得了,我这条路也绝啦。"

终于,徐良如与他交心时吐露了埋藏心底的隐秘。老徐在伪满时一度掌管司法,一名临刑女人的罪名是谋害亲夫,另一个同名同姓的女人被错抓,没经过详尽调查就被绞死。打那儿以后,老徐总觉乎有人前来索命,不断自言自语地忏悔,日久天长,竟变得神情恍惚。

那天老徐刚大便完,竟然拿手纸擦抹黄色搪瓷的大便器沿儿。润麒一看不好,慌忙奔过去,说话之间,呱叽一声,老徐像骨头软了似的脑袋触地。医生检验之后,下了结论:人已断气。

隔床的王庆章,患神经错乱,虽经医治却始终疗效甚微。早晨起床后,王庆章经常盯着床上一个小窟窿瞧个不停,活灵活现地说里边有几只小耗子,一会儿,竟又跑过来一字一顿地告诉他:"我大便拉出耗子来了,还长着耳朵呢。"

"你甭胡说。"

"我可不是瞎说,这是真的呀。你还不信?"

见老王病得不轻,润麒将其抬进医院,临别,实在没礼品可送,便赠其两枝人参。老王每次来信都要夸奖他一番,还托人送来一个青花瓷盘,表白说:"连英国女皇伊丽莎白都想要这个瓷盘儿,这在英国算是最高级的呢。"

就在他还没弄清王庆章说的是真是假时,已传来其死在医院的噩耗。

患神经症成了病号室的通病。神经老头儿韦焕章,在病号室里算得上一个端正的人物,高鼻梁、大眼睛,道貌岸然。此人极聪明,人虽疯疯癫癫,写出的旅游观感,文字却异常优美。可惜,当年在苏联枕着暖气睡觉,老韦被烫坏脑子了,回国后竟然变得神经颠倒,以致看什么都是反的,连写文章也是相反的。平时,裤子误穿在上身,衣裳却套在腿上,你要对他好,他偏说你坏,你若对他坏,他偏说你好。在润麒看来,病号室里数此人最招烦,时常拉一裤子屎,摊开搁在褥子边,专等着年轻女护士来拾掇。

管理所对于病号室的犯人待遇优厚,简直无微不至,有病及时治疗,且视不同的病情定做病号餐。老韦吃饭由润麒来喂时却偏不张嘴,他被气急了,质问:"我们对你这么好,你为什么还这样可恶呢?"

没过几天,老韦又拉了一裤子屎,润麒气急之下带老韦到澡堂里冲洗一番,又将其揍了一顿。待为其穿上衣裳,他仍气乎乎地发问:"谁对你最好?"

"郭布罗·润麒对我最好。"

"谁对你最坏呢?"

"左邻右舍,捎带着斜对门儿。"

听到这些损透的话,他禁不住又打了老韦儿巴掌,随后掏出几块糖,竟被老韦一口吞了下去。没过几天,老韦竟意外地在屋里掏出生殖器攥在手里,他察觉不妙,立即报告了看守:"如果不捆上他的手,很容易出危险。"

"你在病号室是组长,出了事要负责,他这样绝对不行。"漂亮的女护士听了,表示赞成,答应马上请示一下所领导。

结果,上级不同意捆绑老韦。一天,女护士刚一进屋,见老韦已脱掉裤子手里紧攥生殖器,只好扭头不视。而所方认定他是神经病,不必追究。不久,漂亮的女护士由于出众的工作和坚忍的美德而升为少校,穿着威风的军服前来看望大伙儿。在润麒眼里,她不啻一名美丽的天使。

润麒把面包泡在热牛奶里喂给老韦吃,没想到烫坏了老韦的口腔。老万见了,着急地说:"老韦的脑子已经傻了,如果再烫坏胃,可就没法治了。"

"今后,我会注意的。"

尽管润麒作了检讨,所领导仍然把他找去狠狠批评了一顿,提醒他今后为老韦喂饭前,要先试一试温度。眼看老韦的病愈来愈重,鼻息惟剩一缕气,宛若游丝,他亲手将其送进住院病房,而老韦再也没能迈出大门一步。

想不到当一名小组长竟有不同于常人的优越,他只要对看守打一声招呼,就可以径直走到溥仪和溥杰住的监房探视。而他们被关押在屋里,只有放风时才能出来,更无法随意去看望润麒。

他没料到自己竟偶然与原伪满交通部大臣谷自亨交恶。最初,他只知老谷日文不错,后来发现其见谁捧谁,当老谷听说润麒批评他学习不认真时就翻了脸,天天去所里告他的刁状,见面则怒目相视,简直就像仇人似的。李福生得知后,找来他提醒说:"润麒,你平常要逐步教育他,不能过分要求,慢慢来吧。"但老谷出狱后不知所终,他也一直没能与这位前伪满大臣和好如初。

另一名北朝鲜人,叫王永信,刚走出管理所没几天就偷越国境,被边防军抓获,在朝鲜又落得锒铛入狱。

不久,他意外地见到了老上级——宪原。不过,昔日眉清目秀的宪原,此时已无力地瘫倒在担架上,双腿因患风湿病,居然连一步路都走不动。据说,宪原被苏联红军找来谈话时,以为他们不懂汉语,就用中文大骂人家,谁想苏联人能听懂,当场即遭到逮捕,胆小的宪原顿时被吓疯。这次见面后没多久,宪原便犯病去世。

抚顺管理所负责人找来润麒谈话,让他代笔为战犯撰写报告。一些日本战犯的供词大多是他翻译的,一些伪满大臣的检查也由他执笔。检察员不仅对他区别对待,也颇看重他的才华:"你当然跟他们不一样,他们是一些有罪行的伪满大臣。"

他翻译日本战犯的供词时,起初总愿用文言撰写。李福生看过译文之后,提出了明确建议:"你翻译的东西,用文言固然古色古香,不过一般人不容易懂,你最好还是用白话文来写。"

自我检查之后,进入了大检举阶段。谁也没料到,毓嵒忽然揭发了溥仪将黑皮箱改成两层,将稀世珍宝藏匿箱底的秘密。其实这恰是这位侄子出的主意,如今又起来揭发,润麒甚感不解,从此对其产生了看法。他渐渐疏远了毓嵒。

二 编剧兼导演

灰色大墙内,编演戏剧曾盛行一时。润麒成了活跃人物。他过去与伪满洲国宫内府禁卫队司令刘广福一起演过活报剧,这次又密切合作,编写了一出蒙古多幕话剧——《太阳照到僧格之家》,火爆一时。聪明过人的他成了"三合一"——既是编剧、导演,又是登台的演员。

这出戏的内容并不复杂,通过戏中主角——由一名国民党战犯郭威林饰演的战犯,在解放后参观老百姓生活时,见到受尽剥削的蒙古老人僧格夫妇,惊讶地察觉家乡翻天覆地的巨变,发自内心给老人跪下忏悔认罪。

大幕徐徐拉开,开场是日本鬼子抢走蒙古人的枪支和铜佛,草原上豺狼横行,吞吃牛羊。由国民党战犯扮演的蒙古老太太站在台上,哀声叹气:"现在净丢牛羊,就是因为铜佛爷被日本人抢走了啊。"

"咱们丢羊不是因为没了铜佛爷,"由润麒反串的僧格的女儿格玛,大踏步走上台,严辞反驳,"而是枪支被抢走了。"

扮相俊俏的他刚一登台,就深深吸引了观众的目光。他表演时还发现一个诀窍,模仿女人说话时,不必非憋成细声,仅仅用原声拉长就挺像女人的声音。看到兴头上,溥杰在台下低声学了一句他的女腔——"铜佛爷",简直惟妙惟肖,逗得大家哄笑一堂。

这出戏情节生动感人,表演也相当成功。当日本人被打跑之后,一名国民党军官看上了僧格的女儿,百般调戏还企图蹂躏她。僧格愤怒至极,抡起斧子却一下错砍在门框上。国民党军官被吓得带着勤务兵狼狈而逃。第二天他又带兵来抓人,竟然踢掉了格玛怀着的孩子,全家人只得弃家逃亡。演出在所里引起轰动,人们议论纷纷。

李福生对剧组谈起了个人观感:"如果真有这事儿是可以的,不光你们看,国民党战犯也在看。没有的事儿瞎编,影响就不好了。"

"这是依据真实故事编写的剧本。"

他们听取了李福生的意见,使剧本结构更趋合理——戏里补充了解放之后,大辫子格玛在区政府当上干部,全家返乡团聚的热闹场景。此外,润麒还专门编排了一出精彩舞蹈——夜幕中的篝火晚会。布景逼真,在灯光映照下,鼓风扇吹起,火苗蹿得很高。大家围着篝火烤肉,母亲打鼓,格玛跳舞,僧格唱歌,舞台上一派欢歌笑语。

使人惊异的是,当大幕再次徐徐拉开时,连溥仪也出现在了舞台上。起初"皇上"在台下当观众,经过润麒反复动员,才穿上西服静坐台上,当上了连一句台词都没有的英国议员。甭瞧溥仪从始到终是一名哑巴,却成为重新上演的戏中吸引观众的特殊"亮点"。

"皇弟"溥杰虽是编剧之一,却胆怯地不敢登台;参加演出的毓嶂和毓嵒,反而十分豪放。剧中的僧格由甘珠尔扎布扮演,郑珠尔扎布饰演女婿。演出时,润麒的衣服和裤子都是借来的,道具倒是亲手所做的。郑春城亲手在他短裤里絮上棉花,浑圆的臀部显露无余。一般说来,饰演女人无不突出乳房特征,于是有人为他缝制了夸张的乳罩。他硕长的身材,穿上蒙古长袍,描画彩妆,显得比女人还漂亮。相形之下,国民党战犯扮演的女人,胸、胯不够逼真,显得逊色多了。

他并不满足,找来同伴担任舞台监督,郑珠尔扎布却对此不以为然,只得又作了调换。说来说去,他饰演的蒙古漂亮女人最受观众欢迎,从此成了"专业户",无论哪个剧组演戏都来借他扮演女角。连女护士都觉得他扮相出众,在演出中递烟、糖的细小动作也酷似女人。

主角在戏中没有受到格外注目,而润麒反倒成了当红明星。谢幕第二天,他去滑冰时,许多人前来围观,连国民党战犯也闻声跑了过来:"快看,格玛滑冰呢。"人们都想瞧瞧台下的格玛究竟什么模样。

演出之后,他去医务室看病,大夫不无遗憾地说:"你的戏演得多好呀,没想到血压这么高。"

这没能阻遏他的演艺热情,他与毓嶦合作"大变活人"的戏法又成了一绝,观众莫不为之着迷。表演开始时,他扮演的漂亮女人伴随糊着硬纸的木棚出场,置于舞台正中间,前边画着一个大问号,以使观众看清楚里边是空的且四周无法进出,然后再把木棚缓缓推下舞台。当木棚被重新推上舞台时,由毓嶦扮演的魔术师啪的一拍巴掌,润麒饰演的漂亮女人从木棚里破纸而出。由于地毯滑,差点儿摔倒而蹲在了地上。观众热烈鼓掌,纷纷议论,说他这一滑一蹲更显得逼真。

其实,此中奥妙在于他随木棚走下舞台,往回移动时,又悄悄藏在了后边。连台前的东方大学学生都觉得奇怪,始终不知是如何变出活生生美女的。

他饰演的印度魔术师"百变烟卷儿"更是神奇。他将脸上涂黑,在手指上缠上猴皮筋,分别插上五根烟卷儿,一掀帽子,就从里边瞬间变出一根根烟卷儿。忽然,他两手一挥,烟卷儿全部消失,转身之际,一根根烟卷儿又霍然出现。其实,他只是将手里的五根烟卷儿神速地颠来倒去。

"变绳儿",也是他的拿手好戏。在台上,他拿出两根长绳让大伙观看,之后,当众把绳子穿进茶杯把,邀请台下的观众上来把一件件东西拴在绳子上,再系成"死扣儿"。只见他手里的纸扇一晃,转身之际,全部"死扣儿"顿然解开。

实际,绳头儿是铰断后又暗中接上的,他手中的扇子,只是为了遮盖解开绳头儿的一刹那。奇妙的戏法,居然没一人看穿。

似乎成了一场娱乐比赛。日本战犯不甘示弱,由一名吹口琴出色的军官充任指挥,购买一些乐器,组成了管弦乐团。晚饭后放风时,允许吹笛子、拉胡琴、下棋,也可以随便串门聊天,日本战犯抽空练会了不少名曲,时常在院里奏乐列队行进。

中日战犯的娱乐竞赛,使沉闷的监狱上空响起了欢快的音符。毫无疑问,他成了文娱生活的润滑剂。因为日本战犯的娱乐挑战,是以润麒为超越目标的。

所里的看守员性格各异。放风时,有一名老看守员总想指挥日本兵打排球。润麒冷眼看去,日本人虽然表面无语,却暗中互相挤眼坏笑,显然是不服这种瞎指挥。他情知自己患有高血压,无法上场比赛,只是时时防备排球砸到脑袋,悄声地说:"哎,可不能那么乱打一气哟。"

管教人员一直感到奇怪,他的精力如此充沛,竟几乎同时干着几件事:编写剧本兼演出;帮助战犯撰写交待材料;担任壁报组的组长,不仅编稿、配画,还亲手绘制的一支巨大的火炬——几乎与房屋比肩。

瞧他从早到晚整天忙忙碌碌,一名老看守十分佩服:"润麒,你真能够抓紧时间哪。"

"不然,这几件事都难以完成。"

"那座牌楼从远处看,小碎花儿的效果不理想。你可以再画大一点儿。"

对于人们提出的合理建议,他乐呵呵地欣然接受。

在众人眼里,他简直成了"全能"。所里召开运动会,他先是赛跑一千米,稳夺第一,跑三千米时,前来观看的国民党和日本战犯挤得人山人海,他开始落在后边,临近终点时,猛然加速超越过去,仍然勇夺冠军。在掌声中,许多观众竖起了大拇指。

他找回了前所未有的自信。

三 彭真的关怀

然而,一桶冰水浇了他一个透心凉。

风闻即将释放首批战犯不久,在战犯管理所召开的大会上,孙明斋所长论述了一番国内外形势,随之不点名地说:"依我看,你们里头还有怀念蒋介石的人!"

这不轻不重的一句话不啻一颗重磅炸弹,轰响在管理所内。有人猜测,这是在不点名地批评润麒——这是因他聊天时信口而言引起的。润麒认为真实情况与所长的话恰恰相反——当年因一时无法进入日本士官学校,所以他始终对蒋介石心存不满。

他心里憋着一股气,时隔不久便找了一个借口,当众顶撞起所长:"所长您了解历史情况太少,实际并非如此……"所长愕然,但过后也没说什么。

事后,大伙儿纷纷责备他不该当众顶撞所长。万嘉熙说得更是明确:"润麒,你赶紧写检查吧。"

平时与他关系密切的溥杰,更是紧张得六神无主,出主意叫他去找李福生认错:"你赶紧去吧,不然,你恐怕就没法儿出狱了。"

当天,老万和溥杰一致劝说他去承认错误,否则可能酿成大祸。他思虑再三之后,忐忑不安地找到了李福生,检讨说:"我今天顶撞您,犯了错误,想写一份'反省'。"

"嗨,事情过去了,你写也行,不写也行。"李福生态度极为平和。

尽管如此,他仍然写了检查递交上去,此后并没发生预料的什么严重后果。不久,一名个子不高的管教人员透露说:"其实,所方就喜欢你这样的人,有什么说什么,错了就改嘛。"

实际上,这也是所方对待日本战犯的态度。一名日本教官藤田,以为在中国会被重判,剃净了留蓄多年的胡须,放风时悲观地散布谣言,说脑溢血而死的方式最不痛苦。谁想却被列入第一批遣返归日名单。回国后的藤田变成了亲华派,作为日本代表团成员几次前来访华,一再称自己是战犯,对中国有罪,对不起中国人民。这些都使他深深感到了改造政策的神奇。

也有一个特例,与他的判断截然相反。距病号室不远的一名日本战犯,拒绝改造,一般日本人睡在大炕上,所里惟独将此战犯独置一室。别人学习时,此人在屋里弹琴、叫喊,既不学习也不参加娱乐,一天到晚疯疯癫癫,经常无理取闹,以致连日本人也觉得这家伙太讨厌,曾经偷偷将其揍得鼻青脸肿。润麒认为这名日本战犯根本归国无望。而在送别宴会上,此人居然身穿崭新衣裳忝列其中。所长刚端起杯子敬酒,这名日本战犯立刻疾步跑过去,跪伏在所长面前,哭泣着检讨以往的过错。事后,孙所长对润麒感慨地说,这名日本战犯返日后,始终到处宣传新中国好。据说,九百名日本战犯里只有在所里教过钢琴的那名日本战犯,回国以后公开叫嚣反华,这只是个特殊的"惟一"。

此时,抚顺管理所内的中国犯人亦相继出狱。其中,也有他绝没想到的人竟被特赦,那就是他时常见面还以此人为师学吹竖笛的萧玉琛。

前一阶段，萧玉琛见释放遥遥无期，曾大闹情绪，继而装疯卖傻，忽而跪地不起，胡乱磕头，忽而又抄起饭碗砸向看守。所长走进监房，厉声喝止，萧玉琛才应声放下饭碗，遂被所里狠狠训了一顿，告诫其如果继续"假装疯"，将无法获释。经过改造教育，萧玉琛幡然悔悟，被宣布特赦出狱。这是他始料未及的。

使他深受触动的还有老伙伴穆绪根。对于老穆翻译的英文，他颇有非议，譬如，中文的"兔崽子"竟然被译成了"兔子下蛋"，他看了，哈哈大笑。没过多日，老穆竟也先于他获释出狱。

正当他陷于困惑之际，皇叔载涛带着他的妻子韫颖和五妹韫馨倏然出现在抚顺战犯管理所。尔后，他才知这是在毛泽东主席关怀下才成行的。之前，润麒一直与韫颖保持着通信联系，溥杰也与远在日本的妻子彼此书信不断，溥仪与李玉琴不仅鸿书频仍，还破例在狱中同床共枕，可惜因性生活不成功等种种原因没能复婚。而这次探监，本来有溥仪的二妹韫龢，但她不敢来抚顺，惟恐被扣押在监狱里。

出发前夕，北京市市长彭真接见了她们，韫馨忽然抑制不住激动，跑进办公室里屋哭泣起来，彭真市长追随进去，反复劝说她去抚顺探望亲人是件好事儿，她才勉强止住了泪水。临行前，彭真还赠送她一些信纸，勉励她给亲人写信，又发给每人差旅补贴和一百元置装费。

离京之际，家族中有人提议："给他们带点儿吃的去吧。"

"带别的不要紧，带吃的如果吃出毛病来，谁负责任呀？"粗中有细的载涛考虑得极周全。

对于来自北京的特殊客人，抚顺战犯管理所专门研究了接待方案，将载涛一行人破例安排在舒适的苏联专家公寓休息。紧接着，所长亲自出面，首先让载涛与溥仪见面并一起就餐，又叫来润麒在办公室单独谈话。

随后，他在一间客厅里与载涛一行人激动地团聚。妻子脱下外衣时，绸子小棉袄里露出了棉絮，但他发现妻子生活得虽不富裕，精神面貌却是换了个人似的，再也不像昔日娇生惯养的王府格格了。

许久没听见韫颖说话，他觉得她的声音格外悦耳。韫颖兴奋地谈起家里崭新的生活，听说妻子在街道工作，儿子宗弇、宗光和女儿曼若都在上学，他放了心。在同一客厅里，老万也与妻子韫馨见了面，夫妻之间全然没有悲伤的情感，而是面带笑容地谈起了对未来生活的向往。

"走，看看我们的生活情况吧。"润麒俨然以病号室学习组长的身份，陪同妻子去探望形形色色的老人,还向她介绍了朝夕相处的穆绪根。这里整洁生活远远超出了韫颖的想象,只有灰色的高墙和持枪站岗的哨兵,才使她想起这里仍是监狱。

路上,他为安慰妻子,一个劲儿地说笑话:"离别那么多年,我可没掉过一滴眼泪呀。"

"这次来抚顺,是彭真市长给的路费……"

哪知润麒刚说完离别以来没落过泪,韫颖提起这次探监的始末时却激动地掩面而泣。多年来,他从来没见过妻子哭泣,而这次她见到了离别多年的亲人,百感交集,激动得泪流满面。

妻子韫颖随载涛走了,何日回京团聚,却成了他终日萦怀于心的愁事。

没多久,相伴多年的"御医"黄子政被提前释放,还找到了理想的工作。临行前,孙所长仁厚地说:"你的腿不好,可以坐着给患者治病嘛。"

润麒为老黄转述孙所长的话感动不已。岂料,老万接着被首批释放回京,而他却仍稳坐监房没挪窝。第二批被解脱的,却是溥仪的三个侄子毓嶦、毓嵒、毓嶂以及穆绪根、郑春城,释放名单里依然没他。

毓嵒返京之后,径奔北兵马司胡同看望润麒的妻子,提前捎来一个喜讯:"三姑,我听说三姑夫不久也将释放回北京啦。"

韫颖一家人听说后,欣喜若狂,聚在一起,纷纷向毓嵒追问起润麒在抚顺管理所内的近况,继而沉浸在家庭欢聚的美好憧憬之中。果然不久,润麒被免予起诉,释放返京。

仲春,成了欣喜的美征。北海的洁白冰凌,瞬间融化成了一池春水……

第贰拾壹章
免予起诉回京

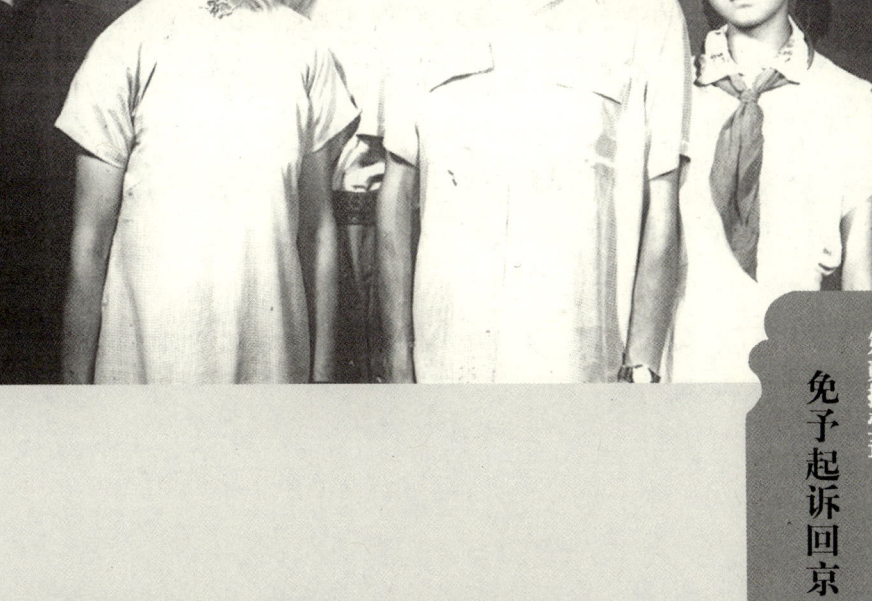

* 返京后,才知故交"凋零",五哥成为特务已被枪毙;幼年的玩伴儿张勋之子———张梦潮也已潦倒而死。

* 走进街道工厂,误进"女儿国"。从一名学徒工到被称为师傅,他变得飘飘然。

* 突然丢失四个女流氓。他通知猪场职工四处寻找,结果凌晨在荒地中,逮住了四对鬼混的"野鸳鸯"。他丧失了信心,野狗能够成为朋友,流氓却管不住。

* 溥仪悄悄告诉他,很喜欢《杨门女将》里饰扮七娘的胖乎乎的女演员,幕间休息时,还拽他一起专门去后台看望过。

* 哪知,他被搅入矛盾。溥仪婚后,王敏彤前去看望,竟被李淑贤拒绝进门,吃了闭门羹。她疑惑润麒从中作梗,从此不愿意搭理他。而他却始终疑惑不解。

图片说明:润麒一家团聚。左起:宗光、韫颖、宗弅、润麒、曼若

一 妻儿重逢

春夏之交,润麒激动地返回满树绽绿的京城。

伫立在人如潮涌的北京火车站口,他居然不辨方向,也难以置信,昔日破败不堪的旧京城,如今已成了崭新的都市。他的脑海里不由追忆起释放前的一幕幕……

早在一个月之前,抚顺战犯管理所当众释放毓嶦、毓嵒等人时,毓嶦激动得泣不成声,毓嵒的眼眶里也噙满泪水。当宣布自己被免予起诉释放时,润麒虽然心情激动,却未落下泪水,而充满家庭即将团圆的喜悦。

临离开抚顺,他换上崭新的蓝色棉袄和棉裤,管理所派专人提着行李送他到了火车站。

列车启动,他向窗外挥手告别。由于患感冒,他没胃口,便将午餐送给了坐在对面的一名陌生警察。在这一瞬间,他顿觉手里十块钱购买的车票,幻化成了迈向新生活的通行证……

列车抵达北京,一夜旅程结束。他提着行李,疾步走出火车站口,叫了一辆人力三轮车。

"您去哪儿?"

"到东城北兵马司胡同。"

虽阔别多年,对于当年的居住地,他并不感到生疏。坐在三轮车上,途中路过天安门,他不断地问这问那,或许他询问得太多,三轮车夫不禁向他投来奇怪的目光。到了北兵马司胡同口,他迈下三轮车,从骆驼胡同一拐弯,没几步路就走进了熟悉的十号院落。

一扇大门之内,还有二道门。刚走进里院,等候多时的韫颖快步迎了出来,她的声音在他听来格外甜美:"您回来啦?"

"是啊。"见了妻子,他冲她会心一笑,继续往里走。

他觉得男人要作大丈夫,不能儿女情长,没对久别的妻子说几句亲热话,便径直走进北屋。居住在西屋的宗弇和宗光闻声而来。没过一会儿,戴着红

润麒到了北兵马司胡同口,走进熟悉的院落

领巾的女儿曼若也放学回到家,然而,几个孩子对他显得极陌生。

相形之下,他见到三个儿女却分外激动。长子宗弇正上中学,可怜的宗光前几年患脊骨结核,卧床不起,吃喝拉撒睡都在床上边,前不久刚能起床。

望着母亲的遗像,他不禁心重地问起了她去世前后的情形。曼若抢着说起,前两年,她还给远在抚顺的父亲寄过奶奶仲馨的照片,当时奶奶患了子宫肌瘤,照片上的她,拄着拐棍儿正在弯腰登坡,另一帧静坐椅子上的照片囿于角度,难以看到她因肿瘤隆起的肚子。仲馨直到去世之前还亲笔给润麒写了一封信,说近来"身体挺好,勿念",特意嘱咐家人给他寄去近照。

据说,当时医院诊断她患的只是"良性"瘤,但她迟迟不愿动手术,终转为"恶性"而故去。妻子曾写信告知他这悲痛的噩耗,这次又特意说明,母亲一年前去世后,葬在了福田公墓。他捧起母亲的遗照,久久地端详着,心中涌动着深深的怀念之情……

当天晚上,他和妻子及曼若同居一室,而十二岁的女儿长大之后从未见过父亲,自然没有丝毫印象。次日清晨,曼若悄悄扭过头,低声对韫颖说:"妈,咱家留一个男的住不合适,少住几天就让他搬走吧。"

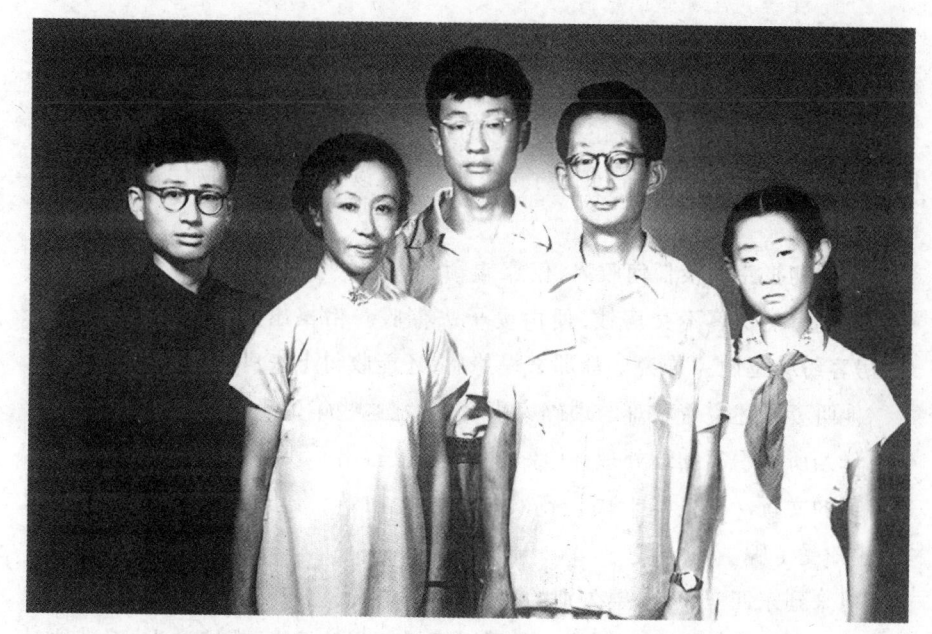

一九五七年夏,全家人团聚合影。左起:宗光、韫颖、宗弇、润麒、曼若

"咳,他是你爸爸呀。"

听到母女俩的对话,润麒大笑不止。

没料到他刚回来几天,债主居然逼上门——一名亲戚走进家,客客气气地声称他家曾向她的保姆借过几百块钱,要求偿还。宗光气哼哼地闯进来,打断她的话头,拿出保留着的还钱收据,她一看,羞红着脸,低头离去。

他听韫颖说,她从通化返京后一无所有,依靠亲戚朋友送来的一些旧衣裳才得以勉强过冬,又暂将长子宗弇寄养在仲馨家里,以减轻生活负担。当他问起父亲的小妾文安的下落时,才从妻子口中得知家庭的一段变故。

解放前夕,由于家里生活无着落,母亲只得变卖一部分闲房度日。哪知,文安跑到法院递上一纸诉状,状告仲馨侵吞财产。据韫颖说,法院发来传票时,仲馨就像随便出门一样,在茶楼悠然品茗过后,潇洒地端坐在法庭被告席上,说话有板有眼,十分沉着,而原告往往被问得哑口无言。

每次开庭时,仲馨毫不慌乱,受到法官的尊重。文安却因缺乏文化素养,一进法庭就慌了神儿,质证辩论时语无伦次。这场财产诉讼终以母亲胜诉而告结束,然而,这也成了他家彻底败落的标志。

没几天,他更清楚了家里的窘境。北府变卖以后,妻子将手里分得的部分钱,与五妹相伴去前门股票市场撞大运,结果赔了一个精光。

仲馨病故前夕,屋里的硬木书案和桌椅底下凡贴上"栗太太"或"大格格"条子的,大部分被亲戚搬走。韫颖为人老实,家里许多细软都不翼而飞。她对润麒举例说,仲馨过去积攒了一摞珍贵绒料,没过几天,浮头儿仅搁着一块绒,底下却全变成普通布料,简直成了"戏法"。可以说,值钱的物件待他回来时已所剩无几。

润麒初抵京时没任何收入,仅靠韫颖的五十块钱工资和一百多元房租维持生计。有的房客不交房钱,便由妻子去催收。格格出身的她,说话慢条斯理,房客纷纷逗她:"你说话都那么慢悠悠,还能收得上来房钱?"

他听妻子述说着艰难的琐碎家事,深感她这些年生活不易。为弥补家用,他将母亲所遗物品陆续处理掉,像古旧书案仅售出几块钱,又作价变卖了家里遗留下的文玩。仅仅几十块钱竟卖掉了不少田黄、寿山石珍品,事后一问行家,才知受了骗。

他来到东四三条,看望久别的几个姨儿——宗拿曾与她们一起搭伙生活。一个姨儿偶然提起宗拿往三姨太的饭锅里扔石头的趣事,他掉过头,不满地对身后的长子说:"我小时候比你还淘气,可是没做过这种事。这简直是黄鼠狼下崽儿,一茬儿不如一茬儿呀!"几个姨儿都笑了起来。

在姨家,他不由提起子女教育的事。女儿曼若上小学时,家里每月给三块零用钱,而宗拿每月五块钱,却总抱怨不够。为此事,他专程去了学校一趟,与老师坦率交换意见:"一个中学生五块钱零花,是不是少一点儿?"

"五块钱可不少了,这相当于普通教师一个月的伙食费呢。"老师挺惊讶,一再叮嘱他要教育子女俭朴求学。他听后,一个劲儿点头称是。

漫步于古老的旧宅院,他不禁问起从前的老友孟小冬,以及她跟上海青帮头子杜月笙结婚离京的前前后后……此时,住在邻院的孟小冬的父母已先后辞世。朋友远嫁,旧邻不在,阵阵伤感,油然而生。

昔日的荣宅公子,如今不得不学着过起普通百姓的平凡生活。住平房糊窗户纸是一桩年底躲不过去的琐事——卷窗每年糊两次,否则冬天往里灌风。他尝试着将几间房糊下来,居然成了高手,连老街坊都夸他手艺不赖。

最早,他一家人住着北兵马司老察家的房子里。母亲在世时就曾与老察约定,掏出几万块钱修缮房子后让他一家人居住。没想到母亲故去不到一年,老察就把房子卖给像章厂,润麒一家人则成了被轰赶的对象。他无奈地对工厂负责人说:"你好歹要给我家找一处房子才能搬。难道让我们露宿街头不成?"

结果,工厂在前门给他家找了一处库房,四壁无窗,屋里一片漆黑,根本无法住人。他软磨硬泡近一年,死活不搬家。工厂出了一个损招儿,打碎硫酸罐,硫酸横流遍地,熏得四邻睁不开眼,院子和屋里都呆不住人,连太平花也枯萎了。无奈,他一家人只好搬往西老胡同三十六号暂住。他与韫颖住在两间西房,南屋一共四间,宗弇与宗光各住一间,黑老妈和白老妈各住另外两间,北屋是老察居住。街道居委会在旁边办了一个图书阅览室,附近的居民都来此借阅,整天熙熙攘攘,络绎不绝。

眼瞧住房潮湿,冬天寒冷,居住不便,韫颖打算将变卖北府分得剩余的五千块钱用来购置一座独院。临付钱时,忽然一个姨儿前来急借五千块,等还了借款,房子早已被别人买走。润麒听了,懊悔不迭,但已无济于事。

韫颖回京后,先是在西老胡同参加街道工作,由于人缘好,被推选为治保委员。她自知身无一技之长,便先后学起护士和会计。润麒见区政协负责人唐林常来劝她多参加一些政协活动,便对妻子说:"你是政协委员嘛,多参加点儿活动好。"

韫颖见有丈夫支持,作为东城区政协秘书和驻会委员,她简直成了"拼命三郎",宣传大炼钢铁,发会议通知、布置会场,以致累得怀孕的孩子掉了胎。

一次,唐林又来家里看望韫颖,恰巧遇到润麒,就劝他:"你也可以去区政协上班嘛。"

他乐得有一份社会工作。于是,夫妇俩双双去东城区政协上班。不同的是,妻子按月领取工资,他仅是义务帮忙。穿越马路时,妻子害怕不敢过,他开玩笑地说:"你是怕车还是怕被撞,路边摆着一辆汽车你是不是也害怕呀?"

"有你在,我就不害怕啦。"

妻子笑了,自嘲天生胆小,一时难以改变。他俩相偕上下班,成了出双入

韫颖担任街道治保主任之后,在北兵马司胡同10号院内留影

对的"鸳鸯"上班族。

甫看润麒不拿工资,却成了区政协的活跃人物,尤其受到政协负责人的器重。若他在会议上闷头不语,大伙儿都不答应。那时,甫说他,连所有区政协委员都不能阅读《参考消息》,而由一名女党员管理,他只能偷偷瞅几眼。他有声有色地朗读《人民日报》,抑扬顿挫的声调以及讨论时的精辟见解,使他俨然成了会议的中心人物。

通过断断续续的接触,他惊讶地看到,爱新觉罗家族及众多"皇亲国戚"大多成了自食其力者。

他去帽儿胡同二十五号探望,才知哥哥润良早已改名郭汾,居住着"前二后一"的三间房屋。解放以后,润良一度在茶淀劳动改造,如今在家中赋闲,女儿大学毕业之后,谋到了一份体面的教育职业。

追随溥仪大半生的两个侄子——毓嵒和毓嶦,回京之后,境遇颇为坎坷。他见毓嵒在家以补花为生,就诚恳地劝说:"你一个大男人,不应当在家里补花,还是要在社会上找一份工作好。"起初,毓嵒一直没找到职业,夫妻俩相伴打扫大街,每月才挣四五十块钱。毓嵒手巧,靠修表技术也能另外挣一些微薄收入,后来进了挑补绣花厂,才算有了正式工作。一度,北京市制造水晶石,把所有无业游民招纳一起,毓嵒和毓嶦跻身其间,干了一段之后,却因历史问题又被送进天堂河农场改造。见到毓辈二兄弟时,这哥俩虽然又黑又瘦,精神却不错,因毕竟已与家人团聚一堂。

他去景山东街探望溥仪二妹一家人,又先后与其他几位溥仪的妹妹重逢,他欣喜地看到,她们都有了子女孝顺的幸福家庭。在五妹家,老万谈起,回京后他一度给人家抄抄写写,最终满意地进了北京编译社工作,润麒自然羡慕不已。

在北京,他与溥仪的旧随侍赵荫茂邂逅。从来没做过饭的老赵竟在体委招待所当起了厨师。老赵的女儿赵婉珍仍是小姑娘模样,她头一次到润麒家是润良的女儿晓英带来的。过后,他前去邀请老赵来家里作客。三人骑着自行车,赵婉珍身穿蓝衣裳,戴着一顶白帽子,与润麒在前边并排骑车,老赵则慢悠悠跟在后边。

聊起工作近况,老赵说起了笑话:"我在体委招待所,为运动员做饭。从草原来的摔跤运动员光吃肉从来不吃菜,对于凉拌菜尤其反感,还生气地对我说:'这是牲口吃的东西,你怎么给人吃呀?'"

"看来,你也不易呀。"

"是呵,我这个炊事员挺难当的。"赵荫茂说,"摔跤运动员得天天吃肉不说,还要求炖得半生不熟,肉块越大越好,如果端上蔬菜来,他们就发火:'你又在喂牲口吧?'"润麒听了,大笑不止,十分钦佩老赵,身无一技之长,居然成了自食其力的"大厨"。

而相形之下,舅舅的遭遇却使他感触颇深。据表妹说,解放初,舅舅曾经多次蛮横地闯进公安派出所,大吵大闹:"我是无产阶级……"

由于这位舅舅不断地跑到法院和公安派出所,向政府索要祖上的坟地、房屋,胡闹得出了圈儿,遂被关押起来,病死于监狱。随后,舅母也相继病逝。

他顺便问起五哥的下落,妻子的回答使他大吃一惊。

"你还不知道吧?五哥是特务!"

"啊?"他的确丝毫不知。

"唉,解放前五哥参加国民党特务组织,在镇压反革命时被枪毙了。"

他只知五哥做饭相当拿手,解放之后,五哥还亲手下厨宴请他的母亲仲馨,故意端着瓷盘边唱边出洋相,"登了个登、登了个登",弓腿猫腰在地上走来走去。据说,五哥被枪毙后,由那位曾口吐奶油的漂亮媳妇收回了尸首。不久,五哥的母亲——大三姨儿也因深受刺激而突然病故。

他见到了堂叔家仅存在世的后人。当年,润麒的父亲堪称甩手掌柜,家里大小事一概不闻不睬,只委托堂弟全权代管。待润麒全家迁往天津以后,他竟把兄长家的东西变卖一空。堂叔的儿子与润麒幼年常在一起玩儿,"九一八"事变后,在电台惨遭日本人枪杀。堂叔死后,全家移民宁夏,没想到,一家人生活无着,竟流浪异乡,另一个儿子疯死于当地。家人靠讨饭返京,生活一度陷入窘境。他的探望使堂叔的后人尤感安慰。

居住在同院的老察时常过来聊天。当年溥仪在宫里和天津时,曾多次邀其去当英文翻译。溥仪赴伪满之后,老察曾在伪满侍卫处工作,其子在日本念书时就住在润麒家里,宛如一家人。

眼瞧冬天来临,老察关切地送来一件小皮袄,他却婉言谢绝:"何必这么客气呀。"

"这么多年的交情,难道不应该有点儿表示吗?"老察说完,撂下就走,他只得收纳。

过了几天,他听老察讲述了塔王逝世前后的情形。满脸胡须的塔王,汉话说得磕磕绊绊,一直没戒掉抽大烟的毛病。那天,塔王喝得酩酊大醉,随后仰倒在躺椅上，嘴里语无伦次地说："达到目的了……"究竟什么目的，谁也没弄清楚。之后，塔王躺下便再也没苏醒过来。

润麒打听幼年的玩伴儿——张勋之子张梦潮的下落。老察惋惜地说，解放以后，张公子财产挥霍殆尽，一直没有找到正当职业，因长得眉目清秀，就在各戏院客串小生，成了一名自由演员。由于京戏不景气，张公子终至潦倒而死。他听了，又是一阵叹息不止。

无意间，他见到了大舅的女儿三滨。她住在棉花胡同，与润麒一家离得很近，过去曾服侍过仲馨，被当作丫鬟唤来唤去。前不久，她和同一胡同的街坊结婚，后来还邀他去家里作客。她对婆婆时常说起润麒，表哥长表哥短，亲热无比。

一天，四十来岁的林妈带着一名男人前来看望润麒夫妇。他问起来才知她前不久刚结婚，这次偕丈夫是像走亲戚一样来串门。两家人聊得火热，她还亲热地问起他子女的近况。他仍记得在日本时，她总是打扮入时，梳着油光光的头发，时而穿着中国旗袍，时而身穿西服，买菜时还能用日语讨价还价。这次会面之后，润麒又骑车去林妈家里回访，两家由主仆变成了友人，时有往来。

晚上，妻子感慨地告诉他，白天他没在家时，在京城新开一家饭馆的荣宅老厨师，亲自骑着三轮车送来几样拿手菜肴，还兴致勃勃地攀谈了许久……

二　汽修厂工人

仲夏，庭院里的乳白色太平花在花池中绽放，整个院子弥漫着怡人的清香。

不过转眼之际，这成了不复存在的旧景。由于工厂砸碎硫酸罐，娇艳的太平花遂被熏死，润麒掏出四十块工钱将几棵濒死的残花找人移至溥杰家里，嵯峨浩见了十分喜悦，但没栽活，不久竟也枯死了。

润麒心情焦躁，急于寻找一个正式工作。瞧他成天忙忙碌碌，一名老熟人凑近身，嘲讽地说："润麒，将来有了工作得天天上班，你能行吗？"

"那怎么不行呢？"

"你看人家，"老熟人暗指他的一位亲戚，附耳低语，"手打麻将，嘴叼大烟，耳听红梅小生的唱片。那才叫滋润呢……"

"我连什么叫红梅小生都不知道呵。"

当时，他没有过多辩解，只是淡淡付之一笑，回到家，气哼哼地对妻子说：

"我不会打麻将,也不知道红梅小生是什么,更没抽过大烟。"

一句话,他主意已定,要自食其力。

还真如愿以偿,他当上了一名临时工,每天去王府井食品店,跟着一群老头儿包点心、挑枣核。第一天刚上班,一名年迈的老头儿当头浇了他一盆凉水:"你应当参加正式工作,在这儿呆下去会耽误前程的。你年纪轻轻,跟我们这些老头儿混在一起可不是个事儿。"听起来,他也觉得老人说得在理。

见老万正式办理了调往北京编译社的手续,他于是找到区政协秘书长陈一鸣,要求重新安排工作。由于一时难以找到合适单位,他只得暂在东城区政协边打杂儿边等待。正值"反右"结尾,他配合宣传绘制不少漫画,又成了政协学习组的一名联络员。当时,东城区政协有不少因"排华"归国的华侨,他被指定协助做思想工作,政协去各地劳动,他负责组织劳力,成天忙得不亦乐乎。

一天,陈一鸣找到他:"你爱人也是区政协委员,一家不宜有两个专职委员。你非要参加工作的话,只能介绍你到街道工厂,要调往别的地方我可没这个能力。"

"街道工厂也可以,只要安排一个正式工作,我就满足了。"

于是,街道办事处一名老干部骑着自行车把他驮到了东城区街道玻璃仪器厂。

这份工作简单得不能再简单,只是往体温计上标明可读,根本不需要什么专业技术。他进屋一数,近三十人全是清一色女工。夏天炎热,却不能光膀子。院里只有女厕所,男人如厕得步行挺远,他感到极为拘束。干了五六天之后,他又硬着头皮找到那位老干部:"哎呀,一屋子都是女人,就我一个男人太不方便了。这个地方实在不行,我懂点儿汽车技术,希望去一家修理汽车的工厂。"

还算如意,他又被带到了交道口汽车修配厂。年轻的女厂长十分直爽:"你来了,我很欢迎。不过,工资只能给你三十块钱,你看行不行?"

"行啊。"

走进车间一瞧,里边仍然绝大部分是女工,男工寥寥无几。再一询问,连家庭妇女拿的工资都比他高,但他没把钱看得过重,一声不吭地抄起了工具。

尽管家里生活并不轻松——因国家减租,帽儿胡同的出租房钱从一百多块降至四十块,即使加上妻子和他的三十块钱薪水,维系一家人生活仍显得捉襟见肘。他竭力节约,连眼镜坏了也舍不得修,仅用线绳儿捆上凑合用。

他再次误入"女儿国"。名义上这里是汽车修配厂,实际上仅为汽车配制密封圈,因总共没几个男人,他十分"受宠"。火热的夏天,正在院里砸密封圈时,忽然他的头上"飞"来一顶草帽,竟不知是谁扣上的。

润麒肯吃苦,又喜欢动脑筋,不久就成了热处理师傅。炎夏之际,四合院当中大火熊熊,他汗流浃背,浑身上下黏糊糊的。汽车的四轮零件淬火后,须平放进水里,否则软硬不一。他冥思苦想,发明了三脚架,上边再吊一个铁环儿,解决了重量平衡的技术难题。

积极性一上来,他根本不考虑个人得失。有些钢板需要弯成圆圈儿,用气焊穿上眼再拿铁丝捆上,他索性拿脚将钢板踩圆,没顾及可能烧坏鞋。一名女工见到,好心地劝他说:"你干活儿挺麻利,可你的鞋受不了啊。"他呵呵一笑,置之不理。

工厂安排他修理西直门车站自动装卸的吊车圆盘。人家尊敬地拿他当老师傅看待,一口一个郭师傅,殷勤地端茶、递烟。他经过连夜检查,发现八字轮的齿牙被打掉,便请一名原国民党旧军官指导,尝试先用气焊堆上,再拿"西义牙膏"蘸水取样,用凿子凿去多余处再锉平。他修好了齿轮,车站专程前来道谢。过去,他只是一名学徒工,而今被称为师傅,又受到厂里褒扬,不由变得飘飘然。

有成功也有失败。他发明了自动乙炔器,没想到学气焊的小徒工,在他转身之际,竟误用风扇吹,烧伤了脸颊,他连忙带他去医院治疗,从此,再也不敢粗心大意。在工厂里,他修理电灯、搞美术设计、送信,样样拿得起来,一时,他又成了厂内外闻名的"能人"。

他不仅干上了师傅活儿,还带领一群工人雇三轮车到牛街等偏远处提货。他并非没有私心,因有加班费,又能够吃饱饭,饿得实在没办法,就去点心铺喝一杯红茶,吃几块糖,再骑车回来上班。

那时,润麒每天回家就喊饿。宗弇平时住校,韫颖和黑老妈每月粮食定量仅仅十几斤,一锅饭蒸出来,中间画个十字,妻子和宗光、黑老妈、保姆这四个人,平均分享。他每月粮食定额三十一斤,连妇女都涨了"定量",他因出身不好,却纹丝未动。

几个月过去,本来消瘦的他开始浮肿。由于营养缺乏,十几名男女职工也相继出现浑身浮肿,工厂特地安排一个房间让他们躺着休息,但收音机只限听两个小时,到点便关闭。

由于饥饿和过度劳累,他变得愈来愈瘦弱,总是强打着精神上班。他见一名四十来岁的妇女午饭时龟缩在墙犄角没动窝儿,便走过去询问:"你怎么不吃饭哪?"

"我不饿。"

他一问才知,她在家里总挨打,身上常有伤痕,平时连脖子都不敢露出来。他觉得她太可怜,便强忍饥饿,把午饭让给她吃。回到家里,他已筋疲力尽,饿得实在受不了,黑老妈匀给他一点儿饭,却仍难以填饱饥腹。

街道办事处见他在汽车修配厂一年多,人缘不错,就交给他一项特殊任务,让他带领一些妇女去农村劳动。不久,又送来一群男女流氓,交由他管教。他考虑流氓聚在一起难管,就选中一个养猪场,把男流氓圈在里边,而把女流氓寄宿在一名农村老太太家里,连吃饭都做了周密安排。

因猪场屠宰剩下的猪肺都喂野狗,至少四五十条野狗成天聚集在猪场门口,进出非轰开才行。这些野狗见了人总是汪汪汪地乱咬乱叫,见此无人不惧怕三分。他打起了如意算盘,有了天然野狗这道屏障,这些小流氓轻易不敢出门,女流氓自然也就不容易进来。

他自幼喜欢动物,将与野狗接触视为一种乐趣,时常喂它们一些猪下水,每逢他出入门口,那群野狗总是前蹿后跳地扑上去欢迎。养猪场的其他人进出大门,虽然随身带着木棍防身,野狗仍敢扑上去撕咬。而这群野狗最后竟被他调教得一声令下,让躺下就躺下,让起立就起立,见了他简直像见到了"犬王"。

有时,他很晚才归来,那群野狗也呼地扑上来,摇头摆尾地表示欢迎。在外人看来,这简直神了!

而他管教流氓却屡屡失招。早晨起床,他看到小流氓将所有脸盆都摆在窗台上,里边竟是夜里撒的尿,一不留神就会掉下来,他顿时发了火:"这太不像话,要是洒在谁身上……"

虽然尿被倒掉,却遍地散发着骚味。一些女流氓提出要去猪场的浴室洗澡。正当要求无法拒绝,他把女流氓看守在浴室里洗澡,却不知男女流氓彼此使用暗号,偷偷约定夜里幽会。夜半时分,农村老太太急火火跑来找他:"丢了四个女流氓,找不到啦。"

他立即通知猪场的职工四处寻找。结果发现猪场里的男流氓也"失踪"四名。凌晨,他们逮住了四对在野地鬼混的男女流氓。他失去了信心,野狗能够成为朋友,流氓却管不住。

"管教"虽然失败,小流氓却并不视他为恶人,反而与他有了交情。一次,猪场偶然发生爆炸,一名小流氓的眼睛被炸瞎,他派人送往医院治疗,嘘寒问暖,使小伙子感动万分。"管教"劳动结束之后,小伙子竟带着一群伙伴前来看望他,逢年过节还来他家做客。

难忘的管教劳动结束时,他深深松了一口气:"谢天谢地,可完事儿喽……"

三 溥仪的婚事

冰凌悬挂的隆冬季节,润麒欣喜地见到了成为公民的溥仪。

溥仪特赦刚返回北京时,暂住崇文旅馆。他去看望溥仪时,俩人自然说不尽千般感慨。没说几句话,眼看到了午餐时间,国民党旧军官杜聿明①等人走过来,热情地招呼溥仪:"该吃饭了,一起走吧。"

"好,好。"溥仪连声应道。

这时,杜聿明看到了溥仪身边的润麒,问:"看你这样子,是国家干部吧?"

"嗯,不是……"润麒含糊其辞地搪塞着。

其时,他在街道工厂仍是一名普通工人。在饭厅,他和溥仪、杜聿明三人围坐在同一张饭桌就餐,边吃边聊,溥仪和杜聿明无不感慨北京和新社会的崭新变化,兴奋地谈论着未来的前途。

而溥仪不由地提起这里发生过的一幕。在崇文旅馆的那些日子,不时有清朝遗老闻风而来,拜见"圣上",这使他感到十分气恼。一次,一名清朝遗老见了溥仪的面,跪下就磕头,溥仪不禁大发雷霆:"我现在是新中国公民,你给我磕头,我与你就是不共戴天的敌人!"当溥仪说起这件刚刚发生不久的难堪之事时,依然愤愤不已。

时隔不久,他在溥杰家里又遇到了前来做客的溥仪。他们聊起回京后的各自经历,也谈起了种种不同感受。他听溥杰笑着说起,大哥回京后的第一个笑话是——早晨起来,洗脸毛巾忽然不见了,左找右找都没找到,最后才发现起床时慌手忙脚地把毛巾穿进了裤子。实际上,溥仪早在苏联就曾发生过类似可笑的事情。

别看溥仪小事马虎,对别人却很关心。回京不久,国家安排溥仪到全国政协工作,还发了一张临时出入证,溥仪兴致勃勃地跑去告诉润麒:"这回,我可

---

① 杜聿明,原国民党徐州剿总副司令兼第二兵团司令。经过改造特赦后,当选为全国政协委员。

可以带着你去政协俱乐部饱餐一顿啦。"

"太好了。"

他高兴地跟随溥仪去了全国政协餐厅。进门时,服务员拿过证件瞧了瞧:"嚄,临时证。这里一般非得有委员证才能吃呢!"

溥仪没说话,只是呵呵地憨笑着收起证件,径直走了进去。这是溥仪发下临时证件之后,第一次在政协餐厅吃饭。

两人点了几个简单菜肴,吃过饭,溥仪又带他去全国政协后院的宿舍做客。溥仪的临时单身住所只是两间普通住房,陈设极简单,除了单人床之外,还有一张书桌、几把椅子,倒也拾掇得干净利落。室内卫生是由住在隔壁的赵大爷和赵大妈来打扫的。这一对老工友成了溥仪的临时"保姆"。

他正在溥仪的屋里闲聊,一名白胡子老头儿走进门,热情地打了一声招呼:"溥仪同志。"

"您来了,"溥仪随即拉过润麒,介绍说,"这是我的三妹夫润麒。"

说完,溥仪又转过身,向他介绍这位亲切和蔼的老人:"这是申老。"

这时,他才知面前的老人就是全国政协副秘书长申伯纯。申老走后,溥仪感激地对他说,这位慈祥的老人时常来串门,帮助他解决生活上的困难,两人已经成了无话不谈的私人朋友。

此后不久,溥仪十分兴奋地告诉他,全国政协发了工资,他不仅被任命为文史专员,又补选为全国政协委员。当润麒去全国政协开会时,溥仪更短不了邀他一起共餐。溥仪此时仍未结婚,于是润麒成了溥仪家里的常客。

晚间,全国政协礼堂演出京剧《杨门女将》,溥仪看得津津有味,悄然附耳低语:"我挺喜欢扮七娘那个女演员……"

他这才知道,原来从一开戏,溥仪就注意到了戏里饰扮七娘的女演员。其实,那名女演员并非十分漂亮,只能说得上端庄而已,细细看上去,倒是显得胖乎乎的,外表像男人。幕间休息时,溥仪还特意拽他一起去后台看望她。

他跟着溥仪好奇地转悠了一圈儿。由于夏天气温颇高,在后台,他俩见到许多练功的剽悍的武生演员,衣裳脱掉后,倒个个显出消瘦的身材。在简陋的洗脸池前,站着一溜儿男演员,而女演员脸上描着油彩、身穿短裤和白衬衫,在远处来回徘徊,等待男演员完事才能轮到她们洗妆。

这些男女演员谁也没想到,在身后不停打量他们的两名细高挑儿男人,竟是"末代皇帝"和"国舅爷"。

溥仪东张西望,见到男女演员在一起打打闹闹,觉得挺稀奇。由此,润麒向溥仪谈起昔日在日本陆大读书期间,去日本演出后台见到过的情景:"演员在后台的情况,国内和国外都差不多。"

"是吗?"并非博闻多识的溥仪,感到十分新奇。

他告诉溥仪,一天晚上看戏,通过察奎元认识的日本"二室"的关系,他曾悄悄走进后台,去观看"西洋景",按说常人是绝不允许进入的。在那里,男女演员大多疯疯癫癫,女演员与男人一样开着嘻嘻哈哈的过火玩笑。一名男演员轻轻碰了女演员一下,她就夸张地捂着脚跳起来:"哎呀,踩脚啦。"

"哈,哈,哈……"

女演员一边吃饭一边挑逗,比起男人来,有过之而无不及。

有一名归国华侨,刚从美国归来,误以为润麒是记者,过来搭讪。这时,迎面走来一名小演员,用日语向他问候:"您早晨好。"

"你这不是羞辱我么?"润麒一股无名火起,用日语说,"明明你知道现在是晚上,怎么说早晨好?去你的!"他误以为这是在戏弄自己,用力推开了小演员。哪知,这是后台的规矩,即使夜间也问"早晨好"。临出后台门时,一名化好妆的女演员衣衫不整地往他身上一趴,纠缠着不让他离开,他只好挠了一下她的胳肢窝,才溜出后台。

边走边聊,润麒又对溥仪卖弄地讲述起在国内旧社会戏院的所见所闻。开戏之前,戏院里卖花、卖花生的四处吆喝,手巾板儿抛得满天飞。一次,润麒坐进包厢听戏,隔壁是一名大少爷,西服革履,身边带着马弁,俨然一副当官儿的模样。一会儿,外边又跑来一名马弁,惊惶失措地对少爷念叨说:"外边放枪啦!"

"你再看看去吧。"那位少爷满不在乎。

马弁急匆匆地跑去,没过一会儿又跑回来说:"不要紧,事情过去了……"

润麒与溥仪正聊着天,著名京剧演员杜近芳迎面走来,见到润麒,以为来到后台的一定是大领导,连忙侧过身,客气地说:"首长先请,首长先请。"

随后,她见到润麒身后的溥仪,也微微欠过身,客气地说:"首长,您先请……"

溥仪听后,竟茫然不知所措,而杜近芳也始终不知眼前究竟是何许人也。

溥仪则微笑着对他谈起返京后,见到马连良、杨秋玲这些京剧名角,而且一起拍照留念的逸事。之后,溥仪还拉他到家里去观赏合影照片。当见到溥仪与梅兰芳的合影时,润麒不禁提起刚才邂逅的杜近芳,又联想起昔日老友孟小冬与梅兰芳的曲折情缘……

溥仪酷爱京戏,皇族人所共知。当润麒听说妻子与马连良的女儿马小曼等人即将同台演出京戏《杨门女将》,便陪同溥仪去剧场观看了这场不同寻常的演出。见到台上浓妆艳抹的八姐七妹,溥仪竟认不出来哪个是三妹韫颖。润麒指指点点地告诉他,左边那名演员就是韫颖时,溥仪咧着大嘴,高高地举起双手鼓起掌来,引得左右观众投来不解的目光。

回到家里,润麒和妻子韫颖谈起溥仪的孤独生活时,两人一致主张应尽快为大哥"保媒",数来数去,眼前倒有两名现成的女子。一名是前不久主动前来询问过溥仪婚事的表妹王敏彤,另一名则是邻居杜大夫。

没等润麒主动张罗,王敏彤主动找上门,请他出面邀溥仪前去家里作客,其意不言自明。他没对溥仪讲明是介绍对象,而只说是他的大姨儿为其"接风",溥仪一听有佳肴美食,自然乐得前去赴宴。

那天,溥仪穿着一身笔挺的中山装,由润麒陪同来到东四三条的王敏彤家里。他的大姨儿热情招待,亲手烹制了丰盛的家宴,再加上有美人王敏彤在一旁陪伴,溥仪高兴异常,吃得腆胸叠肚,说起话来滔滔不绝。

饭后,润麒的大姨儿以为溥仪没准儿看上了王大姑娘,于是,极力撺掇润麒从中撮合作媒。事隔不久,母女俩又找到他,央求他再邀溥仪前来赴宴。没想到,他对溥仪直陈此事后,溥仪竟然严辞拒绝了这个美人佳肴的"饭局"。

润麒极力想促成这一姻缘,又找了溥仪几次,而溥仪却一再声称,自己早已拿定主意,要改换"门庭",找一名"无产阶级"女子结婚。

此事终于告吹。尽管王敏彤确有意与溥仪联姻,但溥仪从此再也不见面,只剩下年轻漂亮的王大姑娘枉自嗟叹。

位于西老胡同路南的小胡同里一位防疫站的杜大夫,引起了润麒的注视。她短不了来他家串门,听说他认识溥仪,尤其感兴趣,直白地对他说,希望他能玉成这一姻缘。她三十多岁,容貌端正,至今独身,已从一名护士"进修"成了大夫。

他热心地介绍了她的情况,溥仪表示很乐意,而且急于见面。在润麒家,两人照了面,彼此都觉得挺投缘,尤其是溥仪,从此去润麒家腿更勤了。也许这只是一个借口,因为溥仪到他家没过一会儿,必去看望杜大夫。

一次,溥仪竟然主动跑到防疫站找她聊天去了。之后回到润麒家,溥仪的话再直白不过:"我要改换门庭,她是无产阶级嘛。"

他这才看出,"皇上"并非一点儿不懂得追女人。那些日子里,溥仪总是以种种借口设法接近杜大夫,还对他颇有意味地询问:"你看,杜大夫是不是长得有点儿像王光美呀?"

"杜大夫的相貌确实长得不错嘛。"他倒也赞成溥仪的说法。

看来,杜大夫对溥仪也相当满意,因为她也在从各方面打听溥仪的情况。她虽然与润麒一家人相识多年,却从来没有像近来那样有事没事便来他家串门,即使很晚也不愿走,千方百计找话题与韫颖闲聊天。

杜大夫喜欢大声说话,有时甚至引吭高歌,照润麒的玩笑话来形容,似乎多少有些"得意忘形"。时近午夜,润麒夫妇和曼若困得连连打哈欠,她仍然待着不走。

润麒实在忍不住了,便劝她说:"你该回去了,时间不早啦。"

"哎,走,我这就走。"

她慢步挪到门口,见润麒正喝凉开水,也倒上一碗,仰头喝了下去。

为促成此事,润麒将杜大夫近来在他家里的高兴情绪告诉了溥仪。经过一段相处,溥仪对于杜大夫比较满意。而当杜大夫听润麒说溥仪在夫妻生活方面不尽如人意时,就急切地刨根问底起来。他只得委婉地对她说:"溥仪现在是全国政协委员,政治上没问题,只是个人生活方面还有点儿问题……"

当他直截了当点明溥仪夫妻生活方面的缺陷之后,杜大夫的态度顿时淡漠下去,两人之间渐渐疏远,最终她完全放弃了这桩姻缘。

不久,有人为溥仪介绍李淑贤与其结识。润麒在溥仪引见下也见到了李淑贤。据润麒夫妇分析,杜大夫各方面条件远比李淑贤好得多,可惜,溥仪难以启齿的"病",使刚刚开始的缘分就此夭折。

由此,溥仪开始转向,对身为护士的李淑贤发生了浓郁兴趣,几次让老万陪同直接到朝阳门外吉市口李淑贤的家去串门。进展神速,相识才几个月,两人就择定了婚期。

虽然杜大夫婉拒了溥仪,而嫁给了一名老干部,仍短不了给润麒来信。有一次,她奇怪地向他借去二十块钱,又很快给他寄回欠款。他见来信上写着详细地址,就骑车前去看望。

杜大夫住着几间平房,正巧一人在家,聊了没一会儿,她的丈夫走进家门,她忙帮助老头儿把自行车搬进屋里。至于她是否后悔拒绝了溥仪,已不得而知。不久,她竟然变得精神不正常,说话东一句西一句,丝毫不着边际,而老干部反过来开始伺候她。

这些情形,他从未向溥仪说起,因为他与李淑贤正陷于热恋之中。

润麒、韫颖夫妇参加了溥仪与李淑贤在欧美同学会举行的新婚典礼。接着,他俩又去全国政协后院宿舍,参观了溥仪的新房。一些临时借来的女服务员也抱着好奇的眼光,凝望着新郎和新娘。因为她们得知这对夫妻,一名是过去的"皇帝",而另一名却是普通护士。

他与韫颖走进新房,见溥仪和李淑贤正忙碌着招待各方客人。在这儿,他还遇到了前来为溥仪新婚贺喜的一群漂亮姑娘,那是李淑贤的同事——关厢医院的护士,此前他从没见过。

而笨手笨脚的溥仪正在学着为客人送糖、点烟。除爱新觉罗家族成员外,全国政协文史办公室也来了一群老头儿凑热闹。据说,这些人大多是原国民党高级将领,如今成了溥仪的同事。在他们面前,新婚之际的溥仪,脸庞似乎成了绽笑的花朵。

婚后不久,溥仪搬到北京西城区东观音寺胡同居住,润麒夫妇前去看望,倒没瞧出夫妻之间的明显矛盾。只是听溥仪叨唠说,全国政协为了安全起见,特意派来一对老年夫妇在门口的两间门房居住,以照看溥仪。

哪知李淑贤与邻居闹起矛盾,不时发生口角,溥仪居间解劝了几次,效果不大,只好任由她去了。

其间,润麒被无端搅入另一桩矛盾之中。溥仪婚后,王敏彤前去看望,当她自报姓名之后,竟然吃了闭门羹——李淑贤拒绝她进门。不知怎的,王敏彤疑惑润麒从中破坏,打那儿见了面,再也不搭理他。他始终弄不清究竟怎么回事。

第贰拾贰章
北京编译社

*如沐春风。在周恩来总理关怀下,他分配到北京编译社工作,却出乎意料地邂逅川岛芳子的妹妹十七格格以及父亲的小妾文安改嫁的先生。低头不见抬头见,他们成了同一办公室的同事。

*重逢后的宪东,对他评述其胞姐川岛芳子当年被枪毙的真假之谜。

*啼笑皆非的是,他误进女浴室。刚低头脱光衣服,猛然听见两个女人在身边说话,抬头一瞅,周围全是赤裸的女人。他顿时被吓懵,飞速穿上衣裳,一溜烟似的蹿了出去。

*也许,有惊无险的小插曲成了阴阳颠倒的"浩劫"来临的预示。

图片说明:润麒(中坐戴眼镜者)与爱新觉罗家族团聚。
后排站立者右起为:溥杰、溥任

一　周恩来总理接见

初春，和风细雨漫洒京城。而一衣带水的东瀛，却适值樱花盛开的季节。

嵯峨浩即将从日本归国，溥杰立即兴奋地告知润麒，与其分享重圆之梦。

随之，中央统战部长徐冰邀集爱新觉罗家族召开座谈会，传达了毛泽东主席和周恩来总理同意嵯峨浩回国的意图，同时考虑到她突然回京可能不太习惯，让润麒和爱新觉罗家族以和谐的氛围迎接她归来。

先后两次座谈会上，徐冰都指名要求润麒发言，而且直言不讳："润麒，你在新中国经过改造和学习，不是挺不错嘛，你不要对她要求过严。"

他听了，不断地点着头。徐冰一边聊笑话，一边幽默地说："无论什么事都得慢慢来。嵯峨浩回来，如果有缺点可以逐渐克服，可千万别开斗争大会啊。"

座谈会结束时，徐冰一再嘱咐润麒："如果有什么事情，可以和我随时联系。"

从徐冰的话里，他感到了一种信任。

为迎迓嵯峨浩归来，国家有关部门不仅修葺溥杰的护国寺住宅，还购置了崭新家具。一名领导还出面邀请润麒和爱新觉罗家族成员前去观看并征求意见，当面询问他："比她原来在日本居住的条件如何？"

"这里装修之后的环境，的确不错。"他感慨地说。

不久，润麒意外地接到了周总理宴请的通知。参加这次除夕晚宴的，还有溥杰和爱新觉罗家族成员。

当接到国务院通知时，他异常高兴，因正穿着工厂的破旧工作服，所以又慌了手脚。他与妻子商量来商量去，只能打肿脸充胖子，用妻子的灰旗袍迅速改成一条灰裤，又将母亲的外套裁剪成一件外衣。

左打量右打量，韫颖仍然摇了摇头。她咬牙掏出贴己钱，为他购买了一件中山装，又换上一双新皮鞋，妻子对他上下一打量，不禁笑出了声儿。

哪知，一九六一年阴历大年三十，在中南海西花厅晚宴时，润麒却露了怯。

他落座之后抬眼一瞧,竟与廖沫沙同桌就餐,另一桌则是周总理夫妇、统战部长徐冰和溥仪等人。当时,由于常年吃不饱,肚里饥饿难耐,饺子和菜肴刚一端上餐桌,他便风卷残云,扫荡一空。

餐桌上的人们无不显得十分客气,惟有他毫不谦逊地夹起鸭子腿就大嚼起来。廖沫沙手指着他,笑着对桌上的人说:"你看,还是工人阶级能吃呀,人家不客气嘛。"

见此情形,邓颖超连忙将另一桌的饺子、馒头和菜肴端了过来:"我来支援你们点儿吧。"

可没过一会儿,一盘饺子又被吃得精光。周总理站起身来,笑呵呵地对润麒这一桌人说:"没想到你们能吃这么多,现在饺子没了,你们再吃点儿馒头吧。"

见到邓大姐一次次端过盘子来,他似乎觉得有些不好意思,有意放缓了吃饭的节奏。

早在宴会前,周总理谈起嵯峨浩归国时,微笑着面向大家,又转而特地嘱咐邓颖超:"你们千万不要操之过急。她在国外那么多年,不一定能马上适应中国的环境。"

之后,周总理逐个询问起爱新觉罗家族成员的现状。周总理对他一家人的情形了解得非常清楚,徐冰在旁边还热心地介绍了他的良好工作表现。座谈时,周总理当面问起润麒身旁的一名爱新觉罗家族成员:"你坐没坐过牢?"

润麒以为是在问自己,忙抢着回答。周总理笑了,轻轻挥了一下手:"没问你,请他回答吧。"

过了一会儿,周总理的剑眉扫视过来,又关切地问起他如今的状况。

"你目前在哪个单位工作呢?"

"我在工厂。"

"啊,几级工?"徐冰瞪大了眼睛。

"我是学徒工。"

大伙儿见他那么大年岁仍是学徒,轰然而笑。

周总理却和蔼地继续问起他:"你当学徒工,都学什么呀?"

"我学的是钳工。"

"噢,做小活儿你能看得见吗?"

"那我得戴花镜。"

接着,周总理又亲切地问起他所在的工作单位:"润麒,你具体在哪个工厂?"

"在交道口街道汽车修配厂。"

周总理听后,随即指示徐冰:"给润麒再分配一个适合的工作吧。"

听了周总理的话,他显得极为兴奋,不仅与爱新觉罗家族一样陷入喜悦,也充满了对未来的期盼。

暮春时节,溥杰和老万从广州接回嵯峨浩母女一行人。五月中旬,他们在京城兴奋地畅游了几天。随团来访的宫下明治①借来一辆自行车,骑车外出观看多年前去过的北京各个地方,甚至远到八达岭长城和十三陵也逛了一圈儿。尔后,他突发感慨:"嗨,整个北京城都变样啦。"

宫下出门时,总是小心翼翼地询问,可否到处随便游览,惟恐犯错误。润麒明确地说,对此没有限制。宫下又试探地询问:"我有一把军刀丢在中国东边一个地方,想找回来,不知道行不行?"

"你这纯粹是异想天开,"润麒说,"你想找,也不一定能找到啊。"

紧接着,宫下又恳切地提出,想找一个解放前认识的故人,又被他一句话堵了回去:"这都多少年啦,去哪儿找呀?算了吧。"

性格活跃的宫下若跟随润麒出门,走到哪儿都用日语称他"京其桑"——润麒先生。周围的人一听就知道宫下是一名日本人。四处游来逛去,宫下果然遭到非议,有人说,这个日本人总是四处乱窜,影响太不好。随同保卫的公安人员也禁不住告诫润麒:"请转告宫下,再不听招呼,我们就驱逐他出境。"

"绝不能那么做,连周总理宴请都有宫下参加嘛。"上级领导听到汇报,作出了明确指示。

经过观察,润麒没有发现宫下有类似间谍的行径。不久,随团而来的宫下及嵯峨浩的母亲等人返回日本,嵯峨浩遂在护国寺安然定居下来。

自此,溥杰家成了聚会的固定场所。每逢星期六,润麒和老万就去护国寺聚餐,他仍穿着工厂制服,且以此为荣。嵯峨浩在监狱被关押过,也经历过漂泊不定的流浪生活,对于新家庭的环境看来挺满意。她见了他们,总是满面微笑地亲自下厨做饭。每当润麒临走时,嵯峨浩总让他捎走一些烟卷儿。日久天长,她则认为他和老万每周六晚上来家里吃饭,是天经地义的。

他总去溥杰家,短不了碰见常客廖承志和公元。廖承志被妻子经普椿管

---

① 宫下明治,系日本人,曾任伪满热河第五军教导队团副。回日本后,开设明治药社,与嵯峨浩一家人比较熟悉。

得颇严,禁止他大酒大肉,自以为到溥杰家可以"开斋"。哪料只要挟起肉来,就会被女儿的筷子打掉。引得人们大笑不止。

他十分佩服廖承志的日语水平,称其为"登峰造极"——即使在日本人里也算得上顶尖级,连英文、德文也很棒。他由衷地称赞说:"廖公真是语言的天才呵。"

而这种聚餐活动,韫颖极少参加。有一次,公元由日本带来生牛肉——在屠宰之前喂两星期啤酒,肉质异常鲜嫩。廖承志没带女儿而特意独自前来饱餐了一顿。

由于嵯峨浩的归来,公元更成了往来于中日之际的使者。最初,公元与一家瑞士公司做运输船生意,后来索性买下这家公司,承租大型冷冻船,往东欧运送肉类食品。据公元披露,他来中国从事贸易已超过了九十九次。

公元多次宴请全国政协秘书长以及对外贸易促进会负责人,总短不了拽上润麒和溥杰夫妇作陪。据说公元因日本税率高,挣了钱仍然储蓄在中国消费。席间,公元有趣地提起润麒在日本的往事,说他曾调皮地教自己父亲一些汉语,父亲竟然以为是好话,便在公开场合引用,引起一片嘘声,才知道被开了"涮"。众人一阵哂笑。

二 编译工作

"明儿个,社长请你去一趟。"就在周总理接见过后没几天,老万前来找到润麒,接他去北京编译社。

与王建斌社长见了面,他开诚布公:"周总理指示,让我们给你安排一个工作。我选择了好几个地方,觉得编译社比较合适,你看怎么样?"

"好啊,我没意见。"润麒顿时喜形于色。

其实,在此之前,他去北京市民政局遇到了王旭东主任。

"给你安排在残疾人工厂,你愿意去吗?"王主任说。

"不愿意去!"润麒说话直截了当。他表示,若这样还不如暂时仍留在街道汽车修配厂。他期待着扬其日文特长。

欣然如愿。一九六一年十月,他被正式分配到北京编译社。虽然没有翻译稿费,但月薪七十六块钱,他觉得过多,于是又找到编译社的郝书记:"过去我虽然做过翻译,但不一定胜任,现在工资是不是多了点儿?"

"既然组织决定了,你就接受吧。"

上了几天班,他才知社里总共一百人左右,大部分或多或少有点儿历史问题,也有个别是刑满释放的犯人。许多人对外不愿意说在北京编译社工作,润麒倒满不在乎,感觉市里挺重视的,不少重要资料都拿给他们翻译。

润麒曾学过德文、英文和日文,数日语最为娴熟,在这儿简直如鱼得水。他所在的日文组总共十来个人。人们通常称他润麒,也有人叫他郭布罗,还有人称他老郭,惟有老万叫他老润。

自然,老万成了他在日文组的同事。多年前,润麒曾在溥仪的屋里见过来自江苏的老万的父亲——一个挺胖的大个儿,颇像饱读诗书的清末遗老的标本。年幼时,老万被父亲过继给无子嗣的万绳栻,他自己却许久不知这段身世。在他看来,老万口语不错,而日文译写略微逊色,他便时常自以为是地矫正老万译文的舛误。老万为人谦虚,工作中两人彼此帮助,倒也相处和谐。

天空仍是那么湛蓝,而太阳的升起却显得每天都不一样。

润麒自尊感颇强,成天埋头译作,别人每天只能翻译一千五至两千字,他竟然日平均超过五千字。头一个月,他被评为全社第一。社领导夸他打破历史纪录,还在大会上表扬了他。

难得如此的舒畅,年逾半百的润麒似乎变成了小伙子。夏天工间休息时,他时常拉上老万打羽毛球,冬天则一起打雪仗,还利用休息时间教大伙儿做广播体操。刚开始人不少,后来愈来愈稀拉,他和俄文翻译吕学军就去办公室逐个拽人,凭着一股犟劲,即使剩下一个人也照教不误,人们称赞他心态愈来愈年轻。

他在办公室和宪东的妹妹金墨玉①不期而遇。她个子不高,身材适中,脸上似乎稍微有点儿浅麻子,人称十七格格。他早年留学日本时就曾与她有过交道。解放后,她因莫名其妙的"罪名"一度被关押,释放后被分配到北京编译社工作,与他同在日文组。他问起宪东的近况,也介绍了近年来家庭的境遇,聊起往事,两人都不禁感叹人生无常,世事沧桑。

出乎意外,他在北京编译社竟见到了父亲的小妾文安改嫁后的先生,亦恰巧同在一组当日文翻译。低头不见抬头见,他俩不免聊起以往的旧事。据文安的先生说,文安的结局并不理想,与荣源离异之后,重嫁没几年便溘然去世。说起来,直到她临死,润麒也没再见过她。

编译社人员之复杂,超乎想象。他结识了新来的一名同事姜峰——从监

---

① 金墨玉,北京市文史馆馆员。

狱释放的北大学生。入狱前,二十多岁的姜峰借宿在当解放军的哥哥的家里,风韵犹存的女保姆住在斜对门,晚上故意拉开电灯洗澡,百般诱惑其发生性关系。岂料,事发之后,女保姆反咬一口,声称遭到了强奸。结果姜峰被判刑三年,释放后进了编译社。后来,赴美国留学归国时刚一下飞机就被逮捕,原来姜峰是学生非法游行的组织者,又被判了几年徒刑。润麒见到他时,姜峰才出狱不久。润麒回顾一生的坎坷经历,反复提醒他要奉公守法才能在社会上行得通。

他想不通的是,年过半百的街道主任奇怪地成了他家的"神秘"常客。有时,连他阅读的画报也被主任顺手"捎走"。据说,这是为了考察他。公安派出所的民警也短不了前来看望,显然,他并不使人放心。

果然,一场误会意外发生。洛阳陆军学校来北京招收教授外文的教员,他和王志寒被区政协列入推荐名单。王志寒与著名人口学学者马寅初的女儿同是东城区政协委员,曾在德国工作多年,能说一口流利的德语,还教过一名德国女孩儿德文。而润麒在日本生活多年,日语颇具水平,自然受到校方青睐。

陆军学校派来三名穿便服的军人,找他正式谈话:如果愿意入伍,可授予少校军衔,亦可担任文职教员。军校待遇不错,又能发挥所长,但他拖家带口,显然有一定困难。他正与家人反复商议此事时,一名街坊悄然报告派出所,说有三名穿着便服的军人经常出入润麒家,瞧上去不像北京人。

在阶级斗争弦紧绷的形势下,自然引起了公安派出所的密切关注。袁所长亲自出马,带领手下的民警,由街坊陪同,天黑前躲藏在北屋的图书室,关闭了电灯,隔窗观察对面润麒屋里的动静。

正值冬天,暮色降临,陆军学校的三名军人又前来找润麒谈话。突然,对面一片漆黑的北屋,一个人啪地意外拉开电灯,趴窗往南屋偷看的几人立时被润麒和三名军人瞧个正着。袁所长和街坊异常尴尬,马上悄悄溜走了。

军校的几名军人觉得十分纳闷儿,正当的招兵入伍,怎么受到监视?心里甚感不解。军人走后,润麒感觉十分别扭,反复与妻子商量,只推说三个孩子都在上学,家里确有困难。最终,因为种种原因,他遗憾地没能去陆军学校任教。

也许是毒火攻心,他正在办公室编译稿件,忽然发现眼前出现朦胧的黄圈儿。进医院检查之后,医生开了一瓶碘化钾药水,嘱咐他每天喝三次。服药后,他半夜仍感觉喘不过气,双眼模糊不清,浑身出现浮肿,赶紧骑车去平安医院看急诊。医院大夫诊断后认为,症状像是中毒,这里治不好。他又急忙前往北京医学院，正赶上两名女大夫值班，确诊是碘中毒，立即让他躺下输液医治。几天过后，眼前的黄圈儿才逐渐消失。

早晨，他迷迷糊糊去上班，途经一家饭铺，随手把自行车停在便道上，走进去买灌肠。出来时，他把书包挂在车把上，推起自行车就走，只听饭铺里有人冲他大喊："哎，你怎么骑我的车呀？"

他低头仔细一瞧，车的品牌一模一样，也都没上锁，只不过推的自行车比他那辆稍新一些，赶忙陪着笑脸道歉："您看，真对不起，我糊里糊涂推错啦。"

"没什么。"来人瞧他实非故意而为，顿然消了气。

他心里盘算着工作，竟马虎到了如此程度。

在旁人眼里，这简直是不可思议的"怪事"——年逾半百的润麒竟然从头念起四年制电视大学。学校组织严密，跟真正的大学并无两样，三十来岁的吕学军负责上课考勤，考试不及格便淘汰，学员到后来变得愈来愈少。他所在的班级，起初有二十几名公费生，到最后仅剩下六人。

作为六分之一，他咬牙坚持，没事就"囚"在小屋里，成宿半夜地背诵《离骚》等古典名著。考试时，电视大学老师忙碌不过来，就从各校抽调教师去判卷子。每次考卷发回来，他的手就哆嗦，提心吊胆地不敢打开卷子，生怕不及格。

若非幸运，他险些被淘汰。一次，宗衮的同学负责判试卷，一眼瞧见郭布罗·润麒的名字，心想这不是郭宗衮的父亲么？再一看，差两分"国舅"便"落第"，于是悄悄少减了两分。学习古文和文法时，正赶上由带薪的工人大学生讲授，他听起来十分吃力，但仍坚持晚间上课，直到毕业。

年逾半百的润麒成了六一届电视大学毕业生，手捧校长吴晗盖章的本科毕业证书，他的双眼笑得眯成一条缝儿，自豪地问家人："你们看，我怎么样？……"

由于他经常出入区政协和全国政协，妻子便掏出体己钱为他买了呢子上衣作为"行头"。在全国政协，他聆听了由刚归国的著名核物理学家钱学森主讲的"力学"报告，这名四十多岁的学者，以渊博的知识和精辟透彻的分析，深深地吸引了人们，礼堂里不时响起热烈掌声。

他还聆听了李瑞环以木匠身份所作的"放大样"的生动报告。在润麒看来，这位"青年鲁班"穿戴举止与普通木工没什么两样，时时透出朴实的工农风度，而深入浅出的哲理却是引人入胜。与会的民主党派，像民建、九三学社等，出席的大多都是头头脑脑，虽然他与他们彼此点头，却很少有人知道他是何许人也。

润麒的社会活动日益增多，但鲜有人晓知他"国舅"和"驸马"的奇特身份。他从抚顺回来不久，正在街道工厂当学徒，被通知去东城区政协开会，作为区政协候补委员，他见到了身穿蓝色中式褂子的全国政协委员易礼容①。事后，易礼容找他谈话，告诉他，他是受邵力子②委托前来与他联系的。鉴于润麒的特殊经历，拟推荐他为全国政协联系人之一。

在此之前，他从没见过邵力子，直到在全国政协会议上，他才与邵老欣喜会面。慈祥的邵力子主动走过来和他握手，两人一见如故，十分投缘，聊了许久。

"你多大岁数了？"

"五十多岁了。"

"看上去还挺年轻嘛。"邵力子又关切地问他，"身体怎么样？"

润麒一一作答。邵力子和他兴趣盎然地回顾起以往的历史，还谈起早年曾跟蒋介石一起上学念书的故事……临别，他与邵力子紧紧握手，相约有空儿再多聊聊。

一般人无不以为他是政协工作人员，实际他不拿工资，但具体工作却不比领工资的委员少。与他一起参会的大多是各民主党派的领导人，只有他是一名普通的政协联系人。即使如此，他依然尽其所能为政协做了许多有益的工作。

鉴此，北京市东城区政协主席张寿崇屡次提议："润麒是东城区政协的功臣，应当给他一个名誉。"

虽然他时常出入全国政协，但编译社组织的一些小型活动，他仍尽心竭力。国庆节之前，编译社在剧场召开大会，布置会场时找他商量。于是，他出了一个主意，并亲手用硬纸壳折成像框，外边敷上金纸，嵌在"马恩列斯毛"画像边沿，大灯一亮，金光耀眼。

时隔不久，抚顺战犯管理所出于对释放人员的关心，来京逐一拜访。听说他被全国政协荐为优秀社会活动者，初春时节，抚顺战犯管理所负责人带队去他家，一群管教人员七嘴八舌地询问："润麒先生，离开管理所之后，你得过什么奖？"

---

① 易礼容，曾任全国政协秘书处处长，全国政协委员。
② 邵力子，国民党元老，曾任国共和谈代表，解放后曾任全国政协常委。

"没得过什么奖。只是政协委托单位对我给予过口头表扬。"几句话,逗得大家都乐了。接着,他又风趣地调侃说:"我可不能骄傲,更不能飘飘然……"

众人捧腹大笑。

三 川岛芳子被枪毙真假之谜

"润麒在家吗?"一个熟悉的声音传来。

润麒刚迈出屋门,没想到,毓嶦已健步走进院子。两人紧紧地握着手,心情十分激动。原来,毓嶦跟随东北代表团来北京参观,顺便来家里串门。几年没见,毓嶦显得苍老了许多。年轻时的毓嶦,高鼻梁、大眼睛,长着连鬓胡子,非常帅气,虽然学历不高,却颇重感情。

提起当年的旧事,两人感慨良多。当年在苏联时,毓嶦登记为爱新觉罗,苏联人竟将其归入达斡尔族,成了五个难以归国人员之一。润麒与毓嶦同病相怜,挣钱之后买了黑面包,由毓嶦平均分配,连两名达斡尔族喇嘛也不例外。毓嶦见到韫颖和孩子们,又不由自主地聊起妻子和家乡的变化,临别时,他说他还要去溥杰家里探望。送别毓嶦,润麒深情地望着那远去的宽厚背影……

暮春,年过六旬的老太监德福,身穿干净利落的灰布大褂,来到润麒家探望。这位老人与过去相比,外貌没什么变化,接人待物仍那么谦恭有礼。据说,德福是早年与媳妇打架后,一气之下才亲手"净身"的,半路出家进宫当了太监,如今儿女都已长大成人。

他见德福欲言又止,知其必有事相求,主动说:"您有什么事需要帮忙,尽管说吧。"

"我现在仍旧住在庙里,"德福踌躇再三,"缺少几块铺板,您能不能帮忙想点儿办法?"

"您直说得啦,这没有问题,我家里有几块,您拿走就是了。"他当即送给德福几块铺板。

据老太监说,他之前曾找过亲戚,却没讨要出来。事过没几天,德福为感激润麒襄助,专程送来一篮鸡蛋以示谢意。老太监过去一直在亲戚家当仆人,由于受到悭吝的待遇,他一赌气,搬走住进了庙里。有人说,这位老人特别倔犟,遇到心情不顺收拾屋子时,时常叮当叮当一顿乱摔。然而,他理解老人的心境,同情其遭遇,时常给予接济。

他去溥杰家串门,邂逅了曾在宫里教授溥仪弹奏钢琴的关良。有趣的是,关良仍是一副老派头,微笑时依然张着大嘴,说话时连小舌儿也能看得一清二楚。关良当时住在厂桥附近,年过八旬还去看望过特赦后的溥仪。

这次,关良和徒弟应嵯峨浩之邀,前去溥杰家里演奏手风琴。徒弟按照五线谱拉得勉勉强强,关良不擅手风琴,却巧用钢琴弹奏手风琴,获得成功。看得出来,关良虽已年迈,演奏钢琴水准却依然不减当年。

多年不见,润麒留下来与溥杰、关良一起吃饭叙旧,直到很晚才归家。事后,他还抽空专程去关良家里串了一趟门。品着香茗,他重提幼年在宫里与关良逗趣的往事,两人都忍不住开怀大笑。

昔日的狱友,大多都见了面,惟独李国雄一直避而不见,甚至连溥仪特赦后也没露面。他原名叫李志源,溥仪亲自改名为李国雄。此人心灵手巧,尤其精通电器、木工等手艺。据说李国雄由于经历坎坷,回京之后脾气变得古怪,跟家人也难以合得来。他找到一个临时值夜的工作,只是上班来下班走,任何事都不过问。遗憾的是,润麒一次也没见到过"大李"。

黑老妈是北京近郊高碑店人,矮小的个子,眼睛不大,肤色偏黑,头发总是梳得光鲜油亮。润麒当年住在长春聿修园时,她的腰就有点儿弯,后来病得愈来愈厉害,竟变成了罗锅。白老妈个子挺高,比起黑老妈显得略微胖些,老家也在北京附近。

韫颖从东北返京之后,依然与黑、白老妈住在一起。她将北府变卖分得的钱款,按期算账,连同黑老妈、白老妈和林妈的多年欠薪一笔结清。见到她如此仁义,黑、白老妈更是不舍得离开韫颖,忠心耿耿地伺候着这一家人。

其实,两位老妈都有家人,只是境遇各不相同。黑老妈有两个儿子,一个是工人,另一个当上了赤脚医生。黑老妈平时总穿着一件简朴的灰布长褂,处处为他家省钱。早年,她出来当保姆是因与丈夫性格不合,有了孩子以后,留着挺长胡须的丈夫仍然生活荒唐,曾前来看望过她,在润麒家暂住了几天,想劝她归家,她丝毫不为之所动,老头儿只好孤独地离去。

黑老妈始终与润麒一家人同桌吃饭,她怕润麒吃不饱,时常舀几勺米饭添进他的碗里。晚上,她看他饿得可怜,往往特意留下一碗饭菜,让他吃饱再睡。他平时养的一只小猫,每当黑老妈晚间躺下以后,总钻进她的被窝,露着小脑袋与她并头而睡。自幼生长在农村的黑老妈时常谈起乡里的风俗,他听着感到格外新奇。

"乡里人们都说,男人是罗汉体,不能随便脱光衣服,衣裳纽也得扣上。

女人是贱身子,夏天脱光膀子在街上逛,没人觉得奇怪。"说虽这么说,黑老妈平素却很注意仪表。生下儿子高占稳不久,她就去替韫颖喂奶,儿子不断害眼病,她也顾不了,一心扑在润麒家。每天早晨,黑老妈像自家人一样,见他起床晚了,就扯起嗓子喊:"起床吧,该起啦。"

"哎,我这就起来。"由于黑老妈督促,他上班从来没迟到过。

黑老妈对于自幼看护的宗弈,甚至比自己家人还好几分,这使他一直为之感动。

多年来,黑老妈一直称韫颖为格格,时常以她引为自豪:"章老①说过,连毛主席都知道三格格呢。"韫颖听了,总是淡然一笑,劝她对外少说为佳。

当润麒与昔日同学宪东在北京聚首时,宪东作为人民解放军军官早已退休多年。一夜长谈,双方都仿佛回到了"恰同学少年"的峥嵘岁月……

在肃亲王家族里,宪东是唯一参加革命的。早在伪满时,润麒任骑兵连长,毕业于伪满兴安学校的宪东成为炮兵,住在同一院内,几乎天天见面。日本投降之后,宪东率部起义,成了解放军炮兵专家,被誉为"炮兵圣人",荣立过不少战功。

不久,他和宪东见到了起义的张挺,亦离休返京,住在东四七条胡同颐养天年。聊起肃亲王家族里的几个子女,自然不能不提起鼎鼎大名的川岛芳子毙命真假之谜。

润麒说起,在伪满时曾遇到她,见她的胳膊上有一块伤疤,问起是怎么回事,她竟然故弄玄虚地吹牛:"那是被鲨鱼咬的。"

"纯粹是胡说。"宪东不屑地驳斥了姐姐的"天方夜谭",直言不讳地告诉润麒,其实真相是,川岛浪速欲强奸川岛芳子,这是她拿刀自杀被抢救过来所留下的伤痕。② 无论真相如何,川岛芳子剪掉青丝,改易男装,自此而始,却是不争的事实。

---

① 章士钊,字行严,1881年(清光绪七年)生于湖南善化县(今长沙市)。曾任上海《苏报》主笔。解放后,相继被推选为第一届全国政协委员,第二届、三届全国政协常委,历任政务院法制委员会委员、中央文史研究馆馆长等职。章士钊与毛泽东是私人朋友,曾向毛泽东举荐过韫颖。1973年7月1日病逝于香港。

② 关于川岛芳子是否被川岛浪速强奸之事,有各种不同的说法。据日本女作家上坂冬子著《川岛芳子传》考证:川岛浪速曾向宪立说,要宪立赞成他与芳子发生肉体关系。这是一九二四年十月六日的事。当时,芳子十七岁,浪速五十九岁,如果有此事,就等于一个老头子玷污了少女。上坂冬子曾当面问过宪东,"他说,当年与芳子同住在松本的川岛家时,正碰上芳子的自杀未遂事件。有一天,突然"砰"地响了一声,大家都跑到客厅里去了,家里上上下下乱作一团。我虽然还是个孩子,但心中也明白那是芳子的自杀未遂。当时宪东刚十岁。"

据宪东所知，川岛芳子是被国民政府北平督察处从北平东四牌楼九条三十四号的家里抓走的。听说川岛芳子被枪毙那天，因没有脂粉来打扮，便用狱墙上的白灰往脸上匆匆抹了几把，押赴刑场时，穿的衣裳还倒着茬儿。另有这么一个说法——川岛芳子并没有死，是她的一个姨儿顶替她被枪决的。[①]

宪东因出身不好，一直没能入党，办理了是退休而非离休，但他始终保持着乐观的情绪。其妻是出生于哈尔滨的混血儿——中国父亲、苏联母亲。没想到，通晓英俄两国语言的爱妻身患风湿重病，十几年卧床不起，宪东在锦州一直照顾到她去世，才来北京娶了一个"续弦"，没想到也是个病老伴儿。宪东原住在左家庄一幢高楼，由于腿脚不便，换到西单附近两间半地下室居住，伺候病妻多年，再想往出搬迁竟然成了难事。

蔫秧偏遭霜打。宪东的女儿插队时身患风湿性心脏病，从锦州前来北京做心脏手术，润麒见她眼睛有病，亲自为她针灸医治一个疗程，视力基本恢复了常态。当时，国内没有心脏瓣膜，须从日本寄来，急需一笔较大的费用，宪东手头拮据，只得临时向溥杰借钱住院。手术后，宪东的女儿精神状态良好，临走时，润麒带着她逛了一趟王府井商业街，又去青海餐厅饱餐一顿。

临分手时，她感激地问他："这一顿饭，您得花多少钱？"

"我跟你爸爸这么多年交情，这点儿钱算什么？"

他牵着她的手漫步于东风市场，知她生活困难，又硬塞给她一些钱。虽说她表面已恢复健康，从她一句沉重的"谢谢"之中，他隐隐察觉一种不祥之兆，感觉离别后便难以再见面。

---

① 笔者自幼出生并住在北京东四九条东口四十二号，据川岛芳子寓所不远，曾听到过街坊四邻有关川岛芳子之死的种种不同的说法。据日本女作家上坂冬子著《川岛芳子传》所述：川岛芳子被处决之后两个月，一九四八年五月十六日，日本各报几乎同时报道了下述消息："川岛芳子还活着。"今年春天在北平被枪决的东方的玛塔哈丽——川岛芳子，本来已经结束了她那不幸的一生，可是现在却有个叫刘凤贞的人，向南京监察院控告：川岛芳子还活着。据刘的控告书说，被枪决的不是川岛芳子，而是刘的妹妹。原来约定以"十根金条"的代价，将刘的妹妹作为川岛芳子的替身，可是刘家当时只领到了四根金条，还有六根迄今尚未兑现等。监察院根据刘的控告，立即开始了调查，可是由于控告人没有写明住址，以致未能查明真相。承担执行枪决的河北省高等法院亦不得不发表声明说：事关诽谤法院，希望彻底查清真相（北平十五日中央社电）。据有关记载，川岛芳子哥哥宪立，曾对顶替之事，亲自找国民党十一战区司令孙连仲斡旋，孙夫人答应可用一百根金条顶替下川岛芳子的性命。川岛芳子的妹妹金墨玉与此观点不同，她说，川岛芳子被处决后，她亲眼见到死者照片，认为遗照即川岛芳子，没有顶替之事。宪东因没有第一手的真凭实据，对于川岛芳子之死真假，未妄下结论。而这个谜底，润麒始终也没能揭开（注：另据《新文化报》二〇〇八年十一月二十日报道：一九四八年，川岛芳子自北京刑场逃脱，隐居长春新立城镇齐家村，化名方老太太，于一九七八年病故。据报道，此消息仍被川岛芳子的妹妹金墨玉予以否认）

不出所料,她走了没半年,由于在锦州断了药,旧病复发后,不久便抱憾离开人世。世间最悲惨的莫过于白发人送黑发人,他与宪东再见面时,两位老人沉默无语,许久无法从悲痛中摆脱出来。

此后,这一对老朋友时常通过电话,彼此勉励。宪东仍然嘻嘻哈哈,处世达观。一天,宪东打来电话,欣喜地告诉他:"我恢复了'离休干部'待遇,工资又多了一些。"

"那我就为你高兴吧。"

在一阵放声大笑之后,他与宪东分享了这一愉悦的消息。

兄长润良去世使他多少感到突然。他全力协助筹办丧事,让宗聿和宗光为润良穿上"装裹",又与家人一起把遗体送到火葬场火化,将骨灰盒安放于八宝山骨灰堂。

润良的女儿晓英的婚姻则多少使他感到欣慰。她嫁给了朱教授,结婚时专程接润麒、韫颖夫妇出席婚宴,润麒的大嫂还亲热地出门来迎接。伪满时,润良曾任伪满宫内府侍卫官,他的大嫂操持家务,见面的机会很少,返京后他才见了她几次。也许由于润良的故去,她显得衰老了不少,而他以特有的幽默,增添了新婚的喜气。

他在政治上进一步得到认可,全家人深感宽慰。"文革"爆发前的年初,全国政协正式发来通知,编译社郝书记对他作了转达,他应邀列席全国政协会议。东城区政协负责人还专门对他作了解释:"会议期间,待遇与委员一样,只是没有发言权和选举权。听报告和开会,你都可以参加嘛。"

啼笑皆非的是,时隔不久,他竟然阴错阳差地误进女浴室,闹出了一个大笑话。

按说,他不应犯此舛误,但他觉得至少一半责任在浴室。距他家不远的交道口影院旁有一家公共浴室,他时常去那儿洗澡。不消说,男左女右——男浴室在左边,女浴室在右边,这是京城的一般规矩。门口的柜台里坐着一位晕头昏脑的老头儿,平时连头都不抬,只管收钱。因男浴室比女浴室面积大,而洗澡的女人反倒比男人多,就有人出主意把男女浴室掉换了个儿。

那天,他也没细看,就照常径直走进左边的浴室换衣间,低头脱了个精光。这时,他猛然听见两名女人在身边谈话,被吓了一个激灵,再抬头一瞧,周围全是赤裸的女人。他顿时吓懵了,暗想一定走错了浴室,简直想找个地缝钻进去。他镇定下来,不动声色,低垂着头飞速穿上衣裳,一溜烟似的蹿了出去。

他的脑门冒出了冷汗,气急败坏地找到守门老头儿:"我进去,你怎么不拦哪?"

"嗨,进女浴室的也不止你一人,好几个了。"老头儿微微抬起头,"你也不瞧瞧,上边写着女浴室嘛。"

"浴室门上那么小的字,谁看得清?你必须马上改,写大点儿。"润麒怒气冲冲,"多年走惯了左边浴室,你也不提个醒儿!"

"那不要紧,"老头儿慢条斯理地说,"还有女人跑到男浴室去的呢。"老头一席话又把他气慉了。

或许,有惊无险的小插曲预示了阴阳颠倒的"浩劫"的来临。

第貳拾叁章

文化大革命

*风生水起。"文革"头一个被开刀的竟是润麒。

*"北大屋有鬼"——一张大字报贴了出来。继而,他连遭"炮轰",竟被贴了上千张大字报。

*三堂会审。"润麒每星期六以'桑田之会'为名,到底去哪儿秘密集会?"其实,实话说出来可笑之极,他到溥杰家是为解馋,自然谁也不信,他只好装聋作哑。

*飞短流长,他被控与女人溜公园乱搞。纯系子虚乌有。

*前院一对老师夫妇双双上吊身亡,这是《四世同堂》饰演"大赤包"的著名女演员的父母。尸体卸下来时,红卫兵往床上一扔,抬起脚边踩边批判。

*溥仪病逝。他激动地责问女护士:"听说溥仪死前,请求打止疼针你们都不给打?是吗?"

图片说明:姐妹相逢。左起韫馨、韫颖、韫娴

一　拿"国舅爷"开刀

红红绿绿的大字报，霎时贴满京城斑驳的灰墙。无数鲜红的大小旗帜和随处可见的狂呼呐喊，在北京蔚为一大"奇观"。

伴随"五一六"通知①的发表，轰轰烈烈的文化大革命之火燃遍大江南北。孰料，在北京编译社，头一个被开刀的竟是润麒。

"打倒反革命郭布罗！"早晨，他走进社里大门一看，正前方赫然贴着大标语，内心一惊。下边一张大字报，标题更是骇人听闻："润麒拉出两千年的僵尸秦始皇，诽谤毛主席。"

他被惊呆，似乎或多或少领悟了前一天的奇遇。那是星期天，他偕妻子和孩子在后海散步，遇见了平时关系不错的同事敖玉斌。只见老同事欲言又止，莫名其妙的目光里似乎要说什么，却又闪烁其辞。其实，除了他自己被封锁消息以外，不少人被告知，明天要拿郭布罗开刀！听说好友润麒将成为众矢之的，而本人如今还被蒙在鼓里，仍高兴地漫步于什刹海。老敖回家之后，禁不住哇哇痛哭失声，弄得一家人莫名其妙。

如今，润麒恍然大悟。站在大字报前，他一字字地看完对自己的"诽谤"——如果说，刚开始还有些惊慌失措，此时，他倒显得镇定自若。

大字报的起草者是他的女同事小赵。事实的真相是，编译社正在学习焦裕禄，他在会议上发言时，做了一个比喻，没想到大字报断章取义地摘下一句没头没尾的话，当作他攻击毛主席的铁证。

在那个年代里，攻击毛主席，无疑就是反革命。他自信地认为自己全然没错，坦然走进办公室，端坐在办公桌前。此时没有一人说任何一句话，屋里的

---

① "五一六"通知，即一九六六年五月十六日，中共中央政治局扩大会议通过了由毛泽东主持起草的《中国共产党中央委员会通知》。《通知》提出，文化革命的目的是对一大批反党反社会主义的资产阶级代表人物进行批判，要求实行无产阶级在上层建筑其中包括各个文化领域的专政，夺取文化领域中的领导权，号召批判所谓混进党、政府、军队和文化领域的资产阶级代表人物。这标志着"文化大革命"全面发动。

空气似乎陷入了静滞状态。同事的目光遇上他,活像见了瘟疫,纷纷低头不语。小赵前天见面时,还老郭长老郭短,如今怒气冲冲地朝他撇嘴,宛然见到了现行反革命。

"忽如一夜梨花开。"一夜之间,编译社的墙上贴满大字报,火力全部集中于润麒身上,他成了千疮百孔的"活靶子"。一名女同事傲然走过来,神气活现地坐在他的办公椅上,咬牙切齿,她写的另一张大字报,标题更是吓人:"润麒反对毛主席!"

一名外语学院毕业的女学生刘光明,撰写了一张夸张的大字报,题目颇引人注目:"北大屋有鬼"——那个鬼就是润麒!

批判文章异常犀利,硬诬在北大屋办公的润麒有强大的后台,正酝酿着"反革命复辟",只待黑指示下达,马上就会暴动。在铺天盖地的大字报海洋中,他不啻万恶之源。

早晨起来,他依然照常上班办公,桌上还摆着没译完的"专利作品",抽屉和椅子背却被贴上了封条。他自言自语地解嘲:"就差身上没贴封条啦。"

每天"早请示"之后,他才能打开抽屉,下班时又被重新贴上封条。他成了没戴牌儿的"黑帮",但明眼人谁都清楚,大字报涉及的事与他根本沾不上边。有人在大字报中批判他从农村归来,说农村吃不饱,分明不是他说的,也硬按在他的头上。

批判润麒成了"划线"的标志,谁不贴大字报就会被视为立场有问题或是反革命的同伙儿。据说,老万与溥杰商量过到底给不给润麒贴大字报?溥杰害怕受到连累,索性躲得老远,一声不吭。曾为他挨批而痛哭的老敖也被迫草就一篇大字报,题目更是令人费解:"郭布罗·润麒,你为什么突然不订晚报了?!"

有的同事去他家,见过爱新觉罗家族与周总理的合影,照片上边有廖沫沙。隔了一天,大字报骤然升级,内容耸人听闻:"郭布罗是'三家村'黑店打入我单位的黑干将。"

不紧张是假的。他见到大字报直言不讳地宣判:"润麒是廖沫沙'三家村黑店'的黑伙计","上纲上线",把他纳入了"黑店"。这绝不可小视。但又一琢磨,不就是仅凭一张与廖沫沙的合影照片吗?再说,照片上边还有周总理呢……

悲观者大有人在,自杀的人接踵而至。第一名自杀者叫韩润堂——在伪满当过县长,被编译社同事才贴了三四张大字报就从颐和园的佛香阁跳下摔成肉饼。他听说这件事后,第一个念头就是老韩坐车买票时该多难过呀。他的想法倒是简单得不能再简单,若是真想自杀,随便找个地方就行了,何必跑那么远?

大字报越贴越多,墙上贴不下,就在食堂拉上横线挂大字报。吃饭时要掀起大字报才能钻过去,他往那儿一坐,周围吃饭的人往往被吓跑,惟恐受到牵连。

他坚信,总有一天事实会弄清楚。虽然一举一动都有人监视,他却显得泰然自若。

编译社乱了营。郝永溪原来是编译社党委书记,时而靠边站,时而干杂活儿,不久又官复原职。一天,郝书记将润麒找到办公室,好言相劝:"老郭呀,你的大字报不少,写一份检查,明天就不批判你啦。"

接着,王社长也耐心地做起他的思想工作:"你写个检查吧。"

"怎么检查?明明那篇大字报是小赵瞎编的。"他以小赵那篇大字报为例,愤愤不平地说,"让我写检查,想不通,我也要纸笔,写大字报!"

于是,润麒将两张红纸接在一起,撰写了一篇长长的反驳文章,标题针锋相对:"诬蔑润麒的大字报居心何在?"

他极力辩解:我不过是在学焦裕禄的会议上,做了一个比喻,怎么能把整段内容删去,攻其一点不计其余呢?他的大字报刚贴上墙,又在社里引起轰动。

哪知,次日一上班,他就看见迎门新贴了一批大字报,十分抢眼:"看,郭布罗开始反攻!"

郝书记急火火地找来他,拧着眉头大声喝问:"是谁让你拿红纸写的?"

"你们发的红纸嘛。"

"你不该使用红纸,叫你写检查,这是检查吗?你明明是在攻击革命同志。"

"她诬蔑我。我说实话吧,你屈心让我承认错误,我绝不干。"

红纸大字报成了他向文化大革命"反扑"的铁证。第二天,又招来一批大字报,其中一篇题目是:"润麒,你这张红纸大字报是何居心!"

润麒越想越生气,跑到院门口,猛然一把揭下大字报。这可捅了马蜂窝,大字报更多了,标题愈来愈大,言辞愈来愈激烈。甚至有人公开声称,润麒这种人不应当占一个工作岗位,力主将他开除出编译社。

"强烈要求马上把郭布罗·润麒逮捕法办。"

"润麒必须停职反省!"

……

据说,上级明确表态:润麒撕大字报,是故意给文化大革命抹黑,是在大庭广众之下诽谤社会主义!

称得上铺天盖地,不仅四周墙壁,甚至连地上也刷满了大标语。他变成了专政对象,整个北京编译社放眼皆是批判他的大字报。有好事者数了数,他竟被贴了一千零一张!

他面无表情地站在大墙前面,逐张浏览贴得琳琅满目的大字报,阅读着那些大同小异的内容,同时也在静静地欣赏同事郭健笔力遒劲的书法。奇怪的是,批判他的大字报竟没有一张涉其历史问题,全部是"现行反革命"。他十分纳闷地瞧着花花绿绿的大字报,暗忖,一夜成名,变为黑干将?不禁扑哧乐出了声儿。

面临难以预料的复杂形势,他作了充分思想准备——说不定哪天就会被逮捕。孰料,这时刘少奇派来的工作组进驻编译社。他见工作组逐个找人谈话,只是到处遍贴《毛主席语录》,并不涉及"文革"实质问题,牢骚话脱口而出:"所里磕头碰脑到处都是毛主席的语录,叫你没有立足之地。"

"走!"早晨,一群人突然将润麒推搡进一间办公室。突击审问他的是一名陌不相识的负责人,两边各坐着一名年老的大胖子,俨然成了"三堂会审"。

"你叫什么?"

"多大年岁?"

……

他镇定自若,一一作答。

"据群众反映,你这个反革命有强大的靠山,今天你要把靠山交待出来,到底有没有?"

"有!"他有意装糊涂,大声地说。

"好,坦白从宽,抗拒从严。你说!"审问者以为他服了软,很是高兴。

"这就是我的靠山——毛主席语录!"没想到,他麻利地解开棉袄纽扣,从上衣兜儿里掏出了"红宝书"。

三名审问者顿时愣住了,不知做何反应,迟迟未发一言。见他们正交头接耳,他悠然站起身来,其中一个胖子连忙制止道:"你坐下,坐下!"

过了一会儿,三个人见审不出什么结果,垂头丧气地说:"好吧,今儿就到这儿吧。"

于是,他莫名其妙地被释放了。一名同事遇见他,悄悄地说:"听说你这家伙真厉害,将了他们一军哟。"

其实,当时他早被吓懵了,那些回答只是出自本能的条件反射。出于谨慎,他走出大门,马上变得默不作声。

没有不透风的墙。润麒几乎雷打不动,每星期六必去溥杰家搓一顿饭,这竟也被单位的知情人揭发出来:"润麒每个星期准时去一个地方集合,这可能就是反革命集团。"

随即,所里陆续派来几个人,声色俱厉地审问:"你到底上哪儿去啦?"

"桑田之会嘛。"润麒幽默地说。

这句话,竟又招致蜂拥而至的一批大字报:"润麒必须交代每星期六以'桑田之会'为名,到底去哪儿秘密集会去了?"

实话说出来未免可笑,他去溥杰家其实是为解嘴馋。当然没谁会相信,他索性装聋作哑。没过几天,他又被叫到造反派办公室,一个胖子装模作样地说:"以后,你要靠近组织,及时反映你的真实思想。"

他还没来得及汇报"真实思想",编译社掀起"红海洋"①之后没几天,工作组就卷起铺盖偷偷溜走了。

不久,市里派来军宣队,明确要求他"有则改之,无则加勉"。威逼利诱的话,说得再清楚不过:"你写一张大字报,表示'低头认罪',社里就不再组织批判你了。"他认为这是让他变相"低头认罪"。

一天,公元来他家,吃过晚饭,他们一起去溥杰家串门。刚说没几句话,不知不觉又聊起了文化大革命,溥杰尤其害怕。在极"左"的"文革"期间,也真难为"皇弟",为了表现自己的革命性,溥杰曾在全国政协大院里,当众振臂高呼:"谁反对毛主席就打倒谁!"自然,溥杰喊出这种天经地义的革命口号,没人敢提出异议。

面对惶恐不安的溥杰,润麒慢吞吞地聊起编译社的形势和自己的打算:"我想了想,准备写一份检查大字报,'低头认罪'。"

"好,这个主意我赞成……"溥杰惟恐他招来更大麻烦,还没听他说起大字报的内容,就连忙表态支持。临出门时,溥杰仍一再劝他尽快检查,及早脱身为上。

决心已定。当天晚上,他在灯下违心地写出"低头认罪"的小字报,次日

---

① "红海洋",即"文革"中全国掀起一场到处张贴毛主席最高指示的运动。

早晨便贴在社内的墙上,果然观者甚众。打那儿以后,攻击他的大字报日渐减少。据说,市里很快就下达通知,停止对润麒的批判,防止转移斗争"走资派"的大方向。这样,他终于得到解脱。

编译社已经被折腾得不成样子,资料室被拆,最可惜的是翻译词典时去图书馆四处查阅所摘录的卡片,竟然以暗藏反动思想为由,全部被扔弃。

无论在哪种情形下,他都是乐观派,虽然阶级斗争触目惊心,回到家他依然满面笑容,谁也看不出他刚刚在单位受到众目睽睽的大批判。

文化革命越闹越凶,他甚至被吓得找出电视大学的毕业证,一把火烧掉了。伴随火焰腾起,他的内心深深陷入迷惘……

二 编译社的实情

一波未平,一波又起。

可笑的是,事件缘起于他与一名年轻女同事顺路回家。

编译社的英文女翻译小袁,住在遂安伯胡同,每逢下班时,总是从后院来叫他一起结伴而行。

"老郭,下班了,咱们走吧。"

"好啊,等一下……"

久而久之,社里的人已经习以为常,根本没人说三道四。然而在极"左"年代,这成了两人关系不正常的证据,他被关押起来,勒令交待男女关系问题。尤其令人不解的是,小袁急于脱身,居然火上浇油地揭发说:"我俩每次走到故宫,润麒就讲宫廷的故事,怀旧的复辟思想极严重……"

这倒好,生活作风转眼之际成了政治问题。实际,是小袁经常主动找他早晨练气功,而她的大字报却颠倒是非地揭发,每次都是他主动"勾引"她。她做绝了,毅然表示与他断绝任何关系!他一打听,原来小袁的丈夫是右派,她惟恐引火烧身,急于快刀斩乱麻,以保全自身。于是,润麒成了无谓的牺牲品。

富有戏剧性的是,不久,小袁与同事老丁通奸,丑事败露后,跑到天津一家旅馆自杀未遂,被送进医院抢救。天津打来长途电话,社里委派传达室工人褚如香和一名解放军战士去看护陪床。小袁被救活以后,颜面皆无,调换了工作单位。自然,他的所谓"男女作风"问题,不攻自破。

文化革命中的编译社,千奇百怪。起先,他不知编译社是公安和文化部门双重领导,直到文化大革命爆发以后真相才泄露。社里其实有不少人才,也翻译过不少如《福尔摩斯》、《731细菌部队》等畅销书。他只是分工日本科技专利方面的内容,一译就是几年。

他的一名同事——翻译高手林承印被关押在禁闭室,悄悄溜出来,好奇地跑到"审花案"的地方去偷窥。只见编译社的造反派头头儿老奎端坐桌前,喝令一名女人交待与她发生关系的男人,而且必须交待清楚细节。被她揭发而揪来的男人,纷纷跪在地上接受惩罚。在老奎的喝令下,皮带像雨点似的落在这几名半裸的男人身上。

一声声惨叫吸引了众多男男女女前来瞧热闹。正当打手用皮带狠狠地抽打杨铁英时,偷偷溜出来观风的林承印,突然让人发现,被一把揪了进去:"你被关押起来还敢溜出偷看,你也一起来尝尝无产阶级专政的厉害吧。"于是,林承印被逼迫跪在地上陪打。

早晨,一名被揭发的涉案女人小梅,也被押了进来。老奎作恶多端,见到容貌稍端正的女人就想下手。见她挺可怜,组长杜洁方早晨一起床便给她送去早点。刚推开房门,只见屋内正站着老奎,而小梅显得失魂落魄……当杜洁方对润麒讲起此事时,仍然心有余悸。

忽有一天,他家在帽儿胡同的旧宅被全部没收充公。接着,红卫兵横扫"四旧",宣布严禁养猫、狗等家禽,违者一律打死。润麒就拜托隔壁蹬三轮的街坊王存海把家里的老猫装在纸盒里,骑上三轮车扔到安定门桥外,足有十多里远的一个角落里。老王回来说,刚一掀纸盒盖,那只猫就蹿出去没了影儿。

谁料,过了十几天,他在屋里听见一只猫在房顶不停地叫唤,出门抬头一看,正是那只被遗弃的老猫。但是,任谁唤它也不下来。耗了一上午,黑老妈从外边回来,冲它一叫,它居然麻利地蹦了下来。它见人们并无恶意,又像以往那样在润麒腿上蹭个没完。

这时,院里的红卫兵看见老猫又跑了回来,十分气恼:"哼,屋里不能养猫,要一律打死!"

"别介,这只猫可不能打。这是扔了几十里地以外自己又找回来的,多神呀。"

这则消息一个传一个,居然传神了。再加上一名叫徐军的红卫兵力主不杀,在众说纷纭之中,这只老猫被"保护"下来,成了惟一活跃在街坊四邻的"神猫"。

有一天,前院传来一阵骚乱,继而人声鼎沸。原来,前院的一对老师夫妇①双双上吊身亡。尸体卸下来,红卫兵往床上一扔,抬起脚就往死人身上踩,边踩边批判,狠狠历数这对教师的罪状之后,一群红卫兵才拉走尸体。

说来也怪,街坊老察平时最怕看见死人,据说只要看见棺材,脸上就鼓起一道道楞子。偏巧,那对教师夫妇的尸体刚拉走不久,老察就被轰到停尸房居住,也许被吓傻了,根本没见他脸上有任何反应。

使他感到气愤的是,一名中年妇女佩戴着红卫兵袖章,逼迫韫颖扛运重木头作为体罚。原来在选举街道干部时,韫颖知道她偷过东西,便没举手同意,由此,她就恨上了韫颖。繁重的体力劳动使韫颖的腰部受伤,此后腰椎渐渐变得弯曲。然而,韫颖的忍辱负重却使家庭避免了遭受过多迫害。

红卫兵内部也有形形色色人物,其中的徐军,敢于直陈己见,挺身而出保护老干部,见到红卫兵胡作非为,竟赶跑了他们。他见徐军到院里来借案板和菜刀,因怕出现意外,犹豫半天没敢借。

晚上,他夯着胆子,跑到隔壁院一看,屋里躺满红卫兵,男女竟睡在同一个大炕上,他一嘬舌头,赶紧溜回了家。

偶然,他听到风声,被轰走的红卫兵当天晚上要来抓徐军。因徐军一直对润麒一家采取保护态度,于是他偷偷透信儿给徐军:"今儿晚上,你可得注意点儿,有人要抓你来啦。"

"是吗?那我就走了。"徐军听后,赶紧收拾行李,匆匆打个招呼就跑掉了。那群红卫兵扑了一个空,只得悻悻而走。

在街道四处抄家的红卫兵,见到黑老妈,就逼问润麒:"你家的保姆为什么叫黑老妈,是不是黑人?"

"因为她的头发是黑的,所以叫黑老妈。"润麒老实地回答。

"嗯?"红卫兵不相信,一口咬定,"叫黑老妈这个名字不行!"

真是秀才遇见兵,有理说不清。任他怎么解释也不通,他叹息不已,这群人简直是胡闹。后来还是几位街坊出面,证明润麒的说法是对的,这才解了围。他苦笑着松了一口气。

也不知是什么病,白老妈忽然病倒了,只是一天到晚喊着要吃凉东西,连一口饭也难以下咽。她虽然有公费医疗,去过几趟大医院也没检查出名堂来,先后治疗五年,医生说她没病,各项化验和血压无不正常。润麒短不了给她买

---

① 据了解,这对夫妇是《四世同堂》里饰演"大赤包"的著名女演员李婉芬的父母。

冰棍吃,最后,白老妈不明不白地病逝,只剩下了孤独的黑老妈。

当白老妈故去时,润麒正巧被审查,连送葬也没赶上。听说临死前,她的腰杆依然笔直。

眼看闹得乌烟瘴气,七十多岁的黑老妈返回了老家高碑店。她去世时,润麒正被重点批判,遂叮嘱韫颖携宗弇专程代表全家前去吊唁,还送去几百块钱,小住了两天。据说,黑老妈直到去世仍是满头黑发。

两个老妈故去之前,他为没能看上一眼而抱憾终生。

三 红卫兵抄家

阴霾密布,天色黯然。

伴随《横扫一切牛鬼蛇神》的社论在《人民日报》发表,毛泽东主席在天安门城楼佩戴红卫兵袖章,巨手一挥:"我支持你们!"霎时,红卫兵旗帜漫天飞舞,红袖章汇成了无数洪流,遍布大街小巷,揪斗声震天,口号声不断……

整个北京城掀起前所未有的"打砸抢"高潮。

在人声嘈杂之中,一群男女红卫兵闯进润麒家,为首的一名头头儿絮絮叨叨,反复强调:"明天,润麒必须把家里的'财宝'全部交出来!"

他彻夜未眠,与韫颖拾掇起十几个箱子,放置在房檐底下。他家保存的一箱历史照片被扔弃满地,一百多件整套康熙官窑瓷器也被拉走,从此没了下落。望着红卫兵远去的背影,他一阵疑惑,难道这就是所谓的红卫兵运动?破四旧?……

惶恐之中,一群红卫兵又涌进他家,厉声喝问:"你们是不是'五十八家'①受保护的?"

"我倒不清楚。"润麒老老实实地回答。

因为确实没人告知,虽然从侧面听说过有此传闻,但始终未经证实。而他确定无疑地认为,红卫兵是毛主席派来的。一名男红卫兵走进屋门,仔细端详一番周总理接见爱新觉罗家族的合影照片,指指点点地找到了其中的润麒,然后垂头丧气地说:"咱们走吧。"

"不行,还没搞清楚呢。"一名叫张三儿的女红卫兵不同意,她是有名的

---

① 据说,"文革"中周总理曾指示,五十八家民主党派或无党派人士不得受到冲击。

"打砸抢"干将,外号叫"半拉肺"①。她走近前,大声质问润麒:"你家有金银财宝没有?"

"只剩两块金表了。"他态度诚恳。

于是,她抄出金表,又打开箱子,见到里边有一条狐狸围脖儿,喜出望外地提在手上。

"还有没有别的?"

"你自己看吧。"

她带着红卫兵一阵胡乱翻腾,值钱的貂皮袄,昂贵的钻石、金手镯……连女人喜欢的红围脖也一股脑抄走了。一度,她们像土匪分赃似的乱抢起来,仲馨留下的嫁妆也被从箱底搜出来,润麒禁不住阻止说:"这是我母亲的嫁妆啊。"

但他的话无济于事。抄家时,一柄玉如意和古墨盒也被搜出抄走,他不禁扼腕而叹:"哎……"

一天晚上,一群驻扎在对门的红卫兵闯进屋来借铺盖,他把毛毯和被子递给那群青年人。归还时却成了破棉花套,毯子也变得残破不堪。忽然,大胖子老奎蹿到他的屋里,讥讽地掀起被窝:"你怎么还留着褥子呀?"

"如果全部拿走,我就没铺的了。"

"不行!必须全部交给红卫兵。"老奎的态度异常强硬。

这时,有人见老奎实在过于欺负人,站出来说了公道话:"你就做点儿好事,饶了他们吧。"这样,他才算勉强过关。

其实,老奎原是国民党俘虏兵,解放后以残废军人身份当了单位的勤杂工,"文革"开始后,他带领一群造反派借查封民政局为名,毁掉了旧档案。老奎最初月薪才三十多块钱,家里穷得连立柜都没有,当上造反派头头儿没半个月,新家具就添了不少,连自行车也换成了名牌,生活堪比皇帝,总是让风流女人轮流陪着,成天油饼包熏肉那么胡吃海塞。

润麒冷眼坐在堂屋,鄙夷地瞧着老奎那副淫邪的嘴脸消失在门口……

哪知,他受到了进一步冲击和批判,"老账"也被彻底翻腾出来。

女儿曼若执教的学校——通县发电厂小学的一群红卫兵,跑到编译社来揪斗他。女儿从农大附中毕业之后,被分配在通州教书,连户口也转了过去。

---

① 即被手术切除后剩下半个肺。

曼若和宗夆所在学校由教师组成的"老"红卫兵，强逼两人与父亲划清阶级界限。宗夆所在学校的军代表倒是明白人，实实在在地对宗夆说"你是你，他是他"，倒没强迫非揭发父亲不可。

而曼若所在的学校火药味格外浓。召开斗争会时，被强行拽上台揪斗的"黑五类"分子，无论男女，身上的衣裳一律被扒得精光，齐刷刷地跪在台上被红卫兵抡起皮带抽打。曼若在现场观看时，吓得胆颤心惊，整天魂不守舍，一时想不开，差点儿跳了河。

润麒被带去斗争批判，红卫兵勒令他冲毛主席像请罪，之后就是一番不着边际的盘问。负责记录的大个子青年嘀咕说："问得差不多了吧？我都不愿意往下写了，问的都是挨不上边的事儿呀。"

"不行！"一名造反派头头儿坚决不同意。

他被斗争了整整一上午。刚结束，他就气愤地打电话给公安部，要状告红卫兵的无理批斗。结果打通之后没人接，他束手无策。

批斗在继续。一个个没有任何依据的故事被捕风捉影地当作历史证据，有人竟然揭发润麒当年给日本人递送情报……更出奇的是，有人站出来揭发他在日本一座公园做过反共宣传。听到这儿，他顿时恼怒万分："这完全是一派胡说！"

"你态度不老实，必须坦白交待。"红卫兵大声地喝斥他。

"时间和地点根本不符，都是没影儿的事嘛。"他冷笑着反驳。

最后，连做笔录的人都变得不耐烦，反复叨唠了几次："行了吧，咱们今天就到这儿吧。"

见实在问不出来其他内容，他们转而质问润麒："你家合影照片上的女人是谁？"

"那是溥杰的妻子嵯峨浩。"

"你都卖给过她什么情报？"

"可笑，她不是间谍。连周总理都接见过她，你们看到了，那张合影上有她嘛。"

"你甭提周总理，"理屈辞穷的红卫兵愤怒了，"这张照片上有廖沫沙，说明你是三家村黑店的同伙！"

从早到晚整整一天，没有任何结果，他们于是准备把润麒的问题移交给街道处理。他怒气冲冲地跑到公用电话站，抄起电话打给单位，正巧是女头头儿小阮接电话，她马上向编译社革委会汇报，上边有了明确指示："我们单位有红卫兵啊,郭布罗家里的抄家资产要由编译社来接收。"

于是,编译社几名四五十岁的老红卫兵,由革委会头头儿老邵和宛珍带领走进院子。其实,老邵原来只是北海公园的一名普通厨子,摇身一变,竟成了造反派头头儿。

润麒遗憾地告诉他俩:"家里稍微值钱的东西都已经抄完,没剩下什么有价值的啦。"

红卫兵小将见"老"红卫兵强烈要求移交,就把金表等抄家的财产交了出来,单据上由老新四军袁柏生签名作证。老邵和宛珍分别填写了一式三份移交单据,还在收据上此地无银地注明:"抄家者没有敲诈勒索行为,特此证明。"

虽然润麒在抄家单据上盖章又签名,还留下了一份底单。实际上没几天,抄家物品就被卖了钱,一名管勤杂的老头儿见了他,说:"我买了你家一床被面,你说值多少钱?"

"那值不了多少钱。"

"要了我十块钱呢。"

过后,一名了解内幕的女同事也同情地找到他:"你家的两个紫绸靠垫和四个高级水晶酒杯早被处理掉了,其实都应当发还给你。"

明知说也没用,他索性默不作声。

他依然胆颤心惊。那一阵儿,他骑车下班回家时,先得观察一下胡同里的动静,有时见到家门口站着一群人,心里就打鼓,是不是红卫兵又抄家来了?他见街道主任身上总带着一把剪子,瞅谁不顺眼就将对方剪个"阴阳头"。不久,他在澡堂子又遇到这位主任大人,竟变得左胸高右胸低,心知病得不轻,果然没过多少日子,街道主任便突然去世了。

自打街道主任驾鹤西天,这条胡同着实消停了不少。

四 溥仪病逝

阵阵秋风骤起,东四街道上一棵棵古槐的枯叶,纷纷飘舞空中。

在空荡荡的胡同里,润麒脚踩缤纷落叶,意外邂逅区政协委员文葵①的妻子,两人驻步聊起天来。

---

① 文葵,又名文仰宸,清末顺承郡王之子,一直从事国画创作。一九九二年病逝。

文革前,文葵平日靠画明信片卖钱,一张几毛钱,勉强维持生活。区政协曾找文葵与润麒一起创作绘画,文葵绘国画,润麒画漫画。没料到,文葵的画作没出名,而润麒的作品却一炮打响,索要者甚众。文革时,哪个单位揪斗他俩,大多要到东城区政协去借漫画用于批判。交谈之际,文葵的妻子以时髦的流行语言告诫他:"你出身不好,要走革命之路,必须跟你的家族断绝关系。"后来,她见润麒依然故我,便不再搭理,多年没有往来。他听说,文革没结束她就故去了。

他没与家族断绝关系,却力图涂上各种保护色,在屋里挂上了不少毛泽东的大幅照片和"毛主席语录"。一些外地红卫兵闯进屋,往往瞧上几眼就转身而去。但他心里仍然十分害怕,总盯着门口心跳不停,不知何时红卫兵又闯进门来。

一些奇奇怪怪之事,发生在奇怪的年代,一时真假难辨。

风传抄家高潮,有人向红卫兵密报,王敏彤家私藏枪枝。后来一搜查,没发现枪,却在她家硬木立柜下找到了她和母亲挖掘的一个地洞,发现里边藏匿了不少金银财宝。于是,可怜的母女俩被彻底"扫地出门"。

无独有偶。一个消息传来,润麒听了,更是不知真伪。据说,旧友老赵的女儿向红卫兵告发,说她的爸爸在煤堆里可能藏有秘密电台,老赵遂被红卫兵关押起来。据说,女儿谈恋爱时,老赵对未婚女婿不满意,曾与姑爷和女儿闹僵,才酿成这一笑话。红卫兵把赵家翻腾个底儿朝天,也没搜出电台,最后不了了之。然而家里却形成了尖锐的敌对关系。①

听说街道汽车修配厂的李品峰,因国民党军官的老底儿被揭发而关押起来,其妻害怕,提出暂时"假离婚",老李的工资也从上百块减至几十块钱。一家大小生活都成了问题,媳妇继而离婚,后来渺无踪影。

有意思的是,万嘉熙雇车把家里的硬木家具拉到街道革委会,要求上交,却遭到了一顿奚落:"你家没桌子,吃饭怎么办哪?先拉回去吧。"这一招还真灵,万嘉熙一家竟成了少数没被"抄家"的皇族之一。

在"破四旧"的高潮中,即使一向以老实著称的溥杰也被抄了家。那天,红卫兵进院就往南屋门上贴了封条,嵯峨浩顿然被吓得手足无措。没几天,南屋的封条被拆掉,几架日本照相机也被抄走,等追讨回来时,其中两架已经破烂不堪。

---

① 以上情节根据润麒回忆撰写。

不久，一群红卫兵又闯进护国寺的院子，一群街道的家庭妇女红卫兵戴着红卫兵箍儿闻风而来，拦住了年轻小将："嗨，这个院儿属于国家保护，你们不应当到这里来！"此时，润麒恰巧走进溥杰家院门，见到这一幕，一名像是头头儿的中年妇女，胳膊上戴着红袖章，义正辞严地与红卫兵交涉，措词激烈。经过一番交锋，红卫兵小将不满地走了。

公元从日本来京，正值文化大革命如火如荼，成天觉得心惊肉跳。为了保护公元安全，有关部门给公元胸前佩戴了外宾标志，所以，无论遇到红卫兵抄家，还是由润麒陪着去逛友谊商店，都没受到意外的冲击。

听闻溥仪病重，而润麒却正被革命群众揪斗，无法前去探望。待他可以去看望时，溥仪已经住进了人民医院。溥仪婚前曾是润麒家的常客，婚后却很少去他家。这次，他到医院探视溥仪，只见偌大的病房内只有儿子宗光一人孤零零地陪伴溥仪。

溥仪平静地躺在病床上，见润麒进来，连忙坐起来："你来啦？"

"我来看望你……病情怎么样？"

"医生给我肚脐抹了一种药。"溥仪告诉润麒，"还在身上涂了一些酒精。"

谙通医学的润麒深知溥仪的癌症已无计可施，只能采取保守疗法。他不断地安慰着溥仪，而溥仪与他说话时，斜倚在病床上，一直没有躺下。

他怕溥仪过于劳累，没多滞留，而是反复叮嘱宗光，让儿子尽心竭力地照顾好大舅。当他走出病房时，溥仪流露出一种恋恋不舍的目光。

尔后，他听说溥仪刚躺下不久，当年伪满洲国的"福贵人"李玉琴和她的嫂子便来到病房，要求溥仪给她写一份历史证明材料。因意见不合，遂大闹一场。由此，溥仪的心情郁闷了多日。

这次出院之后，溥仪在全国政协偶然遇到润麒，俩人不由聊起了文化革命的现状。没想到溥仪竟然没头没脑地说："不应当批斗徐冰和廖沫沙呵……"

不久，润麒去溥仪家中探望。聊起病情时，溥仪撩起衣服，指着阑尾炎愈合的伤口给他看。眼瞧着溥仪露出排排肋骨以及瘦骨嶙峋的胸脯，他不禁又是一声暗叹："哎……"

在短暂的作客期间，他察觉溥仪的心情愈加恶化，而妻子李淑贤对丈夫的态度也显得似乎多少有些淡漠。其实，他与李淑贤认识的宛女士同在一个胡同住，仅仅相隔几个门。有时，在宛女士家里他还偶然能见到李淑贤，却只是寒暄几句，问候一下溥仪，仅此而已，从来不敢多问他们夫妻之间的状况。

这次在溥仪家里，润麒看出溥仪对李淑贤的身体十分关心，而且特地嘱咐他为她诊治,不错眼珠地瞧着他为妻子拔罐子。当他为她测定火灸的体位时,溥仪还在一旁插嘴说:"这儿是肺的部位嘛。"

"一点儿不错。"他知溥仪确实懂医。

溥仪对于他在李淑贤肺部附近"灸治"多少有点儿担心,两人磋商许久才确定拔罐子的部位。这是润麒最后一次登临溥仪的家门,也是最后一次为李淑贤治病。

溥仪的病情在一天天地恶化。在最后的日子里,溥仪因肾癌复发再度住进人民医院,饱受病痛折磨。临去世前几天,溥仪眼前大多只有宗光一人。每当溥仪大声喊疼时,宗光都不禁再三央求大夫:"再给我大舅打一针止疼剂吧。"

然而,大夫对于宗光的提议置若罔闻。溥仪在人民医院去世之际,只有宗光在病床前守候。溥仪去世后,他才急忙喊来了溥杰和李淑贤。

当时润麒正被"专政",看到报纸上刊登的讣告才得知溥仪已去世,上次会面竟是他与溥仪的最后诀别。

迟至二十年后,润麒参加全国政协视察。同行之中有一名女保健医生,得知他是溥仪的三妹夫,就在路上聊起溥仪在人民医院住院治疗的种种情形。她回忆说,当年她在人民医院当护士,了解溥仪逝世的全过程,润麒听后,激动地责问她:"听说溥仪去世前,叫医护人员去抢救,你们都不去?请求打止疼针你们都不给打,是真的吗?"

"哎呀,这可不是我的主意。那时是由医院负责。"她说自己只是一名普通护士,"这个责任可不在我呀。"

润麒为当年溥仪去世时没能得到及时抢救而痛心疾首,更为"动乱"给爱新觉罗家族造成的伤害而惋惜。

浩劫之中,也有使他稍感宽慰之事。一天,一名街道负责人跑来兴奋地告诉他:"你放心吧,你们属于被保护对象,不再查抄你们家了。"

从门口贴的对联上,他也察觉了微妙的迹象。他早就发现,同一院内居住的街坊,在"文革"中连家人的一些"不轨"也曾偷偷汇报给红卫兵,还时常在发黄的宣纸上练字,有人走过去,街坊就推说在练字,其实是在写揭发他人的汇报,其中一个对象就是润麒。

最具讽刺意味的是,不久那名街坊竟也成了"专政对象",被关押起来,早晨起来唱着《黑帮歌》去劳动改造。春节前,红卫兵小将送来对联时,润麒家的屋门被贴上了一幅:"四海翻腾云水怒,五洲震荡风雷激。"

虽然那名街坊极力靠近红卫兵,自以为与小将混得挺熟,暗忖一定会送来一幅更好的红色对联,却没想到贴出来的对联适得其反:"庙小神灵大,池浅王八多"。

不知为何,他又被编译社造反派视为"眼中钉"。一名解放前搞过地下工作的老同事,外号叫张百万,为显示其坚定的革命立场,居然提出一个"极左"的损招儿:"润麒过去是溥仪的'铁杆儿',这种人教育不过来,也不能消灭他。最好把他囚在一个地方,看管起来……"

第貳拾肆章 接受『改造』

*乏善可陈。老贺还没收尸，润麒却被关进地下室受到提审："老贺为什么提着你的暖瓶跳下烟筒，是不是你唆使的？"

　　*女人的裤腰带被没收，半夜突然被无端叫起来，在毛主席像前罚站赔罪。工宣队喝令女人们弯腰撅起屁股，在背后逐个品评后臀的优劣。

　　*关押在隔壁的一对夫妇是俄文翻译，妻子被红卫兵鞭打得浑身变成紫色。

　　*被集体押往南苑接受专政，恰与知名作家杨沫、草明等朝夕相处。他被诬为"破坏生产"，发言者驴唇不对马嘴，听着，他不禁扑嗤乐出了声，大批判只好在哄笑中散场。

　　*厉害的女组长管制十个组的专政分子。一不提防却被小林以汇报为名拉下水，两人拿起马扎儿走出东门，第二天，人们却发现麦子被压倒一大片。黄色新闻成了茶余饭后的消遣。

图片说明：润麒（右）与来访的日本天皇的弟弟竹田宫共餐

一　市委行政干校

物极必反。张百万的狂话说了没几天,谁想却首先遭到逮捕。在是非颠倒的年代,老张自以为当年为革命做过贡献,哪知越是"地下党"越受到质疑,最终成了众矢之的。

润麒在被抄家第二天,伴随众多的"牛鬼蛇神",浩浩荡荡列队步行到马神庙——市委行政干校集中。这是一九六七年初夏。

奇怪的是,他作为"专政对象"竟与群众混合编队——实际是被一名群众看管,但他感到挺高兴,毕竟跟革命群众掺在了一堆儿。别人被陆续安排好住处,唯独润麒等人被剔除出列,呆呆地坐在行李上,只听见肚子咕噜噜叫,没任何人搭理。

眼瞧天色变得漆黑,一声号令,他们被轰进地下室。他抱着行李,走进地上铺着稻草垫的狭小房间。正要打开被子,又传来命令,让卷起褥子,不许躺下。夜半时分,来人没收了他的裤带,又宣布一通纪律,才被允许睡觉。这时,他才明白已被正式"专政"。

次日清晨,肚子早被饿瘪才允许十个人一组,排队去食堂吃早餐。他举着饭盆儿,领到两个窝头和一碗能照见人影儿的清汤,恨不得立刻吞进肚里,然而,饭前必须列队高举饭碗,聆听前两天刚被"解放"而新派来的负责人张百万一顿臭骂:"我们过去都是三代贫下中农、血统工人,受你们牛鬼蛇神的迫害,才让我们世代当牛做马。今天给你们饭吃,这是无产阶级司令部的关怀……"

他的胳膊举得又酸又麻,被语无伦次地训够,才回到地下室坐在草垫上拿起窝头,一阵狼吞虎咽。晚饭前,他们又被老张训斥一番:"你们这帮人完蛋了,没什么路可走了。你们都是畜生,还吃粮食!"

没过几天,老张突然又被逮捕。润麒回想起文革前,老张的神经就极不正常。一次乘坐电车到达终点站时,见身边有个皮包,就送到了总站。回家后,老张又跑去说,这个包是我的。人家问皮包里有什么东西,老张说得驴唇不对马嘴,被车站扣住不放。结果,社长亲自出面交涉,才放还人和皮包。过了一段日子,他在青年湖畔遇见张百万,可能"反革命"罪行已被平反,老张的脑子才变得正常了。

当时,他被关押的行政干校是市委党校的分院,专门收容市属专政对象。谁想,看守竟是从各单位调来的传达室工人,没事总要找茬儿吓唬谁一番。院内阶级斗争气氛紧张,即使去锅炉房打水,也得由组长带队。

听说关押了一名"国舅",新上任的团级军代表刘启秀,悄悄前来看望。他正巧端着饭盆站在门口,冷不防被一个人猛推了一把,结果饭盆被打翻,两个窝头滚在地下,汤也洒了。他故做滑稽状,赶紧三步并两步抓起窝头,放进盘里,引起大伙儿一阵笑声。

平时,他从地下室的窗户就可以望见路上行人的脚。殊不知,地下室上边有一扇窗户,也能从外头看见里边的情形,有时,军代表竟从窗外低头悄悄观察他们的神态变化……

意想不到的事发生了。睡在他身旁的贺永增,是北大、清华两校毕业的,既会英语又会德语,是一名难得的人才。老贺平日生活省吃俭用,干起活儿挺拼命,一次蹬三轮车时,脑袋被汽车撞瘪一个坑,伤稍见好就强撑着上班。

润麒虽然学过德文,但已忘得差不多,老贺教他德文,他辅导老贺日文,两人相得益彰。但老贺胆小,刚被上级宣布是"梅花党"的潜伏特务就被吓得瘫倒在地,从此精神一蹶不振。一天早上,老贺走过来,郑重地问他:"老郭呀,我借过你多少斤粮票?告诉我。"

"嗨,那几斤,算不了什么,就算送给你啦。"

"不介,我一定要还你。"润麒接过粮票,望着老贺脸上安宁而神圣的表情,察觉有点儿异样。大家说笑话,老贺也跟着傻笑,却不再多说话,显得心思沉重。晚上,全组一起去打开水,等归来一数,惟独缺少老贺,人们赶紧四处寻找,结果搜遍四周也没见半点儿踪影。

无人不知,党校的后院墙下有一个月牙缺口,人们晚上嫌走大门绕远,时常从那儿出入。原来,老贺从缺口走出去,把润麒的暖瓶搁在烟筒底下,就爬上烟筒跳了下来。正值夜半,据说有人透过玻璃窗恰巧看见老贺跳下的黑影儿。第二天早晨,不幸的消息传遍党校——贺永增"自绝于党和人民"!

润麒跟着沾了"光",老贺还没收尸,他又被没收裤腰带,关押进地下室的澡堂子,随之受到单独提审:"为什么贺永增提着你的暖瓶去跳烟筒,是不是你唆使的?"

"至于为什么提我的暖瓶,确实不知道,反正他跳烟筒跟我没关系。"他纵然有八张嘴也解释不清。

审问当中,他听见老贺的媳妇在外边大喊:"我不要这个反动的丈夫。"

"我也不要反动的爸爸。"老贺的两个小孩儿也哑着嗓子在外边高声嚷叫起来。

阵阵刺耳的喊声直扎他的心窝,多年后,每当想起母子俩的声音,他仍禁不住一阵心悸。

当看守当众宣布其罪状时,他显得满不在乎。岂料,天近黎明,他竟意外被宣布解除嫌疑,然而,这并不意味着他被"解放"。

他吃东西塞牙,吃过饭总要拿牙签剔。随身带的牙签被没收,他只得叫家里捎来。韫颖和宗光前来探监,例行检查之后,牙膏交给他,牙签却被没收。看守横眉立目:"你们资产阶级天天大鱼大肉,吃惯了,啧儿呃的剔牙声儿简直讨厌之极,没收!"

饭后,他感觉实在塞牙,红肿着牙床又去讨要牙签。一名年轻看守对他大吼大叫:"你给我滚!"

他被吓得赶紧溜掉,回到屋内,劈开一根火柴棍,才凑和剔了牙。那阵儿,韫颖带着宗光隔两天探一次监,见他红光满面,妻子稍许感到安慰。见面时,他时常说起逗人的笑话,仨人的会面倒是充满了情趣。

令人厌烦的是,每当韫颖穿着开叉儿的旧裙前来探望,看守老袁淫邪的眼神总是死盯着她雪白的大腿不放。接三差五,老袁就过来威胁一番,说是让他尝点儿后悔药:"你们就剩坦白交待这一条路啦。"

尽管如此,他仍然没有丧失信心,忍耐地捱着每一天。其实,他最了解此人底细,早在召开批斗会时,他就曾多次公开耍流氓。老袁个子矮,站在台阶底下,脑袋刚够上被揪斗对象曼珍的肚皮,竟当众调戏她:"你晚饭吃什么啦?我闻闻。"说着,用嘴贴住她的肚脐一阵狂嗅,曼珍无奈地扭过身子。老袁当上造反派头头儿之后,愈加变本加厉,总带几名手下夜闯女宿舍,从被窝里揪出来女子,就以向毛主席像请罪为名,肆意污辱。

有时,午夜一两点钟,老袁依然喊出女人提审:"出来!"深夜,提审的声音显得格外清晰。看守喊出了面容清秀的小赵——她与润麒爱好相同,爱喝钙乳粉和麦乳精,厉声喝斥道:"麦乳精是什么人喝的?资产阶级喝的,我看你就是资产阶级!到毛主席像面前请罪去!"长长的走廊尽头,挂着一幅毛主席像。

半夜突然被无端找茬叫出来的女人,大多衣裳不整,头发蓬乱。他们以在毛主席像前罚站赔罪为名,喝令女人们弯下腰,撅起屁股,而他们在背后逐个品评后臀的优劣。

炎夏季节,女人衣着薄露,老袁时常突然闯进去查房,面对耍流氓的行径,"女犯"大都敢怒不敢言,自认倒霉就是了。

隔壁的中年妇女俊芝,正坐在草垫上摩挲脸,老袁闯进屋,大喝一声:"你咒念谁哪?"

"我揉眼睛就这样儿。"她抬起了头。

"你刚才不是揉眼,是咒人呢,你咒谁?你不说我也知道。"

说完,老袁又闯进润麒的屋里:"你们这帮人哪,用不了多久都得被关进监狱。"

润麒扫了老袁一眼,没搭腔,蔑视地发出冷笑。没几天,老袁却倒了霉,宣讲时,比喻在毛泽东思想照耀下鸡才长肥,农民不答应,说这是庸俗化,就轮番批斗起老袁。过后,老袁果然老实多了。

算是过足了"外调"瘾。被审查期间,干校里的四幢楼,润麒辗转住过其中三幢,而一些历史问题被翻腾出来却使他颇感意外。伪满军官张青山所在单位的两个人前来找他外调谈话。

他虽是专政对象,却被夸奖了一番,说当地人赞扬他当年见义勇为,伪满军官里数他对老百姓最好。然而,最后的一个问题才使他明白仍是审查历史问题。

"你在吉林,谁都说你好。"来人突然面孔一绷,"但有一事不明,张青山为什么被逮捕?"

"是日本人抓去的。"

"那么,张青山是宪兵队叫去的,还是你骗去的?"

"那是宪兵队逼着我叫来的,档案里可能有我的交待,你们可以调出来看一看。"

天南地北的外调早已使外调者变得莫衷一是。缺乏依据的询问无法解开历史的谜团。随着外调者的逐一离开,他心里的一块石头才落了地。

岂料,他的一句多嘴又使自己陷入被动。新来的军宣队长讲话后,当过牧师的吴道休原想热捧一番,却没想到适得其反:"首长,您的话真是晨钟暮鼓……"

"他这是骂你呢。"这时,跳出一人来添油加醋。

"晨钟暮鼓？你这是骂我！"军宣队领导顿时被气得脸色煞白。空气变得紧张起来。

润麒心想，这不是火上浇油吗？于是忍不住插了嘴："这是古代的一句成语，不是骂你的话。寺庙教化人，要早晨撞钟，晚上敲鼓嘛。"

他认为，一定要为吴道休开脱，否则其母刚死，如表现不好就可能被轰出北京。军宣队长听后，不再吭声。他为老吴解了围。

此后不久，他们被集体迁至市委党校。两人住一间屋，在食堂吃饭，咸菜随便拿，饭菜也不错，生活条件有了明显改善。然而使人心惊肉跳的死人之事却接二连三发生。

据说，市委党校后院过去是外国人的墓地，先是食堂底下挖出一口棺材，打开一看是个外国老太太，身穿酱色大衣，尸首还没腐烂，连脸上的模样也变化不大。

小小风波还未平息，紧接着又发生了一起爆炸事件。

润麒住在四号楼，轰隆一声巨响，相隔不远的西边二号楼窗户的玻璃，全部被震碎，原来是锅炉房爆炸引起的。一问才知，烧锅炉的工人临时有事，托付另外的工人替班。没想到锅炉烧成了"干锅"，引发了意外事故，连房顶都被掀翻，锅炉工当时就被炸没了影儿。

时隔不久，又发生一起自杀事件。自杀者是韩素音[①]的表弟娄万金。在润麒的眼里，小伙儿长得挺漂亮，戴着一副眼镜，十分斯文，被逼迫写检查时紧张的模样，时隔多年后他仍记忆犹新。娄万金与他同住四楼，由同屋居住的姜峰负责看管，两人朝夕相处，形影不离。

那天早晨起来，姜峰刚出门打水，小娄就在里边反锁上了门。姜峰一看不好，往起一蹿高，透过门上那扇玻璃窗，见小娄已摘下手表，腰上系一根带子，蹦上了窗台。没等姜峰喊出声音，小娄一头栽出窗外，之前还莫名其妙地说了一句"我的帽子……"。结果，当即坠地身亡。

那天是个星期六，正巧两名女子从楼门走出来，险些被自杀跳楼的小娄砸到身上。小娄原是香港记者，据说做过反共宣传，由此成了专政对象。据称"假离婚"之后，小娄单独住在团结湖，与一名女知青同居。街坊追问起来，小娄便谎称已经订婚。结果街道负责人到单位一打听，根本没这回事，于是便以"乱搞男女关系"的罪名，将小娄关押起来。

---

① 著名华裔女作家，著有《周恩来传》等。

自杀事件过后，润麒搬进姜峰的屋里，两人不禁聊起小娄自杀前的种种征兆。

"姜峰，你瞧出来没有？小娄总怕给他戴上坏分子的帽子。"

"是啊，难怪跳楼前，小娄喊了一声'我的帽子'，指的可能就是这事儿吧？"

"这可说不准。"

"跳楼之前他挺奇怪，放好手表，又在抽屉里留下四十块钱……"

叹声未断，校内又发现一名割断静脉血管的自杀者，被救活之后，竟然由两人架到台上，继续当众批斗。

一天，他突然被叫到楼上，军宣队干部卢启秀拿出厚厚一叠资料，说："你好好看一遍，如果同意，你就签个字。"

润麒随手翻了翻那沓材料，见其中揭发他历史上曾反对共产党，当即火冒三丈，反驳说："我那会儿年纪还小，正念书哪。对共产党连印象都没有，我怎么能反党呢？根本没有的事，我不能承认。"

这时，旁边一名正协助调查档案的北京大学右派女学者吴欣玲慢条斯理地插了言："你看看，专案组为你费了多大力气，你一句话就否定啦？难道你就不同情人家的劳动？"

"你这种说法根本不对，不存在的罪行，怎么能承认！"润麒当众驳斥说。

"告诉你，如果今天签名，你马上就可以'上楼'，如果拒绝就要被继续关押。"见他不表态，她又劝说，"问题拖到什么时候解决，那可就没谱儿了。"

"那我再考虑考虑吧。"他在地上来回走遛儿，犹豫不决。睡在潮湿的地下室里，他的腿伤疼得实在难以忍受，先后摔过几个跟头。他琢磨着，不行先签上字，上楼舒服舒服再说，想到这儿，他吐了口："好，我签字。"

说着，他提笔写下一行字："以上所述全部属实。"而且，签上了名字——郭布罗·润麒。

他刚刚落笔，一个人就跑过来，兴奋地与他握手："好，你成了革命群众啦。"

简直像戏法一样，转眼雨过天晴，他成了革命阵营的一员。

军宣队马上叫来几个人帮他去地下室提行李。实在难以想象，楼上的革命群众纷纷冲他扯着嗓子猛吼："革命群众来了，欢迎！"

真应了"乐极生悲"那句老话。刚"解放"第二天，正赶上"五一"节，造反派交给他一项光荣任务，在队伍前边高擎毛主席画像，显然这是对他政治上的信任。走着走着,他没留神被砖头绊的摔了一个嘴啃泥,手里的毛主席像仍然高举着,却无法站立起来。

这时,身边的解放军战士好心地接过毛主席像:"我帮你举着吧。"

"好吧,谢谢。"

腿上的伤疼得钻心,但他咬紧牙关,一直坚持到游行结束。晚上回到宿舍,因鲜血与绒裤粘在一起,他只得绞掉绒裤才换上衣裤,腿上却留下了一块伤疤。

他的同事中,有一对夫妇是俄文翻译,被关押在隔壁,女的叫张简。由于又住进一名"牛鬼蛇神"之妻,她只得在地下铺一张凉席,带着两个孩子勉强挤睡在一起。

润麒从门口路过时,看见她十几岁的女儿正给张简的后背抹药。开始,他以为她穿着一件黑衬衫,近前仔细一看,才知她被红卫兵鞭打得浑身变成了紫色。

等她痊愈之后,他好奇地问她:"你的后背是被红卫兵鞭打的?"

"嗯。"她无言地点点头。

"怎么鞭打得那么匀?真邪门啊。"润麒敢怒不敢言,只能隐隐透露内心的不满。

然而,他却听到张简向造反派愤怒地提出了抗议:"即使我有罪,孩子也没罪啊,为什么不给他们吃饱?"然而,她们的境遇始终没得到改善。

在这一期间,他既没挨打也没挨斗,仅仅被强行拉去陪斗了一场。

对此,他淡淡一笑了之。

二 与文化名人相处

在党校仅待不到一个月,润麒一行人又被集体押往南苑。不同的是,在南苑劳动改造,星期六能回家团聚,这使他乐不可支。

也不知为何,他被分到文艺组。组内有好几位知名作家,如杨沫、草明、端木蕻良、骆宾基,还有年轻作家林斤澜等人。

在南苑劳动,主要是给葡萄和桃树剪枝,还要为成熟的葡萄装箱。作家和艺术家负责包装出口的葡萄,润麒这些人为国内销售的葡萄装箱。无一例外,每人胸前戴着一个纸牌,上边写着姓名等身份标志。

这倒好,见面即使不相识,一看胸牌也知道对方的身份。去葡萄园干活儿时,男演员大多骑自行车,后座上时常驮着女演员。润麒离果园比较近,除非用大铁壶运送开水,此外一般不骑车。

返回住处时,他经常在自行车后座上捎回市委的老干部石伟老太太。她是他的组长,双腿患红斑狼疮,总是把腿搁在自行车架左边,一天偶然把腿搁到右边,下车时往左一歪,被意外摔了下来。此后,她再也不敢乘坐他的自行车,而瘸奔瘸奔地步行往返。

其间,他也用自行车捎回过体重颇轻的女作家草明。表面看上去,她的穿着打扮极普通,丝毫瞧不出这位年过五旬的妇女竟是著名作家。两人曾一起值班看守路桥,学习时一起念报。混熟之后,他对草明创作的一部小说提出了疑问:"你这部书写得不错。但是怎么能轻易把一名工人的双手截掉呢?"

她对他耐心叙述了书中的构思,但他最终也没听明白。两人守桥闲坐无事,她好奇地问起他:"听说,你在十三陵劳动时还获过奖?"

"这倒是事实。"

于是,他向草明谈起,刚返京时,在街道组织下,他曾积极投身修建十三陵水库工程。那时他正闹痔疮,但仍然苦干不舍,受到大伙儿称赞。当时,他负责组织传递石头,与东四妇产医院的几十名护士结伴儿,开始用筐抬运。他动起脑筋,建议大伙儿站成一溜儿传递,这样效率提高了不少。一名解放军宣传员发现,立即广播了这一消息:"润麒这个组运了几千块石头,砌筑百层大关就要通过啦!"竞赛的最终结果,润麒所在组荣获集体第一名。

轮到个人评奖时,一些人主张奖给推车劳动英雄。他特别有女人缘,一群女护士则力荐润麒,甚至一致赞扬他痔疮发病时,躺在地上往里塞肛不下火线。这感动了人们,进入最后推选阶段时,众多女护士一齐不停地呼喊他的名字:"郭布罗,郭布罗……"喊声凝聚众望。推车英雄败北,劳动奖终由润麒获得。

如今,他向草明提起那次勇夺劳动奖仍然乐不可支,两人爽朗的笑声,回荡在大桥上空。

以小说《青春之歌》享誉国内外的女作家杨沫也被关押在南苑劳动改造,只是不在同一队,开会时能经常碰到。他去参加大会,见杨沫总是手捧一个水杯,不停地喝水。她见了他倒也客客气气,彼此寒暄,丝毫没有大作家的派头儿。

他看过电影《龙须沟》,对于是之饰演的主角印象颇深。而此时,眼前的于是之脸颊变成了圆形,肤色晒得黝黑,简直认不出原来的丝毫模样,他不由暗自唉叹:"在《龙须沟》里,他是一个多帅的小伙子,现在怎么变成这样啦?"身处此种环境的于是之,沉默寡言,即使在葡萄园劳动时,润麒与其也没有更多交流。显然,人们之间的交往,存在强烈的戒心。

只有每逢星期六集体骑自行车回家时,大伙儿心情才稍稍轻松些,赶上刮大风,骑不动时,就一齐推着车走,一路有说有笑。润麒尤其佩服那群女人,回家探望孩子心切,别看平时骑车速度比不过男人,回京时男人骑车速度却无法赛赢女人,哪怕逆风而行,女人也总是一马当先。也有个别不会骑车的,像右派苏宁①,乘坐公共汽车又买不起票,只好穿着短裤徒步回城。

农场始终充满阶级斗争的火药味,但在他的身上却不乏喜剧色彩。一次剪葡萄叶时,他按照要求每根枝上留下三片叶子,其余则剪掉。平时,郭管理员总用管教犯人的态度对待他们,动不动就吼道:"嘿,润麒,你干吗呢!"

他对于这种蛮横劲儿极为反感,短不了顶撞,两人见面时常怒目相视。那天,郭管理员看到他剪过的葡萄枝儿,讥讽地说:"你剪的葡萄叶,怎么跟抄家一样,全都剪掉啦?"

"你再仔细看看嘛。规定一枝上边留三片叶子,你瞧这儿不是仨叶吗?"

"好,仨就仨。"郭管理员气哼哼地转身径奔军宣队办公室,告了他一刁状,"你说郭布罗吧,他把葡萄叶拔得一片都没啦……"

面对诬告,专政对象即使十张嘴也辩解不清。农场领导不问青红皂白,随即召开了声讨会:"润麒把葡萄叶都拔掉了,这是什么行为?"

"这就是破坏社会主义。"有人顺势帮腔。

"你必须说清这个问题!"农场领导虎着脸,冲他喊道。

"郭布罗,"突然又有人站起身,装腔作势地大吼一声,"你站起来!"

起初,他心里想不通,明明剪枝时留了三片葡萄叶,为什么偏说没有?再一想,文革以来,连国家主席都莫名其妙地被打倒,哪有什么是非、黑白可言?他身处尴尬的场合,自知辩解无用,索性一声不吭地静观动静。

凡是召开批斗会谁都得发言,如果不给被批判者上纲上线,自身便无法过关。不明真相的人们三言两语地批判他,有的人发言完全驴唇不对马嘴,听着听着,他不禁扑哧一下乐出了声。顿时,全场轰然大笑。整个批判会场的气氛被破坏殆尽,大批判无法继续,只好在笑闹声中散场。

他踱着四方步,悠然回到组里,故作心情沉重地发出哀叹:"咳,真冤枉

---

① 苏宁,曾任中国社科院副院长。

透了。"

实际他根本没当一回事，无论怎么批斗，依然吃喝依旧，显得颇为心宽。

无奇不有。北京电信局一群埋电线杆的"大老粗"被集中在市委党校培训，据说是要强化无产阶级"通讯命脉"。刚到不久，在剪苹果树苗时，一名工程师被强安上资产阶级破坏生产的罪名，召开大会批斗。

这名工程师愤愤不平："我不是资产阶级，我是贫农啊。"

结果一调查，工程师果然是三代贫农。但批判会照开，非认定这名工程师是变质的资产阶级分子，此时根本毫无道理可言，不认罪也得低头。

身处南苑，处处是笑话。有一个人叫小林的"戴帽坏分子"在南苑改造，而润麒早在苏联时，就与小林的哥哥林承印一起劳改，而且还给帅气的大林画过素描像。可能是混血的原因，大林称得上美男子，而小林从外表来看，比起哥哥毫不逊色。

一名厉害的女组长被派来负责管制十个组的专政分子，一不提防却被小林拉下了水。最初，小林频繁地要求向女组长交心，女组长不解地问："你昨天刚和我交完心，怎么今天还交心啊？"

"我又有新的活思想啦。"

"有新的活思想了？好吧，拿马扎儿。"

说着，俩人拿起马扎儿走出东门。那里一边是高粱地，另一边是麦地，交心结果不得而知，但第二天发现麦子被压倒一片，倒是真真切切。后来，怪事出现了，每逢女组长工休，小林就发烧歇病假。那天，医生见体温表"高烧"得离了谱儿，用手一摸，小林的脑袋反而一点儿不热，发现其中必然有鬼。原来，小林把体温表放在火炉上烤，温度骤然高过头，西洋镜遂被拆穿。小林与女组长的风流韵事被传诵一时，桃色新闻成了茶余饭后的消遣。

伴随"学小靳庄"高潮的兴起，大批判渐渐成了历史。一时写诗风行，男女老少齐上阵，连专政对象也不例外。他与被专政的文艺界人士成天混在一起，丝毫没觉得逊色，提起写诗。甭瞧身边都是大作家，他却只佩服端木蕻良。他写出一首赞扬法国巴黎公社的诗，请求端木蕻良指点时，竟使名作家大跌眼镜。

风雷激荡百年前，巴黎黑夜变晴天，百万富翁成粪土，无产阶级初掌权……

"不错，"端木蕻良拿起他抄写得工工整整的稿纸，看到这几句诗时，不由地夸奖他，"郭布罗，你能写这样好的诗，可真没想到啊。"

随后,端老又将这首诗推荐给骆宾基看,老骆读过诗,也赞不绝口:"尤其是这句'百万富翁成粪土',写得蛮不错嘛。"

这首以巴黎公社为主题的长诗,在南苑传诵一时。一些作家甚至认为,润麒在长诗中连"巴黎公社"失败的原因也剖析得淋漓尽致。

对此,他还在诗中专门作了注释:"巴黎公社失败的一个重要原因,就是肃反不彻底。"

姑且不论他的观点正确与否,写诗才华却得到了公认。因他是专政对象,开始不让他宣传毛泽东思想,认为他不够资格。但他毫不气馁,不断给广播站投稿,后来竟成了专业撰稿员。

自此,他一发不可收拾,不时有新诗问世。他一时心血来潮,又提笔撰写了一首自认为充其量是打油诗的诗。哪料,大伙儿看了都说好,还被张贴在墙上展示了一番。

> 毛泽东思想放光芒,映照宪法发金光。
> 一条红线贯始终,基本路线定航程。
> 宪法是咱好向导,堪称是咱指路灯。
> 低头干活不算好,还要抬头看明灯。
> 路线对头干劲足,能把高山变平途。
> 根本大法实在好,坚决拥护战洪图。
> 十大喜讯乘东风,一轮红日东方升。
> 主席路线指航向,祖国山河一片红。
> …… ……

洋洋自得之际,他伏案疾书,写诗上了瘾,新作不断问世,居然成了南苑名噪一时的"诗人"。众人不得不对他刮目相看。

三 副统帅"爆炸"前后

猛然,润麒被吓了一跳。

一天,他正在劳动,公安部派专人找来他询问:"润麒,你在苏联时认识捷尼索夫吧?"

"认识呀,他是苏联战犯管理所的所长。"他丈二和尚摸不着头脑。

"捷尼索夫长得什么模样?"

"他个子挺高,肤色比较白……"

"走路什么样儿?"

"这可学不像,我只记得他用钥匙开门的姿势。"说着,他模仿捷尼索夫做了一个开门的动作。他回想起最初在苏联与张绍继聊天时,还误以为捷尼索夫不懂汉语,到后来才知此人佯装不懂,实际精通中文。

这一年,国家抓住一名苏联间谍,有人认为是捷尼索夫,得知润麒认识,所以前来细细询问其特征。他没料到,复杂的人生经历竟成了为国家效力的资本。

然而,他最不能容忍的是,南苑管教人员居然挑动大家互相揭发"反动言行"。其实多数是没影儿的事,但谁不揭发,谁就将面临千夫所指的境地。

哪料,作为润麒的多年好友,万嘉熙竟爆出了冷门,揭发说:"润麒曾经诬蔑女广播员!"

老万的揭发并非凭空捏造。事实是,他们一起聊天时,提起女广播员出国一趟之后,嗓音发生了变化,润麒认为她变得有点儿男性化,远不如从前悦耳。尽管老万揭发了润麒,但仍被指责为避重就轻,不仅没被解脱,反而遭到了众多谴责。

新的麻烦不期而至。锄草时,老孔和他一左一右地跟在杨组长身边。杨组长回头一瞧,发现左边的杂草剩下,苗儿却被挖掉,明明是老孔锄错了,杨组长却硬诬润麒蓄意破坏,他不服气地对杨组长说:"我明明在你右边呀。"

"我怎么不记得?"杨组长偏说他有破坏前科,一口咬定不放,"你破坏社会主义生产,必须现场批斗!"

批斗成了游戏。三四十人懒散地坐在地头,惟独润麒低头戴着一顶大草帽,默不作声地被罚站。

"郭布罗,你破坏社会主义!"

"我明明在右边,不信,你们问老孔嘛。"

呆呆地坐在垄上的老孔,低头默认他的说法,大家的目光齐刷刷地射向杨组长。其实,真相已经大白,只不过错者不肯认错罢了。

"不管怎么说,就是你。"杨组长气急败坏。

看着荒唐的场面,润麒使劲儿憋着,不让自己乐出声来,后来实在忍俊不住,抬起脸一阵哈哈大笑。严肃的批斗会,还没正式开场,就被搅了局。

在复杂的环境下,老万变得更是寡言少语。挖树坑时,老万仍在拼命干活;收工后,润麒正在前边走,忽然听见一声"不好了",眼看老万的身子歪倒在路边。过后,老万屡经医治虽强撑在生产第一线,其实身体已一天不如一天,只不过自己不知罢了。润麒一直学医,早看出了这一点,几次提醒,但老万依然没在意。

有的事即使在意也没用。与润麒一起劳改的宋宁教授,是从海外留学归来的英文翻译,忽然患了急性盲肠炎,医院开错刀,急忙缝上又切开另一边,焦急之中竟然忘了打麻药针。此后,宋宁落下一个经常干哕的毛病。

不久,对专政对象的看管骤然变严。可能是怕这些人从事破坏,连上厕所都有人紧随不舍。一名军代表召集他们集体训话时,还闹出了笑话:"你们这群人哪,就得好好地改造。你们过去花法币,就是花法国人的钱,咱们中国人为什么花法国钱?"

"解放前的法币可不是法国钱,而是国民党发的票子,他拿法币当成法国钱啦。"润麒听了,一边小声嘀咕一边笑着摇头。

世事的复杂,他由此多了一分理解。不久,环保监测中心邀请日本专家来讲课,先后找了几人都译不好,便找来润麒作即席翻译。吃午饭时,他在饭厅遇见一个人,近前一看,原来是曾负责监视他们的一名姓孙的同事。端着饭碗,两人聊起天来,提起往事,他不禁讥讽地说:"你跟'专政对象'在一起吃饭,不觉得失身份吗?"

"你怎么那样想呵。"

"当初你们采取严厉措施,不让我们出门……"润麒的话里明显带刺儿。

"润麒,跟你说实话吧。我监视你们,上级也不让我出去。"原来,其实老孙也在被监视之列。

直到此时,他才知老孙监视自己不假,却也没有得到上级信任。在畸形年代所形成的畸形人际关系使他感到悲哀。

他的大实话,在崇尚"愚忠"的迷信面前,成了笑话。痔疮复发,他住进积水潭医院,后转至二龙路医院,由名医卢克杰夫妇动手术。第一次手术时,他曾记得医生说,过了五十岁,痔疮就不会再复发。没想到,年近六旬又二次上了手术台。手术之前,医院书记照例带着他在毛主席像前背诵语录:"下定决心,不怕牺牲,排除万难,去争取胜利!"

润麒躺在手术台上,因麻药不起作用,痔核被勾出来,疼得大叫不止。

"你在毛主席像面前宣了誓,怎么又嚷疼啊?"大夫质问他。

"不行,实在太疼了。"

他的大实话,似乎推翻了在毛主席像前的表态,使人们哭笑不得。他疼痛难忍的眼泪和笑泪流在了一起。

做完手术,他从早到晚只能侧身躺卧床上。作为病房组长,他仍强撑着每天负责读报,协助大夫换药。病房里住着电子计算机专家戴序渔和一名姓康的木匠师傅,他安排年轻的康木匠念报,让老戴帮助点收病员的粮票和钱。见计算机专家不会打算盘,他于是叫老戴跟着康木匠学起打算盘。

护士"造反",让病员相互换药。他懂点儿医术,便上了阵,晚上康师傅还在旁边用手电筒协助照明。虽说他是术后患者,病情稍微好点儿,便主动拖地板、擦桌子,甚至为病人倒屎倒尿。在病房里,他听邻床的仿膳经理庞永红悄声议论:"你知道吗?发生了'林彪事件'!"

"林彪是副统帅、毛主席的接班人哪。"润麒感到十分惊讶,"怎么会叛逃呢?"

他感到惊诧而又疑惑难解。

第貳拾伍章
劫后余生

*长蛇钻进屋顶,再也不出来,他只得与其同居一室。

*踩上仅能容一只脚的梯田,转弯儿时,他扶了一下石头,险些摔下山涧。他顿悟,任何情况下,都只能靠自身维持重心行走。也许,这就是人生之路。

*他简直成了传奇人物。黄牛冲他跪下四蹄,被远处放羊的老乡看见,竟传出他能与牛通话,越传越神。老乡前来给他下跪,偏说他会妖术,起因是他变过一个接绳的戏法。

*参观康生遗物展,他竟然见到了母亲的珍贵遗物———古墨盒,原来,这曾被康生窃为己有。

图片说明:女作家钱立言(右一)姐妹陪同美国教授访问润麒

一　下放百花山

"这些人不是好人,只许他们老老实实劳动,不许他们乱说乱动。"

一名"造反派"头头儿,心怀叵测地挑拨当地老乡,润麒虽气愤之极,却也无可奈何。一九七一年仲春,他从南苑又被下放到门头沟黄岗公社劳动。编译社一起来的李万泰,分在另外一个大队,相距二三十里,平时难得见面。

显然,他遭到了白眼。公社主任与他见面,连握手都免了。他被安排在一个姓王的大队长家里,院里只有北房和东房,四处漏风的东房归他居住。他走进院时,王队长正往东房的窗户糊报纸,造反派头头儿当面下令说:"不用帮润麒,叫他自己干。"

本来他挺累,只好放下行李糊窗户,这成了他接触的第一桩农活儿。

此时,他已年进六旬,是下放干部中年龄最大的。当务之急,他是要学会打柴禾烧炕,开始没经验,打来的湿柴根本无法点燃,直到几天后才摸到窍门。

哪知,墙犄角突然钻出一条长蛇,他顺手抄起一根木棍,它却躲得极快,疾速窜入房里。他顿时害了怕,万一半夜它爬出来怎么办?他跑到坡下住的人家叨唠,那家老爷爷听后立即约了一个老头儿前来捉蛇。哪知蛇钻进屋顶,再也不露头。

两名老人走后,他一夜没睡着,围着床四周遍洒农药,恐怕它从屋顶掉下来。早晨起床后,房东过来反复叮咛他:"长虫是神蛇,一年才能见到一次,可别伤害它。"他听后不知所措。渐渐的,他与蛇相安无事,这才放了心。

起初,他到下坎儿挑水只能挑起半桶,身子一晃就洒到腿上,慢慢的才能挑起满桶。往山上背粪,农民背多少他就背多少,从不肯认输。开春时分,土地松软,上百斤石头驮在背上,他挺直身板,整个脚后跟竟陷了下去。

他偏好逞能,对体力活儿丝毫不怵。踩上仅能容一只脚行走的梯田小路时,身上背负着重物,绝不能扶石墙,否则重心就会偏移。一次,转弯儿没站稳,他扶了一下石头,身上的东西掉了下去,人也险些摔下山涧。

打那儿以后,他悟出一个道理:在任何情况下,都只能靠自身维持重心行走。也许,这就是人生之路。

栖居生产队长家里,不仅要靠自己打柴禾,队里甚至连工具也不让他使用,像绳子、背篓都要由他来掏钱购置。家里经济发生了困难,他一时难以为继,遂提笔给周恩来总理夫人邓颖超写了一封信,直言眼下难以养家糊口,恳请解决实际困难。

可能是那封信起了作用。不久,公社传达了新政策,润麒不仅可以借用工具,而且补偿了他从前买工具的钱。公社头头儿对他的态度也发生了截然不同的变化,见面竟然有了笑容。

他渐渐察觉,尽管身处山区,男人和女子却无一不漂亮,北京舞蹈学校总来这儿挑选小演员。然而,他从遇到的两名女子身上仍感觉山里女人的秉性不尽一致。

他每月回城四天,顺便取回自己和李万泰近二百块钱的工资。返京当天夜里,须凌晨两三点钟起身,还要走十几里山路才能赶上早晨七点那趟火车。本来他就害怕走夜路,心里不免有点儿犯嘀咕。下山时,偏巧遇到一名年轻女子,背篓里驮着小孩儿。年轻女子对小孩儿说,快叫叔叔,转而又对他说:"我和孩子也赶火车去北京。"

"咱们一起走吧。"摸黑儿走山路遇到同伴儿,他感到分外高兴。

天色放亮,年轻女子见他年过半百,马上让小孩儿改叫爷爷,又顺手把手上拎的东西放进他的背篓。走进站台,年轻女子轻松地背着孩子登上火车,旁边的人议论说:"哎哟,你们是父女吧?长得倒真像。"

在火车上,三人挤坐一起,年轻女子显得格外亲热,却总是让他花钱或伺候她俩:"叫爷爷买水果去,叫爷爷倒水去。"

碍于情面,他只好不情愿地依从年轻女子的差遣。她让他抱着孩子,自己却枕着他的肩膀打起了呼噜。忽然,他觉得胳膊湿了,原来小孩儿尿了自己一身。年轻女子醒来,毫不客气地吩咐:"你把小孩儿抱在腿上,把着他尿吧。"

一路上,润麒无微不至。走下火车,一名军人前来迎接母子俩,她连个"谢"字也没说,转身就没了影儿。他挺纳闷儿,这就是大山里的纯朴女子?

而他的遗憾,也与一名女子有关,情形却大相径庭。他在农村学会的农活——背粪,是村里一名叫小花儿的漂亮村妇教的。她二十多岁,有两个孩子,丈夫掌管生产队的财物,家里生活却一贫如洗,是少见的清廉"管家"。

寒冬腊月,润麒穿着棉衣,小花身上只裹着一件短夹袄,干起农活儿就露出肚脐。西北风刮来,她的脸和脖子冻得通红,他关切地问她:"你不冷吗?"

"还行吧。"

"哎呀,你怎么不穿棉衣呀?"

"我家里只有一件棉围腰,让丈夫穿着呢。"

他打心里同情她。而善良的小花儿也颇照顾他,装粪时总是装半筐,他不答应,她就假装往里边装满,背起来才发现仍是半筐。她教会了他倒粪的技巧,否则身子一歪,便会连人带筐掉进粪坑。在她手把手的教练下,他渐渐成了挑粪的一把好手。

鹅毛大雪铺满山野。他见到小花儿单薄的身躯,有心想把带去的多余棉衣送给她穿,又怕别人说闲话,瞧着她冻红的脸颊和双手,爱莫能助。

也许是不祥之兆。他所居住的队长家里,有一个十三四岁的小孙女,时常来他屋里勤快地帮助烧火,他也短不了从城里给她捎回小玩艺儿,两人相处得简直像祖孙俩。

他绝然没想到,一次休假回到山上时,小姑娘竟已去世。一问才知,她的祖父让她按照成人剂量服用蛔虫药,结果竟因服药过量而身亡。

不久,他再次从城里返回山村,陡然望见山坡的新坟上竖着一个扎眼的花圈。一打听,才知小花儿实在熬不住穷窘的生活,扔下小孩儿自杀而死。听到这个消息,他心里一惊,懊悔当初没送她一件棉衣御寒,因他患得患失而放弃了照顾这个善良的漂亮女子。

二 饲养聪明牛

润麒堪称乐天派,走到哪儿都能带来一片笑声。

春耕前,队里派他饲养一大一小两头黄牛。大牛是一头花牛,不像中国种儿,另一头小黄牛,甭看个头小,年岁却比大黄牛老。小黄牛老实厚道,经常向大牛献媚,时而舔它或给它挠痒儿。但凡出行,大黄牛必仰头挺胸走在前头,小黄牛则低眉顺眼地尾随其后。

大黄牛忒不听话,润麒稍一打盹儿,它就溜进玉米地偷吃——它自知"违法",连尾巴也不敢摇,便悄悄啃掉一大片。他生了气,扬鞭抽打牛头,它就后退几步;他鞭打它屁股,它就左闪右躲。因它时常偷吃庄稼,生产队为此每年赔偿不少钱,谁也不愿放牧这头大黄牛。

一来二去,他发现大黄牛特别聪明,无论耕地还是拉车都十分拼命,却就是淘气。起初,它不让他碰,他刚挨近,它就猛然闪开。休息时,大黄牛始终盯着他,只要他躺着后背朝它,它就以为他睡着了。于是,他暗使一计,假装闭眼睡觉,它见了就慢慢后退,等拉开距离,掉转屁股就溜走了。他一见它溜走,便悄悄起身从旁边绕到前面去,拿起一根棍静静等候。大黄牛刚刚溜达到那儿,他猛地敲它一下牛鼻子,疼得它嗷嗷叫着往回跑。他赶紧又绕回去,接茬儿装睡。过一会儿,大黄牛又慢慢凑近跟前,低头观察他是否在睡觉,牛鼻子里的热气喷了他一脸,却许久不敢溜走。这时,他霍然起身,故意掰了一根甜玉米棒递过去,大黄牛误以为要打它,慌忙往后躲。他天天训练它,但它不等他伸手够着就闪开。日久天长,它眼瞧他给小黄牛挠背,便逐渐让他用手摩挲,再也不溜走。到后来,这两头黄牛竟像保镖似的终日跟随他,一步不离。每当他往地上盘腿一坐,两头黄牛就不眨眼地盯着他,渐渐的,他与这两头黄牛成了形影不离的老朋友。

在当地农民中,他简直成了传奇人物。

一天,他在梯田上用一根秫秸棍儿给梯田下边的牛脖子挠痒痒,挠着挠着够不着了,大黄牛竟然跪下四蹄让他接着挠。这个情景被远处放羊的老乡看见,以为他能与牛通话。于是大黄牛给他下跪的说法越传越神,邻近的老乡无不以为他有什么神通,不然黄牛怎能听懂他的话呢?

奇怪的是,一次,大黄牛和小黄牛一起拉犁时忽然伏地不起,任凭怎么打也不动窝儿。有人猜测大黄牛可能患了病,赶紧找来白场长。

"这头大黄牛平常挺要强,今天怎么倒在地上不动了?"

"没病啊。"白场长急火火赶来,诊断后下了结论。

润麒暗暗琢磨,是不是小黄牛干活儿偷懒,两头牛套在一起,大黄牛不仅拉犁还得拉牛?于是,他尝试着把小黄牛卸了套,大黄牛立时爬起来,卖劲儿地拉起犁。见此,他哈哈大笑:"瞧它多聪明啊!"

每天,他在饭盒里盛上水,带着窝头去山上放牧。山头上有一个天然石头台,他吃过饭就躺在上面睡觉,两头黄牛则趴在台底下。他醒后睁眼一看,它俩总是冲着他睡觉的地方伫立着,静静地等候他醒来。

放牧时,他随身携带收音机,休息时就挂在树杈上,羊和马都像没听见似的,惟有一群牛凑过来,静静地驻蹄树下,眼睛一眨不眨地似乎在倾听音乐。

两头黄牛养成了习惯,总是在山上吃草,去山下饮水。那头大黄牛还有一个稀奇本事,能够嗅出哪条山沟有水,跟随着它走,总能找到潺潺山泉。大小黄牛在山上吃完草,他便收拾起东西,轻轻一声吆呼:"走,喝水去。"

它俩似乎听懂了,聪明地走在前边带路。往左拐时,他喊"咦",往右拐时，喊"哦"。有时走着路，小黄牛往路边淘气地乱拐或不听话，他马上抛起小石子击打它，以示警告。有时，他走累了，就静静地坐在路边小憩，它俩便不错眼珠地瞧着他，连他高兴与否，仿佛也能看出个眉眼高低。

养牛，他觉得有滋有味儿。小黄牛仿佛对他有了情感，总像小狗似的来舔他的棉裤和雨靴，还拿犄角给他挠痒痒。他时常拍拍它的头，笑着说："这我可受不了呵。"

后来，队里让另外一名老头儿放牧这两头黄牛和四五匹马，没想到，两头黄牛竟然相隔数里寻他而来，任凭怎么赶也轰不走。没辙，他只好亲自送它俩回去，然而他却不识原路。机灵的大黄牛和小黄牛走在前头，一边走一边回头瞧，生怕落下他。上山时，他拽着小黄牛的尾巴，只要一松手，它就站住回头瞧他。大黄牛在前边带路，有时还仰头呜呜地叫喊，像召唤伙伴儿似的。终于，他跟随两头牛找到了目的地，临分手时，他仍依依不舍。

不久，他奉调去山上的农场放牛，与三名年轻小伙儿同居一室，由于睡不惯热炕，便独自搭了一张木床。没多久，他便跟这群牛混熟了，白场长见了之后，迷惑不解地询问："真奇怪，这些牛吃食时怎么都瞧着你呀？"

的确，只要他往地上一躺，那些牛就纷纷凑过来围在身边。润麒开玩笑地说："这简直不像人放牛，倒像是牛放人呢。"

更有意思的是，晚上，那头大黄牛竟时常爬上山来，用犄角顶开他的屋门，摇着硕大的牛头慢悠悠地踱进屋，凑近床跟前，从鼻孔喷出热气，噗噗地吹醒他。他睁眼一看，不禁乐了。大伙儿也都醒了，纷纷对他说："老郭，你把牛赶走吧。它夜里到这儿来可不行，咱院里堆着粮食，可别让牛吃喽。"

"如果想轰，你们轰吧，"他不忍心地说，"我可管不了。"

他总惦念着这两头离别的黄牛，甚至掏钱给它俩买饼干送去。遗憾的是，小黄牛在一次打架时被一头老牛顶死，大黄牛途经于此，就以嘴抵地叫唤不止，仿佛在呼喊死去的伙伴。事隔不久，他给那头大黄牛带去食物，却没想到它已经被卖掉，只好垂头丧气地离去，一连多日，他都感到内心笼罩着挥却不去的淡淡阴云。

他尤其难以忘怀养过的一头花色奶牛，它浑身上下都是一片片白色和酱色的肤毛。他还亲手为一匹怀孕的大马接过生，产下一胎可爱的小马驹，仅仅过了几分钟，小马驹就能晃晃悠悠地站立起来吃奶。有位好心人告诉他，你可千万别跟小马驹过分亲热，不然它长大以后总往你身上靠，弄不好会伤着人。有时，小马驹淘气地叼走他的帽子，跑上一圈儿再叼着送到跟前来。使他伤心的是,没多久,可爱的小马驹又被卖掉了。

当地人出于迷信而虐杀狗,他对此深感痛心疾首。一天,村里的人们发现庄稼地的玉米不知被谁掰下来堆成一堆儿,有人偏说这是狗干的坏事,润麒不屑地反驳说:"无论多么聪明的狗,也学不会这种事呀。"

而村里的头头儿非一口咬定祸首是狗,结果,全村的狗都被打死吃了肉。他每每想起这事就觉得堵心。然而,当地一只义犬救人的故事,他却时常挂在嘴边。

离他住所不远的地方,有一名农民带着小狗打猎时钻进山洞,一块巨石掉落下来,农民被憋在了山洞里。小狗在洞外扒石挠破爪子,用嘴叼得顺脖子流血,仍无济于事。眼看救不出主人,它就跑去叼咬一名牧羊人的脚后跟和衣服,跑出几步就停下回头像要说什么。牧羊人挺奇怪,再一细看狗爪子流着血,嘴上也有血痕,觉得十分蹊跷,就跟随它走到山洞前,农民终于因此得救。听到这个真实的故事,他连声赞叹说:"这简直是义犬啊!"

然而,对于这只救过主人的狗,当地居然有人预言它能救人就能害人,四处追捕,于是农民带着它到处躲藏。难以忍受的是,润麒亲眼目睹了那只狗被打死的惨景,下巴被打掉,双眼仍然哀求地瞧着主人。

"真是岂有此理!"他无法制止,只能怒喝一声之后,愤然而去。此情此景,直到多年后,他每当回想起就感到痛心疾首。

他尤感伤心的是,善意不被理解。离他居住不远的地方,有一只黄白花狗,出奇地长着长长的眉毛。他吃不完的油饼就喂给它,那只狗显得特别高兴。别人出去劳动,他在屋里给村里的广播站写稿,这只狗来到门口,他想逗它进屋里,长眉狗却起了疑心,以为他想害它,撒腿就跑,从此再也不肯走近他的房门。由此,他联想到,人与人的沟通更是难事。

一天,一名老乡前来给润麒下跪,称他会妖术。起因是他给村民变过一个戏法,眼看一根细绳被绞断,转眼又被接上。其实,这只是个简单的戏法,他在苏联和抚顺时都变过,不过山里的农民更纯朴,误以为他果真神奇地接上了。

"你看润麒,接绳时嘴里还念咒呢。"

老乡竟信以为真。村里的小女孩儿拿了一根儿绞断的跳绳找来,他连连说不会接,她偏不信,理由是村里人都知道他会妖术仙法。他想来想去,觉得这种传言必须揭破。一天开完村民大会,他当众坦率地自曝内幕,绞掉的仅仅是绳头,所谓"接绳"纯粹是变戏法,绝非什么妖术。任凭他怎么解释,老乡就是不信,仍然不断有人找他来接绞断的绳子,这使他哭笑不得。

他成了"全能"。连村里的电灯或无线电坏了,也纷纷来找他,大多是他自费买回零件修理。乡村又激发了他撰写诗歌的兴趣,大队广播站成了他发表的阵地,在一个小笔记本里,他记述了不少创作的激情,其中大多是歌颂本村好人好事的。① 写诗他往往一挥而就,对于做饭,他却不在行,烙的饼子时常半生不熟,大伙谁也不好意思挑明。

当地人在山上有"三险",农民时常死于非命。每年打核桃时,总有人摔得血淋淋,他提议采用安全带,农民根本不睬。再就是被雷击而死。他在山窝里,曾眼瞅着一团火球顺着山坡往上滚,恰巧到他面前拐了弯儿。此外就是被毒蛇咬死。他曾目睹农民被蛇咬伤后的痛苦,因此即使放牧时,他仍不免提心吊胆。

他痛心的是,寒冷的冬天,老乡大多依然身穿单衣。上级让推广"鱼鳞田",远瞧倒是不错,实际上不打粮食。在山乡,他发现手上一抹碘酒就烂,吃下带盐的食物就浑身起疙瘩,拉不出大便。他琢磨许久才明白,因山上患甲状腺的病人较多,食盐里得加碘,所以吃了过敏,但也无计可施。

一天,早晨他刚给家里写信,夸下海口说能背一百斤上梯田,晚上肚子就开始疼得要命,结果,他再次患了肠梗阻。注射止痛针后,卫生队催促他赶紧下山医治。老乡叫来的急救车,因雪天无法开上山,他穿着一身棉衣躺在担架上,被四名老乡抬出门外,接着,一声哭泣诱发一片哭声。他见门口站着一群老乡,仍然忘不了逗趣,冲着大伙儿一边挥手,一边微笑着说:"别哭,我还没死,还活着,我病好了还回来呢。"

才抬到半路,四名壮汉找到一辆板车,让他躺上。在一阵天旋地转中,他被送到斋堂医院。谁知,下山时盖着的毯子,在他被送进医院后,却被人顺手牵羊拿走了。

一名医生前来作了诊断:"你这是肠梗阻,我们这儿治不了,赶紧转院吧。"

"转哪儿呀?"

"你最好回北京去看病。"

---

① 兹摘录一首润麒撰写的诗歌:好人好事像春笋,一个跟着一个生。话说我村有个人,老山就是他小名。个头不大心不小,决心要把旧貌扔。光说不练非好汉,还要实践来证明。一天下雪刮大风,日落西山黑烘烘。老山已经睡了觉,想起小马在山中。咕咚一声猛爬起,披上衣裳往外冲。爬到山上不见马,只见飞雪卷大风。老山走近仔细看,原来小马在避风。急得老山直打转,满头冒汗赛蒸笼。毛泽东思想耳边升,扛起小马转回程。大家向他伸拇指,要把老山评一功。老山却说没什么,小事算不得什么功。老山功绩说到这儿,下回且听一对红……

"现在没车,这深更半夜也走不了呀。"

"那我们管不了,你赶快找一家医院吧。"

他疼得实在难以忍受,大夫看他的确走不动路,口气缓和了许多。因没有病床,他只得在手术台上躺了一夜,疼得翻来覆去打滚,却没任何人搭理。终于熬到天亮,他挣扎着乘公共汽车抵达火车站,在长椅上又躺卧了四个小时。

好不容易登上列车,服务员弄清他是病人,帮他找到一个座位,一路躺到北京。他穿着破棉袄刚从火车上走下来,因疼得要命竟蹲在了车门前,往来的行人纷纷过来询问:"老头儿,怎么啦,得的什么病啊?"

"肚子疼。"

出租车赶到了,一名善良的青年司机背他上车,拉到北医附属医院,径送急诊室。一直等到夜间十二点,才盼来一名女大夫。她带着一群实习生,手指着他说:"他得的是肠梗阻,就像汽锅似的声音,你们听听。"实习生纷纷走过来,逐个趴在他的肚子上听。

他立时发起火来:"我疼得太厉害啦。你们这是干什么,拿我当实习病人?"

"没关系,先扎扎针灸吧。"

在女大夫指导下,一群实习生在他的肚子上乱扎一气,病情仍未缓解。这时,有人问他什么出身,他不敢撒谎,只好说实话:"我出身资产阶级,正在下放劳动。"

"这样的人,我们不收!"女大夫听到之后,态度转而变得异常强硬。

他无法办理住院手续,只得稀里糊涂地在医院的长椅上半昏迷地躺了一宿。第二天,他强挣扎着回到家,半夜疼得忍不住,又在家人搀扶下赶往医院。

"你怎么又来了?"

"不行,疼得实在受不了啦!"

这时,走来一名女大夫,生硬地对他说:"你是门头沟的,不归我们管,你得上积水潭医院看病。"润麒愣住了。

年轻司机又开车将他送进积水潭医院,在观察室留诊时,采用了灌肠和输液治疗。

他被搀扶着一瘸一拐地走路时,一名年轻女护士随手指着他说:"这个人看来是假腿。"

"你才是假腿呢。"他听见后,忽然又发起了脾气。

当他刚走出医院,溥杰的妻子嵯峨浩闻讯特意到西老胡同来看望。他躺在床上，屋子狭窄，嵯峨浩只能坐在小凳上。没想到，拉她来的正巧是曾救助他的司机，不仅掏钱给他挂号，更难得的是，临走连姓名也没留。他对她谈起年轻司机，感激得无法形容，捂着疼痛的肚子，提笔给出租汽车公司写了一封诚挚的感谢信。

哪知，街道派来一名女人，趾高气扬地让儿子在屋里监视他俩谈话，嵯峨浩没法儿多待下去，只得无奈地抬腿走了。

奇怪的是，以往肠梗阻犯病，双腿便走不动路。久而久之，肠梗阻不治而愈，他的腿疾也随即消失。

而老万病逝，使他感到十分悲痛。老万下放后，一月回京两趟，每次临走时，妻子韫馨总让其带上一饭盒炖肉。一次，老万走前，叫他骑车来家里一趟，悄然透露一个好消息："这回可真有信儿了，最多到年底，我们就都能迁回北京啦。"

"那可真是好事啊。"两人显得十分兴奋。

老万返乡不久，正逢下雨，大伙儿在炕上坐着聊天。谁知，老万忽然从炕上摔了下来。其实，他早就发现老万走路弯着腰，骑车时总冲路人喊——靠边，靠边，便不解地说："这不正常，你骑车躲人嘛，自行车有闸，你嚷什么？"他在溥杰家也曾发现，嵯峨浩让老万登上凳子拿东西时，老万竟推辞说，我不行，上不去啦。

当老万从炕上摔落后，人们赶紧叫来急救车送往医院，一路颠簸之际早已没了气。经医生检验，老万病逝于突发性脑溢血。

"文革"初告结束，风云人物却下场不一。

摇身一变而成为公社书记的老邵，在"文革"中大发横财，因其特殊的背景，迟迟逍遥法外。润麒的老友穆绪根，在"文革"中抵制无产阶级不能贪图享受的观点，因鼓吹改善生活遭到揪斗，却满不在乎地和造反派唱反调，最终走向"反面"。

也有因祸而得福的。他听说，郑子罕死于"文革"高潮，其妻返日，嫁了一名美国大校，在买下的小海岛上活得悠闲自在。

三　北京地震

炎夏，惊天裂地的唐山大地震使整个北京城也跟着晃了几晃。短短几天，全城的小胡同搭起了无数地震棚。润麒一家人也无例外地住了进去。这是一九七六年。

他的五姨儿早已去世,只有老察和一家人住在斜对门。当夜,老察带着外孙女龚斌正睡在床上,地震惊醒了沉睡中的老人。屋里的西山墙和北墙霍然倒塌,老察的腿被砸断,浑身鲜血淋淋。润麒从梦中惊醒,急忙借来一辆三轮车,将老察送往医院。他推车出门,才猛地想起,屋犄角还躺着小孙女龚斌,跑进屋一看,她睡得挺香,居然一点儿没砸着。

送进医院,他才发现老察的脑袋受了重伤,邻床的伤员是从唐山地震区逃出来的工人——妻儿被砸死,这名工人从三楼塌陷的窟窿掉下来,幸而没受重伤,赤身露体冒雨跑到北京汇报,遂被送往医院。

老察的断腿刚接上,身体异常虚弱,竟天天给病友念报纸,念着念着就昏了过去,但是,老察不服输:"我的伤好得快,出去以后,还得为社会效力呢。"

其实,老察伤势颇重。润麒听其子说,年过七旬的老人因流血过多,依然处于危险期。等他去看望时,老察已经溘然去世,他不由地感叹:"老人一辈子好强,负伤后仍然如此,可钦可敬啊。"

地震余波过后,他仍惦念着爱新觉罗家族的亲戚。尽管几个姊妹与韫颖同父不同母,彼此关系却十分融洽。韫颖由于身体欠佳,每当哪个姊妹生病,总托付润麒代为探望。姊妹们见到他驾驶摩托车一溜烟似的驶到自家门口,无不开玩笑地称之"骑摩托车的"。

自家地震棚刚搭上,韫颖挂念着几个姊妹。于是,他受妻子之托,又骑着摩托车去逐个看望。他去二姐金欣如家,见夫妇俩满面笑容,安排得挺好,遂放了心。而四妹韫娴在院门外搭了个小棚子,一个人孤独地坐在那儿,被骄阳晒着,他见了,心疼地说:"你怎么跑这儿挨晒呀?"

"没办法,我家地震棚搭的就这样。"四妹显得一脸无奈。临走之前,他提出了改建地震棚的建议。

尔后,他来到位于后海的五妹韫馨家,院外没见到地震棚,他感到奇怪,进了大门,才发现搭在了院内。小孙女在一张小桌前,正由韫馨陪着做功课。他一再叮嘱她注意肾病和胆、脾的毛病,她感激地送他走出门口。

在西直门外,他见到六妹韫娱这一对画家夫妇安然住入了地震棚,子女们也已有了妥善着落。

接着,他又去广渠门外,探望了采取防震措施的七妹金志坚一家人,七妹交心地说:"我近来血小板低,身体时常感到不适,不知是怎么回事。"谙通医

1975年夏,公元访问中国,在东来顺宴请爱新觉罗家族。前排左起:七妹金志坚、六妹韫娱、五妹韫馨、四妹韫娴、溥杰、公元、嵯峨浩,润麒、李以劻妻子邱文昇、李以劻

道的他,特意为她出了几招健身方法,七妹和儿子屡表谢意,目送他一骑扬尘而去。

一场大地震,使他深感生命脆弱,也更多了一些对人性的理解。唐山大地震之后,一个日本代表团访华。其中一名三十多岁的青年人,见他衣冠整洁,遂询问:"你刚去了理发馆吧?"

"哈哈,你猜得不错。为迎接你们,我专门理了发。"

公元和赣子悄然拽他到一边,私下介绍说,那名青年是"西介它"酱油掌柜的私生子。当溥杰在仿膳设宴请客时,他便格外注意起这名青年的神态。赣子说,在日本,私生子虽然不算什么,但非婚夫妻的孩子无法上户口,只能说是过继的。于是,日本"过继子"变得愈来愈多,早晨姓张晚上就改姓王了。润麒听了,大笑着表示理解。旁边的人们听到突如其来的笑声,顿感莫名其妙。

不久,公元介绍他结识了一名访华的日本著名老作家吉屋。老作家第一次来中国时不会说汉语,面对记者采访,说话磕磕巴巴,却会抻筋、盘腿打坐。跟随吉屋的一名日本女作家叫清华,两人同住北京饭店。润麒应邀前来作客,见女作家也能弯腰摸到地面,盘腿打坐时两脚还可以交叉搁到腿上,感到很惊讶。

"多大岁数的人都能抻筋成功,你也试试嘛。"她鼓励他。

瞧上去,两人身体都不错,谁想,没过多久,他俩竟先后猝然去世。

终于盼来了"解放"。一九七八年初,他从山区返回京城。

他撰写了"文革"期间被抄家过程的报告及抄家清单,呈交落实政策办公室。一名负责人犹豫了许久,最后讷讷而语:"不好办哪。"

意思很明白,编译社头头儿早在全家去京郊落户前一天,就向润麒讨走了一式三份的抄家收据。他是"专政对象",岂敢不交,于是丧失了抄家的原始收据。等找到抄家收据时,目录仅剩下一半,据说被火烧了,后边几页已不见踪影。令人生疑的是,纸茬儿烧得极整齐。有人见了,开玩笑地说,烧得真艺术啊。抄家物资没了证据,只能剩啥是啥。

他急了,慷慨激昂地找到落实政策办公室,硬要讨一个说法:"抄家时,一共抄走十几只箱子。即使只剩下一些值钱的皮衣裳,一件貂皮也值几万块钱吧?"

他素知母亲仲馨一生喜好文房四宝,尤其酷爱收藏墨盒,其中一个精致的小漆盒是母亲仅有的几样遗物之一。当他偶尔去参观康生遗物展时,竟意外见到了那只珍贵墨盒——外层是极讲究的硬木漆盒,上边雕刻着松竹梅等精美纹饰。原来母亲的传世古墨盒,居然一度被康生据有,想必是在抄家物资中,被沙里淘金"敛走"的。

有意思的是,他在这次展览中还见到了家里的一方传世古玉,于是找到府学胡同的北京文物保护所。一名姓温的专案组负责人稀里糊涂地开出了卖价:"这东西要卖,定价十四块,你如果想要,就拿钱来吧。"于是,他喜出望外地以十四块钱购回古玉,还捎带买回一方被摔破的古砚。

不久,发还查抄物资时,东城区统战部长于水旺亲自用卧车接润麒夫妇去孔庙认领。哪知,他仅领回两只黑皮箱,打开一看,空空如也。见此,连于部长也感到惊讶不已:"怎么能是空的呢?当初绝对不会抄走空箱子呀。"

死无对证。他认定必是抄家之后,有人窃走了古董。另一只箱底仅剩下几幅古字画,成套珍贵的康熙官窑瓷器不见了踪影,大多罕见的历史照片被毁。发还的部分旧照成了他回忆往昔的念想。

经过仔细打听,他才知当年抄家后,编译社将自认没用的物品才上缴北京文物所。不久,老干部处一名女同志,补发给他四百块钱,还解释说:"这是抄家的最高补偿,对你家特别照顾的。"

"这点儿钱连买空箱子都不够。"他愤愤而言,却也只能写下收据,认了头。

数年之后,他带领一群学生赴北戴河避暑,路上,巧遇发给他补偿款的女干部,只见她面容憔悴。提起往事,这名女干部显得极不好意思:"哎呀,老郭呀……"

然而,令他更气愤的是,落实政策办公室公然宣布,百分之九十五的抄家发还问题已解决。开会时,他坦言自己就是百分之五之中的一个,甚至直言不讳地大声疾呼:"像这样无效的机构,让它存在有什么意义?干脆撤销!"

第贰拾陆章

任职全国政协

＊能说不是奇迹吗？六十六岁，润麒居然成了中国社会科学院法学所研究员，此后连续两届当选全国政协委员。

＊他出乎意外地见到被日本人砍头的凌升的孙女。她早年被送到日本接受"再教育"时，他与溥杰前去看望，不敢直接提醒，只是含蓄地叮嘱她，"你可一定要把本国语言学好。"

＊"四五"头天晚上，他偕全家人去天安门前悼念周总理。街道竟然逐家追查，"谁去了天安门广场？"他一口死死咬定没去。

＊宛如惊鸿一瞥。他走出国门，竟发现世界变化如此之快。他认为，孔子所说的"足食、足兵、足信"，于今仍有借鉴意义，国家如此，人亦如此。

图片说明：1981年9月，润麒中排（左一）与法学所同事游千佛山

一 法学所

一个偶然机遇,润麒迈进了中国社科院法学所的大门。谁能相信?此时,他已是年届六十六岁的老翁。然而,他仍是满头黑发。

此前,恰巧社会科学院近代史研究所副所长见到他给法学所翻译的资料蛮不错,急欲调他去。其间,法学所也产生同样动议。两家单位去他家商谈时恰巧相遇。

抉择权甩给了润麒。仅从住家远近考虑,他选择去了法学所。

面试那天,他第一眼望到的是党委书记张楠留着秀发的背影。走进办公室,他自谦地对她说:"我没什么能耐,仅会一点儿日语,也没有多少翻译经验。虽然学过法律,可忘得差不多了。"

"你真谦虚哟。"

其实他在编译社多年,堪称精通日语。临走,他对书记幽默地表了态:"如果您不要我的话,我就去传达室当接待员,您生气吗?"

张楠微笑着告诉他,还有一次正式面试才能决定去留。当时,解散多年的法学所刚刚恢复,连办公室都没着落,急需翻译骨干。应聘那天来了许多人,只有润麒说话大大咧咧,心想不一定能录取。

谁知两天后,法学所通知他前去报到,又找他谈了话:"我们这儿要按照国家干部的规定办,一般试用期半年。"

他去法学所报到,人事部门嫌他太老。而张楠一锤定音:"所里就需要这样的人。"他去院部随手翻阅了一下人名簿,上边大多是有光荣历史的老革命。他琢磨,自己无论怎么写,反正也是"丑恶历史",就照实写吧。他填写了真实的简历,心里反倒踏实了。

刚值班第一天,他就显示了不含糊的性格。那天,北京市公安局因"急事"派人来找老叶,但人已下班,家里又没电话。当时司机正因为减薪的事闹情绪,纷纷推辞不干,硬说没有车。他听了,态度强硬:"没车?你开卡车。"

"卡车门锁着呢。"

"砸门。"

谁也没想到润麒如此厉害,司机只好拉着他乘坐卡车,把正在家里吃饭的老叶带到公安局办妥了"急事"。他在法学所一下出了名,人们都说,甭瞧润麒平常笑呵呵,遇上正经事时厉害得出奇。法学所书记笑了,感觉没白把这老头儿调来,而他直言不讳:"我这一辈子甭管干什么,都要比别人干得好才行。"

一次,他接受了一个紧急译稿,离截稿期限只有一星期。正焦急万分地忙乎着,一名头头儿以他虽学过法律却非科班为由,终止了他的翻译任务:"我看你译不了,就校稿吧。"

"嗯?"他强忍着一肚子牢骚校完稿。

哪知上司又找来一名同事校译,他遂又被指定抄稿,谁知又被指责为文法不通:"你别抄了,送稿吧。"

他尽管从翻译一变再变地成了送稿员,但一点儿不气馁,仍不辞辛苦地往返于闹市与郊区之间。"我这个人就这样,无论什么时候,只要有活儿干就行。"他这么安慰着自己。

正当他心情郁闷之时,调任民族饭店经理的唐永红看中他精通日文,便劝他调离法学所:"润麒先生,你到民族饭店穿上民族服装招待外宾,怎么样?"

虽说薪水高出不少,但他毅然摇头。

他虽然没能与唐经理成为同事,却成了莫逆之友,每逢见到他去吃饭,唐经理总短不了打趣:"有暇带家眷来,你们在这儿可以随便点菜。"

润麒最终没离开法学所。他毫不灰心,昼夜不舍地翻译了几部日文书籍,居然接连再版,不得不使同事刮目相看。因坚忍和不懈的努力,他日渐改变境遇,又重新恢复了翻译的职位。

天真的他见别人都在奔学历,想通过刑法组女组长程简再补一份证书,却终未补成。有人调侃地说:"你是不是老糊涂啦你那么大岁数,已功成名就,还要那个干什么?"

其实,他不是为别的,只为拼命苦读过的四年电大留一个永久念想罢了。他破例成了一个丢失"电大"学历证书的研究员。

二 当选为全国政协委员

他绝然没想到,不久竟当选为全国政协委员。

"以后，你以政协工作为主。"这是法学所领导对他的新要求。或许是成了"委员"的原因，他的工资大幅度提升，从每月一个傻数——"二百五"，整整翻了一倍，生活有了明显好转。多年后，他的工资始终没动，知足常乐，他始终保持良好心态。

一九八三年，在第六届全国政协会议上，他与邵力子同时当选政协委员，两人见了面，微笑着彼此握手祝贺。

作为蝉联第六、七届的全国政协委员，他接受了许多慕名来访。北京女作家钱立言来信说，有一名美国教授是她妹妹的导师，在夏威夷搞生物研究，想前来拜望"国舅"，他慨然应允。

几天之后，钱立言与其妹偕美国胖教授登门来访，美国教授蓄着胡子，衣饰简朴。他给美国教授倒咖啡，忘了放勺儿，教授拿起别人杯子里的小勺儿搅和几下，端起就喝。或许由于交谈融洽，美国教授似乎开始发难："我提几个问题，你能答就答，不能答我也不介意。"

"我都可以回答。因为我谁也不代表，我说话自己负责。"润麒出言爽快。

美国教授坦率地连续发问，其中一个问题异常尖锐："西藏为什么不让它独立？"

"你们美国人为什么不让夏威夷独立？"

没想到，简单几个回合下来，美国教授痛快地认了输，直到走出门外，还一再称道润麒思维敏捷，语言犀利。

一名德国朋友由他陪同逛自由市场，看见一只兔子，德国人称为"哈则"。他听后，纠正德国朋友说："抽象的兔子不能说是雄性，应该说是'达丝哈则'，'达丝'是中性。'则阿哈则'是雄性的统称，具体说到兔子，当然有公有母啦。"

"你真聪明，因为不知道这兔子是公的还是母的，所以说它中性是对的。"德国朋友开起了玩笑。这名德国人是向台湾妻子学的汉语，所以，他俩语言沟通极为顺畅。

身为全国政协委员，他时常外出视察。一次，他随政协代表团飞抵哈尔滨，由于没赶上晚餐，就在街上的小饭铺随便吃了点儿。没想到，夜间腹泻不止，他吃过药，第二天照常工作。

接着，他随团去新疆偏僻地区视察，当地仍是土道，他们乘坐公共汽车加步行，艰辛地履行委员职责。

八十年代初，润麒作为组长率队奔赴山东、安徽两省从事社会调查。按照常人对八旗子弟提笼架鸟的理解,大多数人猜想他这位名门之后即使不是花花公子,也应吃喝玩乐样样精通,然而,他偏偏连扑克都不会玩儿。

一路上,众人无论在火车上或住旅馆,总劝他一起打扑克,他直言不会,人们不信,拽着他说:"保证一小时就教会你。"

"就是半小时教会,我也不学。"

他更腻烦打麻将,一路上总是书报不离手。近半个月视察途中,他总是食素少荤,只是去大连时,才饱餐了一顿生鱼片。一行人感觉挺奇怪,问起才知,这是他早年留学日本养成的口味。大吃大嚼之余,他的幽默谈吐使人们觉得这实在是一个可爱而博学的"老小伙儿"。

他平生不沾大烟,而在视察莫力达瓦旗闹肚子时,为治病才第一次尝到大烟滋味。他记得父亲当年抽的大烟是黑色,而这却是白色透明的,含进嘴里什么味道也没有。当地人猜测说:"润麒先生,您年轻时一定是喝大酒、抽大烟吧?"然而,他们猜错了,及至暮年,他才稍微沾点儿酒。在此之前,他对烟酒则一律拒之。杜绝恶习,胸襟开阔,这也许正是他得以长寿的原因之一。

作为达斡尔族后裔,他极重视本民族历史的研究。有人考证说,达斡尔族是契丹后裔,他不太赞成,理由是达斡尔族与契丹文字不同,语言也不同。也有人认定达斡尔族是蒙古族一个分支,而依他看来,达斡尔族是蒙古族与哈萨克族混血的后裔。为此,他曾亲赴一个哈萨克族聚集地考察过,那里的人个个黄头发、高鼻梁、蓝眼睛,外貌与达斡尔族人颇多相似,细细观察起来,达斡尔族家庭的孩子,大多白皮肤、蓝眼睛,有一副欧洲人的模样。

有一种奇怪现象,他颇难以理解——在外地长大的达斡尔族小孩儿,本民族语言一句也不会说,而到了当地很快就能说。在北京长大的达斡尔族孩子丝毫不会达斡尔语言,而到了当地居然很快就能听懂。他认为,这无疑证明了语言环境的重要性。

他聊起达斡尔族的现状,如数家珍:"达斡尔族在全国目前有十二万人口,主要分布在内蒙古自治区东北部和黑龙江西部及新疆维吾尔自治区塔城地区。内蒙古莫力达瓦地区,还建有三万多人口的达斡尔族自治旗。据说,居住北京的达斡尔族人大约有三百多人,多数在航天部等尖端科技部门工作……"

他始终觉得,达斡尔族聪明过人,许多人不仅懂本民族语言,还会英语、俄语、日语、蒙语等。面对记者问起他能否说达斡尔族语时,他自我解嘲道:"我很惭愧,现在除了汉语以外,仅剩下一点儿日语。人家跟你说达斡尔族语,你说汉语,人家不高兴,认为你背离了达斡尔民族。其实,我一直为达斡尔民族文化奔走呼号……"此话不假,他始终关注着达斡尔族发展且为之努力。作为两届全国政协委员,他年年提交这方面的议案。第七届全国政协会议闭幕前一天,他再次递上一份提案,建议进一步研究达斡尔族语言和文化。

他去呼和浩特视察时,意外见到了凌升①的孙女——她亦是达斡尔族后裔。已经成为教授的她前来宾馆看望润麒。他亲热地握着她的手,岁月没给她的外貌带来过多雕痕,依然显得那么年轻。

早在四十年代,他第一次在日本见到凌升的孙女时,正值其祖父被日本人处决——连秘书也未幸免于难。之后,其孙女被送到日本学校念书,接受"再教育",意在逼她"洗脑"。他正在日本留学,便与溥杰相约前去看望她,当时她才十几岁。如若当初四妹韫娴不是奉溥仪之命与凌升之子解除婚约,他们之间应是很近的亲戚。其时,他不敢直接提醒她别忘记祖父被日本人所杀害……只是含蓄地叮嘱她:"你可一定要把本民族语言学好啊。"润麒一连叮嘱了两遍,她当时听了似乎挺不服气,也很反感。

如今,听到她的解释,他才明白,当年她的内心独白是,你都不会达斡尔语,还来教育我?这给他留下了深刻印象。他原以为她是蒙古族,这时才知直到解放后,她才恢复"达斡尔"。

这次,他们一起在达斡尔族的亲戚奥登挂家里聚餐,开怀畅饮。奥登挂亲热地称润麒为"二叔",她的女儿是共产党员,写过不少进步书籍,早年从苏联回到中国后,被日本人所害。

凌升的孙女还给他带来一幅名人书法,他展卷观后,说:"'冯唐易老,李广难封',这是《滕王阁序》里的名句。"

"是啊。"她十分赞赏润麒的博学。

不久,她来到北京,去他家看望,还捎来一张家乡的奶皮子,欣喜地告诉他,近来被正式评为日语教授。自然,她也更加领悟了当年他勉励她学好本民族语言的含义。

润麒虽是全国政协委员,仍把自己当做一名普通百姓。他坦言,当了多年

---

① 关于凌升,溥仪在《我的前半生》一书中写道:"凌升是清末蒙古都统贵福之子,原为张作霖东三省保安总司令部和蒙古宣抚使署顾问。他是在旅顺的'请愿代表'之一,因此被列入'建国元勋'之内。事件发生时他是伪满兴安省省长。一九三六年春天,他突然遭到关东军的拘捕……凌升被处决时,使用的是斩首之刑。一同受刑的还有他的几个亲属,这是我所知道的第一个被日本人杀害的显要官员,而且还是刚和我做了亲家的。"——引自溥仪《我的前半生》三四六页,群众出版社,一九八五年一月版。

政协委员,没有任何经济效益,花费倒比平常百姓多些,甭说家里待客的烟、茶,仅是衣饰及打车等花费颇不少。但他清贫自守,却对无视众生的"衙门"风气极为反感。

当全国政协主席李先念病逝时,政协机关发来紧急通知,按说一般急件几小时就能收到,谁知,到手时却已隔了三天。他见误了事,顿生怒气,屡向全国政协反映:"我们住的那幢楼离邮局那么近,怎么能连特急电报都不给送呢?"全国政协工作人员找到邮局的上级部门,当地邮局局长亲自登门道歉。

此后,邓颖超逝世时,他很快就收到了通知,但邮局仍然不管递送平信。于是,全国政协出资五十元让街道代送,因街道还需补助一百多块钱,报纸依然得自家去取。他又挥笔写了一份政协提案:"我们离邮局只有一百米,五年来不管送报、送信。请你们酌情调查之后予以曝光。"

没过几天,邮局领导带着投递员来到他家,先是道歉,接着又婉言申辩。

润麒语态平和地说:"你们先不要道歉,别当我是全国政协委员,只当我仅是一名百姓,可不可以向媒体反映情况?咱们老百姓之间交往,重新交个朋友好不好?"

"好,我们一定改进工作。只是您就不必让媒体曝光了。"

双方握手言欢。打那儿以后,邮局的工作人员开始投递信件。

有一次,他去邮局领包裹遗失了身份证,邮局人员还亲自送还到家。他深有感触:"看起来,还是媒体比提案效用大。"

作为全国政协委员,逢年过节,中央统战部时常送来一些补贴,他从中体味到了一种关怀。一天,法学所的一名领导来到他家,说是根据上级指示,全国政协委员一律退休,他坦然面对:"没意见,马上就办理退休手续。"

尔后,他去查看文件,社科院明确表示没有这项规定。于是,他刚吃了退休送别宴,没几天竟又"官复原职"。

年过八旬的老人,仍然风雨无阻,不知疲倦地奔波于政协事务之中……

三 来往众生相

半旗,在他家门口悄然升起。

暮年,他竟屡屡面对种种考验。周总理逝世之后,住在西老胡同斜对门的一名女街道积极分子,密切监视各家,不准悬挂半旗。胡同里几家下半旗的都被她一把摘掉,她还逐户盘问,谁去了天安门,而街道主任却是睁一只眼闭一只眼。

清明之前的天安门广场,人声鼎沸。"四五"头天晚上,润麒夫妇偕全家人——小历、曼若夫妇以及宗夼、宗光一起来到天安门广场,沉痛悼念周总理。数不清的各种诗词和大标语无不寄托着人们对逝者的哀思。人们在互相小声地咒骂"四人帮",而女婿小历在人群中毫无顾忌地大吼:"谁敢反对周总理就打倒谁!"

"你小心点儿。"润麒低声提醒他,在公众场合说这种话,实在太危险。

他和老伴儿边走边看,抄录了不少诗词,宗夼和宗光紧随其后。纪念碑周围的松树丛上,到处挂满写着悼念诗词的挽联和白花,远远望去,整个广场像飘下了一场奇特的大雪。

临走出广场,他才注意到周围高凳上架设着许多摄像机。韫颖急忙把抄录的诗词放进黄色的日本手包里,刚走进家门,他便急切地藏匿起来。

没想到,次日清晨,街道居委会竟然逐家查问:"你们谁去了天安门广场?"

"没去。"润麒一口死死咬定。

没多久,"四人帮"倒台,万众欢腾。

他骑车赶赴法庭亲眼目睹了审判"四人帮"的这一历史时刻。审判长当场宣判江青死刑缓期执行,"缓刑"两字江青没听见,误以为将被拉出去枪毙,于是大闹法庭。他眼瞅着江青被押进一道门,门还没关上,她猛然躺倒在地。事后,他在电视里又观看了重播:"我那天虽然在现场,倒不如在电视里看的表情那么清楚。"

润麒的朋友众多,可谓三教九流。

贺阿泰的老师来到北京,要见润麒,他的心里始终忐忑不安。当年他从抚顺战犯管理所返京时,马来西亚媒体报道了他出狱的消息,一名叫贺阿泰的华裔小伙儿越洋寄来一封长信,向他祝贺且娓娓诉说了向往中国的赤子之情。此后,小伙儿多次来信,与他建立了密切联系。其中一封信感动了他,信中表示,他想回到可爱的中国,"接过雷锋的枪……"

这次贺阿泰的老师来京后,润麒不想冒昧见面,便让韫颖代他去见远道而来的客人,还请她捎去一本《毛主席语录》,转送贺阿泰作为礼物。然而,贺阿泰的老师却不敢收:"这可不行,到马来西亚就得被没收。"

于是,他又让老伴捎去北京茶叶。老师转达了贺阿泰的心意——真心向往中国。实际上,贺阿泰在马来西亚受到当局密切注视,已被限制来中国。不

1996年6月,通信40年的马来西亚华人贺阿泰(右)前来北京拜访润麒(中)左为贾英华。

久,润麒收到其来信,说妹妹要来中国观光,让他招待一下。

没过几天,贺阿泰的妹妹随旅游团来京,住在香格里拉饭店。由于机缘不巧,两人只在饭店门口见了一面。贺阿泰让妹妹随身带着润麒的照片,所以没等他主动介绍,她一眼便认出他。交换过礼品,两人匆匆分手。

过年时,润麒给贺阿泰寄去贺年卡。以往小伙儿复信总是长篇大论,而这次只是寥寥数语,他猜想,也许是没能招待好其妹的缘故。一次,小伙儿邀请润麒赴马来西亚访问,护照办妥,连礼品也备好,还特意跑到万隆等候。然而,他最终没能去成。

不久,贺阿泰开办了一个中医诊所,希望来中国进修,却受到百般阻挠。贺阿泰的一名同学是马来西亚驻京办事处主任,多次受托给润麒打来电话:"贺阿泰无法访华,是因为政府认为他受了赤色宣传的影响。"

"你在这儿怎么样?"润麒关切地询问。

"我在北京待了几年,每个月都得写一次报告。"贺阿泰的同学无奈地说,"当局恐怕我也被赤化,让我每个星期都要到驻华大使馆去汇报一次思想情况。"

风风雨雨之中,他与贺阿泰交往了几十年。九十年代初期,贺阿泰终于如

愿来到中国,见到了神交已久的老友润麒。他俩见了面,激动不已,彼此倾诉内心的思念,交谈了许多许多……①

他的朋友愈来愈多。马来西亚一家公司经理陈天军,在广交会通过"宫廷保春酒"的老板听说"国舅"的传奇故事,很想结识他,不久,在北京如愿见到了年逾八旬的润麒,遂在王府饭店共进日餐,交谈甚洽。从此,他俩成了无所不谈的朋友。

在"厉家菜"餐馆里,高悬着一幅润麒与"皇弟"溥杰的合影。其实,他与厉家渊源已久。据润麒介绍,早在伪满当参谋时,他就认识厉家菜经理的太太王晓舟一家人。她的父亲王继仲曾任伪满第二军管区司令,却从不否认八路军爬冰卧雪,抗击日寇的功绩。解放后,王晓舟与经济学院一名满族教师厉善宁配婚,因厉家的祖辈早年曾在宫内府做菜,博采众长,开发出"厉家菜"。倥偬几十年。润麒与王晓舟在北京重逢时,胖姑娘已经人到中年。她见到润麒,仍亲热地叫他"郭叔叔"。

正由于这一段历史渊源,润麒与溥杰见面时,偶然提及"厉家菜",遂力邀"皇弟"光顾,这成了"厉家菜"的一段佳话。正如有人所说,"厉家菜"饮誉京城,润麒功不可没。

妻子韫颖心地善良,有口皆碑。对于世俗之事,她往往淡漠处之,超然物外。当年润麒婚后,溥儒曾特意为他精绘了一幅写意山水画,在数十年的颠沛流离之中,始终保存完好如初。居住在东直门胡家园时,润麒不在家,香港一名女士慕名前来拜访,见到这幅国画,顿生爱念。韫颖耐心地劝说:"这幅国画上有润麒和我的题款,你拿走不合适。"

"我特别喜欢这幅画儿,还是送给我吧。"见硬讨不成,她索性跪地不起,执意索要。

于是,这幅珍贵的溥儒佳作被软磨硬泡"借"走,从此没了下文。此类之事,在他的家里发生过何止一次。而年迈的夫妻俩,仍然恬淡如初,过着平静的日子。

润麒历来人缘不错,连电梯女工都与之关系挺好,久而久之竟成了他的"保卫"。凡有客人来访,她即告知润麒的具体住址;若来路不明或令人生疑,便婉然谢绝。

---

① 贺阿泰来京访华期间,润麒带着贺阿泰来到笔者家里作客,在书房里,一同拍摄了不少合影照片。贺阿泰听说笔者正在撰写《末代国舅润麒传》,特意带来了与润麒交往的一些信件,允许作者参考并写入书内。

谁料,天上"飞"来一门亲戚,使润麒平添烦恼。一天,他和妻子正吃饭,门铃儿一响,走进一对陌生的母女俩,自称是爱新觉罗后裔。那位母亲热情地说,早该来看望,论辈份,润麒的妻子还是她的奶奶辈,他当然成了爷爷,还声称住得很近,可以经常来他家帮忙。越说越近乎,她的女儿还曾在润麒经常吃饭的"康馨餐馆"打工。她跟头一个丈夫生下孩子后,丈夫"二进宫"被关进监狱,第二个丈夫和第三个丈夫也相继离她而去。她的可怜身世引起了他的无比同情。说来也巧,他在家里竟然翻腾到了那人的母亲的旧照。她的母亲曾几次结婚,嫁过爱新觉罗家族,其爷爷是溥字辈儿的,当过国民党军官,解放前夕逃往台湾。

此后,她时常来家串门,自我介绍说刚跟一名"老革命"结婚——丈夫在四平战役中丢了一条腿,既享受残废军人的待遇,还有太阳能发明专利,生活相当优裕。事后才知,这完全是一派谎言。

起初,他以为既是一家子还有什么可说的,赠送给母女俩一架照相机。哪知,那人的女儿偶然与电梯女工发生口角乃至对骂起来,于是电梯女工迁怒于润麒。不久,他家出现了信箱和门锁被塞牙签儿之类的怪事。由于钥匙无法打开,前后竟换了几回锁。后来,那位母亲发现娶她的丈夫犯了重婚罪,此后,天上掉下来的这门亲戚才往来渐疏。

他察觉了电梯女工与自己的隔阂,便抽空儿找到她,和蔼地说:"我跟她原本不认识,哪知道天上掉下来这么一门亲戚。即使孙女犯了错误,还能让爷爷陪绑?不近情理啊。"

"哎哟,您知道啦!"

"没关系,你开电梯要是渴了,就到五楼我家来喝水吧。"

他的诚挚感动了电梯女工,两人又恢复了往日的和睦关系。

四 暮年访澳洲

转眼之际,他启程飞赴地球南边的墨尔本。这源于出身贵族的西德义子麦肯西,他委托一名英国伯爵发出邀请信,邀请他出席在澳大利亚人举办的国际会议。他来到墨尔本,住在"厉家菜"御膳堂一幢两层小楼里。

说起来,国际会议始于一名美国记者——在第一次世界大战结束后,他感悟用战争消灭战争无法达到和平目的,而期望通过人与人的相互谅解,逐渐消灭战争的祸源。于是,美国记者在瑞士购买了一幢行将拆毁的楼房,发起成立了国际组织,诚邀全世界爱好和平的人士参加"道德重整国际研讨大会"。

殊异于他人,润麒以对外联络部公派自费的名义而来,往返机票皆由义子报销。同行的还有中国对外联络部代表团,已分批抵达墨尔本。

堪称奇怪的会议,各种肤色的人们来自世界各地,芬兰、波兰、印度、非洲、西德、西班牙、苏联等等,无论公派还是自费,不管是大使还是平头百姓,每人都要选择一种义工。大使推车拉来桌椅板凳,伯爵做饭、检查肉饼……显然,仅就精神而言,这里似乎达到了无贵无贱、无老无少的平等境界。

润麒被分工协助厨房做饭。其实,那儿只有一名真正的厨师,由于语言不通,彼此谈话只能依赖翻译。人们误以为他年轻,总是派给他重活儿,启罐头表面上挺轻松,但上千人就餐就可想而知了。接着,他又手忙脚乱地削土豆、切水果,做奶油冰激凌,连喘气都显得有点儿急促。幸亏他的义子紧随其后打杂儿,才救了"驾"。

他没料到澳大利亚水果种类如此之多,粗略一估算,连西瓜价格也比国内便宜得多。在国内,他从不爱吃西瓜,却感觉这里的西瓜特别甜。人们惴惴不安谈起的倒是臭氧层窟窿愈来愈大,在阳光下暴露过久易患皮肤癌这类话题。

他结识了不少朋友,其中一名来自日本,两人聊得十分开心。宾馆内陈设高级,盥洗室里梳头油、棉签等应有尽有,只是没有牙刷和牙膏。餐桌上一应俱全,惟独没有牙签,如需买得跑一百多里地,这使他颇感意外。热情的日本朋友得知,马上主动送来,他高兴地双手递上名片。哪知,日本朋友接到手,旋即脸色大变,溜走了。尔后才知,是被他名片上的"政协委员"四字吓跑了,误以为"政协委员"是法制委员,此后便避而不见。

润麒受到来自英、美、俄、波兰等国代表的友好欢迎。一名台湾代表还特意赠送他几本书。来自老挝的流亡大使颇为信任地递来一封亲笔信,托他转交中国政府。

令人不解的是,他临走时,一名外国大使与他晤谈多次,提出不少诸如他对越南有没有看法等问题。为他翻译的是一名日本人,日语水平竟不如他。继而,一名越南代表当面来探询他对越南的态度,他直言不讳地说:"我认为越南人要讲良心,吃中国的喝中国的,怎么能拿着中国援助的枪来打中国呢!"听了这番话,几名围拢过来的英国代表深表赞同,尤其是几名女士,对越南代表甚至怒目相视。

一名住过七次监狱的骨瘦如柴的苏联大胡子工程师,缓步走来,用俄语与他谈得十分融洽,还客气地询问他:"您对苏联怎么看?"

"苏联老百姓是好的,最坏的是克格勃。"

"是的,是的。"苏联工程师不住地点头,表示赞成他的看法。

两名外国老太太充当义务服务员,把他居住的房间收拾得干净利索。吃过自助餐,他协助往下撤菜、倒咖啡,两名老太太微笑着主动前来帮忙。他几乎忘光了英文,一名外国老头儿主动来做翻译。几天下来,外国老头儿夸奖他的英文一天比一天棒。

就餐时,他恰巧与刚访华归来的澳大利亚总理霍克的顾问同桌,一名外国人笑呵呵地议论说:"今天咱们饭桌上,有两名国务委员呵。"其实,那名外国人错把全国政协委员当成了国务委员。

霍克的顾问态度显得十分傲慢,语调缓缓地对他说,刚从中国回来,见到了邓小平,接着询问他:"邓小平那么大年岁,快退休了。你们国家上年纪的人,退休以后生活困难吧?"

"退休后,可以在俱乐部里下棋、练习书画,连年轻时不会的也能学会。"润麒反问道,"你们国家有老年俱乐部和老年大学吗?"

霍克的顾问听了,没敢正面回答,连忙岔开了话题。

澳大利亚虽然没有老年大学,生活水平确比中国高出不少。职工若从企业退休,一星期能有几百澳元补助,再加上物价便宜,可以活得很舒服。有的退休职工白天在家躺着,晚上出去吃高级饭馆,在他的眼里,这是一种畸形的活法。

润麒应邀来澳讲课,题目起初是"现代中国的哲学与法制"。他想了想,两国的法制观念截然不同,提问时不一定容易解答,于是改讲哲学和古代文学。

澳大利亚人的英文虽不见得规范,而中文水准委实不低。墨尔本大学中文系主任康丹,是澳大利亚本地人,在给四年级学生授课时,竟然用中文侃侃而谈"落霞与孤鹜齐飞,秋水共长天一色"……这着实使他吃了一惊。康丹邀请他到家里吃饭,一走进门,他又被吓了一跳,若用"家徒四壁"来形容毫不过分,大厅里除了一张旧式沙发,空空荡荡。可是一追问,他每月四千澳元工资(当时约相当于人民币两万元),家里为什么穷成这样?他感到异常奇怪。后来一打听,才知康丹教授与妻子离婚后,一切财产判归女方。

依他看来,澳大利亚虽是资本主义国家,在保护弱势群体方面却显得尤为突出。见到康丹教授离婚后的家境,他理解了当地法律,不禁感慨万分:国情不同,个人情形千变万化,用国内的观念看待国外的人或事,显然格格不入。

一名中国社会科学院哲学所的女子在澳大利亚挣了钱,十分喜爱康丹的才华,与其结婚后一直尽力扶持丈夫,这是他后来才晓知的。

他看到,繁华的大街上,一名年迈的老太太穿越马路时,几十辆汽车静静地停住,等待她慢吞吞地走过去。他坐在公园里吃点心,麻雀居然跑到桌上抢食,不客气的劲头活像遇见了老熟人;海鸥和鸽子时常落在行人身上,而从未受到过伤害。据说,曾有一名澳大利亚人从国外带回一只鹦鹉,因染病遂被安乐致死火化。谁知此人竟因此被判处几年徒刑,他不禁为之咋舌。

"考拉"是澳大利亚的一种珍稀动物,受到民众广泛宠爱。只要它在马路中间一坐,上百辆汽车立即停驶。有好心人跳下车,手托着它送到很远的安全地带,没等送它的人返回,它又跑回来,旁若无人地横坐路中间,似乎是在考验人们的耐心。由此,他看到了澳大利亚国民对弱势和动物的保护意识。

澳洲的寒冬之际,中国却正值炎夏。不同的是,墨尔本的草坪盛夏变黄,而寒冷的冬季却遍泛绿色。初冬时节,他漫步在一名中国人看守的寺庙内。据说,那是清朝"道光"年间由中国人建筑的。这引发了他的思乡之情,不禁想起了北京,想起了家人……

按图索骥,他乘船去了离此不算远的巴厘岛,那里竟有众多中国人,若是华人前去商店买东西,一口流利中文的女售货员会微笑着向你说一声"谢谢",这使他心里油然涌过一股暖流。

他发现,澳大利亚的高速公路隔不远就设有一处公用电话,汽车若临时出故障,打个电话,很快就有抢险车驶来。大多数中国人开车时,手臂上都涂抹防癌油,而当地人丝毫不怕,时常看见男人在街上袒胸露背,裸着膀子晃来晃去。虽然据说患癌的大多是澳大利亚人,去海边游泳的男女,仍大多近乎裸体躺在沙滩上,悠然地晒太阳。

购物时,他才察觉,这里钱币越大,币值越小,钱币越小,币值反而越大。当时澳元与美元兑换只相差一毛多钱,房地产价格便宜,买房子不仅能即付,也可以使用几十年按揭。当地房产生意兴隆,随便找块地盖房子,扯上一幅广告,就有人前来购买。据说建成的房子必须符合政府要求,其细节也要充分考虑消费者的需求——有庭院,里边且有晾衣架,浴室须供应热水,还要设置电话……这些条件逐一具备,才可以出售或出租。

经过实地考察,他的结论是,若要在澳大利亚活得好,不仅要有技术,还要懂英语才行。一名中国女士是中国科学院高能物理研究所袁大夫的女儿,英文不错,毕业于中医学院,来悉尼开设了一家针灸诊所。而一名音乐学院教授,因不懂英语,竟致沦落街头靠四处拉琴谋生。

他所居住的高级宾馆,英文叫"曼达仁",一问价钱,一宿高达两千澳元,着实吓他一跳。他发现宾馆的菲律宾服务员对中国人不太友好,不久才知宾客每天须付小费,否则不受欢迎。他起初不懂。即使如此,身穿黑长袍的矮胖老头儿仍规规矩矩地为他送信并掇拾房间。

当他提出与一名澳大利亚人同居一室不习惯时,服务员二话没说就挪开了床。渐渐地,他发现被服务员看不起,可能是没给小费,于是回国前,把小费集中放在了枕头底下,自言自语地说:"可千万别给中国人丢脸哟。"

他不赞成将澳大利亚归为"第二世界"。在他看来,这是一个颇令人奇怪的国家,盛产羊毛,也有丰富的矿藏,国民收入高,亦无庞大的军费开支,国家财富大多用在国民福利上。而生产的汽车,质量大多不如中国,连电视和机床也依赖进口。他走进一家商店,见无论什么商品都是一澳元,就买了一把鞋刷和一盒鞋油,回家一看,里面都有一行小小的英文字母——"中国制造"。

他不解的是,澳大利亚首都经济发达,边缘地带却极其落后,甚至遗存着原始生活方式,有的人甚至一丝不挂,浑身只有一块遮羞布,饿了就吃袋鼠和遍地生长的水果——反差若此,实出意外。

短短的日子里,他认识了一名以画袋鼠而成名的中俄混血画家,叫廖狄秋,一门心思想在中国举办袋鼠画展。混血画家夸口,曾亲眼目睹过飞碟,润麒感到十分好奇,总是一个劲儿追问不已。在静静的夜晚,廖狄秋向他详细讲述了在马来西亚山上的一次奇遇——飞碟来了,他刚把照相机摆好,眨眼之际,它却飞远了⋯⋯通过交谈,他恍然大悟,廖狄秋对中国的寻梦,也许比神秘的飞碟飞得更远。

五 宇宙观

奇妙的思维和魅力,也许来自于环境的陡然变化。

从走下飞机那天起,他猛然觉得墨尔本的太阳分外刺眼。刚刚住下却又赶上连绵的阴雨天,哪知转眼之际,天空又放晴。望着耀眼的太阳缓慢地在天空行走,他不禁萌生一种复杂的情愫。

他凡事总爱琢磨,经多年研究水漩涡流向,他发现中国的水流无一例外都是右旋。在墨尔本,他天天早晨起来观察洗手池和澡盆里的水漩涡,发现时而左旋时而右旋,更多的则是左旋,相对而言,在北半球的中国,似乎从来没出现过左旋。

在他看来,月亮围着地球左转,地球围着太阳左转,整个太阳系在银河系也呈左转趋势,可以说,整个宇宙间的星球都是向左旋转。浩茫宇宙也有不少此类现象,譬如飞机航行时,自东往西慢,从西向东速度则快,或许这是因为左转的原因?他又联想到,地球上东半球的人为什么右手灵?极可能是地球引力造成的。在澳大利亚左撇子则明显偏多。

他与同居一室的数学研究学者邹教授探讨起来:"人的心脏为什么在左边?宇宙整个都是左转。你细琢磨一下,人的心脏在左边是有道理的,左转在里侧,是绕小圈儿,如果向右转,心脏则要绕大圈儿。"

"我这是头一回听到这种妙论,非常有意思,有待将来进一步研究……"

他俩的话题,事涉天文地理、宇宙哲学、人体医学等等,乃至探究太空奥妙、八维空间……这使见多识广的数学家为之惊叹,不禁钦佩起润麒竟然有如此渊博的知识和奇思妙想。

会议即将结束。似乎有了结论,与会者多数认为,人与人之间融洽就不会出现战争。然而,如何实现人类的和平,人类围绕利益及资源匮乏等引发的掠夺战争能否避免,却是一个得不出任何答案的问题。

一名年逾八旬的瑞士女士,曾因掩护游击队被捕入狱,因而一直仇恨所有德国人。而润麒的观点则不同,侵略中国的是日本军国主义,人民还是好的。他俩虽然展开了激烈争论,瑞士老太太对他依然表示尊敬,临别还赠送他一部电影片。

另一名来自马来西亚的日本人却愤愤而言:"日本战败时,有些日本人来不及撤退就留在了当地。马来西亚人对我们没怎样,而中国人见到日本人就杀,差点儿没把我杀掉。"

"你知道吗?"润麒说,"中国人仇视日本军国主义,任何时候也不能改变憎恨之心哪!中国与日本人民恢复了交往,你还恨不恨?"听了这番话,日本人脸上挂不住,悄悄溜走了。润麒与之辩论时,一些外国人在旁边静静地倾听着。

在接触之中,波兰人、西班牙人对中国人很尊敬,而英、美、法等国人士则显得多少有些傲气。第二天早晨,一名外国人赠送他一盘价值四十瑞士法郎的录像带,一名英国绅士也递交给他一封信,表示十分钦佩中国人。回国之后,他把此信译成中文,亲自呈送外交部。

他喜欢独立思考。在国外,他看到新加坡和日本也在弘扬孔学,觉得孔子的每句话用在当今未必完全正确。譬如"不患寡而患不均",他就认为不对。原始社会生产力落后,仅靠集体狩猎来维持生活,那时强调"均"大体符合实际,如今就不能再沿用这个提法,要提倡多劳多得,有利于促进生产力发展。

他还认为,孔子所说的"足食、足兵、足信",于今仍有借鉴意义。子贡问,不得已时去掉哪一个?孔子说,去兵。再不得已时去掉哪一个?去食。这不仅剩了一个"信"吗?他始终认为做人应该讲究信用。如约定晚上六点钟见面,无论多远,他都骑车赴约;如有意外变化,也要千方百计通知对方。要"足信",国家如此,人亦如此。

他这番见解,受到各国人士的一致称道。

国际会议闭幕。经一夜航程,他带着融融春意,风尘仆仆回到北京。

一步迈过深圳罗湖,他又来到香港。

访港几天下来,他感觉这里街道狭窄,电车门倒挺宽。香港人上车自动排队,彼此都很客气,行路或说话无不彬彬有礼,确是"礼仪之邦"。

惟有一次,港姐带他去找厕所时招了一顿臭骂。他随她走进一家咖啡馆如厕归来,没买饮料就走,服务生发现了,冲着背后大喊:"嘿,回来,我们这儿不是厕所!"

自从香港报纸刊登了溥儒那幅国画珍品,顿时洛阳纸贵,港姐过意不去,天天邀请他吃饭。在香港,到处都是推车兜售的港式中餐,早点比较便宜,有咖啡、牛奶、黄油,最贵的是日餐。一路上,港姐虽然一再声称"姑夫"——润麒不让吃,怕染上肝炎,实际仍照吃不误。

他由港姐陪同悠闲地在香港逛街。当地治安不错,时常有驾驶摩托车、身穿防弹衣的警察在街上巡逻。在港几天,总有人邀请他吃饭。一名原来的同事老于,早已定居香港多年,带着他吃饭、逛公园,当出示老年证书后,不仅白坐电车,连八十港元的公园门票也免去了。

他漫步在公园内,大开眼界,饶有兴趣地观看海豹、海狗和山鲸表演。眼见一名演员佯装不留神掉进水里,被海狗拱上岸,那只海狗居然凑上前,嘴对嘴为其做"人工呼吸"。在场观众,无不鼓掌喝彩。

有趣的是,杀人鲸在水里仅露脊背,居然让小孩儿骑在上边,表演翻跟头的惊险动作。这使童心未泯的润麒,仿佛又回到了欢乐的少年时光。

不久,他出访瑞士,仍然是公派自费。瑞士山腰建筑的洋房异常漂亮。窗前是湛蓝的日内瓦河,旁边是昔日的古堡监狱,依旧保留着让游人随意参观。

日内瓦河畔摆满各式各样的小摊儿,吸引了无数游客。河边有一个露天舞台,每逢星期天,谁都可以登台即兴表演一番,连失败者也呵呵笑着走下台。

瑞士尤以钟表闻名于世,虽然收入颇高,东西亦奇贵无比。润麒看到,名贵的钟表铺里除了瑞士表以外,大多是日本的"卡西欧"。访瑞归来,他发自内心地说:"都说欧洲这么好那么好,我到了国外呀,还是感觉咱北京好。"

在国外,他曾邂逅两名年轻的朝鲜教授。听说他是中国人,两人显得格外亲热,几番接触之后,他觉得十分投机。当两名年轻朝鲜教授听说,朝鲜国家领导人丁礼泉曾是润麒的学生,更是毕恭毕敬。然而,其中一名年轻教授在深入交谈中与他观点抵牾,进而言语发生差池,随意甩下一句话之后,竟莫名其妙地敬而远之。见此,他有感而发,挥毫写下一段铭言,郑重地赠送两名年轻人:"白玉之疵,尚可磨也。语言之失,不可悔也。"

第贰拾柒章

平静的百姓日子

＊两名鬓发斑白的日本老太太翩然抵京，千里迢迢前来寻访润麒。当年风华正茂的日本小保姆，此时已是皓发豁齿的七旬老妇。

＊日本理发师的女儿———三夏离子，专程赴京探望他。当年的小女孩儿，转眼成了蹒跚老妪，她了却这桩夙愿，返日不久便倏然病逝。

＊他与海灯法师同桌就餐，见法师搛菜时右手颤抖，无法准确地送进嘴里，感到十分好奇："这是怎么回事？"

＊"唉，追悔莫及，我年轻时吃素，又练'一指禅'，造成长期营养不良。"

＊海灯法师虽然恢复吃荤，却已为时晚矣。

图片说明：**年逾八旬的润麒骑摩托车**

一　东直门外

　　和煦的阳光照进东直门胡家园的楼房新居。

　　新春之际，抚顺战犯管理所的孙明斋所长与李福生、孙国祥前来看望乔迁新喜的润麒一家人，不仅送来补贴，还与他们一起合影留念。他笑呵呵地说："我们搬进新居，再也不必为冬天糊窗户犯愁啦。"

　　在他看来，孙所长的模样一点儿没变，仍那么文绉绉。沿袭旧称，润麒依然叫所长为"老师"，老孙则笑着称他"委员"。他们亲热地聊起彼此的近况，孙所长一再称赞他是自食其力的"典范"。此后，每逢年节，抚顺战犯管理所都派人或来信慰问，这使他心里热乎乎的。

　　他热爱生活，情趣广泛。夫妇俩喂养着三条热带鱼，名字饶有趣味——罐头、黑头、白的。有意思的是，他俩轻唤哪条鱼的名字，它就立即浮上水面："罐头！"其它鱼不为所动，惟有"罐头"浮上水面，探头张望。热带鱼的听觉极灵敏，连在门外招唤也能听见。

　　刚开始，韫颖轻唤一声，一大群鱼往往一齐浮上来，她便呼唤一条鱼的名字，只给它喂食，而不让别的鱼抢夺。经过几次反复，这条鱼听懂是在叫它，就浮上来吃食。逐渐，其他的鱼也被训练得惟命是从。

　　"罐头"体形圆鼓噜嘟，遍身皆白，微缀黑斑，长相虽然寒碜，却最聪明不过。平时，它趴伏缸底，听见主人招唤，就激灵一下浮上水面。韫颖将手伸到水里，它就反复嘬她手指头，若拿钥匙探进水里，它也吻个不停，活像贪嘴的小孩儿嘬冰棍似的。他俩瞧着，一脸天真地大笑不止。

　　有趣的是，一般鱼被轻轻触动便游走，而"罐头"浮上来吃食时，可以一动不动地让人轻轻摩挲脑门。大伙儿看着稀罕，总愿意跟它逗耍时合影留念。

　　这几条热带鱼成了夫妇俩生活的乐趣之一。可惜，"罐头"不知怎么忽然死去，使润麒夫妇伤感多日，不久，就把热带鱼全部放了生。

　　他自己也弄不清楚，为何天生与动物有缘，几乎所有宠物见了他都会显得格外亲近。楼上的街坊养了一只小白狗，每逢在电梯里见到，就跟相识多年的熟人似的扑过来,在他身上蹭个没完。小狗的主人感觉挺奇怪:"是不是你的身上有狗味儿呀?"

"哈哈,我就是与小动物有缘。"他素来喜爱各种小宠物,时常与它们逗趣。然而,他又坦诚而幽默地对街坊说:"我一生从不杀鸡宰鱼,因为不忍心下手。说实话,吃倒没少吃,我始终心存矛盾呵。"

家里的母猫生下一窝小猫,他随手提起一只公猫留下,其余就都送了人。他逼着小猫学走路,它紧抱着他的手指不放;他倒提起尾巴,它依然在呼噜呼噜地睡觉。最终,他不仅教会小公猫走路,也与它成了难舍难分的好友。每当他从外地出差归来,它总跑过来,仰头冲着他亲热地"喵喵"叫唤不止。

小公猫的妈妈是一只黑猫,当猫妈妈"闹猫"时,从院外跑来一只大公猫。小猫愤怒起来,想在妈妈面前逞英雄,见大公猫在房檐上趴着,它翘着尾巴跳起,恶狠狠地冲公猫扑去。正趴伏的大公猫,猛然往起一蹿,吓得小猫嗷的一声,从房顶摔了下来。猫妈妈见小猫掉下去,一跃而起,蹿上房顶与大公猫厮打起来,结果一起从房上滚落。对小公猫这个失败的"英雄",他仍然十分赞赏。

渐渐的,小公猫长成了一只老猫,他始终喜欢它的聪慧,依然舍不得送人——这就是"文革"中曾被无奈抛弃又跑回来那只。一天,它在椅子上静卧着,忽然滚落下来,韫颖"哎哟"一声:"不好啦……"她以为老猫死了,谁想,它过一会儿又蹿上了椅子。

似乎是个规律,老猫往往不死在家里。不久,它连续几天未归,他四处寻找,在胡同东口的砖堆上找到了已经咽气的老猫。他听从邻家妇女的主意,将它埋在了绿叶荫荫的葡萄架下。

晚年,润麒依然喜欢运动,尤其是游泳,虽然水平不算太高。距什刹海岸边五十米有一个平台,他费力地游到距此不远时,实在喘不过气来,勉强按住水里人的肩膀才爬上岸。之后道歉时,人家笑个不停:"就这点儿距离,你都游不过来呀?"

"游泳水平不高,请多原谅。"

人们根本没瞧出他是年近八旬的老翁。

说起来简直难以令人置信。他出访归来,买了一辆摩托车,在国内提货时要缴六百块钱税,居然掏不出来,只好向宗光赊借。宗光去银行取款时,发现当初存钱时银行将"宗"字误写成了"崇",宗光大发脾气。银行经反复核对后提出存款,他这才把摩托车取回家。

年逾八旬的润麒,常骑摩托车看望妻子的姊妹,被戏称为"骑摩托车的"

顿然,他如返老还童,成天骑着摩托车满城转悠,虽然身上有时穿着补丁衣服,倒觉着蛮神气。在全北京城,如此高龄能领到摩托驾照者,可称绝无仅有。

有趣的是,八十年代初,笔者去他家串门,正碰上王涵的子女从天津前来做客。没聊一会儿,他推出摩托车,夸张地甩出几句京戏道白:"英华,恕不奉陪,本人要观摩外国电影节去也……"大伙送他到门口,只见他一个漂亮的蹁腿儿,麻利地骑上摩托车,身后冒出一股烟儿,转眼不见了影儿。

返回屋内,韫颖无奈地笑着说:"这个老顽童,能在北京展览馆溜溜儿看一天外国电影。中午只吃一个面包,喝口水就行,您看,他多大瘾呀。"

年轻人都笑了,笑的是他始终没有垂暮的感觉,比淘气的小伙儿还顽皮可爱。

当年,他年逾八旬,以"特殊身份"死缠着公安部门为他专门签发了可以骑摩托车的证明。而数年之后,偶尔遇到交通警察拦阻验证时,他掏出的证明早已失效,警察好奇地询问过他的身份和年龄之后,反而笑了,挥挥手,随即放行。他骑上摩托车驶出老远,仍然俏皮地回过头来,笑着用英语表示谢意:"拜拜……"

有趣的是，当润麒骑摩托车前去群众出版社，与多年未谋面的《我的前半生》执笔者李文达重逢时，感叹李老头秃齿豁。一问才知，李老由于《我的前半生》著作权官司缠身，心情郁闷。他一再宽慰李老，陪他喝酒消愁。李老家的安徽小保姆烹饪手艺不错，此后他常被邀请来"蹭饭"，一起豪饮"杜康"。李老的妻子王敏虽患高血压，仍然忙前忙后地一顿张罗。他阅读过李老写的不少书籍，认为史料弥足珍贵，特意向全国政协撰写过一件篇幅颇长的提案："这样的作家写出的书籍有益于后人，是历史的真实写照，应该予以支持。"

李老因官司败诉，情绪低落，连外形也顿显老态龙钟，他善意地提出建议："你写书时可得适当活动，如果钻进去几个月不动窝儿，身体可就悬啦。"

"我还行，一切都很正常。"

"你不正常就晚了。"他得知李老心境极差，惟恐其患上癌症，就多次竭力劝说："一个人精神愉快，这最要紧，不然……"

不幸一语言中，李文达患肺癌骤然病逝，他伤心了许久许久……

二 日本小姑娘来京

这仿佛是一个美丽的童话故事。两名鬓发斑白的日本老太太自日本飞抵北京，千里迢迢前来寻访润麒。

这事发生在八十年代末，却要从一九四四年末说起。当年正在日本中野学习的润麒夫妇先后染上肺炎，遂请来两名日本小姑娘做保姆，一名叫塔克桑，另一名是北建美代子。在她俩和医生照料下，润麒夫妇的病症奇迹般痊愈。

时间似乎像一支魔术棒。倏忽间，当年风华正茂的两位小姑娘，此时已是皓首白发的七旬老妪。她俩通过赣子打听到润麒在北京的地址，翩然走进他家。恰巧他不在，她俩见到不大的客厅里只有一对人造革沙发和简单的陈设，感慨非常。两人与韫颖促膝长谈，聊起多年前的往事，情绪激动，禁不住流下眼泪。聊累了，仨人躺到床上继续说个没完。

润麒回到家，见了她俩喜出望外，特意在家里亲手操持了一顿日餐。宗龛还带她俩兴致勃勃地到京城几个公园逛了一遍。每当过马路时，宗龛总是叮嘱她们一定要注意躲车，归来后，塔克桑感激地说："宗龛实在太好了，用自己的身子替我俩挡车，真是令人感动。"

其实，一副长圆脸庞的北建美代子，家境贫寒，由塔克桑垫上路费，才勉强

1988年夏,两位当年的日本小保姆来到中国,由润麒(右二)陪同拜访溥杰(左一)

越洋来到中国。她对润麒说,自己患了嵯峨浩一样的疾病,双肾须经常透析,再加上身体开过几次刀,差点儿死去,丈夫也险些过世。也正为此,她极为想念远在中国的老朋友——润麒夫妇。

当润麒领她俩逛东风市场时,北建美代子什么都没舍得买,对他低声笑着说:"穷人旅行,只能在那儿转转。我最珍惜的是用钱买不来的友谊。"

接着,他领她们去观看即将搬入的楼房新居,尽管屋里空空如也,她俩仍为他们感到高兴。几十年过去了,她俩依然称韫颖为太太,对昔日的情景念念不忘:"太太,这回可比那边的房子强多了。润麒先生,回想当年你在日本对保姆真是太好啦。"

其实,润麒当初在她俩临走时只是发了工资,并无过多的金钱补助,他而今感动地说:"她俩已经超过我们当年对她们那么好了。"

当溥杰听润麒说起昔日的"小保姆"从日本远道而来,便专门在"仿膳"设宴款待。席间,提起当年在东京时,两名小保姆曾老远跑去看望"皇弟",没想到却被溥杰的一名亲戚挡了驾:"两个小保姆还想见'御弟'?"她俩没见到溥杰,着实憋了一肚子气。溥杰事后听说,多年来一直觉得抱歉不已,此次宴请只当"偿债"。

席间的美酒佳肴,自然抵不上彼此美好的回忆和祝愿。身份的差别只成了历史的笑谈。当年连溥杰的面都见不到,如今"皇弟"与"国舅"竟然亲自设宴招待当年的小保姆,这使她俩感慨万分。

其实,溥杰的第一句敬酒辞——"祝你俩身体健康",便早已感动得两位老妇热泪盈眶……

离京之际,两位保姆感激润麒的周到安排,特意前来道别,还馈赠宗光夫妻一对日本手表,又紧紧地拽着韫颖的手,久久不舍得放开。他由衷感慨:"人与人之间的情谊,不会因时间和距离的阻隔而疏远……"

她俩返回日本,依然书信不断,逢年过节,便给润麒全家人致信问候。塔克桑的丈夫奥山代笔的汉字写得十分工整,一封封来信无不充满真诚的情意。平时,润麒不愿动笔,她们往往寄来几封信,他才答复一封。

哪知,北建美代子的儿子见到他的复信,却跟母亲翻了脸:"你为什么跑到中国去,你理这种人有什么用处?"

一直在集体宿舍替人家做饭的北建美代子哀叹儿子不理解历经坎坷而保持的友谊的可贵,同时,再也不敢给他写信。他惟恐给北建美代子招来麻烦,也没给她回信,只是与塔克桑保持书信联系。

他在寄给塔克桑的信里动情地说:"对于北建美代子的家庭状况,我是理解而同情的。"

塔克桑不仅领有丰厚退休金,丈夫还是一名退休的日本官员,居住在日本大藏岛,拥有一幢四周一片草坪的豪宅,生活相当优裕,时常乘飞机去东京采购或游玩。

润麒时常深有感慨地谈起,当年这两名小保姆,如今一穷一富,而情谊在她们眼里,仍是无差别也是无价的。

"你当年到我家时,我还小呢,现在我特别想见见你。"当润麒八十年代赴日访问时,久已失掉联系的日本女子三夏离子忽然从九州打来电话。

她在《读卖新闻》上见到有关报道,千方百计通过町田赣子找到他的下落,兴奋地提起自己是当年天津日本理发师的女儿。可惜他在日本时间太短,遗憾地没能见到她,只是临走前将自己的画像瓷盘寄给了三夏离子。有意思的是,不久她就给他寄来她与瓷盘合影的照片。此后,她时隔不久便托来京的赣子给他带来日本特色食品,他也经常转请赣子给她带信或捎东西。

转过年,她来信说要来北京探望,他惟恐招待不周正犯愁,她又急火发来一封电报,说是腿被摔伤,暂时无法履约。次年,她的腿伤痊愈后,仍然执着地与丈夫一起远赴京城。

他骑着摩托车去街道西口迎接远道而来的日本夫妇,见了面,才感觉她苍老了许多,丈夫看起来倒显得挺年轻。

见到三夏离子时,韫颖异常亲热,像是多年没见的老朋友,殊不知,她俩只是首次谋面。当年润麒去三夏离子父亲的理发店理发时,她还是小女孩儿,转眼竟成了年过七旬的皤皤老妪。日本女子往往认为彼此交换衣裳是最亲密的表示,于是,她把身上的毛衣脱给韫颖,而韫颖把一件贴身的毛衣换给她穿。

哪知洗后,三夏离子的毛衣竟涮出了一盆泥汤,她俩见了,都不禁笑出了声儿——无疑,这是悠悠岁月的留痕。

交谈之后,他才知,企盼与润麒重逢竟是三夏离子多年萦怀于心的一桩夙愿。

谁料,返日之后,三夏离子竟倏然病逝。据说,她临离开人世前夕,仍在幸福地追忆着童年与润麒的交往以及与他的重逢。闭上双眼之际,她的脸上依然留着浅浅的惬意的笑容。

她的丈夫来信告知润麒夫妇时,殊不知韫颖也已悄然离世。他旋即复信说,妻子已经"走了",三夏离子的丈夫得知,极为伤感,又从日本寄来一封信,专为吊唁韫颖。

在台灯下,他极为动情地阅读着从日本寄来的长信,不禁百感交集,抚胸长叹:"人生何处不相逢,相逢何必曾相识!"

三　业余教授日语

暮年的润麒意外地成了远近闻名的业余日文教师。

他从百花山返城之后,一度卧病。养病期间,他一边业余教授日语,一边采用针灸为患者祛疾,这竟成了他养病的一剂良方。

他住在西老胡同的四间小南屋,之间没有隔扇,进身特窄,只能摆下一张八仙桌。终日来治病的患者不少,连针灸也只能坐在椅子上。拔火罐没地方搁,他就顺手撂在椅子上。有时病人不留神一屁股坐在上边,引来满屋哂笑。

通常,他给病人扎针、拔罐子,旁边则坐着来学日语的学生。有时他嘴里嚼着饭,手里仍不断忙活,而从来没感到厌烦。他认为朝夕相处就能较快掌握日语,遂按照参差不齐的水准把学生分成了不同班级,因材施教。

数年下来，几名跟他学日语的学生小有成就，刘树华就是其中之一。他见刘树华与一名女生挺般配，于是撮合两人结婚，这算是意外的收获。

他的干女儿杜丽丽，是学生中的佼佼者。她初抵日本时教授汉语，后来在一家纤维公司负责经营。一次，日本老板来中国购买原料，眼看谈判破裂，已抵机场准备返日，而她在谈判桌上反复磋商，终获成功，因其才华担任了公司对外贸易部长。她的丈夫史东升常驻北京，闲暇之际，时而带着孩子和父母前来看望润麒。

他发现她办事有时不够细心，遂将母亲规劝自己幼年的座右铭——"细事不精，终累大德"，赠予她共勉。杜丽丽请一名书法家将此书写并托裱成条幅，挂在家里引以自戒。他应邀到她家做客时，还见到了这幅联语。

另一名追随他研习日语的女子陈述，赴日后在东京开设讲座，专门讲述外国人如何看待日本民族以及日本人的缺憾。开始来听讲的是一些退休老人，后来竟吸引了各界人士。无论授课者多么年轻，日本老人都尊敬地上前鞠躬，称为"先生"。她的见解不俗，对时弊的剖析颇为精辟，在日本初获成功，她成了中日交流的优秀"使者"。

多年来，向润麒学习日语者先后多达数十人。他的教学观点逐渐被人们所接受：即并非资产阶级才说敬语，无产阶级就非粗话连篇不可。不少人日语不错，可惜不是"敬语"。他时常以韫颖为例，说明可贵的是开口便是敬语，发音规矩，听起来入耳。

当时，中国学校无人教授"敬语"，而他首先以"敬语"为范，受到中国和日本高层人士的广泛称道。

使人叹服的是，连他家的几名小保姆也先后在熏染下学会了日语。起初，保姆小陈打算外出学日语，一打听每月学费一千八百块，顿时犹豫起来，他好心地提议："不行，你就跟我学吧。"家里的小保姆相继都成了他的"入室弟子"。

甭瞧他平时和蔼可亲，教起课来却异常严厉。因每天"泡"在一起，可以随时随地听、说、写，矫正发音。在他的严格训导下，几名小保姆日语进步显著。

对于"难点"，他也有绝招。一名小保姆是湖南人，蓝、南两音不分，他抓了一把红豆放在她手心里："念一句，拣一粒豆子，反复练习，直到发音准确为止。我明天考你。"

"啊？"她愣住了。没想到平时慈祥的爷爷，竟然变得如此严厉，她脸上挂不住了,"爷爷太厉害了,读音差一点儿都不行吗?"

"不行。要学习日语,就得认真,否则就别学啦。"

他对任何事都爱琢磨,教外语也无例外。他在实践中摸索了一种崭新方法,即把日语单词编成一句话来记忆,初试便见成效。

一名祖上开凿巴拿马运河的华人劳工后裔宴请他,陪同就餐的有军队艺术学院的秋风和女儿秋彩虹。他在干杯时,悄悄学会了一句巴拿马语——戈拉齐亚斯,即"你好"。

一个月之后,润麒与秋彩虹又见了面,脱口而出:"戈拉齐亚斯。"

"你脑筋怎么那样好使啊?上次吃饭时说过的外语,你一下就记住了。"这使秋彩虹感到格外惊诧。

其实,润麒的博闻强记源于勤奋。早在工厂劳动时,他就曾练就一个绝招——别人念报纸,他则在心里默默地用日语念诵,使荒芜许久的日语迅速恢复。

他迄今教过的学生,既有成功的也有被淘汰的,其中不乏中途退学者。有的学生虽被辞退,仍念念不忘"师恩",见了他便尊称老师,短不了来家里探望,这使他始终拥有一种自豪感。

偶然,润麒与于光远①一起共进晚餐时,他坦率地表明了观点:"对于特异功能的认识,目前我们的知识可能没达到,总有一天我们能够认识清楚。"

席间,他俩探讨了不少人类困惑的诸如长寿与养生等问题。谈起饮食习惯,他打趣地说,吃素的人或许都是极端利己主义者:"吃素!如果天底下的人都吃素的话,那动物不就吃人了吗?信佛之人一生食素,对身体也不一定有益处。"进而,他甚至断言,一生食素之人,没有一个能真正长寿的。

在全国政协会议上,他与海灯法师同桌就餐,见海灯法师攕菜时右手一直颤抖,无法利索地送进嘴里,好奇地发问:"你这是怎么回事啊?"

"唉,追悔莫及。我年轻时吃素,又练'一指禅',耗费那么大功力,以致营养不良……"

他眼见海灯法师虽然恢复吃荤,却已为时晚矣。

---

① 于光远,一九一五年七月生于上海。新中国成立后,历任国家科委副主任、中国社会科学院副院长、中央顾委员会委员、中国国土经济研究会理事长等。

第貳拾捌章

回眸历史

＊再渡扶桑。润麒应邀去三笠宫家吃西餐，惊诧其客厅狭窄，陈设寒酸。竹田宫亦失去皇族待遇，在旅行社打工。两家惟一保留的皇族标志，是佣人依然保持下跪服侍的古老方式。

＊往事漫忆，俯仰之间已成尘迹。他雇一辆出租车到昔日餐馆，仍像当年那样喝酒、唱歌。他喝得稀里糊涂，如厕归来竟错进他人室。

＊意大利导演购买许多资料，甚至觅到春宫图，连宫内性交画像和象牙雕刻的阳具都拿到了手。这类情节和镜头，在电影《末代皇帝》里被统统删掉。

＊"皇弟"趁着酒酣耳热数落润麒。喝得酩酊大醉的他，脱口还击，连珠炮似的骂阵之后，自顾自拂袖而去。

图片说明：润麒（前左四）访日，与当年的陆军学校同学聚会。前左三为日本天皇的弟弟竹田宫

一　访日重逢旧友

岁月匆匆,弹指一挥间。

二十世纪八十年代初,润麒再渡扶桑,此时距从日本归国,已整整跨越了三十八年之久。

出境时竟闹出了笑话。他到公安局领取护照时,一名工作人员说,大使馆签证之后请再来一趟拿签证回执,他却忽略了。办好签证,他径直坐上自京抵沪的飞机,谁知,在上海办理出关时遇到了麻烦。一张小小的签证回执使他在海关辩解不清。更让去东京机场迎接的一群日本友人大感不解,他的行李已运抵,人怎么失踪了?

他只好自沪返京,找到公安局,好不容易办妥出关手续,机场人员又说,你得买票,从北京到上海需六十二块钱。因出国不许带人民币,他身无分文,若回家取钱,根本无法赶上这班飞机。

吉人自有天助。他急中生智地给机场的陈副场长打去电话,居然受到了免费待遇。他乘机抵日那天,前来机场迎接他的日本朋友因怕再空跑一趟,寥寥无几。

虽然他没钱,但面对众多日本同学、朋友不带礼品实在说不过去,便买了不少两毛钱一个的瓷盘,请擅画阿凡提的画家辛倚生绘上自己的画像,又叫爱新觉罗族擅绘画的金先生,临摹了四十个瓷盘。日本同学见了润麒的瓷盘画像,无不赞叹礼品设计的新奇。

在日本学习院召开的欢迎会上,他与老同学久别重逢,当年的士官学校、骑兵学校和陆军大学的同学,纷至沓来。昔日朝气勃勃的年轻人,如今大多一头白发,满脸沧桑。

多年未见,分外亲热。惟独一些高中同学,认为他来自社会主义国家,显得未免隔心,即使随便聊天,也不由斟酌再三。

他下榻的宾馆规定晚间不许留人,十点钟以前,房客务必返回。他刚到日本那几天,午夜一两点钟能脱身就算早归,宾馆此时早已关门,只得绕道进后

门。他在日本总觉得时刻受到监视，于是忿然地说："这哪儿像旅馆呀？"

同学们闻讯，纷纷跑来追问不已，有的甚至开玩笑地说："昨天你又放'马'了吧，咋么这晚才回来？"

"我实在没办法呀，同学太多，临别时又都不舍得。"他不便多说，只能王顾左右而言他。

时光荏苒。已往日本皇族的生活发生了根本变化。日本战败时，只规定秩父宫、三笠宫、高松宫三人享受皇族待遇，除此以外都不算数，这在日本曾引起过轩然大波。

润麒访日，带去别出心裁的自画像瓷盘作为礼品

据嵯峨浩介绍，日本刚战败时，身份显赫的皇室公主曾在东京街头兜售烟卷儿，引得许多人好奇地前去观看。公主毅然下嫁普通平民，身背孩子做家务，还到街上去买菜，也在日本传诵一时。

虽说竹田宫等人从皇族中被划出去，但在一般人心目中仍受到尊重。在他最熟识的几位皇室成员之中，只有三笠宫皇族身份始终未变，其他则已混同于一般自食其力的老百姓。以往，三笠宫、竹田宫家里人丁颇多，仍设有侍从武官——在日本叫作预副武官，西服上佩戴着白色绶带，从而区别于军队的金色绶带，如今，也已不复存在。

润麒应邀去三笠宫家吃西餐时感到尤为惊诧。屋里的家具虽是西式的，大多数床仍是榻榻米，昔日宽敞的居室，如今变得极其狭窄，客厅最多不过十几平米大小。惟独保留皇族气息的是，他家的佣人仍然保持着下跪服侍的古老方式。他刚一进门，就涌进十几名女佣，瓷盘里盛放着茶和点心，规规矩矩地往桌上摆放，然后，走到客人面前颔首下跪。

二战后的竹田宫，失去了皇族待遇，在一家旅行社打工，同时勉强在另一家公司兼职。润麒到竹田宫家去作客，见其生活"岌岌可危"，卧室和客厅都很狭小。女佣低头走到他面前跪下摆上茶点时，十分讲究的礼节仍迥然不同于平民百姓。

另一细微之处也透露了竹田宫的经济状况。开车的司机说话极其粗野，润麒感到挺纳闷儿，竹田宫为何雇用如此不懂礼貌的司机？后来才知，竹田宫付不起高级司机的昂贵费用，只能暂用这个莽汉凑合罢了。

听到赣子叨唠之后,他才知竹田宫经济拮据,每逢家里来了贵客,大多由"妃子"临时充当女佣,亲自端茶倒水,楼上楼下地颠颠儿跑。以前人们尊称她"妃殿下",现在落魄得外人竟不知称呼她什么才好。惟一保留下的只是名不符实的"称谓"——外边人管竹田宫叫"先生",佣人仍然称之为"殿下"。

交谈之际,润麒不禁回忆起,当年住在东京一幢小白楼里,每次竹田宫前去,他都端上来点心,"殿下"往往赞不绝口。他总是介绍说,这些都是从中国带来的,由此,竹田宫记住了香甜可口的中国点心。

当年的日本老同学无一不晓他与竹田宫关系最要好。当他拜访过竹田宫和三笠宫之后,同学们带着他四处游逛,想让他实地瞧瞧日本的社会情形。

中野,是他当年来到日本最初居住之地。这次他抵达中野"狄洼",发现那里已面貌全非,无数高楼大厦拔地而起。

他们一起来到昔日上学的几所院校,先是来到陆大,只见拆得只剩下几间小破房,禁不住感叹不已。随后,一行人又来到骑兵学校,发现此地已经变成日本空军部队的跳伞基地,他看到场地铺的厚厚沙子才明白:"敢情跳伞是从高台跳在沙地练出来的呀。"

"日本士兵愈来愈不好训练。"跳伞教员对他说,"过去用崇尚'天照大神'的老办法。现在西方思想涌进来,再用老一套没人听,不好教了!"

一群老学员,以满腔怀旧之心,故地重游。时光在七嘴八舌的往事回忆中,静静地流逝。他们在空军训练场整整转了一天,还兴致勃勃吃了一顿午餐。

走进士官学校,晚辈学生称呼他们这些前辈仍尊加一个"桑"字。按照旧习惯,学生们对他仍尊称"润麒桑"。他得知,这里的军官仍与士兵拿一样的薪水,只不过名誉听起来好些。

开饭时,他见那些小孩兵挺害羞,与他当年一样端着盘子,以自助餐形式排队盛菜,一人每天几百日元伙食费,三餐菜肴丰富,偶尔还能吃到生鱼片。离开军校时,他们一步三回头,恋恋不舍。

在日本那些日子,他除了住宾馆以外,时而借宿在老友丁世震家里。老丁将仅能放一张床的房子租给台湾学生暂住,这次他俩只好睡在地下的榻榻米上。有时白天逛累了,晚上便不再出门,静坐聊天或看录像。他爱吃冰激凌,一天晚上竟然足足吃了一小桶,冰箱里的存货被他一扫而光。

在日本访问期间,思想开明的三笠宫对他开诚布公地亮明观点,认为日本过去侵略中国是错误的,想亲自代表日本皇室向中国道歉,然而始终受到日本

右翼势力的竭力阻挠。尽管润麒一再仗义执言,替三笠宫鸣不平,却适得其反,三笠宫的访华最终仍然成了泡影。

正逢东京召开"国大",他再次拜访北文成宫家,见到了其寡居之妻。他仍记得当年北文成宫去世时她流着泪悲痛欲绝的样子。这次,他见她显得十分苍老,一问才知,年过半百的她,离婚后又返住母亲家,成了孤独的孀妇,他用手比划着说:"我当年在日本留学,到你家来串门时,你才这么小啊。"一家人都不禁天真地笑起来,仿佛返老还童了。

当年的日本校友,境遇各不相同。从士官学校毕业的,战后有的人一直没找到工作,像有比较体面工作的,如德田,只是少数。老同学田中仅靠卖面条勉强度日,自卑感极强,以往所有同学聚会他都避而不见,惟独润麒访日才露了一面。两人重逢,不免感叹世事沧桑,家道艰辛。

相反,像陆大毕业的老同学,大多已年逾七旬,依然退而未休。在日本找工作,尤其看重出身和背景,这是他所不知的。他向老同学询问:"陆军大学那么多人,有没有当大官的?"

"还真没听说,学习院也可能有吧。"

但谁也没说出究竟来。显然,他们对润麒尽量保持一定距离,认为他来自中国,少说为妙,以免引火烧身。

他被溥杰的妻妹——赣子邀请去顶尖级餐馆吃生鱼片,竟然一连点了五份。可笑的是,连赣子那份也被他吃掉了。第二天早晨,她不放心地打来电话:"润麒,你肚子没吃坏吧?"

"没坏。"润麒豁然大笑。

她很纳闷,他吃了那么多,肚子居然没事儿。他多年来喜欢吃日本菜肴的习惯没变,在日本那几天,可算开了斋。他暂住赣子家,而其他外地同学付不起昂贵的宾馆费用,只得搬到竹田宫介绍的"普力斯豪太姆"小饭店暂居。

上田良粟,是曾教过他骑马的教官,已年逾八旬,听说他即将访日,赶紧花费许多钱拔牙又镶牙,还找出了过去的马裤。他过去在骑兵学校时,经常和上田良粟去一家固定餐馆吃饭。

那天,上田良粟特意雇了一辆出租车接他来到昔日的餐馆,仍像当年那样喝酒、吃饭又唱歌,还找来日本艺妓助兴。他见日本艺妓不论什么人都叫哥哥,对上田良粟也称呼依旧,便醉意醺然地说起了笑话:"他都八十多岁了,比你爸爸都大,你怎么叫他哥哥呢?至少叫他爸爸还差不多。"

在嬉笑打闹之中,一群老人又焕发了青春,又说又笑,兴致不减当年。吃过饭,住在宾馆同一卧室,润麒喝得稀里糊涂,半夜起来上厕所,回来竟找不着原来的房间,错进他人卧室,赶紧又跑了出去。后来,他索性敲门找到服务员,才跌跌撞撞地被带回房间。

"进错别人的房间,这要是被发现的话,多失礼啊。"他自责不已。

第二天早晨一看,上田原来头朝南睡,居然变成了头冲北,想必老人喝醉后,夜里瞎折腾,颠倒了个儿。

此次返日,润麒深感日本人观念变化不小。譬如,过去在电车上,往往男人安然就坐,女人则背着孩子站立。一次,他随丁世震夫妇一起出外乘电车,正巧有一个空座,老丁的妻子劝他坐下,他客气地谦让,她便一直坐到下车。由此,他感到了日本女人社会地位的提高。

还有另外一个亲身经历的例子。晚上,老同学带着他到东京各处转悠,一名台湾老人说:"您到这儿来呀,荤菜和素菜都得尝一尝,不然还不是白来一趟?"

台湾老人最初在中国娶过媳妇,离婚后,又在日本娶了一名至少年轻三十岁的妻子,婚后被开酒馆的妻子养活,倒也乐得自在。润麒出去就餐时,大多是台湾老人的妻子掏钱。那天,台湾老人提议同学再聚会一次,仍是老人的妻子出资捐助,俨然成了主角。

逗留期间,他还特意去看望当年滑雪时结识的日本老太太井上,以及一名看管旅馆的九十多岁老人,他们依然健康如昨。谈笑之际,重提当年旧事,他又仿佛焕发了青春。

重返日本,他仅仅待了六天。按照签证,出境期限七天,他虽晚到一天,日本当局却不同意延长。于是,他提前一天返回北京。

当时,日本当局没有挑明中日两国因"教科书"问题而关系微妙,而是强调他早年在日本时思想意识就有"问题"。一般人去日本有经济担保就可以,而他还须在"誓约书"上签名才行。

三名担任保人的老同学分别来自三所学校,保人之一的小林,特意偷偷将"誓约书"拿给他看:"这本来不应当给你看,你看完,就知道怎么回事啦。"

小林直言不讳地告诉润麒,如果他不准时离日,这三名保人都要受到处罚。因归国时限紧迫,他连公元家都没去成,嵯峨浩也一个劲儿埋怨他:"你都到了日本,怎么连我家都不去呢?"

临回国前一天,他激动地与老友净顾聊天,躺在床上一夜未眠。抬眼一望,窗外已是天色大亮。

二 电影《末代皇帝》的幕后故事

传奇的坎坷人生,使润麒成了世人瞩目的"国宝"。

以"国舅"和"驸马"的双重身份,他与溥杰、李文达同时被聘为电影《末代皇帝》的顾问。

堪称尽职尽责,他从《末代皇帝》的剧本撰写开始就提出了一系列修改建议。譬如,电影脚本最初描写溥仪是从地道"逃"出故宫的,他看后,尖锐地提出必须修改:"这不合乎逻辑。故宫外有挺深的护城河,怎么能从根本没有的地道里逃出来呢?"即使假设也应大体符合客观。意大利导演贝尔纳多·贝尔多鲁奇采纳了他的意见。

电影中最初还有这样一段情节:溥仪从苏联回国时,在绥芬河火车站割断手腕静脉而自杀。事实上,这根本不存在。贝尔多鲁奇经过斟酌,欣然接受他的建议,将一些不合理的内容作了删改。

但也有的内容可能出于考虑电影效果,而没采纳他的意见。像电视剧《末代皇帝》中,溥仪母亲之死被提前了七年,只是为了与"辛亥革命"联系起

润麒(右)为意大利导演贝尔多鲁齐针灸之后合影

来而违背了基本史实。

其实,溥仪的母亲没有抽大烟的恶习,而电视剧本最初描写的是,她躺在床上喷云吐雾,生活堕落。润麒认为,她虽然只是自己的丈母娘,但没影儿之事总归不能瞎编。

他也反对洋导演将婉容全盘"欧化"。在实际生活中,婉容大婚前确是大门不出、二门不迈,不啻软禁于闺门之内,没上过学校,也没有什么知心朋友,而在影片中却变成放荡不羁的现代风流女子,与史实相差甚远。意见虽提出,内容改动却不大。在他看来,婉容成了欧洲版的"末代皇后"。

影片中,尊龙饰演的溥仪也显得洋味十足。仅几千美元一套的戏衣就在英国定做了四套。洋导演还花了许多钱购买大量资料,甚至还找到春宫图、性交画像和性工具。他在导演那儿还看到过一个象牙雕刻的阳具。聊天当中,导演助理对他绘声绘色地说:"过去皇帝大婚之前,要由两名宫女做交媾表演,之后再把象牙做的阳具交给皇帝。你从前在宫里见过春宫图吗?"

"从来没在宫里看见过《春宫图》。"

"据我所知,宫里确实有这种所谓大婚前的'示范'。"贝尔多鲁齐插言说,"至于朝代就说不定了。"

这些"春宫"情节在拍摄电影前就被删掉了。据说,一些镜头大陆女演员不愿意饰演，倒是香港一名影星的女儿主动前来要求扮演宫女，当然最终没能拍成。其实，润麒并不否认历史上皇帝大婚前可能有宫女示范洞房性事，但在《末代皇帝》中强添这类情节，不仅有悖历史，亦属画蛇添足。

起初，挑选饰演溥仪乳母的演员，按照洋导演的要求，胖女人不能要，而一般瘦女人乳房又比较小，其间一名大陆女子也没选上，反倒从美国挑中一名女人，身材消瘦而乳房挺大，却连一句中国话都不会。

见人们管溥仪的乳母叫"二嬷儿"，贝尔多鲁齐好奇地询问他："她叫什么，总有一个名字吧？"

"二嬷儿。"

"必须叫出名字来，这在西方才算是尊重。"

"一般人只知道她叫二嬷儿，"润麒说，"不知道她叫什么名字。"①

"你怎么不知道她的名字呢？"贝尔多鲁齐感到挺奇怪。

"中国的习惯，往往认为直呼姓名是不尊重对方。"

"噢，那么就叫二嬷儿吧。"

"好事者为之。"

听此，贝尔多鲁齐耸耸肩，显然对润麒这句话一点儿也没听明白。

在拍摄《末代皇帝》期间，贝尔多鲁齐听说润麒会针灸，主动前来找到他。没想到，洋人浑身上下体毛多，拔罐子透气，洋导演哈哈大笑。于是，他改扎针灸，几根银针扎进去，便询问起洋导演："感觉怎么样？"

"针感很强。"贝尔多鲁齐通过翻译说，"在意大利扎一次针灸要花不少钱，针感也没这么强。"

针灸之后，洋导演穿上衣裳，大声地嚷道，"真是舒服极了。"

润麒早就听说，陈冲在电影《大班》中有裸体镜头，也不知真假。那天，他去拍摄现场看拍戏，聊起天来。陈冲坦言，家里对她拍摄性感戏、系红腰带有意见，让她演"脱"戏就更反对了。过了一会儿，他见她刚演完戏，外边罩着一件军大衣，正蹲在地上休息，就走过去，关切地问她："你怎么了，这是……"

"太冷啦。"

"拍电影真不容易呵。"润麒发自内心地表示同情。

在电影拍摄过程中，陈冲的表演不温不火，颇得洋导演的认同。拍摄之际，谈起"裸观"，洋导演毫不掩饰其观点："一丝不挂的裸体不一定好看，半隐

---

① 溥仪的乳母叫王连寿，人称王焦氏。

半露的效果才有意思。"

对于有争议的衣帽服饰,他主张注重细节的真实,甚至找出历史照片对照。譬如,他的母亲仲馨夏天所戴的帽子是斗笠形,翎子当中插一根孔雀尾巴,几眼花翎则代表品级。翎子有粗有细,中间缠着丝线,穗儿耷拉下来,头后边挂着玉翠。他建议对这些照仿即可,既省事又不脱离实际。

涉及旧日的一般礼节,他作为过来人,自然十分清楚。他过去对母亲仲馨要请跪安,见了外祖母也必须请跪安,这是一成不变的规矩。请单腿安只是同辈之间的礼节,晚辈儿的见了他也要请跪安。而剧中居然出现在宫里给皇帝请单腿安的镜头,他觉得太离谱儿……

其实,满族与汉族礼节差异明显,女人的服饰也不一样。当初,逢年过节时,他去向荣惠主子请安,一句"吉祥"道过,刚一跪下,旁边的太监就接过了如意。而在最初的电影中,太监应答溥仪时总是用"喳",如溥仪吩咐一声:"倒茶。"

"喳!"

这其实是以讹传讹,平时太监的应答,本应读作"嚯"。溥仪一声吩咐后,小太监一打千儿,即表示听明白了。如果没听清楚,"嚯"的声调则有所变化,后音必须明显扬起来。

可悲的是,在古装影视中,极少能见到正确的读音,这使润麒感到莫大遗憾。

艺术的夸张与据史求实,或多或少总有一些距离。但他所提出的一些真知灼见,在蒙太奇的手法面前,只是姑妄听之。因他是顾问,剧组仍时常派车来接他,实际上又不愿让他亲临拍摄现场"挑刺儿",便尽量邀他进屋好吃好喝款待,再找来几名漂亮姑娘陪同。他心知肚明,对于一些细节,也就不那么较真儿了。

不久,电视连续剧《末代皇帝》的导演带着一群女演员,其中有人民艺术剧院的罗历歌、中央戏曲学院的苏丽芬,前来当面向韫颖请教宫中行跪礼的动作。在他看来,这几名演员模仿得挺像。返回剧组之后,却被一名故宫专家推翻:"在皇帝面前,怎么能屁股坐在腿上呢?"

那名专家固执己见,又将动作重新改了回去。

导演倒蛮不着急:"这不要紧,《爱新觉罗·浩》的电视片也是这么行礼,溥杰说可以,也就行了吧?"当时,嵯峨浩正住在医院,对于梳着凉奔头行满族礼也没否定。打那儿以后,宫廷礼节改成了专家认定的动作,连溥杰也不再吭声……

　　应导演之邀,他参加了在民族文化宫举行的《末代皇帝》研讨会。李文达坐在主席台上,身旁的溥杰坦陈己见,似乎有了盖棺论定的味道:"现在有两个《末代皇帝》。一个是意大利的电影《末代皇帝》,夸张得多一些。另一个是电视连续剧《末代皇帝》,我看了之后,感觉电视剧基本符合历史事实。"他不喜欢重复别人的话,觉得溥杰发表的意见,大体表达了自己和李文达的见解,也就没再多插言。

　　电影《末代皇后》审查时,溥杰质疑情节的真实性,而向上边反映时,却变成"皇弟"不赞成影片中有裸体的黄色镜头——谭玉龄赤身露体在清澈见底的水池里洗澡,溥仪则静坐旁边。此后,"黄色"画面略作了改动,制片人又策略地问起溥杰:"这回行了吧?"

　　溥杰无奈地点了点头,这部电影始得公映。

　　润麒与溥杰几十年相伴,彼此十分了解。按照溥杰的话说,二人是"竹马之交,更可以说是姻戚兼同窗学友"。① 他戏言,溥杰惯于"抹稀泥",对于错误情节从不纠正,显然是"误人子弟"。

　　而溥杰则认为他有时过于偏执。他于是自谦,对清史没有独到研究,但希望影视不能毫无依据地瞎编。他时常坦陈,说话过于直爽,而溥杰能够隐恶扬善,却又不得罪人。或许,这就是他与溥杰在性格上的差异。

　　自从他当上《末代皇帝》的顾问,不少事涉晚清方面的影视剧组屡邀他"出山"指点。前些年,就有集导演和制片人于一身之人,要拍摄"善扑营"的影视片,频频邀请润麒担纲顾问,直言描述清朝的影视离历史愈来愈远,望借此片矫正某些谬误。而在聘请导演及筹资等问题上,俩人见解发生了分歧。制片人想聘请谢添,而润麒想找梅阡当导演,此事终于不了了之。

　　使人难以置信的是,他在影视方面的精辟见解,睿智的连珠妙语,足以倾倒影视大腕。他曾风趣地说:

　　"马克思主义主张历史唯物主义,随便编造不是历史唯物主义。历史是人创造的,不过您得创造未来,如果过去的历史也加以创造的话,就有篡改历史之嫌。电影根据史实可以艺术夸张,但不能完全违背历史……"

---

　　① 对于与润麒的关系,溥杰曾在一篇文章中作过这样的概括:"我和我的妹倩润麒的关系,在我们的前半生是可以这样来概括的:既可以说是'竹马之交',更可以说是姻戚兼同窗学友。"

三　老友溥杰辞世

风雨相交数十年,润麒与溥杰称得上患难之交的挚友。公元来京后,邀请润麒和全国政协工作人员去仿膳吃饭。服务员掰开烧饼,掏出瓤儿装上了肉末。见此,公元提起溥杰吃烧饼时从不掏瓤儿,因为其母从幼年起就教诲说,粮食不能浪费,溥杰始终牢记这句话。席间人们纷纷问起溥杰,"皇弟"颔首点头,人们才知此事果然不假。

闲暇之际,他曾陪同溥杰去故宫,特地考察过乾清宫台阶底下的神秘通道。他俩躬身钻进去,仔细观察拱形石头通道,只见印在石壁上的斑斑血迹,仍清晰可见。

润麒一边指指点点,一边又忆起当年随溥仪在乾清宫台阶上听到马嘶人喊的悲惨声音,溥杰面对前朝遗迹,颇为没赶上阴天而月晕的气候而遗憾,尽管感慨不已,仍是半晌未语。

之后,公元听溥杰述说起这个残酷故事的遗址,兴趣盎然,非拽润麒陪同前往故宫不可。从乾清宫底下的通道经过时,公元贴近石壁反复察看了暗褐色的血痕,询问起当年的所见所闻。他绘声绘色地描述一番之后,又微笑着补了一句:"我姑妄言之,你也就姑且听之吧。"

然而,垂暮之年,润麒与溥杰反倒成了率性而为的一对老小孩儿,不止一次发生误会以致反目。

对于家务琐事,溥杰从不过问。嵯峨浩在世时,时常辞换佣人,溥杰视而不见,充耳不闻,乐得当个衣来伸手,饭来张口的甩手掌柜。

前些年,润麒家里没有录像机,就借走了溥杰的老式录像机。过了一些日子,嵯峨浩打来电话,说是溥杰要看录像片,他只好赶紧"完璧"归赵,心里却多少感到别扭。在溥杰家里,他见到一台老式照相机,随口说了一句:"这种老家伙,溥杰可不会使呀。"

"这还能用呢。"嵯峨浩插了话。

润麒原来没想借用,听此,憋了一肚子气,夺门而去。

他因病住进医院,手里缺钱,连饭票都买不起。实在没辙,他让宗光找到二舅溥杰,赊借住院费暂度难关。溥杰倒没二话,掏出二十块钱交给了宗光。出院之后,他听宗光说溥杰只肯借这点儿钱,十分不满。或许,这为二人日后的冲突,埋下了不祥的积怨。

他时常去溥杰家聚会，免不了一醉方休。其实，溥杰的酒量不大，沾点儿酒就满面通红。一次，两人畅饮得酒酣耳热，溥杰趁着酒兴数落他："你看看，周总理逝世时，我们全家都写信安慰邓大姐，你就没写！"

"谁说我没写呀，"润麒十分反感，针锋相对地说，"我不仅写了，全家人连天安门广场都去了呢。'四五'头一天晚上，你没敢去吧？"

"你说，周总理逝世，你为什么不给邓大姐写慰问信？"

"我问你，在天安门广场悼念周总理，你为什么不敢去？你又是耍滑头吧……"

短短一句话，激怒了已显醉态的溥杰，"皇弟"使劲拍着桌子，大骂润麒："你混蛋！"

"你王八蛋！"

此时，润麒喝得酩酊大醉，脱口反击，两人越吵越僵。在座的几名日本客人惊呆了，一时不知如何是好。坐在旁边的赣子，顾及席间还有日本僧侣大学的客人，站起身想极力拦住话头，以阻止这场对骂。这是他俩几十年来，第一次恶语相交。

他连珠炮似的骂阵，火力比溥杰猛得多，他一再斥责溥杰，提高自己打击别人。溥杰则反唇相讥，一阵痛骂之后，跑进北屋再也不露面。润麒见没了对手，自顾自拂袖而去。

在他看来，溥杰生活中一向平和，即使见到年轻人都尊称"您"，见了佣人也称呼"您"，但偶尔"固执"起来，却是毫不逊让。譬如，"杰二爷"曾因溥仪遗孀李淑贤对待溥仪"患病"时的态度而结怨，多年来始终与李淑贤往来稀疏，只是全国政协有时宴请"皇族"，在餐桌上才不得不勉强与"大嫂"对付两句官话而已。据说，在全国政协机关两人还当面发生过口角，事后许久，溥杰仍愤愤难平。

实际上，他见到的溥杰，生活中容让居多。譬如，一名亲戚窃去"溥杰之印"卖字，另一名爱好者专门临摹溥杰的书法出售，"二爷"从未表示过愤慨。他始终觉得，溥杰平时喜怒不形于色，是从不"制裁"坏人的"老好人"。

溥杰患病住院之前，一度提出要把护国寺的房宅全部捐献全国政协，以筹资为溥仪修建陵园。润麒听说之后，表示极不赞成，一再劝说溥杰："你要向全国政协和统战部请示一下。为溥仪集资修建陵园，对国家有无意义？这件大事不能完全由家属决定。"

见解不同，丝毫不妨碍俩人彼此知心。一天，他找到溥杰："请你给我题几个字:'清贫甘自守,脱俗要真言'。"溥杰毫不推诿,立时挥毫而就。润麒手持墨宝,满意而归。

因病住进协和医院之后,溥杰突然感觉下台阶时抬起双腿极为艰难,诊断的结果是,颈椎骨刺压迫神经。清晨,他打去电话问候:"您感觉身体状况怎么样?"

"哎呀,昨天晚上,差点儿没把我疼死啊。"

润麒连忙赶去医院看望,溥杰正在做牵引治疗,精神还算不错。谁知,经CT检查,发现溥杰患动脉夹层瘤,主动脉的几层外膜已破碎。眼看前几天还能走路,近来却卧床不起,一天比一天病得厉害。

更可怕的是,溥杰同时被诊断为膀胱癌和前列腺癌,医生轻声安慰说:"不要紧,它发展得很慢,十年八年才发展一点儿。不用管它。"而医生始终担心的主动脉夹层瘤却没敢向溥杰透露。

闻讯,溥杰的女儿嫮生即从日本飞往北京,而且带来一名医治动脉瘤的日本专家,经过全面诊断,日本专家无奈地断言:"高位动脉瘤可以医治,低位无法治疗。溥杰属于高位动脉瘤,如果两三年前发现还能治,现在为时已晚。"

为慎重起见,溥杰又重新做了CT诊断和核磁共振,确诊无疑:前列腺仍患有夹层瘤。日本医学专家遗憾地说,时间太晚啦,之后便返回日本。

手术没能施行,溥杰不仅出现双手浮肿,而且颤抖不停,由此被确定"特护"。那天,溥杰见他又前来探望,坐在床上双手抱拳:"老润啊,谢谢,谢谢。"相濡以沫数十载的一对老朋友,彼此的误解早已烟消云散。

两人低声聊着天,溥杰让护士给他拿来饮料。谁知,过了几天,润麒再次走进病房探望时,护士低头问溥杰:"您看,谁来啦?"

溥杰的双眼只是直勾勾地瞧着他,竟一句话也说不出来。

"老润来啦。"护士轻轻地告诉溥杰。

这时,溥杰微微点头,表示知道了,眼珠虽吃力地转动,却再也没能说出话来。几天后,居然变得完全认不出人。继而,溥杰全身浮肿,每天输液却没有小便,最终不敌"尿毒症",于一九九四年二月二十八日清晨病逝。

润麒得知,止不住一阵哀叹:"溥杰的父亲也是死于尿毒症,我的妻子韫颖也因此病而死,这恐怕多少与遗传有关。"

生前的"皇弟"视金钱如敝屣,病逝后家里居然四壁皆空。据润麒所知,溥杰家里不少高级照相机和录像机全都没了影儿,仅留下一架老式"傻瓜"。他听赣子说,家里似乎被"坚壁清野",只剩下一堆烂纸。

早在住院之前,溥杰赴一所日本大学演讲时,曾平静而达观地对"后事"作了明确交待:"我死后,一部分骨灰送往日本与妻子嵯峨浩合葬,一部分留在中国。"

出于对"皇弟"一生的近身观察,他对溥杰有一个自认为客观的评价:"从溥杰的一生来看,他为人极聪明,称得上大智若愚,保护自己的能力相当强。甭看他平时说话含含糊糊,谁也不得罪,表面憨呵呵,实际心里很有数儿。直到去世之前,他的性格也没太大变化……"

痛失老友,润麒的心情宛如阴沉的天色,一连数日,陷于无言的悲痛之中。

第贰拾玖章

暮年风华

＊中日"遗产官司"，高达二百四十亿日元。究竟谁是合法承继人？润麒夫妇毅然出证。

＊妻子住进医院之前，亲手为他钩好毛衣的破洞，钉上纽扣。树叶渐黄，她亦走了。

＊"悬壶济世"，成了他晚年的梦想。刚刚小试牛刀，竟败走麦城。一次给农村小脚儿老太太扎针灸，一针下去，竟把脚面扎透。老太太立时翻了脸，"得嘞，您甭来啦。"他仍笑脸相待，自称："召之即来、挥之即去。治好不骄傲，被赶走不脸红。"

＊参加八宝山追悼会，邂逅贴他第一张大字报的小赵，只见她已成了两鬓斑白的老妪。在逝者的灵堂前，他伫立了许久许久。

＊或许，在火葬场内的思考，最是冷静超然……

图片说明：一九九零年四月十一日，润麒夫妇获"金婚奖"后在家中合影（陈树摄）

一 "金婚"夫妻

转瞬间,他和妻子竟成了国际瞩目的关键人物。这缘于发生在日本的一场震惊中外的"遗产官司"。

早年,赵欣伯①曾在日本置过不少房地产和浮财,伴随地价飞涨,银行存储的金钱成倍增长。随着时光推移,这些财产竟累积成了一笔高达二百四十亿日元的巨额资金。

究竟谁是合法承继人?世人注目,多人垂涎。

赵欣伯早已去世,其妻赵碧琰和其子赵崇光理所当然成为法律意义上的继承人。岂料,香港、台湾等地冒出了无数骗子冒充母子二人,一时外界真假难辨。台湾一名满口流利日语、瘦型脸的骗子,竟然不惜活活剜去一只眼睛以冒充赵崇光,远道赴日欲谋取这笔不义之财。

事实上,真正的赵碧琰和其子赵崇光,一直安静地生活在北京。

谁能证明母子二人的身份和经历,成了不言而喻的关键。

当年在日本生活时,赵碧琰曾到润麒家里做过客,还送给韫颖一双鞋,被她婉然拒绝。那次,赵碧琰显得极不高兴,来回推让再三,韫颖仍未收纳。自日本返回伪满后,润麒始终没再见到赵碧琰,而只在长春见过赵欣伯一次,甚至没来得及长谈,此后,就再也没谋面。

一晃几十年过去了。年逾七旬的赵碧琰为"遗产官司"之事,带着儿子赵崇光专程来家里拜访润麒。多年来,他有一个"怪癖",会见日本人时可以采用日语,却最腻烦与中国人以日语对话。

来意直截了当。交谈之际,赵碧琰与儿子时而讲中文,时而用日语交谈,精通日语的润麒内心隐隐泛起不快,暗忖,在熟悉的中国人面前何必讲日语呢?然而,润麒夫妇临别时仍答应出面作证。赵碧琰母子微笑着离开了润

---

① 赵欣伯,生于一八九零年,早年留学日本,获法学博士。曾任伪满洲国奉天(今沈阳市)市长,伪满洲国立法院院长。一九五一年病逝于北京看守所。

麒家。

显然,若要打赢官司,先要在国内揭穿各类假"赵崇光"。韫颖与赵崇光相识多年,鉴别真假自然轻而易举。南方一个偏僻地方竟然也莫名其妙地冒出了一个"赵崇光",她出面作证,又出具文书证据,签名盖了章。出庭时,假冒者自然当场败诉。

这样,国内外假冒的"赵崇光"被一一彻底戳穿,只剩下了日本的一场关键官司。

最初,"文革"刚结束,去日本打这场国际遗产官司时,有关方面限定出庭时不能多说,只能根据法院的要求,证实或说明"是与不是"。结果,法庭辩论失利。这次,国内重新选派了得力律师——王瑾希夫妇。正式开庭之前,两位律师一连几次登门邀请润麒夫妇出面作证。作为历史见证者,韫颖亲笔书写了确凿证言,俨然成了中方的一道"王牌"。

此案的另一个关键是,当年赵欣伯购买日本房产后,又将其中部分转卖给了一名台湾人,这笔钱仍然存在日本。中方若讨要,必须如实证实为何没取走而长年储存在日本银行。于是,由润麒出面,证实当时逢中日战争,交通艰难,自己回国时乘坐的是特殊飞机,而赵欣伯无法随身携带巨款。除了台湾人写出的"请求书",他还提笔书写了有力的证人证言。

这次法院开庭,允许律师和证人充分发表意见,在法庭辩论中遂有力地争取了主动。官司打赢了!

令人振奋的消息传来,润麒显得万分高兴:"我们夫妻出证,绝不是为了'一己之欲'。这何止赢得数亿,而是为国家争了一口气。"

有趣的是,据润麒听说,官司胜诉后,赵崇光家的墙壁挂上了一幅遒劲的书法横幅——"依然故我"。他理解为,这说明巨额"遗产"已讨要回来,全部捐献给了国家。见到朋友纷纷询问此事,他率直地开玩笑说:"我们可根本没有想向谁讨一分钱……"

恰巧,台湾《中国时报》的女记者张平宜前来请润麒帮助介绍认识一下赵崇光。他热情地把她带到位于团结湖的赵崇光家门口,自己却没有上楼,而选择了默默离去。

据说,这次采访中,赵碧琰母子十分感谢润麒夫妇提供的关键证据,反复强调他俩对打赢官司帮助极大,始终心存感激。

交谈之中,台湾女记者张平宜顺便问起:"你们回来以后,见过面吗?"

"没有,因为不知道润麒新家的地址……"

润麒和韫颖夫妇晚年

此后,润麒夫妻俩再也没见过赵碧琰母子。这一对老来相伴的夫妻,"依然故我"地过着平静的日子。

又一个好消息传来——他与妻子在全国优秀家庭评比中,荣获"金婚奖"。这使他觉得突然,也尤感荣幸。

毋庸讳言,这是在各地推选的上万名候选人中,历经反复比选,最终在三千对候选夫妻之中选出五十名,颁发纪念证书。全国政协副主席杨成武夫妇也包括在内,无一不是经过详尽调查才获选的。

"金婚奖"证书拿在手,夫妻二人欣喜地摄影留念。二人亲密地依偎在一起,脸上荡漾着舒心的微笑。

平日交谈中,他对妻子的接人待物提出了意见。以往,韫颖与人交往时,无论对方多大岁数,即使对年轻人也尊称"您",他见她"屡教不改",索性使用激将法:"你这种说'您'哪,接近巧言令色。我劝你改吧。"

她虽然嘴里说"改",但平常谈话时仍不免脱口而出,他不由感慨至深:"幼年的教育和熏陶会影响人的一生,这是不假的呀。"

夫妻俩性格不同,待人诚恳却无两样。润麒出外视察时,每到一地就给妻子寄回一封信,有时还打来电话问候。凡是外人给他的来信,她都妥为保管。

润麒半开玩笑地戏言："我年轻时身体总是病怏怏的,年岁渐大以后,反而受到女士的青睐。"

事实上确有不少女性想与他交朋友,而所有来信,他都毫无遮掩地拿给妻子看,老伴儿表示理解,总是一笑了之,从不当回事儿。

一般人难以察觉,韫颖耳朵微聋。她十几岁听戏时,由于距离前台过近,右耳被大锣震聋,国内和日本许多名医都没能治愈。溥杰的妹夫池见猛是法学、医学双料博士,曾尝试对她采用静脉注射,却依旧收效甚微。

后来,她由于心火上攻,不仅右耳聋加重,连左耳也听不见声音,变成了双耳"全聋",夫妻俩对话时只能"笔谈"。他焦急万分,每天陪伴她去北医附属医院找一名年过半百的老中医扎针灸,通过一段治疗,左耳听力稍稍有了恢复。他勉励妻子："你继续扎吧,或许听力还能更好些。"

遗憾的是,韫颖见到那名老中医刚给别人屁股扎过针,没洗手就给她针灸,顿生反感,任凭怎么劝,再也不去医院。

其实,在她的潜意识中,生活清苦倒还不算什么,当润麒每月才挣一百多块钱时,她的薪水一度比他还多。只因没享受公费医疗,昔日的王府格格不愿因治病而给家人增添经济负担,这倒确是她三缄其口的心底话。而她的身体,渐渐远不如从前了。

他与妻子分享着淡泊生活的乐趣。人大会堂举行首次引进德国通信设备的仪式,他应邀出席见证这一历史时刻。一对德国夫妻走来向他施礼问候,没想到德国夫人竟继而恭恭敬敬地向他请安。面对半个多世纪没见过的老礼儿,他笑了,这是近年来第一次接受外国人所施的中国旧礼节。回到家,他对妻子惟妙惟肖地述说一番,俩人笑得活像一对孩子。

俩人吃饭偏好不同,却彼此容让。平时,润麒爱吃奶油,韫颖愿吃中餐。按他的话来说,高级饭她不会做,妻子做的普通饭菜,诸如炒白菜、炒豆腐,却有着一种特殊的美味,多年来,他吃惯了,觉得愈加喜欢。

妻子染病日重,他一反数十年的老习惯,每天早晨起来,主动为她做早点,还时常在牛奶里添点儿乳粉和咖啡,让她吃一个半熟的煮鸡蛋。等她起床后,他已将早餐摆好,她显得格外高兴,因为一向都是她来照顾润麒的。

吃过早饭,他忙着收拾碗筷,而她总是凝神静气地遥望对面的高楼拔地而起。她一天一天地数着层数,病情却在一天天加重。

妻子愈是病重,愈是念旧,时常追忆起多年忘却的往事,甚至轻声提及埋在心底的遗憾。当年润麒被免予起诉释放回家,久别重逢时,竟没对她多说几句贴己话,就直接走进屋去看孩子,她一直心存芥蒂。他对她坦诚地吐露实情,当时并非不思念妻子,而是受"武士道"影响,总绷着大丈夫劲儿,轻易不愿在儿女面前流露而埋藏在了心底。她理解了,默默笑着,轻轻地点着头。

妻子颇重情意,当年在日本才十几岁的女佣,直到古稀之年仍与她保持着通信联系,她们来往的日文信件,成了中日民间跨世纪的友谊见证。

几十年来,韫颖一直不食生鱼片,谁想,她突然提出想尝尝,但没吃上几口,就被送进了医院。

直到住院前夕,妻子还在为他钩织毛衣的破洞,缝补旧衣裳。见他的纽扣脱落,她从一个扣眼儿穿进去,却怎么也找不见另一个扣眼儿,直到颤颤巍巍地给丈夫钉好纽扣。这是她为他做的最后一件家务事儿。

树叶渐黄,人亦走了。韫颖因患膀胱癌而离开人世,这是一九九二年十二月十六日清晨。

在八宝山公墓,溥杰抱病前来参加告别仪式,伤心至极。润麒回到家里,总是叨念,如今对面的大楼耸立起来了,她却没能看到。伫立在窗前,他瞧一眼那幢大楼,心里就难受得慌。

望着空旷的房间,他有感而发,挥毫写下一首悼妻诗,始终挂在家中的灵堂:

> 昔人对月酌,
> 与影为三人。
> 无月又无影,
> 独坐忆昔人。

润麒还常常懊悔地低声谈起,韫颖与四妹患的同是膀胱癌,只因四妹的女儿是医院的护士长,动手术较早,又延长了十几年寿命。每当提及此事,他便不无遗憾地叹道:"如果我老伴儿早动手术,也可能多活几年。"

然而,悔之晚矣。听说韫颖的丧讯,众多亲友纷纷前来吊唁。最使人心酸而感动的是,暮年的王涵生活窘迫,仍然挤乘公交汽车,远道送来五十块钱:"我现在手头不富裕,略尽一点儿心意吧。"

当妻子在世时,他经常对她叨念,积水潭医院过去是棍王府,花园里有一个幽深的山洞,多年没人敢进去。他一直想"发掘"山洞之谜,给政府有关部门多次写过报告——也许里边仍埋藏着一些奇妙的奥秘。

此后,他每逢在灯下提起笔,总是追忆起善良的妻子微笑颔首的神态……

二 故人今何在

岁月悠然。随着暮年渐近,他愈加怀念昔日的故人。

然而,随着妻子和溥杰相继去世,他虽与爱新觉罗家族情感依旧,往来却日渐愈疏。说起来,平时他与"皇族"交往并不算多,只是逢年过节问候一下而已。

就在溥杰去世前半个月,他在协和医院的溥杰病房里,遇到了前来探望的溥仪的二妹金欣如。数年没见,她变成了弯腰驼背的矮老太太,却依然眉清目秀。打老远,她就一眼认出他,亲热地打起招呼:"老润!"

在同辈中,惟有她和溥杰如此称呼他。只比他大一岁的她,主动缓步走过来问候,他礼而宾之,热情寒暄了老半天。据她说,退休之后,最初一月不过几十块退休金,如今又增加不少,平日花销不多,日子过得倒也恬静。以往,润麒住在西老胡同时,逢年过节短不了去看望她,后来彼此走动得少了,平素也没有过多的往来应酬。

当金欣如从溥杰的病房走出时,秘书金子钟叫来一辆出租车送她回家。这是他最后一次与之见面,此后不久,她的丈夫郑广元也因病谢世。

润麒一向认为,四妹夫赵国圻归国,溥杰功不可没。八十年代初,溥杰与四妹的女儿赵丽英从北京直飞东京,而老赵则以宗教团体居士的名义自台湾赴日,团聚之际,激动万分。老赵谈起,每月退休金三百美元——当时一百元就足以维持生活,还可以间或去餐馆饱吃一顿。这次辗转归来,他无法携许多现款,仅能带一些旅费,大部分储蓄仍存放台湾。

在溥杰和女儿的一再动员下,思乡心切的老赵毅然从日本返回大陆。

归国途中,老赵絮絮叨叨地向溥杰和女儿叙说了离别之后的坎坷经历。伪满垮台之后,老赵被揎掇逃亡时不辨方向,跳上南去的火车头藏匿,被苏联军官发现,罚其烧锅炉,这样一直驶到南方,才糊里糊涂乘船去了台湾。

返京之后,北京市政协为体现国家政策,照顾老赵,在北京市民族委员会给他挂了一个虚职。由于来时手头极为拮据,台湾当局将其财产全部罚没,老赵顿失常态。

他见到苍老而憔悴的老赵时,简直不敢相认。老赵一打愣,竟一时也没辨认出他,过了一会儿,才忆起昔日的"国舅爷"。两人会面,感叹世事变幻,当初的年轻人俱垂垂老矣。聊天之中,老赵随意说起:"北京倒是比从前变化大多了,就是汽车少啊。"

"哪天带你上大街看看吧,汽车可多啦。"

实际上,老赵回京之后,总共没逛过几趟大街。他去润麒家里作客,尤其感受到家族的温暖。而老赵见妻子身患膀胱癌,再加上生活不顺畅,心情忧郁,仅仅几年便溘然辞世。这却是润麒始料未及的。

在姊妹之中,五妹金韫馨一家称得上幸福家庭。三个子女无一不是大学毕业,连孙女也挺有出息,在外交部驻外使馆表现出色。只可惜老万去世早,没能看到成长起来的新一代。

六妹韫娱因病去世,只剩下潜心国画艺术的丈夫王力民孤身一人生活。当润麒妻子故去后的初春,六妹夫王力民打来电话,特意要来家里看望。哪料,见面之后,六妹夫见话不投机,留下家里的新电话号码就走了,直到去世,再也没登过他的家门。其子女自食其力,生活得都很安谧。

七妹金志坚,偶尔也来看望过润麒夫妇。她从教师的岗位退休之后,时常在家赋诗作画,还当上了区政协委员,谁知搬进郊区的新居不久却突然辞世。而她的儿子乔岱,正值壮年竟也不幸意外身亡,给全家人平添许多哀愁。

他的兄长润良的女儿晓英,已从北京外国语大学退休,短不了打来电话问候。晓英的胞妹,在"文革"时去了山西插队,出嫁后,夫妻俩还一起来看望过润麒夫妇。几经斡旋,晓英的妹夫被调回北京开清洁车,因职业不如意,不久又重返山西务工。

溥仪的两个亲侄,与润麒关系一向不错。他俩历经坎坷,都成了闻名遐迩的书法家。

起初,境遇颇为不顺的是毓嵒——回京以后,一直以扫街为生,被称之"扫帚大叔"。在"文革"中,毓嵒家的房子被没收,一家三口人挤在一张床上睡觉。润麒为毓嵒家调房的事,曾热心地代笔写过申请。国家分配给楼房,毓嵒却不肯去,理由很简单,惟恐丢了胡同里扫街的差事。其实,毓嵒久患心脏病,若过累便容易休克,他一再劝说:"国家给了楼房你不去,将来肯定后悔。"

"我不扫街,吃什么呀?"

事隔不久,毓嵒的境况有了改变,又给他打来电话,欣喜地说,将应邀赴日访问。时来运转,毓嵒的书法得到社会认可,尤其深受日本友人喜爱,欲为其举办书法展。从此,家庭经济得到改善,他的心脏病也不治而愈。

一次,润麒出席宴会时,意外地遇到毓嵒正在大厅里笔走龙蛇、挥毫疾书。他感觉爱新觉罗家族在书法和绘画上大多具有天赋,像毓嵒刚开始动笔时墨迹枯涩，不久就有了长足恢复。遗憾的是，毓嵒活跃在书法界仅仅几年，便倏然长逝。

而最早成名的毓嶦，八十年代被调往天堂河农场之后，书法特长得以发挥，遂进入北京日坛艺苑专事研习，渐渐声名鹊起，多次在日本举办书法展，还在团结湖购买了新居……毓嶦始终挥毫不辍，受到中日书法爱好者的欢迎，早已不再为生计奔波，而是修身养性，以颐养天年为乐。偶尔，润麒还与毓嶦互访致候。

润麒欣喜地见到了前来探望的老万的五妹。她嫁给工程师朱之杰后，赴日时又把二儿子带去考取了博士学位，二儿子作为团长带领日本老教师到中国观光时，曾专门宴请过他。哪知，五妹从日本归国后身体奇弱，由老朱陪同勉强来到他家看望。润麒陪他俩去长城、故宫参观，她走不动路，只能静坐车里不动，被喻之"听景"。晚餐时，润麒特意邀请夫妇俩在康馨餐厅吃羊肉涮锅。哪知，五妹和未来的儿媳妇都不吃羊肉。结果，羊肉被他统统吃光，五妹笑着逗他："你身体真不错，连饭量也依然不减当年呵。"

终生未嫁的王敏彤，仅比润麒小一岁，称得上红颜薄命。她最初欲嫁伦五爷的儿子伦小赞，哪知伦公子在天津染上一堆坏毛病，跳舞、赛马、狂赌……成了无所事事的纨绔子弟。于是，她毅然与其断绝往来，一辈子也没成婚。她的母亲在"文革"中故去，她想将其土葬，日夜守候在旁，最终仍被火葬，遂成了王大姑娘的一大心病。

自从溥仪逝世后，润麒竭力照顾遗孀李淑贤，短不了前去看望。后来，他发现她结识了不少各界人士，有时还打来电话邀请他和"乘龙快婿"一起"凑饭局"。渐渐的，他与她交往日趋稀疏。李淑贤逝世之后，出于种种因素，只能由润麒出面主持遗体告别仪式，直到错综复杂的丧事最终收场为止。

他缓步走出八宝山公墓，思绪万千。随着溥仪和溥杰先后病逝乃至溥仪遗孀故去，除四弟溥任外，末代皇族仅剩下了小字辈儿，而他则成了耄耋之中的年长者……

三 悬壶济世

"悬壶济世"，或许是润麒早年的美好梦想之一。虽然早在四十年代，他就在日本研习过针灸，若说起真正"行医"，则是返京之后。

谁知，仅小试牛刀，便败走麦城。最初，他在编译社以业余行医表现"进步",见谁头疼就去拔罐子、扎针灸,一顿忙活,总归多少见了成效。他刚创出点儿小名气,为女翻译小刘治病时,自信地拔了几个罐子。哪知第二天,她皱着眉头找到他,显然话里有话:"谢谢你呀,我昨天一宿没睡着觉。"

"啊?"他无言以对,从此名声扫地。他手软了,再也不敢提给同事拔罐子、扎针灸。

后来,他才找到窍门,弄清了这是正常症状。头一天睡不着,是因为扰乱了植物神经,若继续医治,效果会一天比一天好。

让他多少找回自信的是在西老胡同。有一名年轻电工叫王伟,心率近一百,高血压达二百多,几度住进医院却没能治愈。他发现,医穴疗法对于神经效果不错,皮下穴易被肌肉组织吸收,能起良性刺激作用,便尝试中西医结合治疗。

经过临床,他发现了调节血压的穴位叫"环跳",施用传统针灸格外有效。王伟的妹妹王英插队归来,动员哥哥去找润麒试试看。

开始,王伟不信,服用昂贵的西药都无效,拔罐子能管用?死活不肯来。一天,王伟实在难受,姑且一试,竟感觉意外管用,又拔了几次罐子,脉搏降至七十多,血压也降到一百多。有意思的是,王伟竟钦佩地跟随他学起针灸治疗,连地震房倒屋塌时仍来给他烙饼。自此,他变得一发不可收拾,总是随身携带针灸和火罐儿,四处为民除疾。

他赴山东搞社会调查时,住在李庄公社,被自行车驮去给年过五旬的县委书记诊病。一进门,却被吓了一跳,满满一屋身穿白大褂的中西医,看来都是败下阵的。不料,经过他的医治,二十分钟之后,县委书记的脉搏竟从一百多下降到了八十多,他信心倍增。

针灸水平陡然飞跃是在"文革"后期。他结束"专政",调到黄安陀农场时,遇到了"一级反革命"——肖衍庆,其父是有名的针灸医生。于是他向肖大夫苦学针灸窍门,两人时常一起探讨交流。深夜下起鹅毛大雪,卫生院和赤脚医生都不愿出诊,而他听说老乡患病,披起衣服便踏雪而去。

也有费力不讨好之事。一次给农村小脚老太太扎针灸,他倒也不嫌脏臭,小脚肉皮很薄,一针下去,脚面竟被扎透。老太太立时翻了脸,怒气冲冲地说:"得嘞,您甭来啦。"

他仍笑脸相待,自称行医宗旨是:"召之即来,挥之即去。治好不骄傲,被赶走不脸红。"

经过实践,他的信誉一时超过了卫生院和赤脚医生,四邻八村的农民患病就来找他。此前,他以针灸为主,罐子为辅,后来改为以拔罐儿为主,辅以针灸。他潜心阅读前人的针灸古籍,从实践中归纳经验——拔罐子至少坚持七天,效果才会彰显。

下乡返京后,他偶遇一档子疑难病症。梅兰芳的夫人福芝芳,长期患神经衰弱,先后找过许多著名中西医,治疗效果都不算理想,于是通过熟人找到润麒。提起梅兰芳夫人,他骤然忆起昔日好友孟小冬与梅兰芳轰动一时的"婚恋"……尽管他早年与梅兰芳多次交往,却始终与梅夫人未曾见面——此时梅兰芳已辞世,只剩下梅夫人独守空闺。

他骑着破自行车径奔宣武门帘子胡同,拿着针灸罐子走进屋,恰巧,三四名中西医大夫正在会诊,误以为他也是同行,客气地起身让座。

他扫视一眼,只见宽敞的客厅里摆了三套沙发,靠北墙根有一排硬木椅和一个茶几。福芝芳微笑着欠身而立,与他寒暄了几句。看起来,她比润麒小不了几岁,是一位头发花白的胖老太太。

接着,梅夫人自我介绍了病情,主要是患失眠症,夜里经常无法入睡。来此之前,他打听到她患神经衰弱症,总是上午中医、下午西医这样对比诊治。由于中西医观点各异,诊治效果甚微。交流病情过后,他们随意聊起天来,福芝芳皱着眉头,抱怨说:"我这病根呀,就是'文革'落下的。你知道,梅先生是拥护革命的。文化大革命中,把我头发都剃了,还让我扫街,我到现在也想不通呀。"

"那是过去的事了,您现在不是挺好么?您看这些大夫,不是恢复得跟过去一样了吗?"

"倒也是……"

一边聊,润麒一边给她号脉,诊断结果,梅夫人并非植物神经紊乱问题,而是患了神经官能症。他坦率地交了底:"我的针灸治疗可能有点儿疼。"

她听了,没有明确表态,闲聊过后,只是热情地提出留他共进午餐:"今儿个,您留在这儿吃薄饼吧。"

"谢谢您,我该走了。"

他觉得,没给人家治病怎能吃饭,遂婉言拱手告辞。福芝芳客气地礼送他走出大门。自此,他知难而退,再也没登过梅宅。

他的行医之路受到老百姓的欢迎,是他始终引以自慰的。一名老太太,腿软得不能走路,几家大医院都没能治好。她慕名而来,先后做了三次针灸和拔罐,疗效显著。一名未婚女打字员,时常觉得肝肾疼痛,去医院多次也没治好,他给她拔了几次罐子，痛感明显减轻。街坊带来一名长期患风湿性心脏病的中年妇女，早已丧失工作能力，丈夫是长年在外的采购员，无力照顾家人。之前，王英曾对她丈夫建议："你找郭大爷去吧，也许能治好。"

"那些大医院都治不好，拔几个罐子就能治好？"她的丈夫既不相信也不肯让她来。

润麒反复琢磨，她患的不一定是风湿性心脏病，极可能是误诊。起初，中年妇女半信半疑，经过治疗，脉搏竟然从一分钟上百次恢复到了几十次。她的丈夫顿时喜上眉梢，亲手送来好酒，连积水潭医院的医生都觉得奇怪，风湿性心脏病哪能好得这么快？接着，女患者也前来屡表谢意："您简直是绝技呀！"

随后，他治愈了一个个患者。张琳，是一家医院辗转介绍来的神经错乱患者，母亲半年没上班，遍访北京各大医院，都推说让她回家静养。谁想，经人介绍来，仅仅拔了两天罐子便能入睡，一个多星期就初步恢复了健康。

一名自称"半仙之体"的赵女士，面色焦黄，说话愣头磕脑，经常叨唠有什么神仙指点，要独处一室"闭谷"。她甚至已走火入魔，不与男人接触，连手都不让丈夫碰一下，食物一律不吃，只靠输液维持生命。经过针灸治疗，一个疗程就见了效，能与丈夫一起步行来治疗。炎夏之际，她的丈夫前来向他道谢："多年以来，她都不让我碰一下。如今她的病好了，我俩的关系像新婚似的。"

他不仅弥补了婚姻裂缝，也使未婚女子喜结良缘。他的徒弟带来西老胡同一名女公交司机，绝经不止一年，脾气暴躁，脸上的胡子和大腿汗毛特重，胳膊却瘦成了一根棍儿。他诊断是由内分泌紊乱所引起的，仅经过一个疗程拔罐儿，她的月经便趋于正常，婚后顺利分娩。

他堪称有心人，在溥杰家的餐桌上，偶然结识了著名西医吴桓兴，交谈之际，成了一见如故的朋友。吴大夫担任过英国皇家院士，在国内外享有盛名，传授他许多人体神经方面的知识，他侧重向吴大夫请教解剖学和免疫学，这对于"郭氏疗法"的形成，起到了不可或缺的作用。吴大夫虽是西医，却主张与病人接触或可免疫，幽默地以己为例："我爱人就是肝炎，多年来我也没传染上嘛。"

他潜心研究解剖学，发现人体器官有两种神经起作用——中医讲表里关系，西医讲交感神经，主要指交感与副交感的关系。交感管抑制，副交感管兴奋，如何调节副交感则成了关键。不少医例证明，心率过速的患者，往往是副交感压不住交感，所以心率过速，如果用拔罐儿的方法加强副交感，心率就可能降下来。医理的深化，成了他实践的先导。

奇迹频频出现。著名服装设计师姚女士,时常活跃于国际之间,曾先后荣获六枚金质奖章。她由于心率达上百下,一度出现昏厥,经几家大医院治疗均无效,自认为没救,无奈去雍和宫烧香求佛。后来听说润麒的针灸功夫,她前来医治,仅仅六次便见了效。

一名年逾六旬的董事长夫人,亦因患心率过速,夜不能寐,失眠后时常突发心脏病。她给润麒打来电话,询问能不能医治。他的回答颇有余地:"来吧,试试看。"哪知,疗效甚佳,她满意而归。

进一步实践,使他发现了奥妙。自古以来,针灸往往是右腿疼扎右腿穴位,左腿疼则扎左腿穴位。而他认为,腿疼只是表象,根子可能是头疼,进而通过脊髓反应到腿上,仅扎腿上的穴位怎么行?

他作了大胆尝试。若是右腿疼,则在左腿针灸同一个穴位,效果竟好得出奇。他屡屡在患者身上试验,果然奏效。在此期间,他曾与一名医学教授反复探讨,将老祖宗传承下的经验结合治疗交感神经,实施双向调节,再加上双侧针刺,取得了显著疗效。

一名年轻女子脸上长满疙瘩,人送外号"疙瘩人",若吃一点儿海鲜,马上变得更加红肿。经过多次针灸治疗,她脸上的疙瘩全部消失,靓丽如初,又能大饱口福。

听了他的故事,溥杰的妹夫池见猛对他说:"你如果能把糖尿病患者脸上的疙瘩治好,就是创造了奇迹。"

"我力争实践,幻想有朝一日实现零的突破。"

一名长满褐斑的年轻女子找到润麒,无奈地自我介绍:"您要能在二十天内,使我的脸部美容靓丽的话,就是倾家荡产我也愿意。"她曾买了不少美面乳,也抹过很多药,却毫无作用。

他从调节内分泌紊乱入手,医治一个疗程后,她的脸部褐斑明显变浅。通过实践证明,一般年轻女子脸上的黑白斑或青春疙瘩,往往由内分泌失调所引起,他首先排除其他病因,再施以有效的针灸穴位疗法,使不少年轻女患者满意而返。

然而,也有屡经医治仍不见效者。一名居住在哈尔滨的漂亮女子,与日籍华人结婚后,由于气恼伤心,神经变得极不正常,无法教授音乐或演奏钢琴。老母偕女儿来京,前来恳请他治疗:"我们远道慕名而来,请您一定试着治治。"结果,润麒屡次治疗,也没能医好女音乐教师的病症。

最初,妻子对丈夫的业余行医并非没有误会。一名二十来岁的漂亮女子患脉管炎,慕名前来家里就诊。当韫颖见到漂亮女子之后,只对他简单地甩了一句话:"她来了,影响我做饭。"

经过医治,初见效果,谁知,漂亮女子却从此不见了。十年以后,润麒与她在街头偶然相遇,一问才知,韫颖怀疑丈夫对她过于亲近,便悄悄"辞"了她。得知真相后,他对妻子坦然解释说:"我作为医生,只是将对方作为一名患者,从来没有看成是异性。"

总算干出了名堂,有关部门为他正式颁发了行医执照,中西医结合的"郭氏疗法"也在北京市卫生局和工商局备了案。他名声远播,有关机构还发来专函,邀请他去授课,他微笑着自诩说:"我必须老王卖瓜,实在不想把'郭氏疗法'带进火葬场。"

他先后收过几名徒弟,却不是个个令他满意。他去附近一座城市巡医时,房东的儿子刚退伍归来,要求跟随他学习针灸,他慨然应允并赠送各种医学书籍,叮嘱要先学经络学、针灸学等医学知识,针灸非实践不可。他的女徒弟认为自己是大姐,脱了衣裳让房东之子学推拿,结果发现小伙子不正经,只得就此作罢。许多人曾跟他学过针灸,真正学成者却寥寥无几。

"业精于勤,荒于嬉;行成于思,毁于随。"他时常借韩愈之语自诫,也对家人无法承继他的医术而抱憾。令人欣慰的是,湖南一家企业派来年轻姑娘小李,向他专门学习"郭氏疗法"。几年间,他向她传授了不少针灸窍门。陆续,一些徒弟纷纷前来投奔门下,"郭氏疗法"终于后继有人。

杏林春晚,尽吐芬芳。他的暮年充溢着行医济世的愉悦。

四 尾声

伴随北京世纪坛的悠扬钟声,中国迈入了新世纪。

润麒虽已寿高人瑞,悠闲无事时,仍不免默默地忆起昔人旧事……

他格外念旧,听到幼时的小伙伴良倌、喜倌相继去世,一阵唏嘘不止。偶尔,他还会回想起早已作古的幼年"玩伴儿"——周有和韩升。幸喜,周有的儿子尚在世,曾来信告之也有了后代。至于韩升的儿子,已从沈阳一家企业退休,依然不忘鸿雁捎书,彼此慰藉。

黑老妈的儿子高占稳,与他时有联系,早年两人在西老胡同曾同居一室,他家搬往东直门之后,小高还前来看望过。白老妈的后人与他往来虽不多,仍短不了打来电话问候。他每每想起黑、白老妈的后人,总是惦念不已。

暮年,润麒虽然眼患白内障,依旧喜爱读书看报。他从电视上看到,年逾九旬的张学良,精神矍铄,性格显得愈加沉稳,不久,又从报纸上看到其逝世的消息,遥想当年"少帅"神采奕奕的英姿,不禁神色黯然……

人生的海洋,时而激起历史回声的浪花。暮年的润麒,免不了与前半生的某一侧影重合。

东北长春筹办"伪皇宫展览馆",专程派员向他咨询昔日伪满洲国皇宫布局以及各殿陈设。对于溥仪房间的布置,他自然如数家珍,来人按照他介绍的情形,绘制了不少历史复原草图。

然而,提起婉容卧室的最终布局,他反倒说不太清楚,便出面邀请溥仪的五妹、六妹和七妹,前来共同回忆。他搜肠刮肚地想起一个细节:"我记得,婉容屋里有一张圆桌,上边铺了一块桌布,四周还镶着穗儿。"

"对,是那样。"七妹金志坚随声附和。

"你年轻,还能记得起一些细节吗?"他问七妹。

"过了这么多年,记忆都模糊了。我们一来当初年纪小,记忆不深,二来别瞎说掺乱,"她又诚恳地向他建议,"您说的不会错,先画成这样,再找人看看吧。"

无疑,他的态度试认真,结果,仅是婉容寝室的布局,足足探讨多半天还没定论。

对于事涉历史的旧事,他无一不反复核对,究其原因,他的话显得意味深长:"这是对历史负责。"

春暖花开之际,他去全国政协开会,结识了孔子的后代孔繁茂,这是一位性格外向的老太太,说话总是大大咧咧。她热情地打来电话,邀请他去游黑龙潭,竟误念成黑龙"漂",他哈哈笑着,答应前去捧场。

前来接他那一天,车上走下一群人,都想瞧瞧"国舅爷"是何模样。哪知,赵荫茂的女儿婉珍也在其中,她身边还带着可爱的女儿。他记得,当年婉珍来家里串门时,还是小姑娘模样,现已年过半百。他记得,她在歌舞团搞化妆,丈夫是归侨,于是风趣地逗她:"你的爱人还是原来那个吗?"

"当然啦……"她咯咯地笑个不停。

"跟你开个玩笑,别介意。"

润麒问过才知,这次自己是被聘为特邀专家,前去黑龙潭出席古装研讨会。不久,他去护国寺的溥杰家串门,正碰上她带着女儿在院里练骑车。由此,他又闲聊起当初在宫内与"皇上"骑自行车的逸事……

龚勇是当年润麒新婚赴大连时,溥仪派去护送的随侍,比他还大两三岁,千里迢迢从东北赶到北京,专程前来看望润麒夫妇。过去的漂亮小伙儿,而今已经变成秃发老翁,英俊的面貌早被岁月雕刻上了风霜痕迹。龚勇赴京没有他求,只为瞧一眼多年未见的"国舅爷",忆及往事,彼此心内仍然是青春犹在的一团烈火。

竹田宫应国家体委之邀访问中国。润麒与其在京相逢,四只大手紧紧相握,久久地打量着对方。

"我们都老了哟。"他俩同时发出了岁月如流的叹息。竹田宫笑呵呵地提起,特别爱吃他访日时捎去的北京点心,重叙往事,俩人感到格外温馨。

骑兵出身的竹田宫,性格豪爽,时常被国家体委邀请来指导马术训练。一次,体委在颐和园设宴招待竹田宫,约请润麒前来作陪。竹田宫依然没学会世故,只是一味与他聊天,对别人却爱搭不理。席间,一名体委负责人不经意地问起润麒:"你对马术懂得多少?"

"跟竹田宫差不多。"

那名负责人惊异地记下润麒的姓名和地址,却再也没了下文。他微笑着对家人调侃说,还是远来的和尚好念经哟。

漫步于北京街头,古城的巨变使竹田宫惊叹不已。他特意带"殿下"到各处随意游逛,顺便买些礼品带回日本。在百货大楼,竹田宫见到一件工艺品,反复砍价未果,虽然已经走下楼,却仍想买走,便客气地对他说:"哎呀,我上楼太困难了,请你替我跑一趟吧。"他虽然心脏不好,仍然笑着跑上楼代劳。

竹田宫住宿在饭店,临别时,非来他家回访不可。他考虑到家里简陋,只好与妻子去"多味斋"招待竹田宫就餐。在杯盏之际,他们畅叙着任何也无法替代的跨世纪情谊。

相聚虽畅,终有一别。早晨离京时,润麒和翻译一起替竹田宫装运行李,竹田宫挥手告别之际,客气地对女翻译说:"今天下午和晚上放你半天假,这两天你累了,明天再上班吧……"

女翻译听后,笑个不停,她从没听到过外国人如此说话。只有他心里明白,这实际是往日"殿下"对副官说惯的套话。

遗憾的是,李香兰三次前来访问中国,他却始终未见到。她再度造访北京,见了溥杰,还诚邀"皇弟"访日时去她家作客。当溥杰访日去她家作客时,她已从国会议员的职位退休。而她再次来京,依然没有约见润麒。为此,他一直迷惑不解而又深深引以为憾。

再度访日归国,他颇受感动的是,已去世多年的士官学校同学——原的妻子寄来热情洋溢的信件问候。当年他在日本的小保姆——年近九旬的塔克桑,也邮来一封长信,畅叙思念之情,盼望着重聚那一天。

人生的历练,使他愈发感悟了世间情感的可贵!

偶然,他与暮年的王敏彤不期而遇。她虽年迈多病,却依稀透出当年的优雅风韵,提及往事,她仍颇有微辞,认为是他"拆散"了她与溥仪的姻缘。

直到近年,他才直白地向她透露:"溥仪当初是要改换门庭,我只能撮合而已……"

一番长谈之后,她才晓知溥仪特赦之后的婚姻"内幕",理解了他:"如此误会,一晃就是几十年呵。"

而对于历史上发生的种种误会,他显得再开通不过。一次,参加八宝山追悼会时,他见到了女作家草明,只见她的头发已经变成雪白的银丝。她告诉他,她已经离休多年啦。正说着,头发变秃的老院长宋宁缓步走来,握手之际,提起不少过去的旧同事,总念叨着想与"国舅"相约聚首呢。

谁知,他在通往灵堂的路上,又意外邂逅"文革"中给他贴第一张大字报的女同事小赵,她已成了两鬓斑白的老妪。在悼念逝者的灵堂前,她愧疚地走上前,痛哭流涕,又一再忏悔当年对润麒的糊涂"炮打",他反倒显得宽容淡然:"过去的事,就让它过去吧。"

她默默地走了。风吹依旧,只有松柏的涛声,发出阵阵低沉的回响。

他无言地伫立在那里,站了许久许久。或许,在火葬场内的思考,最是冷静超然……

如今,使他欣慰的是,位于帽儿胡同的末代皇后"婉容故居"已悬挂上文物保护单位的铜牌。几年前,北京市文物局两名女士曾陪他去了一趟出生地,他却遗憾地看到离休老干部仍闲居在昔日婉容的闺房。而今想必已然迁出,"故居"庭院内应是桃红柳绿,风景如画……

他过年意识淡漠,而对于自己的生日,更是从来没重视过,每逢捧起亲友送来的蛋糕,他才骤然想起。老之将至,他似乎毫无察觉,直到年逾八旬,依然视跳舞为最适宜的运动,可以轻盈地伴随音乐,与年轻人一起翩翩起舞。此时,他又仿佛焕发了青春。

春意盎然。他参加全国政协组织的郊游,来到潭柘寺,轻松地漫步于古老建筑群之间。经年不凋的浴雪松柏,无数洁白的玉兰花朵,迎风微颤,在阳光的照耀下,显得分外妖娆。

登临金碧辉煌的古亭,他极目眺望巍峨的紫禁城,浮想联翩,遥观万里云天,眼前飘来近在咫尺的朵朵白云,仿佛顿悟白云苍狗,银驹过隙。百年人生风雨,对于宇宙而言,只不过短暂的一瞬间。他久久地伫立在峰顶,似乎又追忆起在宫中伴随溥仪那不知烦恼的嬉戏童趣……

时光荏苒,岁月匆匆。

无形的压力,始终使笔者有一种紧迫感。前几年每逢与润麒先生见面或通电话时,他总心重地问及我正在撰写的《末代国舅润麒传》。为使老人在世时见到成书,我无论出差或出国,尽管人在旅途,《末代国舅润麒传》的手稿始终放在行囊里,抽暇修改,夙夜匪懈。这成了我终日萦怀在胸的沉甸甸的夙愿。

然而,天未从人愿。二○○六年下半年,润麒因官司缠身等不悦之事,突患脑血栓,晚间睡觉时不慎从床上摔下,被送进医院。出院后,他的身体渐渐羸弱,然而,仍不时打开电脑,浏览互联网或发送邮件。

二○○七年春节前夕,他因脑血栓复发住院治疗,但依然返家度过了春节。五月十四日,他突患肺炎再次入院,体重锐减,仅剩下八十多斤,先后三次被下达病危通知书,医院甚至启用呼吸机,注射球蛋白,竭力挽救老人的生命。然而,终因全身功能衰竭,润麒先生溘然病逝于北京朝阳医院。这是二○○七年六月六日,晚六点二十八分。

冥冥之中,似乎果有巧合。此间我正在东北出差,妻子偶然得知润麒先生病逝的消息,急忙给我同事的手机发去短信,却没能收到。事后推算一下时间,当时我恰巧行至距润麒祖籍不远的地方,夜阑时分,正在松花江畔的宾馆灯下,对《末代国舅润麒传》作着最后润色,而关于老人的仙逝却茫然不知。如今回想起来,那个几乎不眠之夜或许是我对润麒老人的祭奠。

夙愿成了老人的遗愿。返京刚进家门,妻子便迎面急火火地询问我:"你知道润麒先生病逝的消息了吧?"

"呃?"

我顿时愕然,继而从行李中缓慢掏出《末代国舅润麒传》的手稿。虽然情知老人近年身体欠安,走得如此之快,仍然使我感到万分意外。

撂下行李,我当晚便与妻女径奔润麒家,没想到大门紧锁,只得急趋居于同一幢楼九层其女儿曼若家。恰巧她不在,女婿老历遂介绍了润麒病逝前后及葬事的筹备情形。我和家人怅然离去时,已是寂无路人的午夜。

仰望夜空疲惫的繁星,似在银河中眨着悲伤的泪眼……

2007年6月12日上午，贾英华参加润麒先生遗体告别仪式

六月十二日清晨。我手捧九朵洁白的百合花，缓步走进北京朝阳医院太平间。

这时，润麒先生的长子宗弇和女儿曼若、女婿历振华及外孙女历群含泪走来，逐一与我握手。一问才知，宗光正在赶来的路途之中，因等不及，只好让宗光夫妇直接去八宝山殡仪馆静候灵柩。

上午八点五分，我与润麒的女婿老历及两名年轻人，亲手将润麒先生的遗体从太平间抬送上灵车，沿长安街缓缓向八宝山驶去。

北京八宝山殡仪馆竹厅内庄严肃穆。润麒先生安详地静卧在鲜花丛中，四周摆满各界人士敬献的挽联和花圈。润麒先生的遗像上方，悬挂着黑底白字的挽幛——"沉痛悼念郭布罗·润麒先生"。

六月十二日上午九时十五分，郭布罗·润麒告别仪式在竹厅举行。

中央统战部、中国社会科学院法学所及内蒙古莫力达瓦达斡尔民族自治旗、北京达斡尔族联谊会等三百多名各界人士，前来送行。从外地匆匆赶来的达斡尔族同胞集体跪地，举行了独特的民族风俗告别仪式。

对于逝者最好的追念，无疑，是告慰其遗愿。在告别仪式上，我征得润麒的家人同意，将《末代国舅润麒传》的两份部分书稿，分别祭奠在遗像侧方及遗体胸前,遽随之火化。我含泪伫立于润麒先生遗体前,深深地三鞠躬,低声默念着:"润麒先生,您安息吧!"

当悼念仪式结束之后,我满怀悲痛的心情,遂与其他三名小伙子抬起润麒先生的灵柩,缓缓步出竹厅,送入西侧的火化炉。环绕四周的松枝柏叶以及各色鲜花,透出沁人心脾的淡淡清香。

九点五十五分,烈焰腾空,肉身"涅槃"。如虹的火光转瞬化成缕缕青烟,旋即被野外的微风轻轻吹起,飞向湛湛碧空,继而融入宛若透明的白云,渐行渐远,渺然飘逝在远离尘世的天边⋯⋯

归途,我手捧着润麒先生的遗像,陷入了无尽的追思。此时,万里晴空竟悄然下起丝丝雨滴,也似乎洒落着悲戚的泪水。

遥望窗外,一片细雨霏霏⋯⋯

附 录

润 麒 简 历

一九一二年　七月八日(阴历五月二十四日),出生于北京市地安门大街帽儿胡同荣宅。

此前二月,清朝宣统皇帝——爱新觉罗·溥仪退位。

一九一七年　张勋复辟失败。

一九一八年　溥仪生母瓜尔佳氏自杀身亡。

一九二二年　十月二十六日(阴历),润麒的外祖父毓朗病逝于北京。

十一月三十日,婉容被册封"皇后"。

十二月一日,参加溥仪与婉容在紫禁城举行的大婚典礼。

一九二三年　春,进宫陪伴溥仪。

六月二十六日(阴历),建福宫失火,溥仪逐出太监。

一九二四年　十一月五日,溥仪与婉容等人被逐出紫禁城。润麒随母亲在日本公使馆与溥仪重逢。

一九二五年　春,随父母迁居天津,时常往来于京津之间。

春夏之交,兄嫂韫瑛病逝于天津。

一九二七年　九月十五日,在北京东四九条西口,目睹"梅兰芳劫案"凶犯挂在电线杆上的人头。

一九二九年　在天津念书期间,溥仪为润麒与溥杰请来日本老师远山猛雄补习日语。

三月,润麒与溥杰一起赴日本留学。

一九三○年　四月,暂进东京高等文科读书(因无法直接进入日本士官学校)。

一九三一年　润麒与溥杰进入日本贵族学习院学习。

九月,中国发生"九一八"事变。

	十一月,溥仪在日本关东军策划下,从天津乘船潜往东北。
一九三二年	三月,伪满洲国成立,溥仪就任"执政",年号"大同"。
	八月十五日,润麒于暑假回国与溥仪三妹韫颖结婚。
	秋,润麒和溥杰从日本学习院毕业。
一九三三年	三月,以溥仪派遣学生名义进入日本士官学校。
	入校以前,在骑兵第一连队任士官候补生,半年之后又返回士官学校读书。
一九三四年	三月一日,溥仪在长春"登基",就任伪满洲国"康德皇帝"。
一九三五年	十月,回到东北,任长春伪满骑兵第一旅第三团第二连中尉排长。
	十二月五日,长子宗弇出生于日本。
一九三六年	九月,入日本千叶骑兵学校学习。
一九三七年	三月,溥杰与嵯峨浩在日本东京结婚。
	六月十日,次子宗光出生于日本。
	九月,润麒回到东北,任骑兵连副连长、连长。
一九四一年	三月,任伪满第二军管区少校参谋。
一九四二年	三月,调任伪满驻日本大使馆武官助理。
一九四三年	十二月,进入日本陆军大学念书。
一九四四年	十二月,从日本陆军大学肄业回国,任伪满高等军事学校教官。
一九四五年	二月六日,女儿曼若出生。
	八月十五日,日本无条件投降。离开长春之前,被溥仪指任侍从武官。
	八月十七日,在沈阳机场被苏联红军俘获。随后,与溥仪、溥杰等人被押往苏联。
	十月,迁往苏联伯力红河子。
一九四六年	七月,调往苏联第四十五收容所。
	七月,溥仪赴日本远东国际军事法庭作证。
一九四八年	八月,调往苏联第十三收容所。之后,调回苏联第四十五收容所。
一九五〇年	七月,随溥仪等人从苏联遣返中国。
	八月一日,在绥芬河被移交中国政府。继而到中国抚顺战犯管理所接受审查改造。

	十月,抗美援朝战争爆发,被转移至哈尔滨道外战犯管理所。
一九五一年	二月三日,溥仪之父载沣在北京病逝。
一九五三年	初,转移至哈尔滨道里战犯管理所。
一九五四年	三月,与溥仪和溥杰一起从哈尔滨返回抚顺战犯管理所。
一九五五年	九月,参加编剧创作和演出。
一九五六年	三月,载涛受毛泽东主席委托,与妻子韫颖等人到抚顺战犯管理所探望溥仪和润麒等人。
	冬,其母仲馨因病在北京去世。
一九五七年	四月,受到最高人民法院、人民检察院免予起诉处理,返回北京。
	五月始,在东城区政协协助工作。
一九五九年	十二月,在北京崇内旅馆,与获得特赦回到北京的溥仪重逢。
一九六〇年	十二月,见到获得特赦返回北京定居的溥杰。
	六月,在北京交道口汽车修配厂当钳工。
一九六一年	一月,与爱新觉罗家族一起受到周恩来总理接见。
	十月,进入北京编译社作日文翻译。
	下半年,充当媒人,介绍王敏彤、杜大夫与溥仪见面。
一九六二年	初春,抚顺战犯管理所负责人来京探望润麒等出狱人员。
	五月,溥仪与溥杰任全国政协文史专员,润麒在溥杰家饮酒祝贺。
一九六三年	初,润麒为溥仪的《我的前半生》提供线索,协助联系察存耆和蔡承祺等人采访。
一九六四年	三月,溥仪的《我的前半生》出版,润麒前去溥仪家祝贺。
一九六五年	第一次住院。在北京中医研究院做痔疮手术。
一九六六年	六月,文化大革命爆发,受到上千张大字报批判和冲击。
一九六七年	初夏,随被专政的"牛鬼蛇神"到市委党校所属行政干校接受改造。
	十月十七日,溥仪在北京人民医院病逝。
	此前,润麒曾多次去看望。
一九六九年	十月,被列为文化大革命"专政对象",在北京市委第二学习班学习。
一九七一年	四月,解除"专政",下放到门头沟黄土岗公社,之后,调到黄土岗公社黄安陀农场。

一九七二年　美国总统尼克松访华期间,赋诗数首。

一九七三年　三月,在北京编译所退休。

一九七六年　四月五日晚,带全家去天安门广场悼念周恩来总理。

一九七八年　十二月,在中国社会科学院法学研究所参加工作。

　　　　　　下半年,三笠宫夫妇来访。

一九七九年　初,被发还部分抄家物资。

一九八二年　春,访问日本。

　　　　　　夏,作为全国政协调研组组长,带队赴山东、安徽两省从事社会调查。

　　　　　　年底,在家里接待从台湾转道日本归国的四妹夫赵国圻。

一九八三年　四月,任第六届全国政协委员。视察天津时,与大姨的女儿王涵重逢。

　　　　　　八月,参加内蒙古达斡尔学会会议。

一九八四年　春,随全国政协赴东北、内蒙古视察。

　　　　　　九月,润麒夫妇出面作证的二百四十亿日元巨款中日遗产案胜诉。

一九八七年　陪同接待竹田宫访华。

一九八八年　三月,任第七届全国政协委员。

　　　　　　十二月,当年的日本小保姆塔克桑和北建美代子,来京看望润麒夫妇。

一九八九年　春,赴天津视察引滦入津工程。

　　　　　　下半年,从胡家园迁到金台北里新居。

一九九〇年　四月,润麒夫妇喜获"金婚奖"。

　　　　　　国家体委在颐和园宴请竹田宫,润麒出席作陪。

一九九二年　秋,妻子韫颖患膀胱癌手术,住进朝阳医院治疗。

　　　　　　十二月十六日清晨,妻子韫颖因病在北京逝世。

一九九四年　二月二十八日清晨,老友溥杰逝世。

　　　　　　三月七日,在八宝山参加溥杰追悼会。

一九九五年　夏,李玉琴前来家中作客,赠其书法条幅。

一九九六年　六月,往来书信四十年的马来西亚华侨贺阿泰,前来北京访问润麒。

一九九七年　二月二十二日,贾英华邀润麒游故宫并拍摄《末代国舅游故宫》

纪录片

六月,在八宝山公墓主持溥仪遗孀李淑贤遗体告别仪式。

一九九九年　九月九日,亲笔为贾英华著《末代皇弟溥杰传》撰写"序"。

二〇〇〇年　春,亲笔为贾英华著《末代国舅润麒传》,撰写"序"。

二〇〇三年　秋,因病住中日友好医院治疗。

二〇〇四年　春节,在家里审阅贾英华著《末代国舅润麒》书稿。再次亲笔为此书撰写"序"。

二〇〇五年　一月,为婉容名誉权之事,状告甘肃《青年报》社。

年底,三笠宫寄来贺年卡,润麒委托外孙女历群前去代为探望。

二〇〇六年　初,三笠宫之子去世,润麒去信表示哀悼。

二〇〇七年　五月十六日,患肺炎住北京市朝阳医院重病监护室。

六月六日,晚六点二十八分病逝。

六月十二日,上午九点十五分,举行遗体告别仪式。十点五十五分,在北京八宝山火化。

六月十三日上午,郭布罗·润麒先生的骨灰,安葬在北京福田公墓。

本书资料来源及主要参阅书目

1. 本书作者通过多年来与润麒先生接触所了解的史实；参考采访润麒先生的录音、录像等生平资料。
2. 采访爱新觉罗家族成员等人笔录及考证。
3. 参阅作者本人自七十年代以来所访问的有关溥仪、溥杰、润麒等人的三百多人笔录。
4. 国家有关部门所藏润麒档案等资料。
5. 《满洲国年鉴》及国内外报刊公开发表的文章和资料。
6. 全国政协文史资料委员会编辑的《文史资料选辑》。1962年，文史资料出版社出版。
7. 群众出版社收藏、何平整理的《溥杰日记》(1954年1月31日至1959年8月7日)。
8. 李新、孙思白主编《民国人物传》。1978年月1，中华书局出版。
9. 《周恩来选集》。1980年12月，人民出版社出版。
10. 周君适著《伪满宫廷杂忆》。1981年2月，四川人民出版社出版。
11. 《晚清宫廷见闻》。1982年9月，中国文史出版社出版。
12. 上坂冬子著《川岛芳子传》。1984年2月，日本公论社出版。
13. 《周恩来统一战线文选》。1984年12月，人民出版社出版。
14. 《溥仪离开紫禁城以后》。1985年1月，文史资料出版社出版。
15. 嵯峨浩著《流浪王妃》。1985年12月，北京十月文艺出版社出版。
16. 《远东国际军事法庭判决书》。1986年2月，群众出版社出版。
17. 杨照远等著《溥仪外记》。1987年3月，吉林文史出版社出版。
18. 《二十五史——清史稿》。1987年8月，上海古籍出版社出版。
19. 《从战犯到公民——原国民党将领改造生活的回忆》。1987年10月，中国文史出版社出版。
20. 张一虹著《末代皇妃秘史》。1988年1月，档案出版社出版。
21. 丁燕石编著《落日残照》。1988年2月，档案出版社出版。

22. 爱新觉罗·显琦著《末代公主的自述》。1988年6月,春秋出版社出版。

23. 《近代名人小传》。1988年8月,中国书店出版。

24. 斯米尔诺夫等著《东京审判》。1988年8月,军事译文出版社出版。

25. 祢津正志著《天皇裕仁和他的时代》。1988年8月,世界知识出版社出版。

26. 山口淑子著《我的前半生——李香兰传》。1988年8月,世界知识出版社出版。

27. 爱德华·贝尔著《中国末代皇帝》。1989年1月,中国建设出版社出版。

28. 焦静宜著《20世纪初中国的遗老遗少》。1989年8月,科学出版社出版。

29. 辽宁省档案馆编《溥仪私藏伪满秘档》。1990年6月,档案出版社出版。

30. 魏建功等著《琐记清宫》。1990年9月,紫禁城出版社出版。

31. 何本方、岳庆平主编《中国宫廷知识辞典》。1990年11月,中国国际广播出版社出版。

32. 清代宫史研究会编《清代宫史探微》。1991年7月,紫禁城出版社出版。

33. 陈宗舜著《从台湾归来》。1991年10月,群众出版社出版。

34. 钱立言著《国舅驸马学者润麒》。1991年12月,南海出版公司出版。

35. 日本读卖新闻编《天皇和日本投降》。1992年5月,档案出版社出版。

36. 郭招金著《末代皇朝的子孙》。1992年7月,团结出版社出版。

37. 黄亚略著《奇迹——改造日伪战犯纪实》。1993年1月,团结出版社出版。

38. 胡晓编著《皇室秘闻》。1993年6月,沈阳出版社出版。

39. 叶祖孚执笔编著《溥杰自传》。1994年4月,中国文史出版社出版。

40. 溥仪著《我的前半生》。1996年2月,群众出版社出版。

41. 崔陟著《中国宫廷生活》。1996年4月,上海文化出版社出版。

42. 蒋芫苇等著《爱新觉罗的后裔们》。1997年5月,上海人民出版社出版。

43. 孙孝恩著《光绪传》。1997年8月,中华书局出版。

44. 毓嶦著《末代皇帝的二十年》。2000年9月,中国社会科学出版社出版。

45. 贾英华著《末代皇帝最后一次婚姻解密》。2001年4月,群众出版社出版。

46. 李伶伶著《梅兰芳传》。2001年12月,中国青年出版社出版。

47. 李兴盛等编著《黑水郭氏世系表》。2003年6月,黑龙江人民出版社出版。

48. 许锦文著《孟小冬传》。2003年8月,上海人民出版社出版。

49. 贾英华著《末代皇帝的后半生》。2004年8月,人民文学出版社出版。

50. 贾英华著《末代皇弟溥杰传》。2004年8月,人民文学出版社出版。

51. 贾英华著《末代太监孙耀庭传》。2004年8月,人民文学出版社出版。

52. 贾英华著《末代皇帝立嗣纪实》。2004年8月,人民文学出版社出版。

53. 何德兰著《慈禧与光绪》。2004年10月,中华书局出版。

54. 黄殿琴著《京都奇叟》。2005年1月,中国文史出版社出版。

55. 苏全有著《张宗昌全传》。2007年4月,经济日报出版社出版。

后　　记

来龙去脉皆我有，突兀一峰插南斗。

这两句旧诗，似乎早已忘却出处。然而，以此来形容我对《末代国舅润麒》的感慨，却再确切不过。

酉末戌初，这部书杀青。至此，我终于了却一件久悬胸中之事。然而，润麒先生却溘然长逝，未能亲眼见到这部传记的问世，这使我深感遗憾。

坦言，在以《末代皇帝的后半生》为启端，最初拟定晚清以来"末代皇帝系列"人物中，本无郭布罗·润麒。随着时光的推移，他一生的坎坷经历，以其人物的独特性和奇特角度反映上一世纪百年沧桑的剪影，兀现眼前。

"剪影"内容之丰富，绝非常人可比，似可以三字概括："奇、特、真"——传奇、独特、真实。

无疑，润麒是不可多得的历史传奇人物。多重角色，为他罩上了一层殊异于常人的光环——既是末代皇后婉容的胞弟，又是末代皇帝溥仪的三妹夫。他从世纪之初到跨世纪的一生，横亘近百年历史，也恰恰是中国发生巨变的重要时期。他的特殊经历，从特定角度浓缩反映了这一时期发展的轨迹。

"百年沧桑"，或许能概括他丰富而坎坷的人生。研究晚清暨近现代史，他无疑是解析这一历史轨迹的珍稀活化石。

他生于衰败的晚清官僚家庭。自幼，"国舅爷"的特殊身份，使他可以自由出入紫禁城，且异常熟悉逊清宫廷的一草一木。比末代皇帝小六岁的他，俨然成了溥仪最亲密的"玩伴儿"。至今，故宫仍珍藏着他与溥仪忽而登上殿顶，忽而踏踩铜兽等大量淘气的历史留影，他骑在溥仪脖子上戏耍的照片，显然成了历史回闪中罕见的珍贵镜头。

似乎命中注定，他只能自愿或不自愿地追随溥仪一生，事实恰恰如此。自然，他也有了见证历史的独特价值。毫无疑问，世间任何独特的事物，都具有非凡价值。作品如此，艺术如此，经历亦如此，人物更是如此。

毋庸讳言，润麒是"末代"人物中不可多得的传奇"寿星"。他一生坎坷，大起大落，颇具传奇色彩。近百年来，复杂的社会动荡，他无一未曾亲身经历，自逊清小朝廷、北洋军阀、民国、抗日战争乃至新中国以及"文革"、改革开放各阶段，湍湍洪流，渺渺尘世，身寄星云，足涉五洲……国舅、驸马、军人、学者，这四个毫无关联的奇特身份，或许可以反映他的大致"履历"。

其自幼亲历王府生活，是最后见过端康皇太妃（珍妃之姐）等几位老太妃，在逊清宫廷留居者。他在宫中陪伴溥仪、婉容且披露的各种宫规，以及宫中生活习俗，乃至特殊经历，都已成为不可再得的文史资料。

晚清延至民国期间，末代皇族以至于皇亲国戚的"潦倒"，成了历史奇特的一页。若非润麒先生亲历，没准儿，会被斥之"天方夜谭"——八旗子弟提笼架鸟，竟落魄到举家"四壁皆空"，衣饰典当已尽，夫妻裸身而居，以致无法出门的窘迫地步，实在令人难以置信。他所接触的晚清及民国历史人物，诸如载沣、载涛、载洵、朗贝勒等王爷、福晋，乃至张学良、溥儒、梅兰芳、孟小冬等，这些形形色色的风云人物的生动形象，显然为世人留下了珍罕的口碑史料。

至于溥仪被逐出宫，寓居天津，潜逃伪满、"康德"时期以及派遣贵胄赴日留学等一些内幕，本书亦以润麒亲历的角度首次披露，且从特定角度挖掘了世人罕知的史实细节。

伪满洲国垮台之后，他在苏联抑留期间以及抚顺战犯管理所改造情况，与溥仪和溥杰、毓嵒等人经历脉络大致，细致情节却相去甚远。姑以客观笔法一一道来，以期存史求证。

走出灰色"高墙"之后，他返京的新生活以及家庭悲欢离合，饶有趣味。"文革"及此后啼笑皆非的曲折经历，毫无低调之悲怆，反倒成了他暮年颇具特色的趣事。

他当过工人，直到走进北京编译社与五妹夫万嘉熙一起成了日文翻译，六十六岁那年，竟进入中国社会科学院法学所当上研究员，继而又被推选为第六届、第七届全国政协委员。

值得一提的是，他在改革开放之后的种种经历，亦庄亦谐，有的令人气愤之极，有的使人拍案叫绝，也有的足以为之捧腹大笑。在时代洪流之中，他犹如投下一粒奇石，所泛涟漪，扩散成了一个个奇妙的"水波纹"。

退休后，他居然成了闻名遐迩的"神医"，还拿到了国家颁发的医疗牌照。他应邀远涉重洋，赴异国他乡讲学，与日本老友尤其是日本皇族的跨世纪交往，颇耐人寻味。

年逾八旬,他仍是公安部门批准的惟一骑摩托车者。乃至年近九旬,仍是一个乐观淘气的"老顽童",时常骑着摩托车驰骋于京城内外。与常人不同的是,他在任何环境下,都堪称乐观而又惹人喜爱的人物,迟至暮年,亦仍如此。

智慧,好奇,这使他的传奇一生充满活力。即使没有特殊身份的光环,他的一生也应不同于平庸之辈。我从接触他的几十年中,始终这样以为,童心未泯,是润麒得以长寿的"三昧"之一。

虽年过九旬,他还多次寻渊探秘,欲将积水潭旧王府山洞之谜,披露于世。达观,以历史过来人的阅历,宽厚地待人待己,此乃二。

达斡尔人的剽悍体魄基因,加之幽默而风趣的性格,使他轻松化解了无数纷繁尘世的烦恼。在其爽朗笑声中,度过了九十余载岁月,此乃三。

坎坷,是一笔巨大财富。磨难尔后,会使人超脱。经历与阅历,因人而异,有了超凡脱俗意识或许会有理念的升华,经历便演化成了"历练"。将人生当作一种修炼,与人与事看得淡一些,随缘且随遇而安,乃是世事洞明,了悟人生之后,挥去琐事的超然处世态度。这或许就是润麒先生得以高寿暨暮年生活,对于世人的启示罢。

屈指算来,自从七十年代初在李淑贤家结识润麒先生,已三十余年。而此书从酝酿至结稿,历经十余载春秋。应该说,此书的笔法与其他几部"末代"传记有所不同。起初,我采用了一个拙笨办法,即先将其回忆生平的数十小时录音,原原本本打印成文字,连语气词也照录不误。设想过两种写法:一种是以此为素材,撰写成书。另一种则是在原原本本的回忆稿上,边改写边考证,待写出初稿后,再行润色。

几经斟酌,我最终采用了后一种方式,或许多费一些气力,却可能最接近真实。在"末代系列"中,《末代国舅润麒》是一部饶有独色的传记,自然更须逼近真实,不饰虚伪。然而,"隐恶扬善"亦是本书撰写的又一宗旨,似与存史求真多少相悖,但又不能违背法律的有关界定,则是笔者始终引以自戒的。

至交无老少。我俩之间,时常开玩笑。一次,他夜里打来电话,说要填出国表,其中一项是其妻子父母的名字。他妻子的母亲名字,他竟然不知。我告其,小名八妞,大号瓜尔佳氏,他马上纠正说,这仅是姓氏,不是名字呵。我笑曰,名字叫幼兰,对吗?顿时,电话那头传来了爽朗的笑声。

畅叙人生之旅,我询问年逾九旬的他,平生最喜欢什么,他笑着让我猜。我遂笑答,当然知道喽,您和张学良崇尚的"名言"一样对不对?他说,你说说看。我故作严肃地说,"平生无他好,惟一爱女人"。听此,润麒放声大笑,遂以京戏腔道白道:知我者,英华也……在他的眼里,热爱生活,丰富的情感,成了他传奇人生不可或缺的活跃细胞。

如果说,电影是遗憾的艺术,那么传记则更是遗憾的文学。鉴于传记的生命在于真实,而如实写出一位人物的全视角,固然精彩且有血有肉,而从另一角度则可能或多或少有损传主及他人的声誉。也正因为此,本书从近七十万字删至近五十万字,依然不尽如人意。按照我与润麒先生的约定,也只好暂付阙如。待时机成熟,再将若干宫廷和王府秘史"解密"罢。

应当说,平时与润麒交往的日子里,他以智慧待世、待人,也就有了我喜爱的人物特点——诸葛亮交友三则:友直、友谅、友多闻,其人皆备。此外,他亦有一般常人所没有的洒脱,却不失诚信。二〇〇二年四月初,我去医院探望住院的润麒。他侃侃而谈,忽然谈及曾经答应过而未办之事,每想起就惴惴不安。他没细说什么事情,我也未追问,但他待人有信,不由使我肃然起敬。

曾有一段时间,他身体欠安。隔不久,就会打来一个电话,心重询问我写作到什么程度,这使我感到不安。几年前,他住院期间,我偕妻看望,交谈之中,他担心年逾九旬,难以在有生之年看到《末代国舅润麒》问世。正碰巧,察存耆之子亦前去探望,润麒先生手捧为笔者亲笔作序的《末代皇弟溥杰》,深情地望着我说:

"我相信,你写我的这本书,也一定很真实。"

"您放心,连细节我也不会虚构。"我当即表态,"我手里有近百小时的录音和录像,大量素材都用不过来,何必向壁造车?"

"哈哈,"听到这儿,润麒笑了,"你在《末代皇帝的后半生》中写我'文革'期间看大字报时的神态,惟妙惟肖,非常真实。一句话,你写的书我放心。"

我坦诚地对他承诺,书稿完成后,如他认可,再给这部书作"序"。

"好啊。"此刻,他像小孩似的灿烂地笑了。

好事多磨。寒来暑往,风霜数度,润麒先生连"自序"亦亲笔撰写过两遍。其实,早在七年前,他未全部阅读我的书稿,只是浏览了我写的提纲和部分章节,即亲笔为这部传记挥毫作序。他欲寄来,我怕丢失,就说过几天去亲取,他单独放在柜子里以示重视。谁想,我又是出访,又是出差,拖了些时日,待前去取时,竟然找不见而终成遗憾。

二〇〇五年春节之际,书稿初成。我与妻子来到润麒先生家里,他从计算机上浏览此书后,遂亲笔撰写此序。

尤感庆幸的是,我几经周折,终于在润老的鼎力支持下,于一九九五年初春,拍摄了《末代国舅游故宫》这一珍贵的历史纪实片。此次应我之邀,润老与我畅游故宫,实地讲述他所亲历的逊清宫廷生活,亦披露了不少当年的宫中秘闻。

漫游故宫之际,博闻强记的他,对照历史照片,风趣地讲述了当年他与溥仪嬉闹的童年生活,甚至顽皮地骑在溥仪脖子上玩耍的情景……宫廷的各式各样人物、宫禁礼仪、掌故,在这位亲历者口中,无不栩栩如生。

颇值得提及,他在乾清宫秘密通道前,讲述了一桩亲身经历。他和溥仪当年在一个阴云密布的夜晚,游至乾清宫台阶下,猛然听到了马嘶人喊的惨叫声。据说,当年"闯王"打进紫禁城前,一些怯弱的宫女和太监躲藏进乾清宫台阶下的秘密暗道,被"闯王"的兵将发现,遂凶残地纵马暗道,从一头狂奔至另一端。顿然,宫女和太监被战马残忍地践踏成肉泥,血溅石壁。

有意思的是,这一幕历史惨剧被录制在地球的磁场上,每逢相同的气候条件下,历史的录音机便自然回放当年的悲惨情景。无疑,润麒重游紫禁城,留下了不可再得的珍稀影像史料。

从某种意义上说,一个人就是一部历史。一个独特的人,往往从某一特定角度书写了历史的侧影。我笔下的"末代人物",无一不是晚清以来以其个人坎坷的独特经历,折射了百年沧桑演幻。若此,也总算我没枉用多年时间观察研究一个独特的人、一个多重历史色彩的人,同时侧记了一段难以再现的历史。

在撰写这部传记过程中,我愈来愈感到,晚清以来的百年历史,将是中华民族史乃至世界史上丰富多彩的一页——一个酝酿历史巨大变革的年代。囿于历史局限及各种原因,晚清以来这段历史,确有多种或莫衷一是的说法,有些细节确系传主的亲历或亲闻,依照存史求真的原则,姑以一家之言写入书内,有待进一步考证和探讨,以期得到爱新觉罗家族和各位方家的指正。

"人生寄一世,奄忽若飘尘。"诚如一位饱经沧桑的老人坦言,人如浮尘,游弋世间,也许惟有人性和亲情的悲欢离合,才使世界变得多姿多彩,演绎成了富有复杂人性的历史。随着"马齿徒增",我愈加体会到了"魑魅喜人过"未必切肤,倒是"文章憎命达"这一命句之深髓。

或许,阅毕这部传记,我与读者伴随老人坎坷的百年历练,消褪了些许刚烈之情,倒蕴蓄起宽厚仁和之心。喧嚣的历史,融入心胸,只能寄期以恬然淡泊的心灵之感,平和、大气,荡气回肠,俨然融于历史老人博大的襟怀之中了。

细忖之,以末代皇族典型人物的经历,反映百年来历史演变的轨迹,无疑是"末代皇帝系列"撰写的初衷。迄今为止,除《末代皇帝的后半生》是我年轻时从溥仪妻子李淑贤口中获知一些生平线索和生活细节,又遍搜档案,采访三百多名知情者(如今大多已去世)而成书,其他五部书的主人公,无一例外都是我多年的忘年挚友。传记所依据的，都是第一手资料或口碑史料，且经过了较为客观的考证。

记述我身边的人和事，这是绝然殊于他人传记作品的，亦使我深感三生有幸，或许，这就是历史的缘分。

倘若，我能以晚清以来人物的几部传记来反映这段历史的一页真实侧影，吾愿足矣。

迄今，"末代系列"已出书六部。欣慰的是，每一部书都受到了海内外读者欢迎，也在社会上引起一定反响乃至轰动，有的还引起了国内外的争鸣。如身体允许，天假时日，我将以此为勉，继续撰写出其他几部"末代"作品。

我想强调的是，"存史求真"，仍是我写作的宗旨。我所依据的不仅是采访三百多人的口碑史料以及传主的回忆录音、录像等，而且查找了相关原始档案记载和史籍，作了必要的考证。此书定稿前，我对一些细节，又当面或在电话里向润麒先生作了逐一核对，如宫中生活的琐事，庄士敦给他起的英文名字等，他都一一作答，不厌其烦。可以说，连书中的人物对话，我也绝不凭空杜撰，而力图建立在可靠的史料基础上。这既是对读者的承诺，也是我的自勉。

衷心感谢著名清史专家阎崇年先生、著名清代"帝王系列"小说家二月河先生的鼎力支持。亦感谢多年老友——故宫博物院林京先生、向斯先生暨慈禧曾侄孙那根正先生多年来对我的支持，此次又帮助翻拍了部分照片，提供了历史线索。

感谢润麒先生在生前亲笔作序，并拨冗审阅书稿。不能不提到，我的多年至交且已移民新西兰的钱立言先生，与我同是润麒先生的忘年挚友，在本书写作中，曾给予无私襄助，提供了重要的参考线索，亦不应掠其美而忽略。在此，诚挚地鸣谢润麒家人以及一切为此书问世而作出努力的朋友。

兹为后记。

二〇〇二年四月二十三日，初稿于中国农业大学

二〇〇三年春节，二稿

二〇〇四年八月二十八日，三稿

二〇〇七年一月三十日，四稿

二〇〇七年三月六日，五稿

二〇〇七年十月七日，六稿

二〇〇九年一月二十六日，第七稿

改定于北京月坛南街社会路

挚友。传记所依据的，都是第一手资料或口碑史料，且经过了较为客观的考证。

记述我身边的人和事，这是绝然殊于他人传记作品的，亦使我深感三生有幸，或许，这就是历史的缘分。

倘若，我能以晚清以来人物的几部传记来反映这段历史的一页真实侧影，吾愿足矣。

迄今，"末代系列"已出书六部。欣慰的是，每一部书都受到了海内外读者欢迎，也在社会上引起一定反响乃至轰动，有的还引起了国内外的争鸣。如身体允许，天假时日，我将以此为勉，继续撰写出其他几部"末代"作品。

我想强调的是，"存史求真"，仍是我写作的宗旨。我所依据的不仅是采访三百多人的口碑史料以及传主的回忆录音、录像等，而且查找了相关原始档案记载和史籍，作了必要的考证。此书定稿前，我对一些细节，又当面或在电话里向润麒先生作了逐一核对，如宫中生活的琐事，庄士敦给他起的英文名字等，他都一一作答，不厌其烦。可以说，连书中的人物对话，我也绝不凭空杜撰，而力图建立在可靠的史料基础上。这既是对读者的承诺，也是我的自勉。

衷心感谢著名清史专家阎崇年先生、著名清代"帝王系列"小说家二月河先生的鼎力支持。亦感谢多年老友——故宫博物院林京先生、向斯先生暨慈禧曾侄孙那根正先生多年来对我的支持，此次又帮助翻拍了部分照片，提供了历史线索。

感谢润麒先生在生前亲笔作序，并拨冗审阅书稿。不能不提到，我的多年至交且已移民新西兰的钱立言先生，与我同是润麒先生的忘年挚友，在本书写作中，曾给予无私襄助，提供了重要的参考线索，亦不应掠其美而忽略。在此，诚挚地鸣谢润麒家人以及一切为此书问世而作出努力的朋友。

兹为后记。

二〇〇二年四月二十三日，初稿于中国农业大学
二〇〇三年春节，二稿
二〇〇四年八月二十八日，三稿
二〇〇七年一月三十日，四稿
二〇〇七年三月六日，五稿
二〇〇七年十月七日，六稿
二〇〇九年一月二十六日，第七稿
改定于北京月坛南街社会路